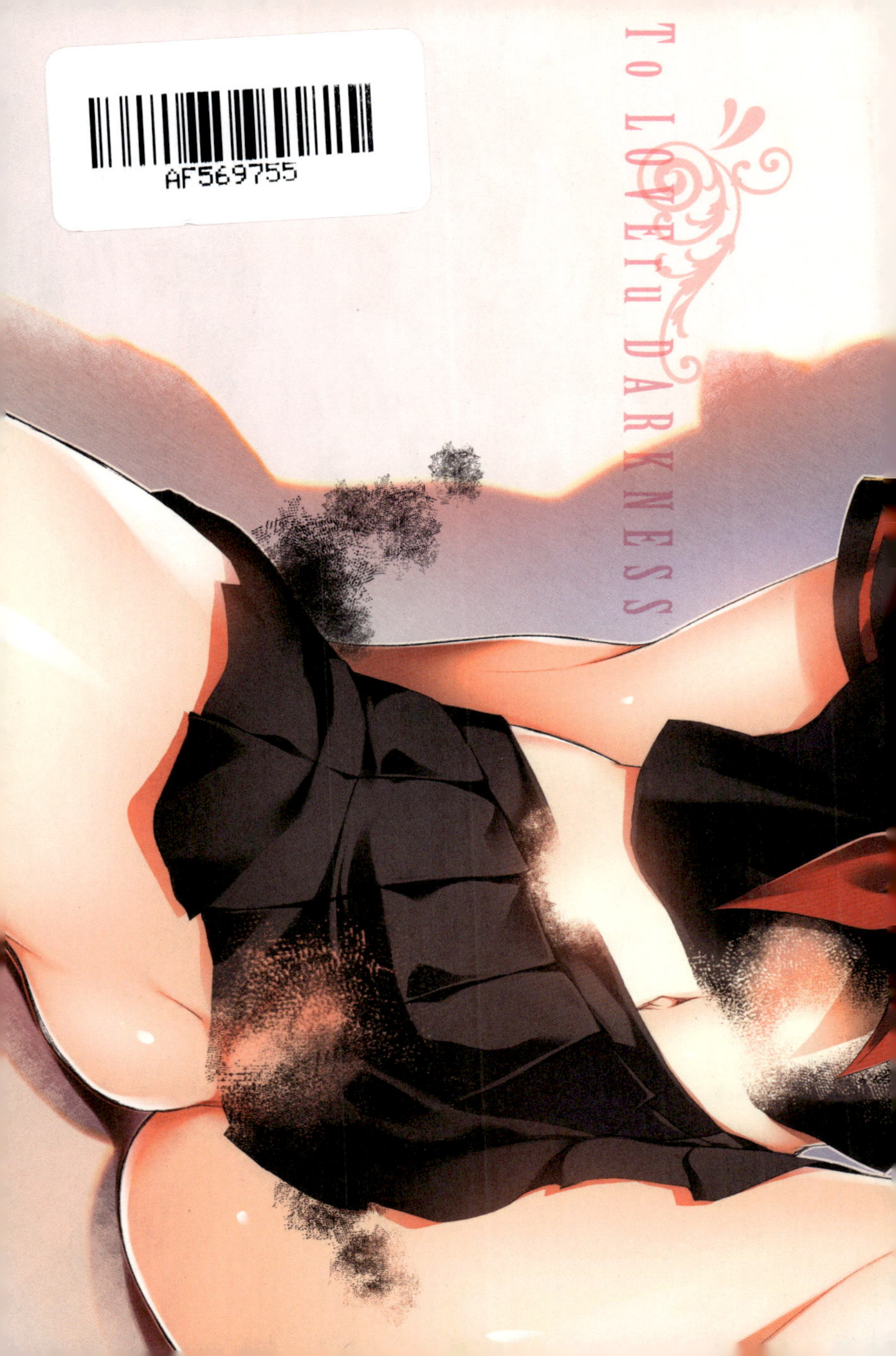
To LOVEru DARKNESS

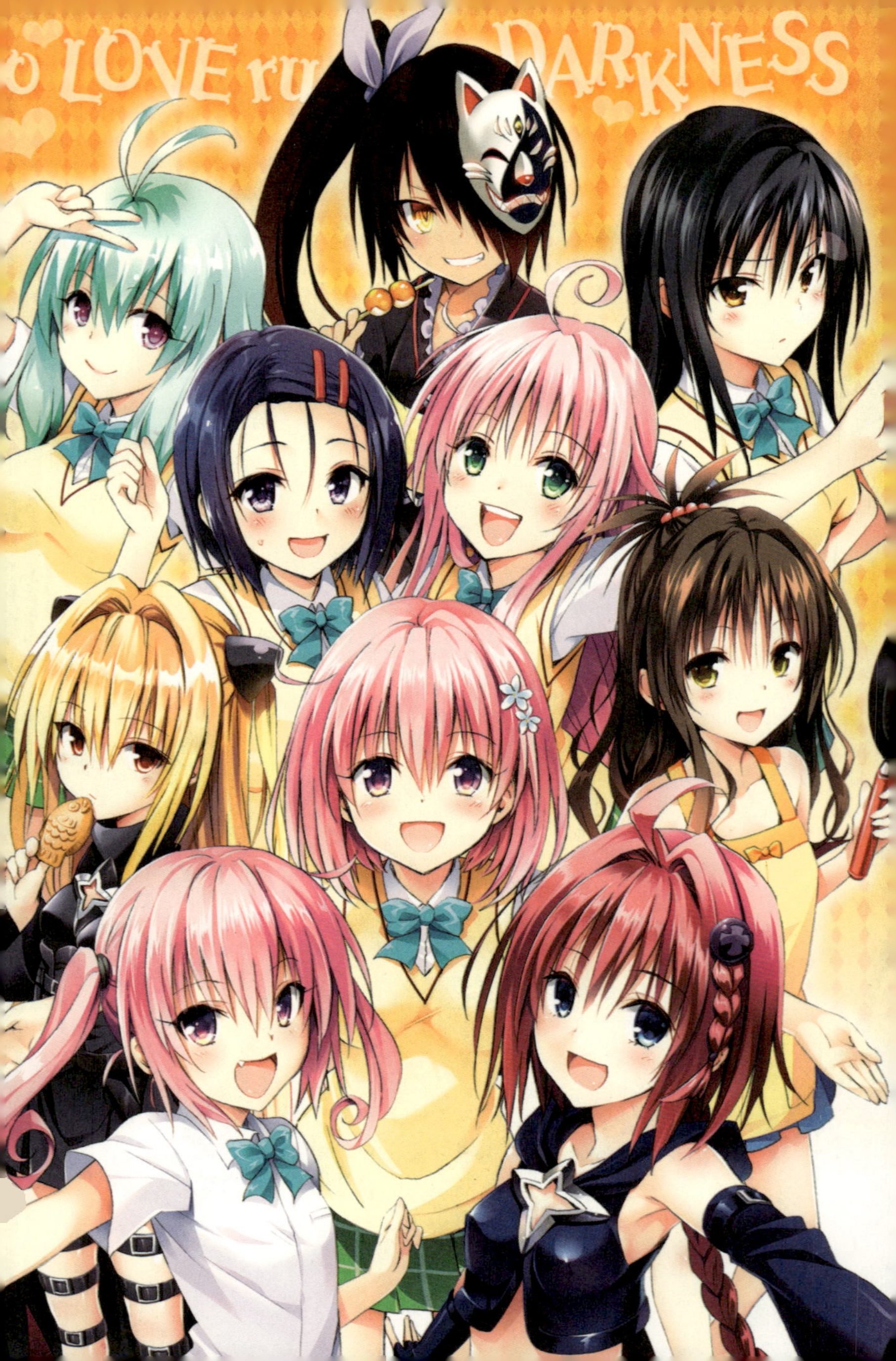
o LOVE ru
DARKNESS

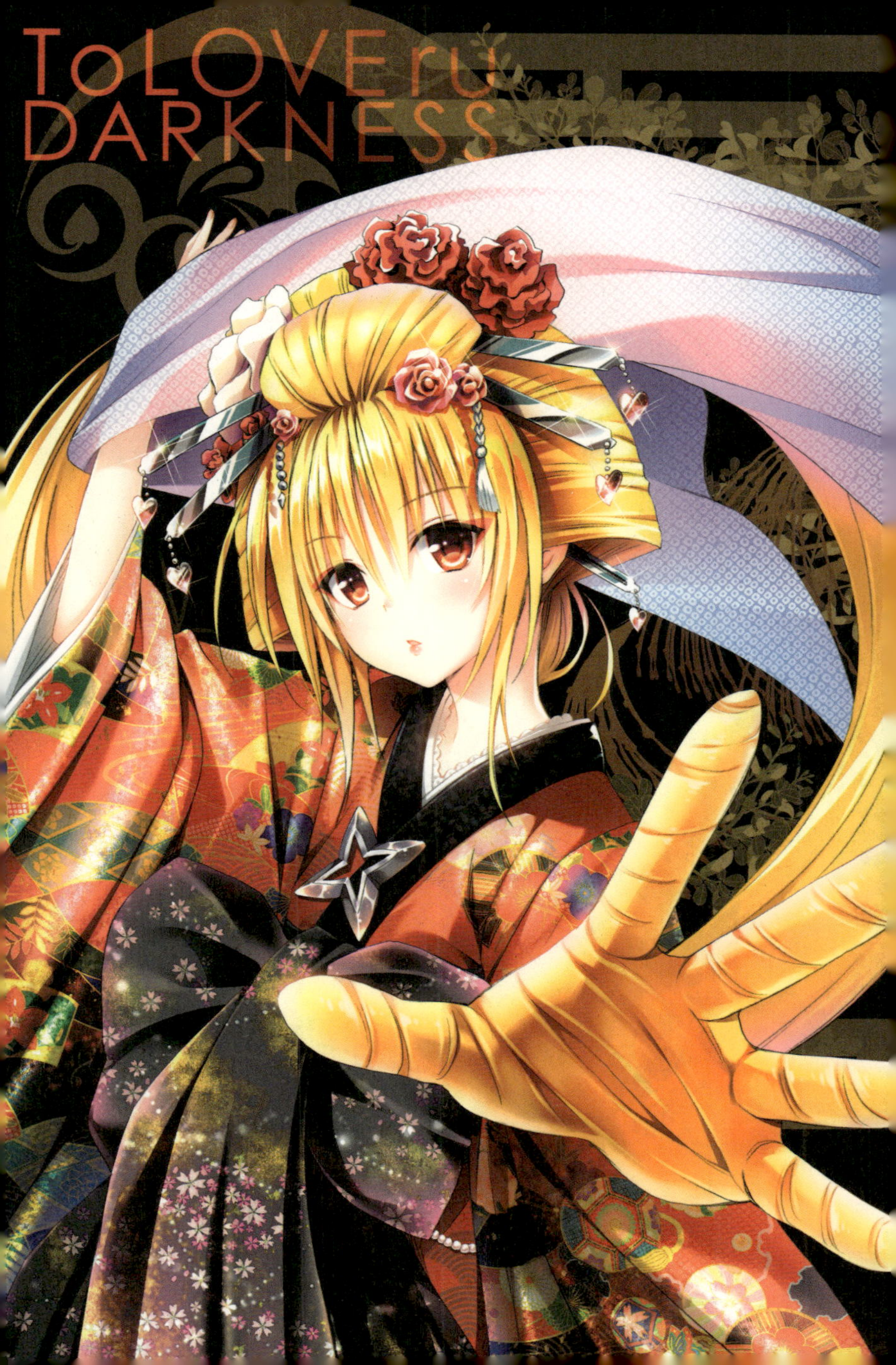
ToLOVEru
DARKNESS

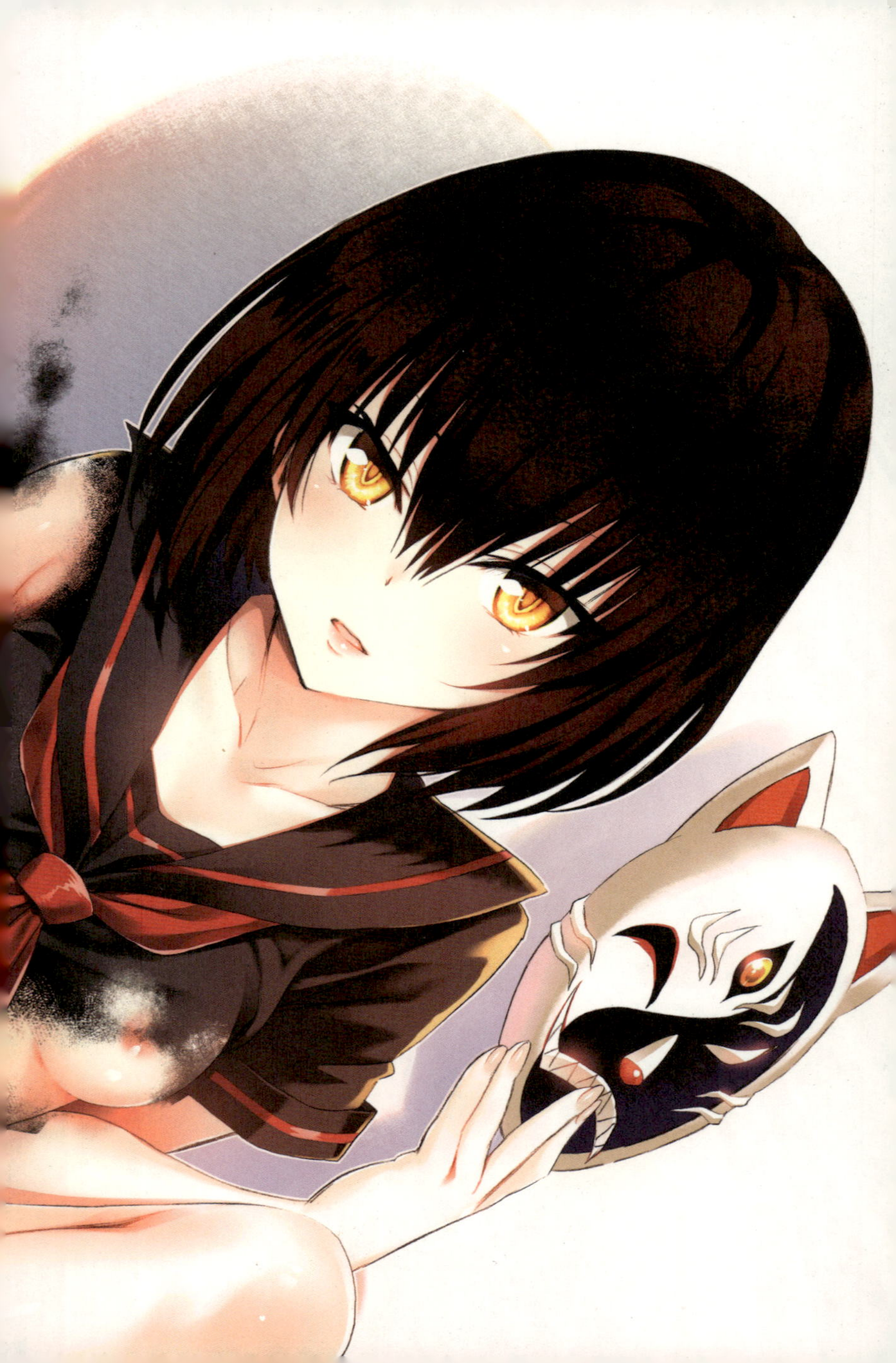

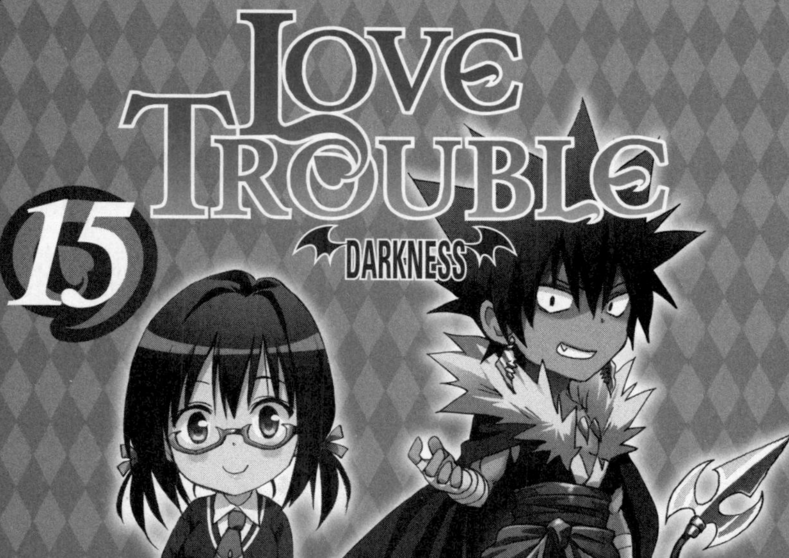

LOVE TROUBLE DARKNESS

15

ZEICHNUNGEN: Kentaro Yabuki
TEXTE: Saki Hasemi

LOVE TROUBLE DARKNESS

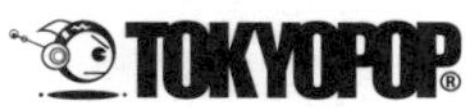

CHARAKTERE

STORY

Der verrückte Trubel rund um unseren naiven Rito geht weiter! Nachdem der Plan von Meas Meisterin Nemesis, Golden Darkness zurück auf den Pfad in ein finsteres Leben als Killerin zu führen, fehlgeschlagen ist, kehrt wieder Alltag in Sainan ein – Fettnäpfchen inklusive. Indes beabsichtigt Momo, für Rito einen Harem zu gründen.

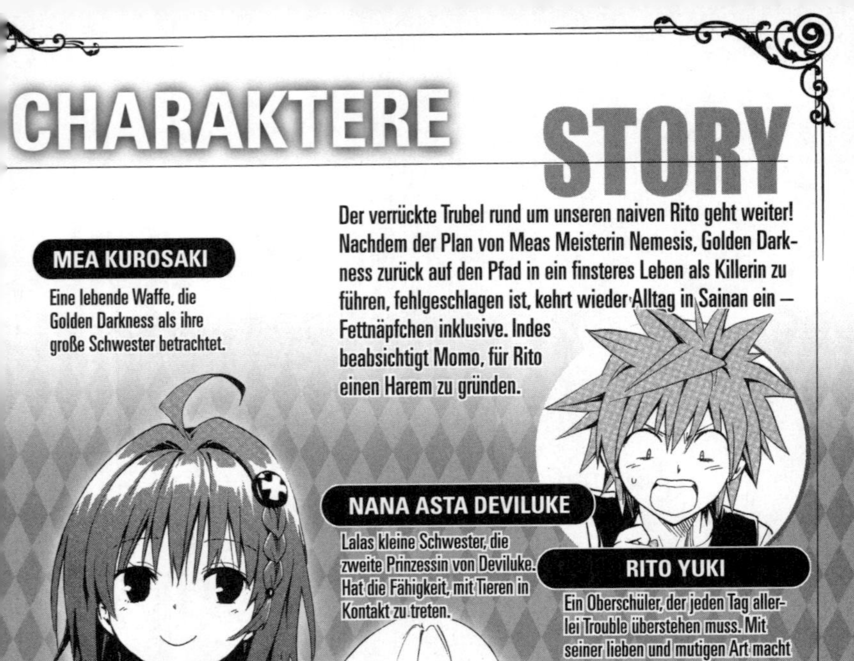

MEA KUROSAKI

Eine lebende Waffe, die Golden Darkness als ihre große Schwester betrachtet.

NANA ASTA DEVILUKE

Lalas kleine Schwester, die zweite Prinzessin von Deviluke. Hat die Fähigkeit, mit Tieren in Kontakt zu treten.

RITO YUKI

Ein Oberschüler, der jeden Tag allerlei Trouble überstehen muss. Mit seiner lieben und mutigen Art macht er viele Mädchen schwach.

MOMO VERIA DEVILUKE

Lalas kleine Schwester, die dritte Prinzessin von Deviluke. Besitzt die Fähigkeit, mit Pflanzen in Kontakt zu treten. Sieht lieb und niedlich aus, aber in Wirklichkeit …

LOVE TROUBLE DARKNESS

ZEICHNUNGEN: Kentaro Yabuki TEXTE: Saki Hasemi

NEMESIS

Eine Transformationswaffe, die auf anderen Plänen basiert als Mea und Golden Darkness. Will Letztere zurück auf den Pfad der Finsternis bringen.

MIKAN YUKI

So erwachsen, wie sie wirkt, glaubt man kaum, dass sie Ritos kleine Schwester ist. Gibt gut auf Rito acht und ist Darkis beste Freundin.

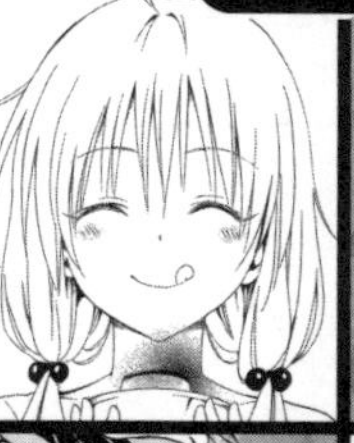

LALA SATALIN DEVILUKE

Ist die erste Prinzessin des Königshauses Deviluke, das über das Universum herrscht. Büxte von zu Hause aus und landete auf der Erde, wo sie sich in Rito verliebte.

HARUNA SAIRENJI

Geht seit der Mittelschule* in Ritos Klasse. Lala weiß, dass auch Haruna in Rito verliebt ist.

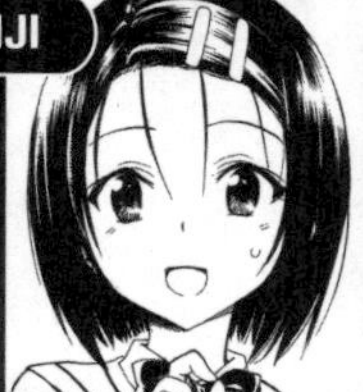

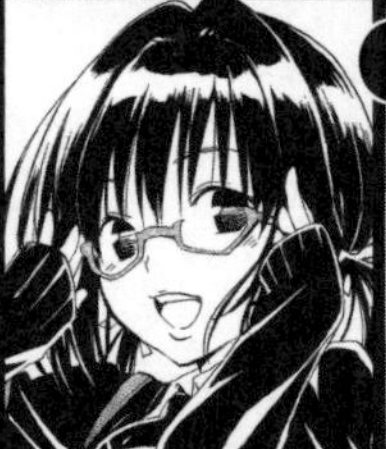

KYOKO KIRISAKI

Äußerst beliebtes Idol. Halb Mensch, halb Außerirdische vom Volk der Flames. Sie gibt ihrer Freundin Run Liebestipps.

GOLDEN DARKNESS

Eine im Weltall berüchtigte Killerin. Kam auf die Erde, um Rito zu töten, scheint sich nun aber mit ihrem Leben hier anzufreunden ...

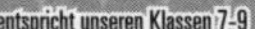

*entspricht unseren Klassen 7-9

15

INHALTSVERZEICHNIS

LOVE TROUBLE

DARKNESS

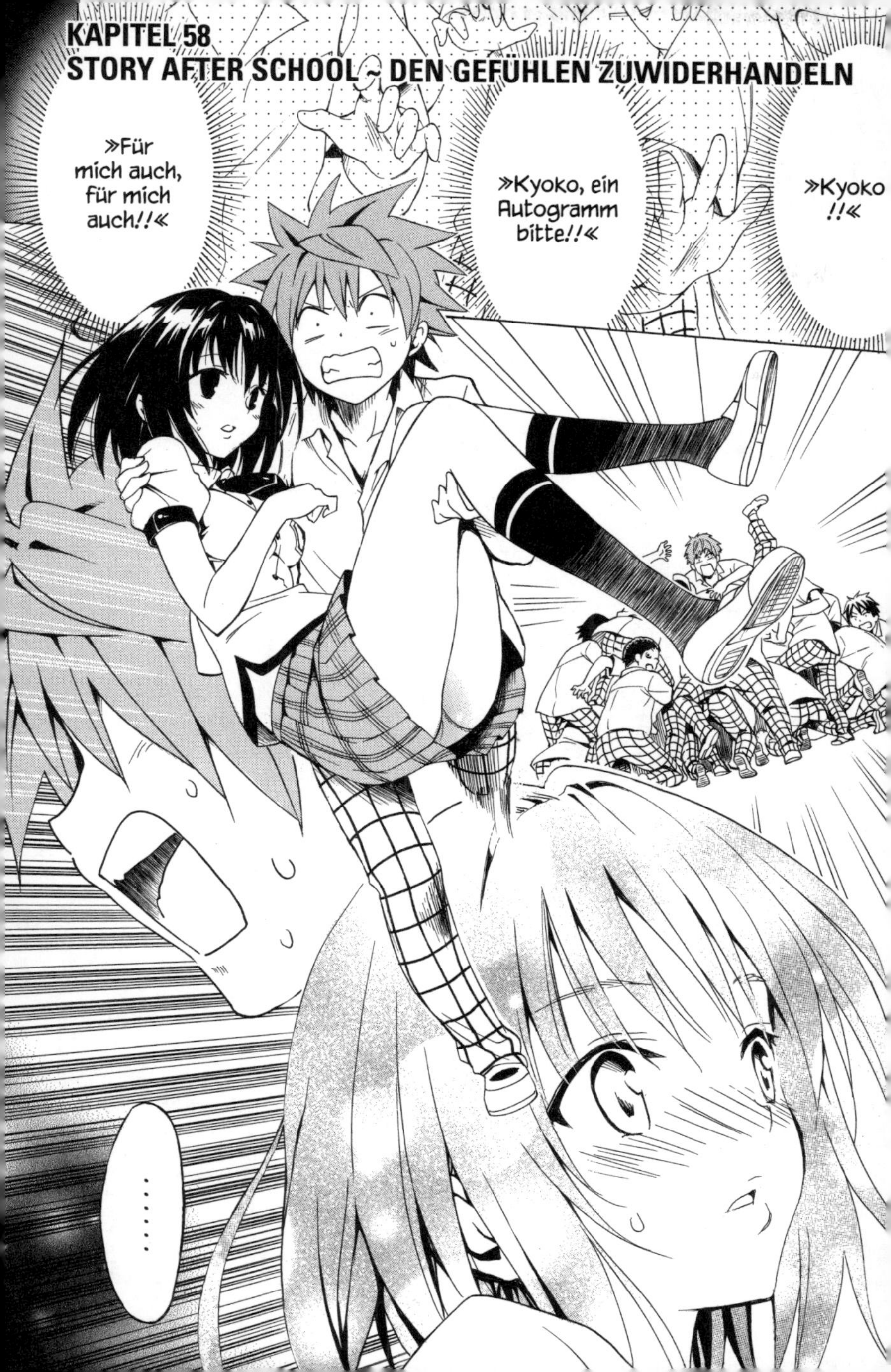
KAPITEL 58
STORY AFTER SCHOOL ~ DEN GEFÜHLEN ZUWIDERHANDELN
»Kyoko !!«
»Kyoko, ein Autogramm bitte!!«
»Für mich auch, für mich auch!!«
......

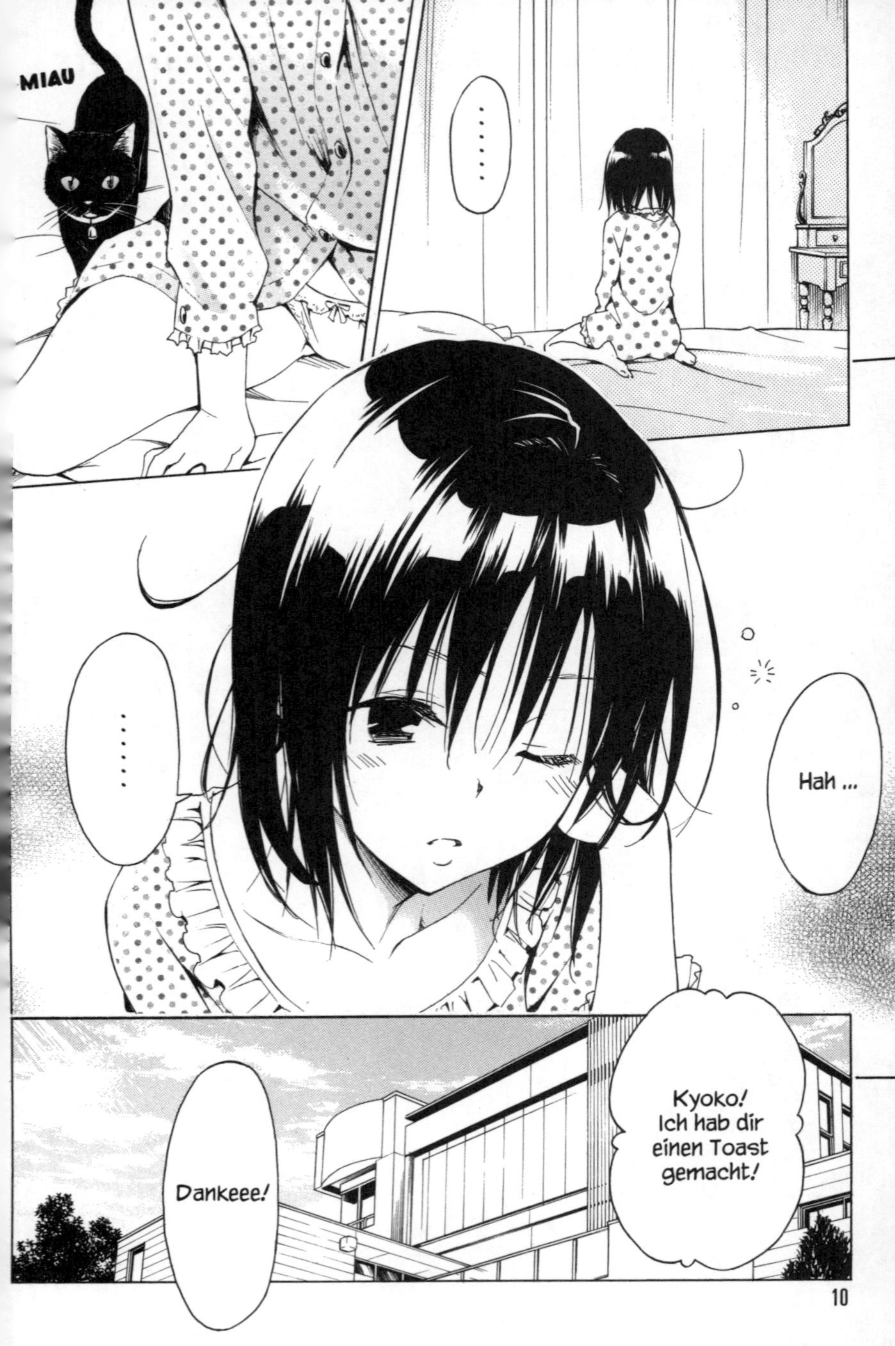
MIAU
……
……
Hah …
Kyoko! Ich hab dir einen Toast gemacht!
Dankeee!

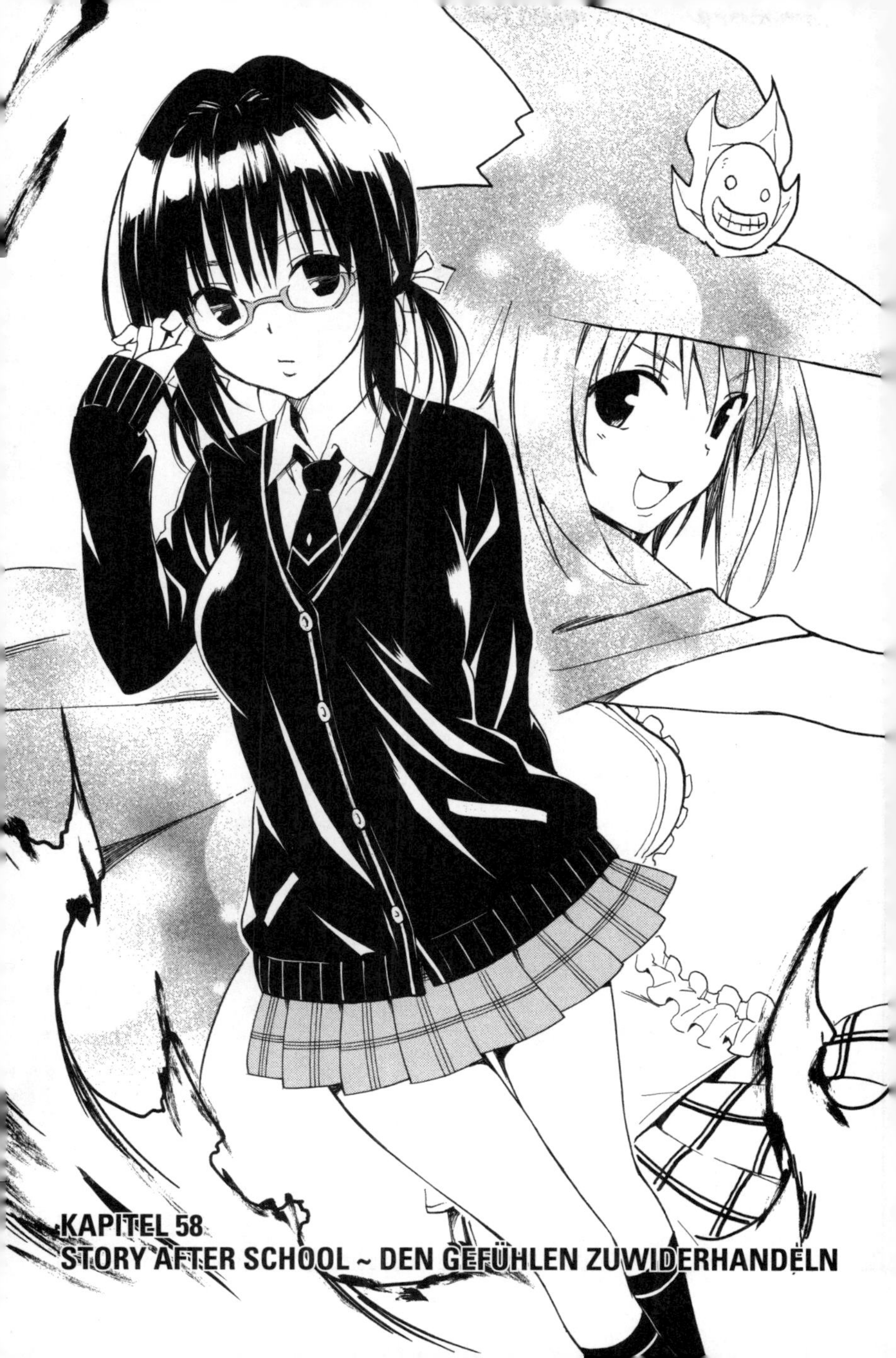
KAPITEL 58
STORY AFTER SCHOOL ~ DEN GEFÜHLEN ZUWIDERHANDELN

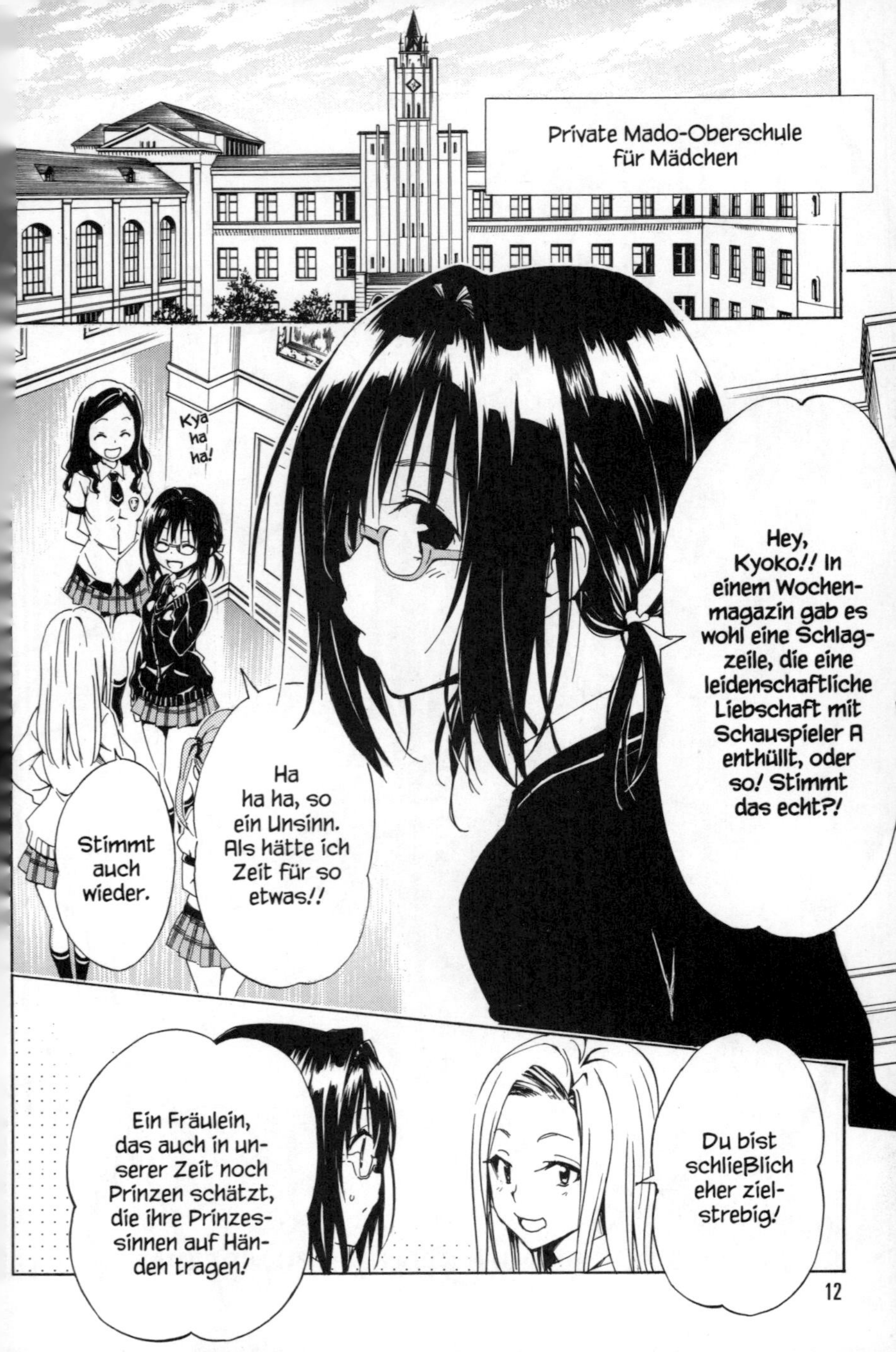
Private Mado-Oberschule für Mädchen
Kya ha ha!
Hey, Kyoko!! In einem Wochenmagazin gab es wohl eine Schlagzeile, die eine leidenschaftliche Liebschaft mit Schauspieler A enthüllt, oder so! Stimmt das echt?!
Ha ha ha, so ein Unsinn. Als hätte ich Zeit für so etwas!!
Stimmt auch wieder.
Du bist schließlich eher zielstrebig!
Ein Fräulein, das auch in unserer Zeit noch Prinzen schätzt, die ihre Prinzessinnen auf Händen tragen!

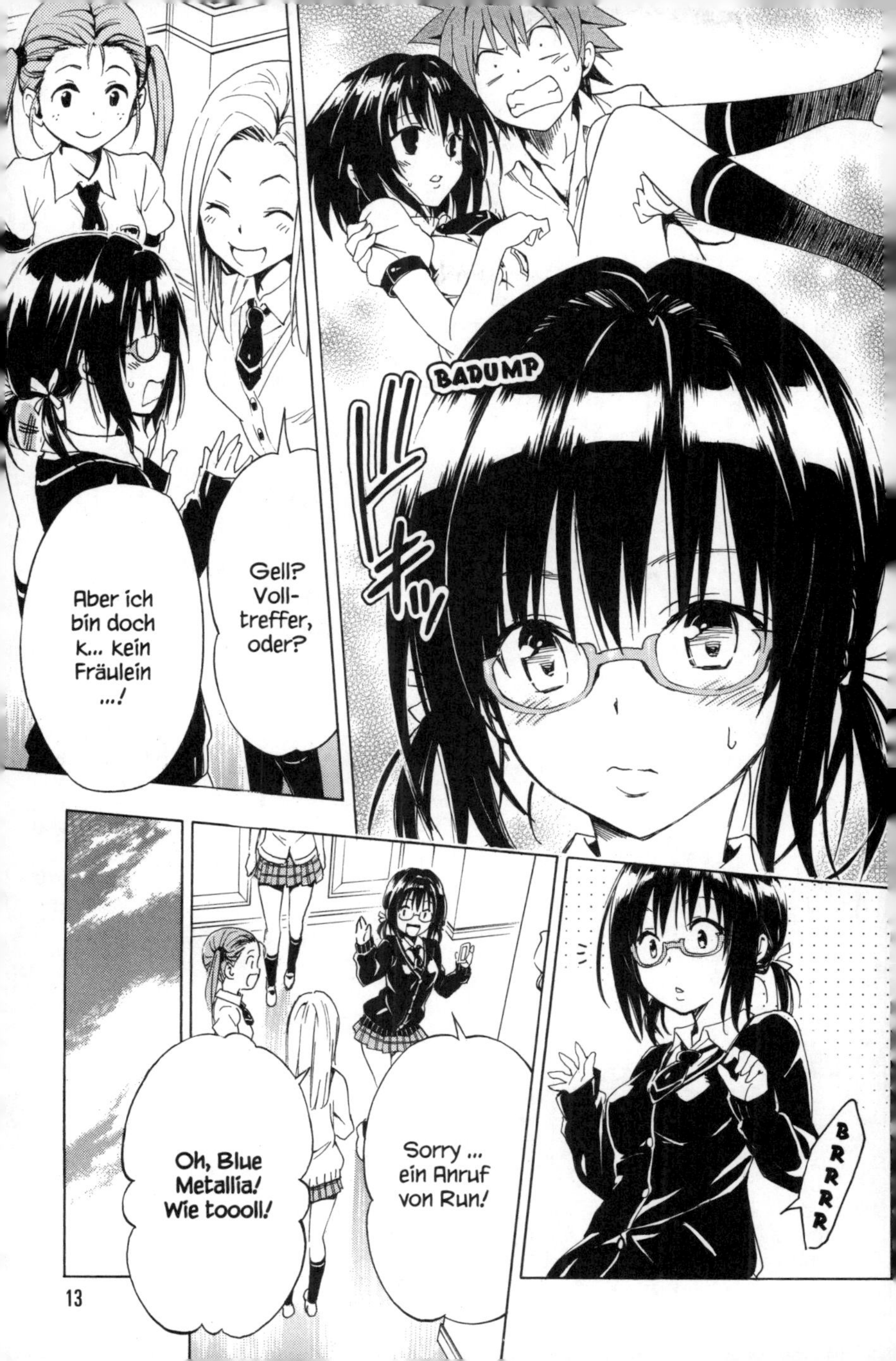
BADUMP
ドキッ
Gell? Volltreffer, oder?
Aber ich bin doch k... kein Fräulein ...!
BRRRR
Sorry ... ein Anruf von Run!
Oh, Blue Metallia! Wie toooll!

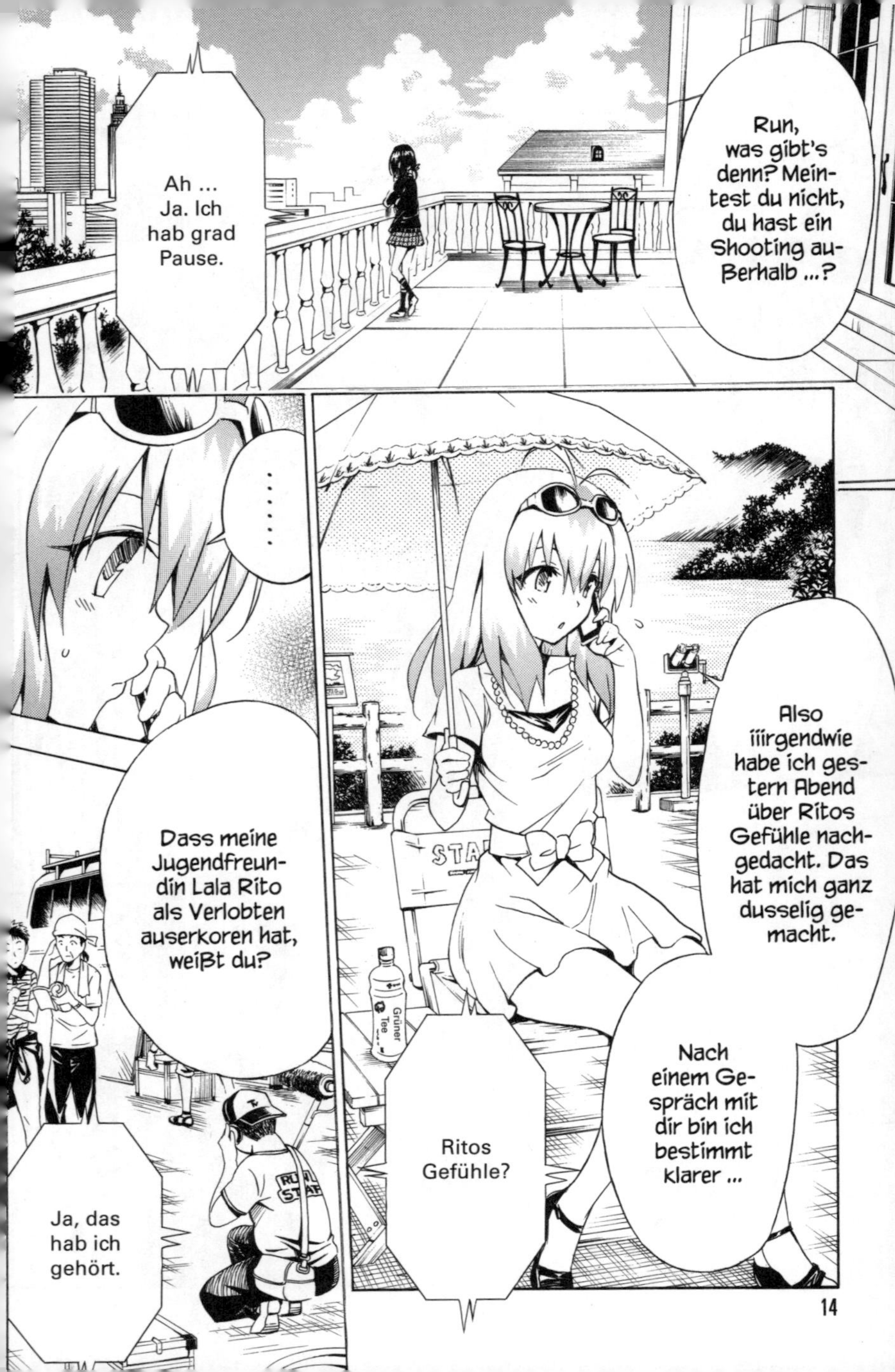
Run, was gibt's denn? Meintest du nicht, du hast ein Shooting außerhalb ...?
Ah ... Ja. Ich hab grad Pause.
......
Also iiirgendwie habe ich gestern Abend über Ritos Gefühle nachgedacht. Das hat mich ganz dusselig gemacht.
Dass meine Jugendfreundin Lala Rito als Verlobten auserkoren hat, weißt du?
Grüner Tee
Nach einem Gespräch mit dir bin ich bestimmt klarer ...
Ritos Gefühle?
Ja, das hab ich gehört.

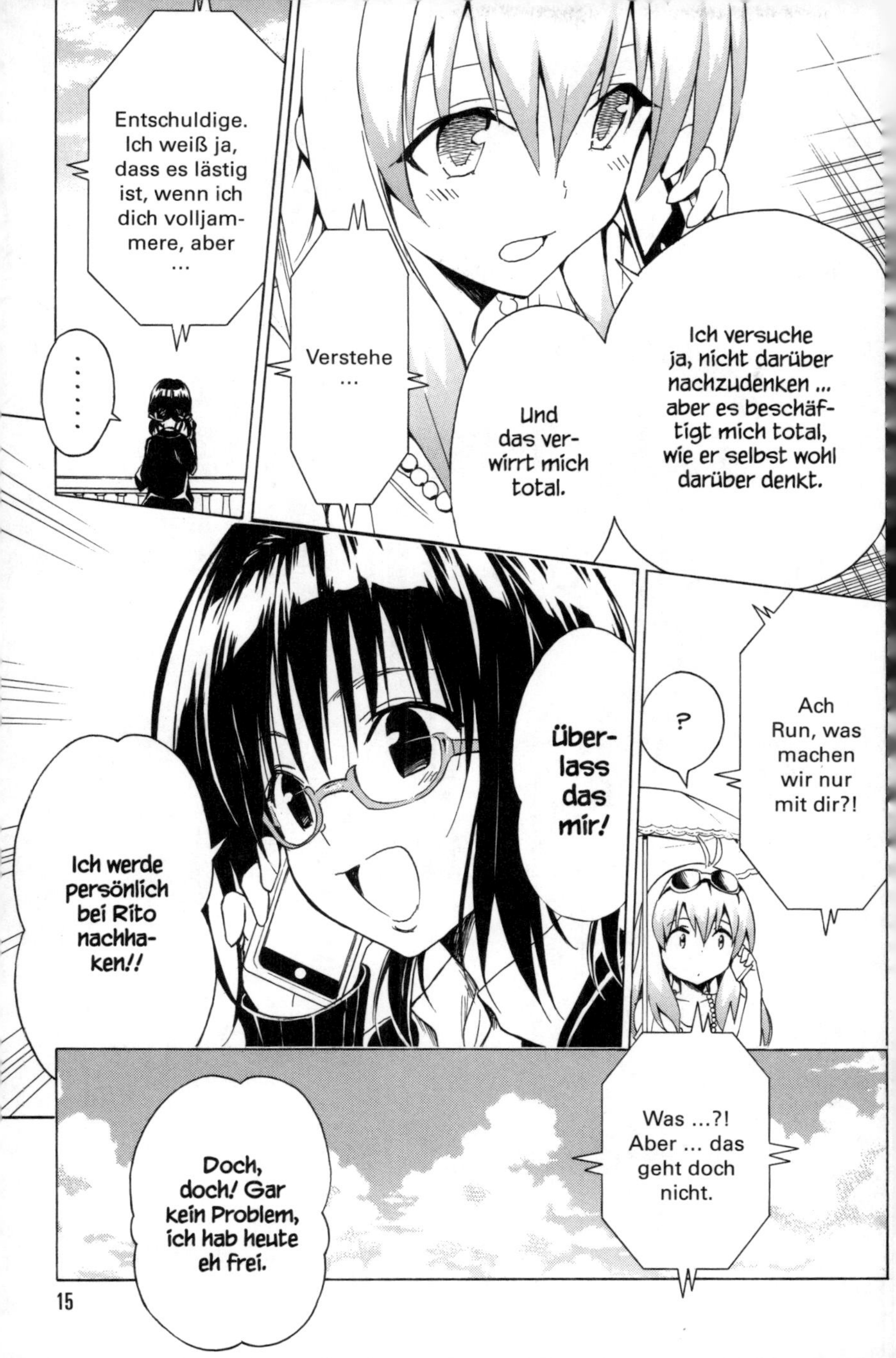
Ich versuche ja, nicht darüber nachzudenken ... aber es beschäftigt mich total, wie er selbst wohl darüber denkt.
Und das verwirrt mich total.
Verstehe ...
Entschuldige. Ich weiß ja, dass es lästig ist, wenn ich dich volljammere, aber ...
....
Ach Run, was machen wir nur mit dir?!
?
Überlass das mir!
Ich werde persönlich bei Rito nachhaken!!
Was ...?! Aber ... das geht doch nicht.
Doch, doch! Gar kein Problem, ich hab heute eh frei.

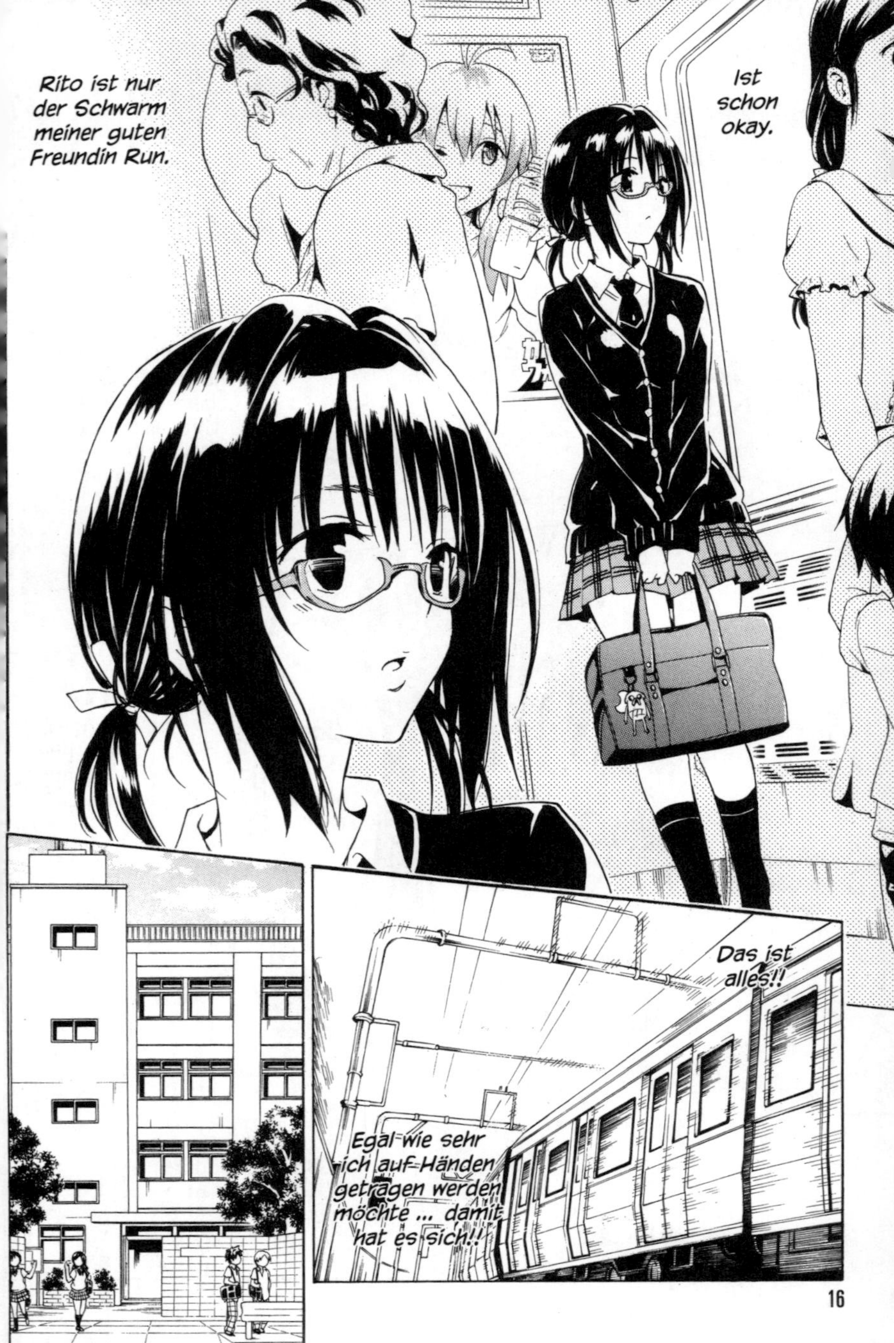
Ist schon okay.
Rito ist nur der Schwarm meiner guten Freundin Run.
Egal wie sehr ich auf Händen getragen werden möchte ... damit hat es sich!!
Das ist alles!!

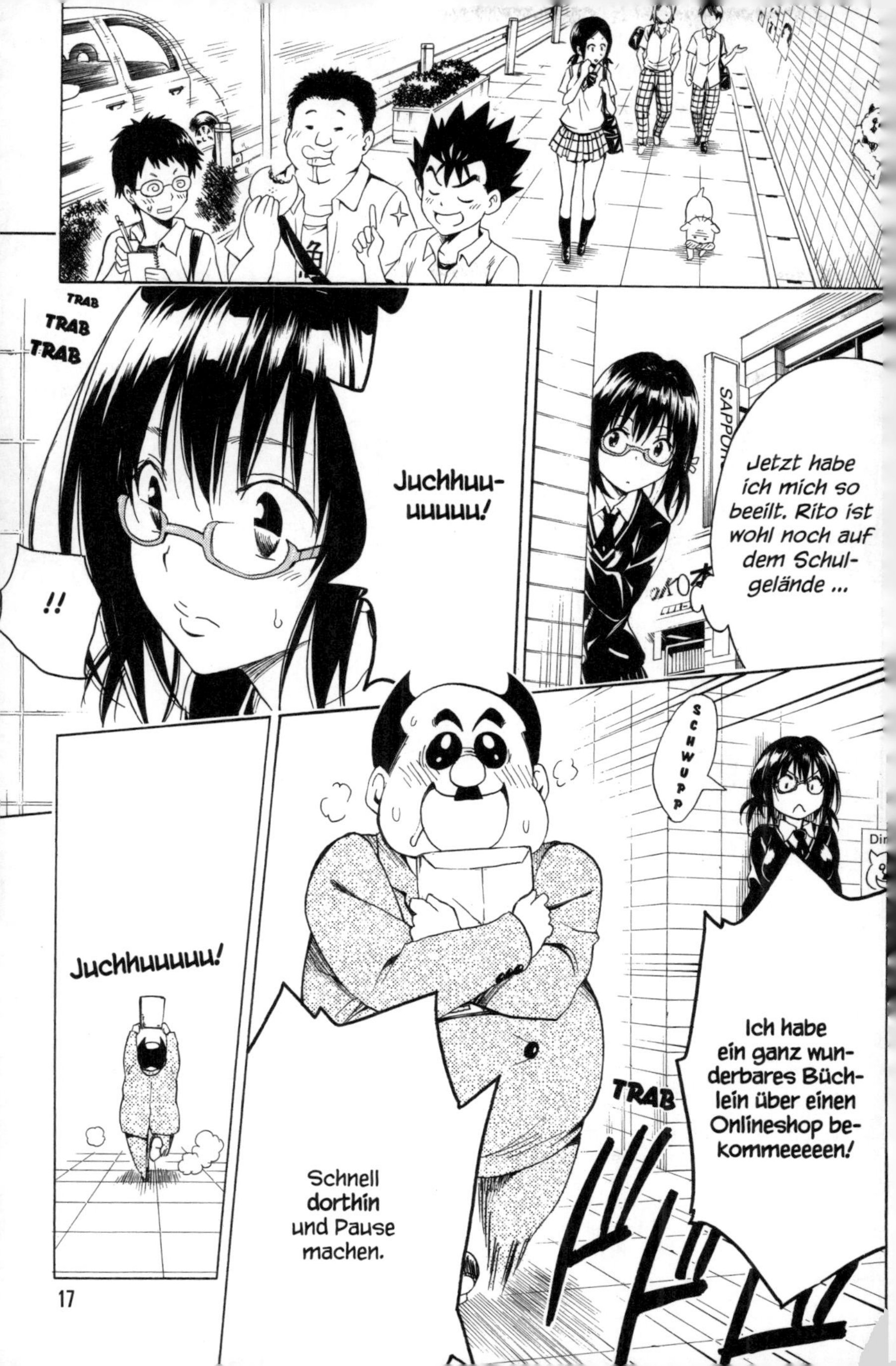
TRAB
TRAB
TRAB
Jetzt habe ich mich so beeilt. Rito ist wohl noch auf dem Schulgelände ...
Juchhuu-uuuuu!
!!
SCHWUPP
Ich habe ein ganz wunderbares Büchlein über einen Onlineshop bekommeeeeen!
TRAB
Schnell dorthin und Pause machen.
Juchhuuuuu!

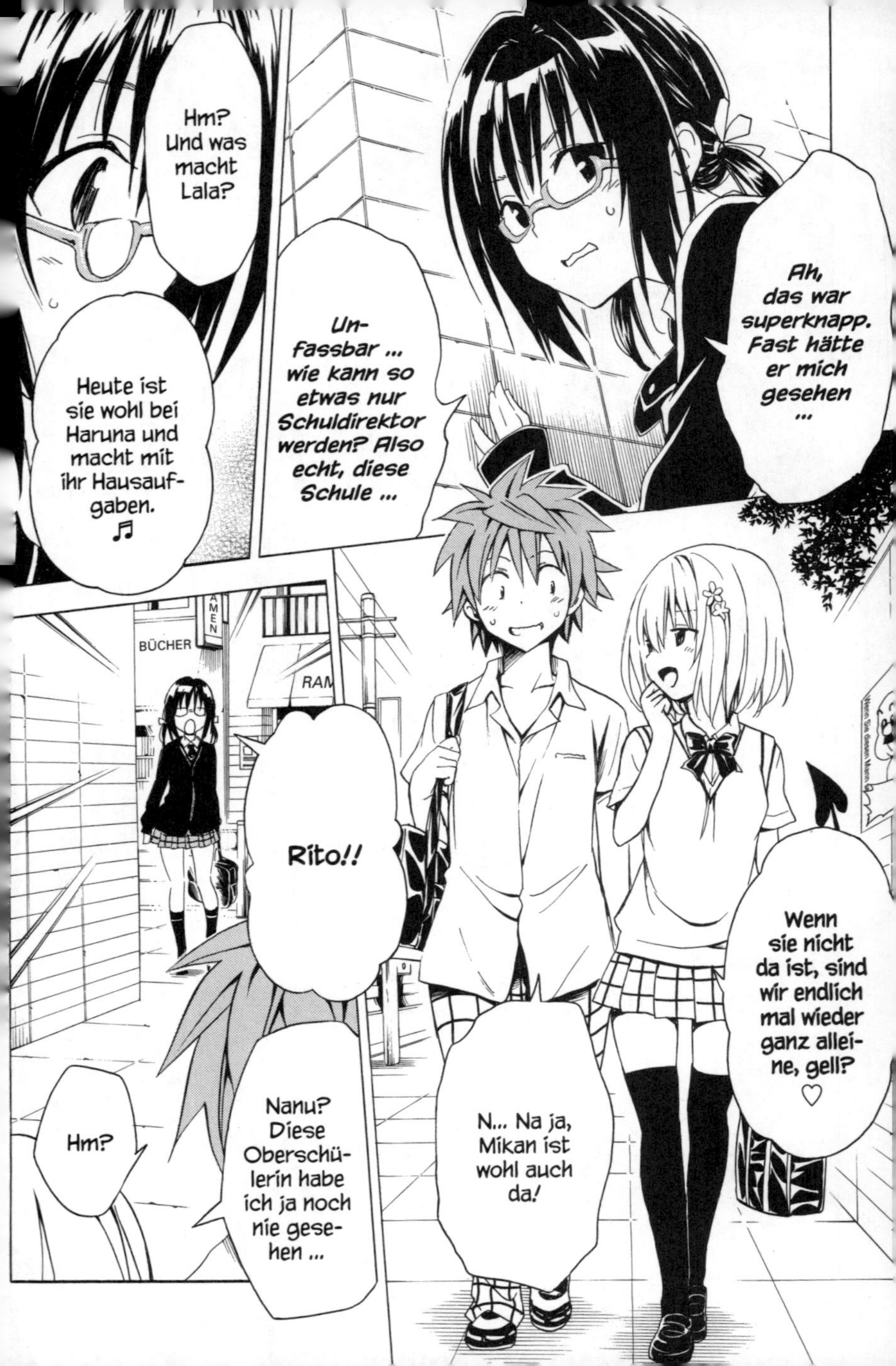

Ah, das war superknapp. Fast hätte er mich gesehen ...
Unfassbar ... wie kann so etwas nur Schuldirektor werden? Also echt, diese Schule ...
Hm? Und was macht Lala?
Heute ist sie wohl bei Haruna und macht mit ihr Hausaufgaben. ♫
Wenn sie nicht da ist, sind wir endlich mal wieder ganz alleine, gell? ♡
N... Na ja, Mikan ist wohl auch da!
RAMEN
BÜCHER
RAM
Wenn Sie diesen Mann
Rito!!
Hm?
Nanu? Diese Oberschülerin habe ich ja noch nie gesehen ...

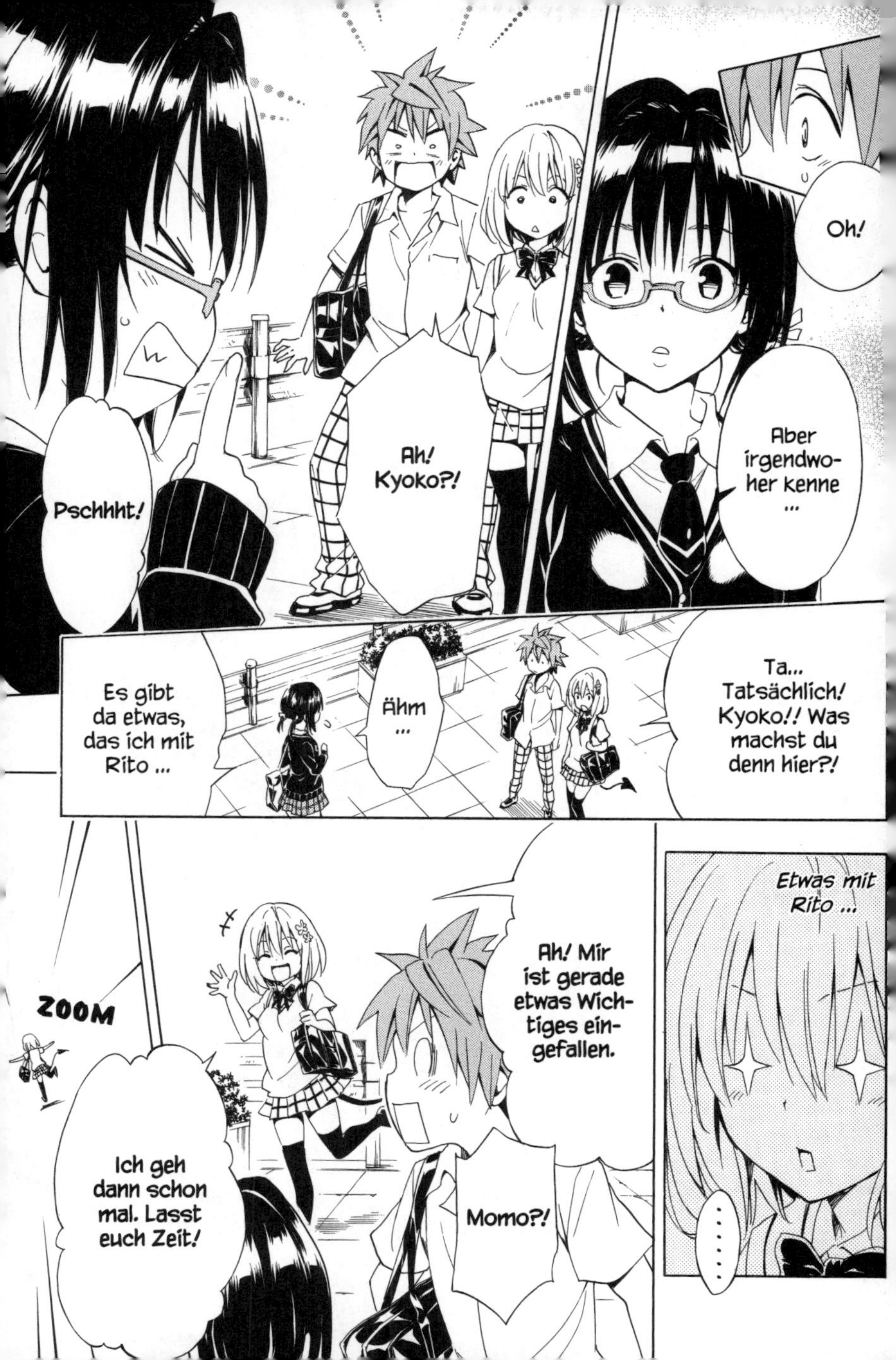
Oh!
Aber irgendwoher kenne ...
Ah! Kyoko?!
Pschhht!
Ta... Tatsächlich! Kyoko!! Was machst du denn hier?!
Ähm ...
Es gibt da etwas, das ich mit Rito ...
Etwas mit Rito ...
......
Ah! Mir ist gerade etwas Wichtiges eingefallen.
Momo?!
Ich geh dann schon mal. Lasst euch Zeit!
ZOOM

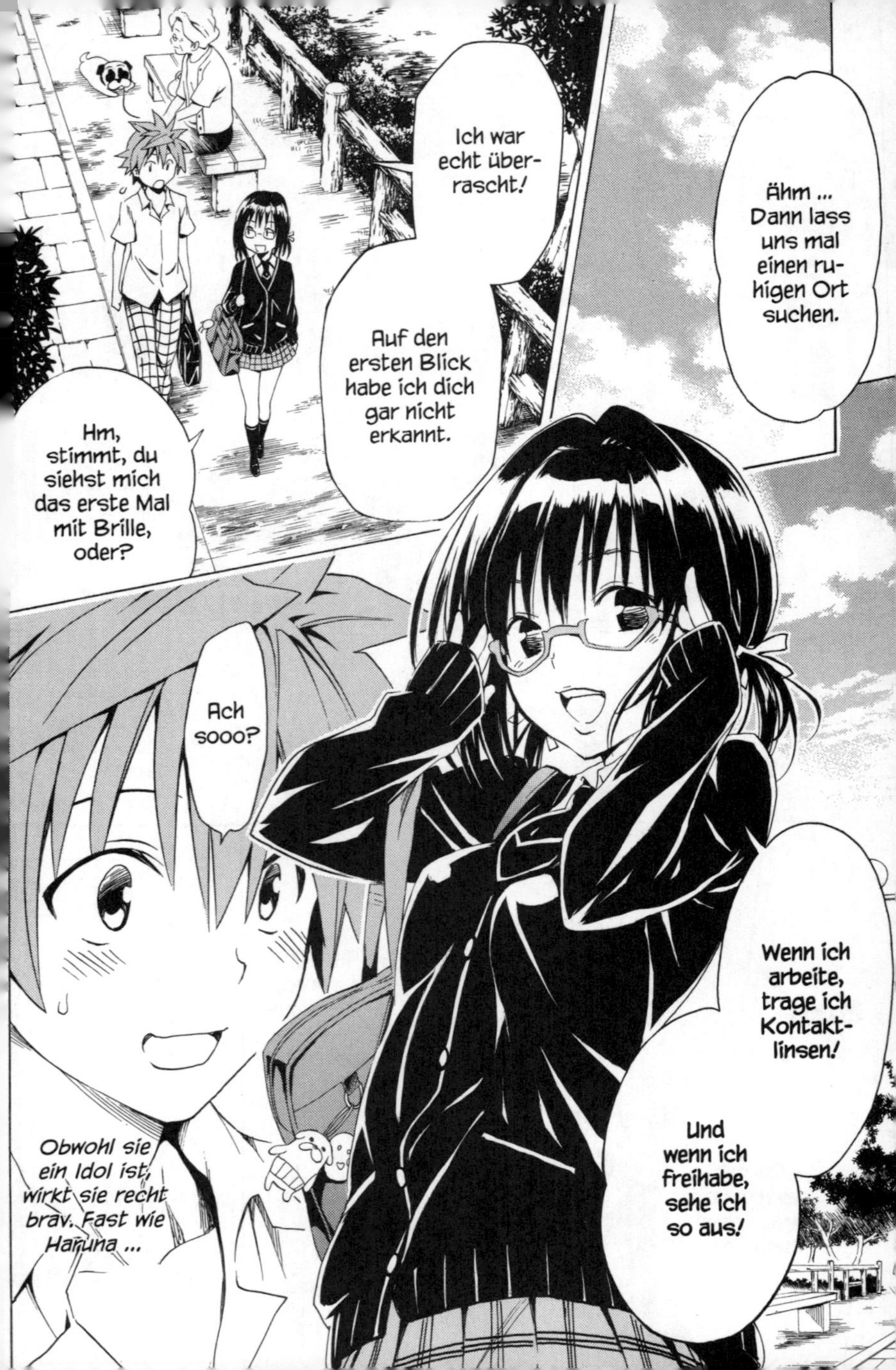
Ähm ... Dann lass uns mal einen ruhigen Ort suchen.
Ich war echt überrascht!
Auf den ersten Blick habe ich dich gar nicht erkannt.
Hm, stimmt, du siehst mich das erste Mal mit Brille, oder?
Wenn ich arbeite, trage ich Kontaktlinsen!
Und wenn ich freihabe, sehe ich so aus!
Ach sooo?
Obwohl sie ein Idol ist, wirkt sie recht brav. Fast wie Haruna ...

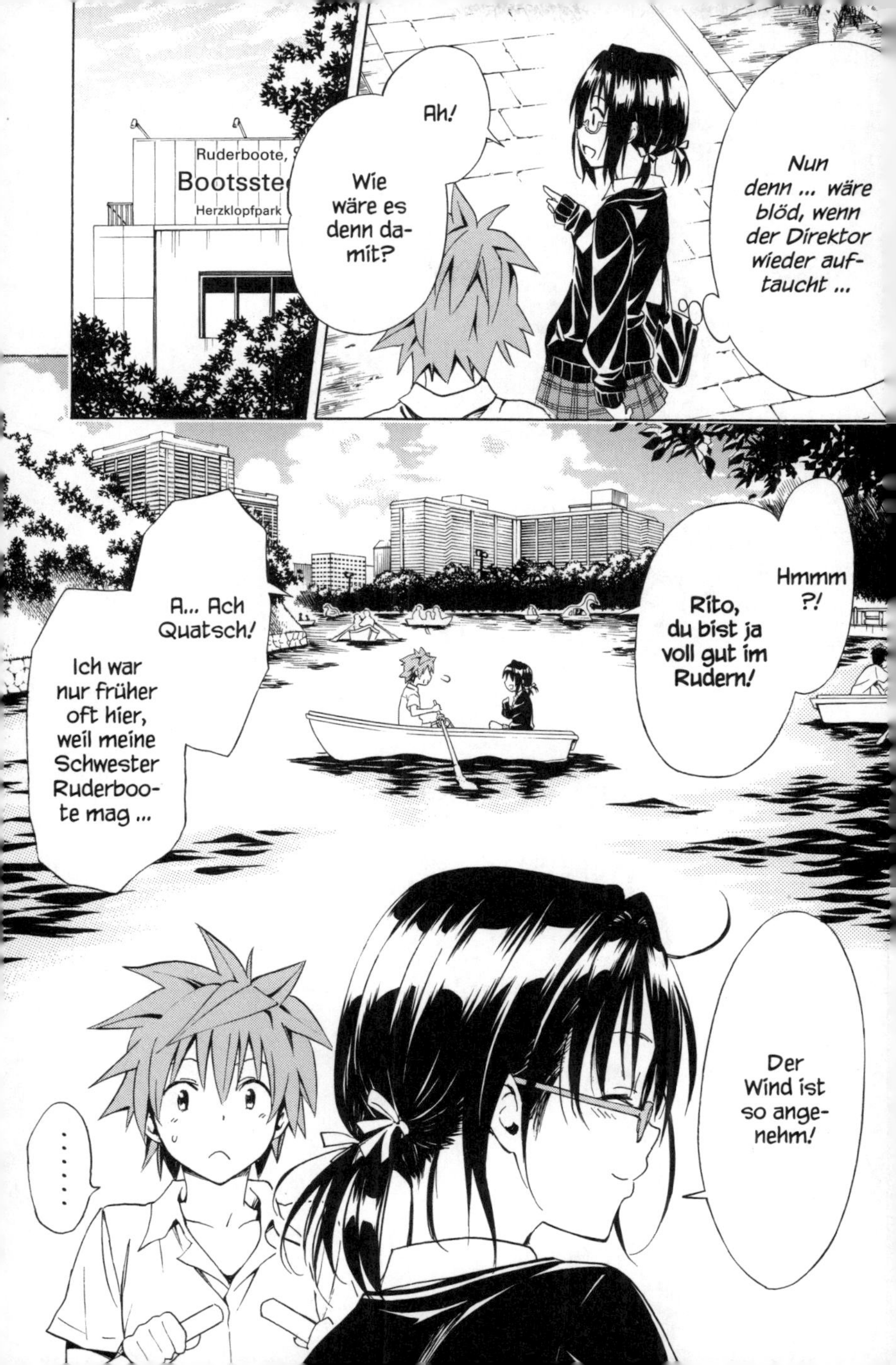

Nun denn ... wäre blöd, wenn der Direktor wieder auftaucht ...
Ah!
Wie wäre es denn damit?
Ruderboote,
Herzklopfpark
Hmmm ?!
Rito, du bist ja voll gut im Rudern!
A... Ach Quatsch!
Ich war nur früher oft hier, weil meine Schwester Ruderboote mag ...
Der Wind ist so angenehm!
....

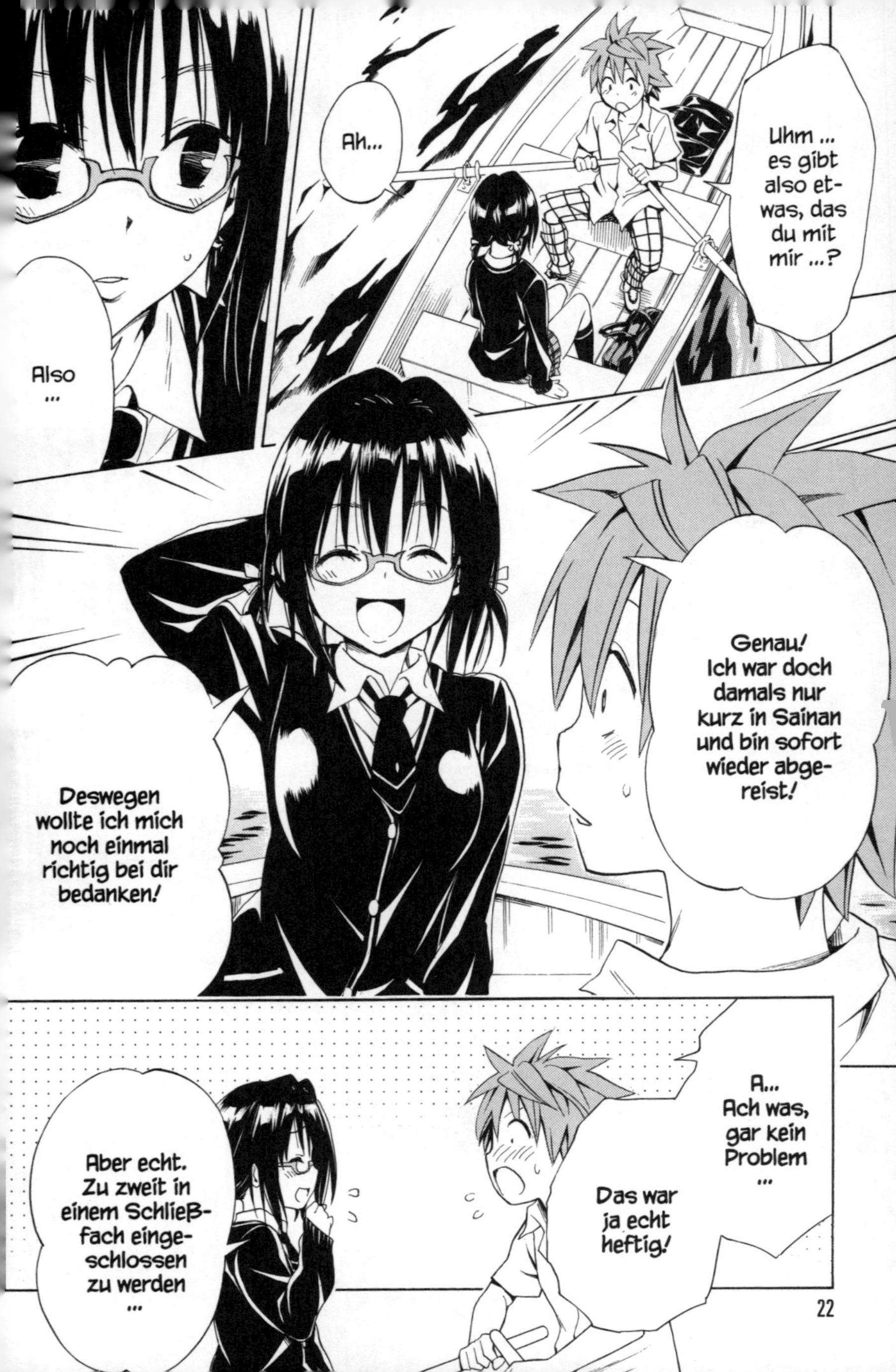
Uhm ... es gibt also etwas, das du mit mir ...?
Ah...
Also ...
Genau! Ich war doch damals nur kurz in Sainan und bin sofort wieder abgereist!
Deswegen wollte ich mich noch einmal richtig bei dir bedanken!
A... Ach was, gar kein Problem ...
Das war ja echt heftig!
Aber echt. Zu zweit in einem Schließfach eingeschlossen zu werden ...

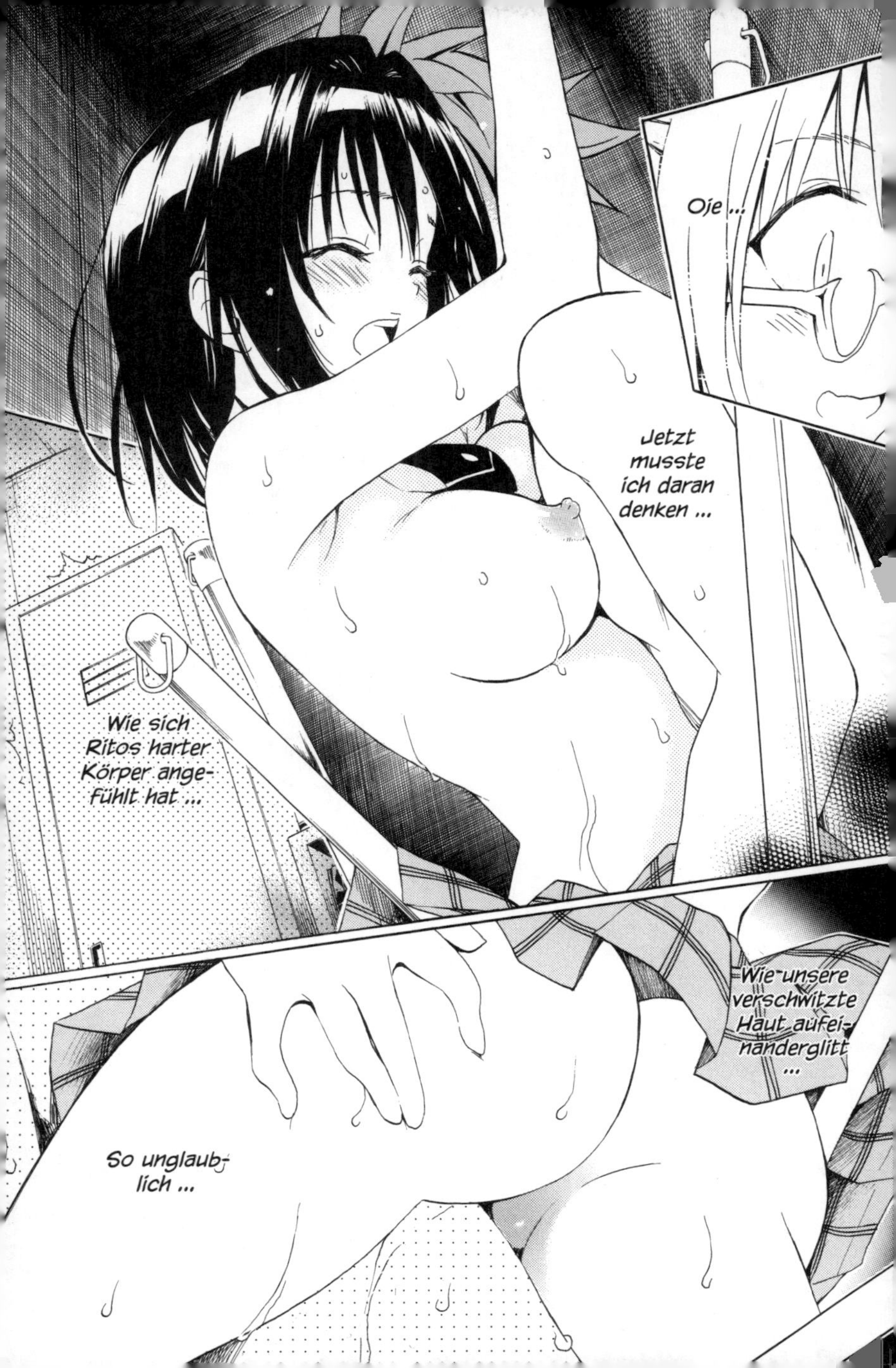
Oje ...
Jetzt musste ich daran denken ...
Wie sich Ritos harter Körper ange- fühlt hat ...
Wie unsere verschwitzte Haut aufei- nanderglitt ...
So unglaub- lich ...

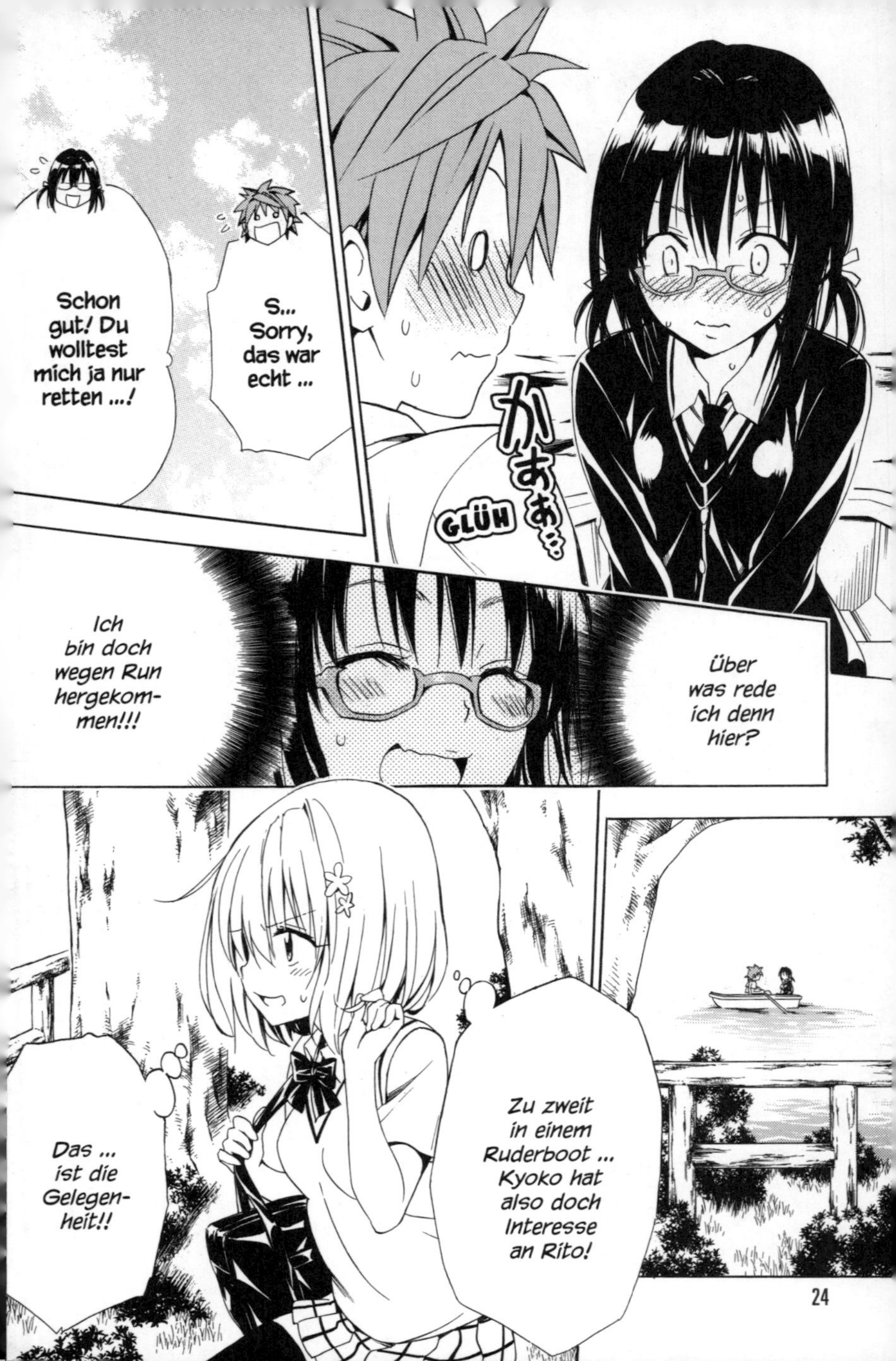
かあぁ…
GLÜH
S... Sorry, das war echt ...
Schon gut! Du wolltest mich ja nur retten ...!
Über was rede ich denn hier?
Ich bin doch wegen Run hergekommen!!!
Zu zweit in einem Ruderboot ... Kyoko hat also doch Interesse an Rito!
Das ... ist die Gelegenheit!!

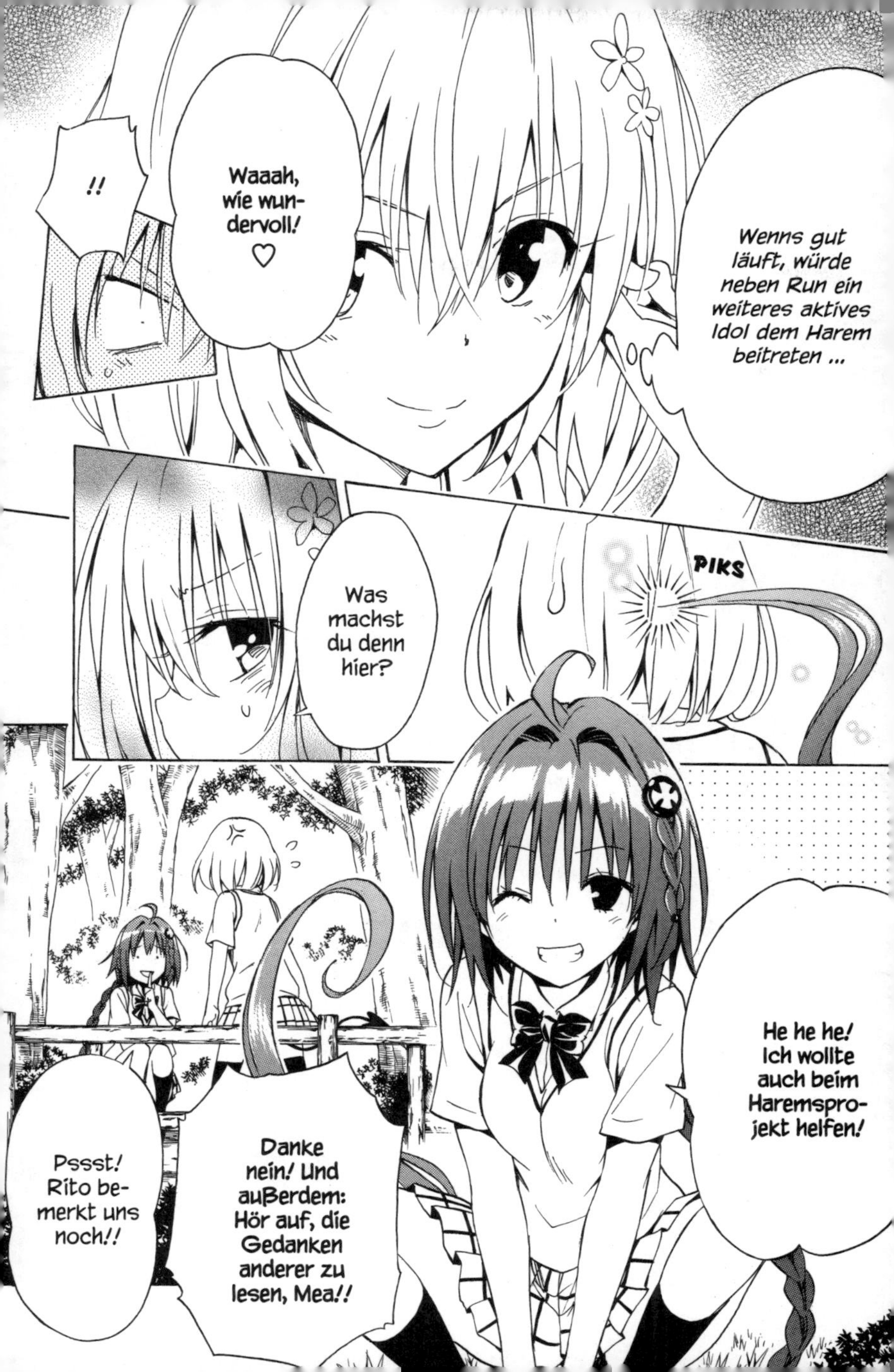
Wenns gut läuft, würde neben Run ein weiteres aktives Idol dem Harem beitreten ...
Waaah, wie wundervoll! ♡
!!
PIKS
Was machst du denn hier?
He he he! Ich wollte auch beim Haremsprojekt helfen!
Danke nein! Und außerdem: Hör auf, die Gedanken anderer zu lesen, Mea!!
Pssst! Rito bemerkt uns noch!!

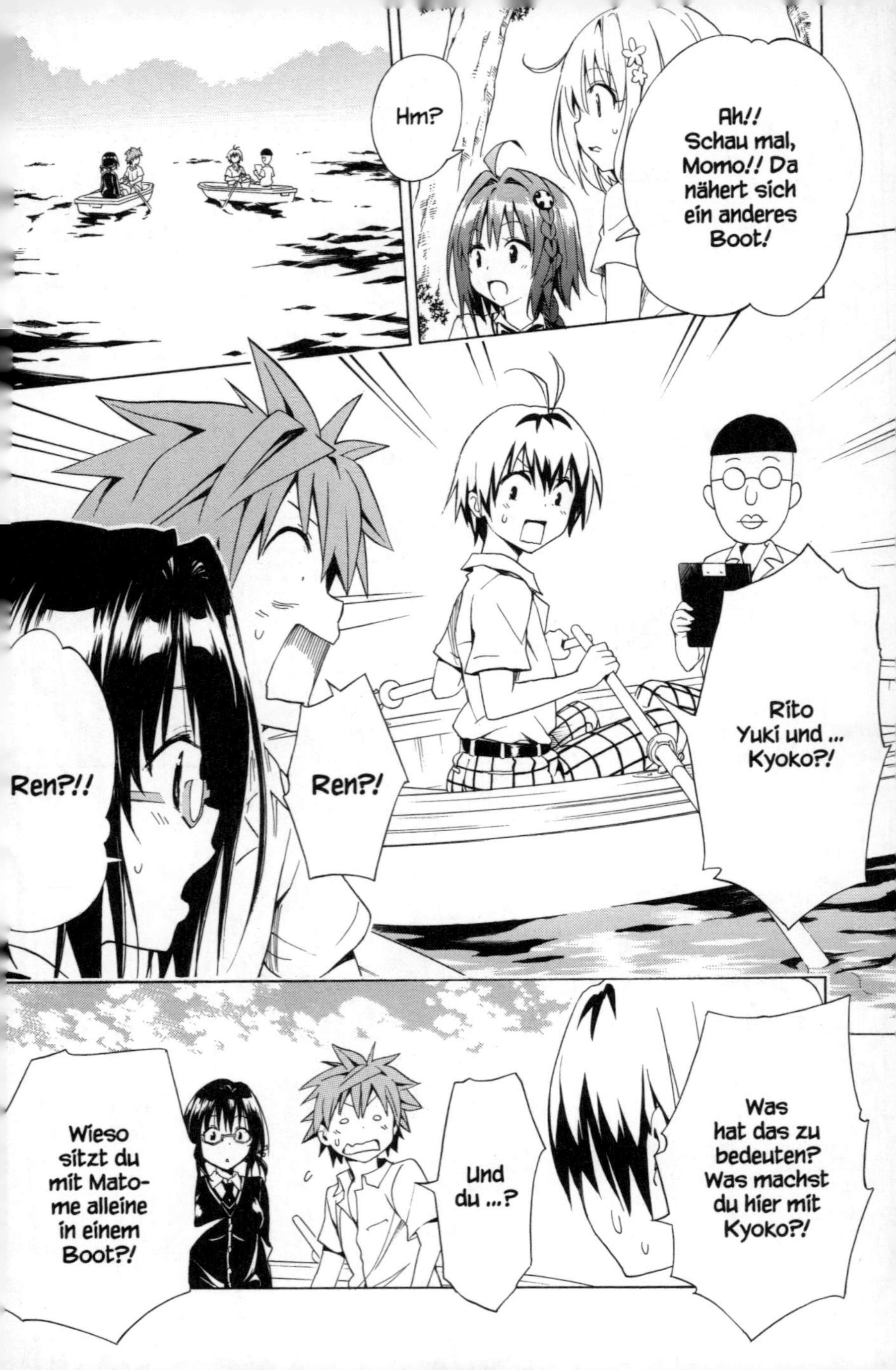
Ah!! Schau mal, Momo!! Da nähert sich ein anderes Boot!
Hm?
Rito Yuki und ... Kyoko?!
Ren?!
Ren?!!
Was hat das zu bedeuten? Was machst du hier mit Kyoko?!
Und du ...?
Wieso sitzt du mit Mato-me alleine in einem Boot?!

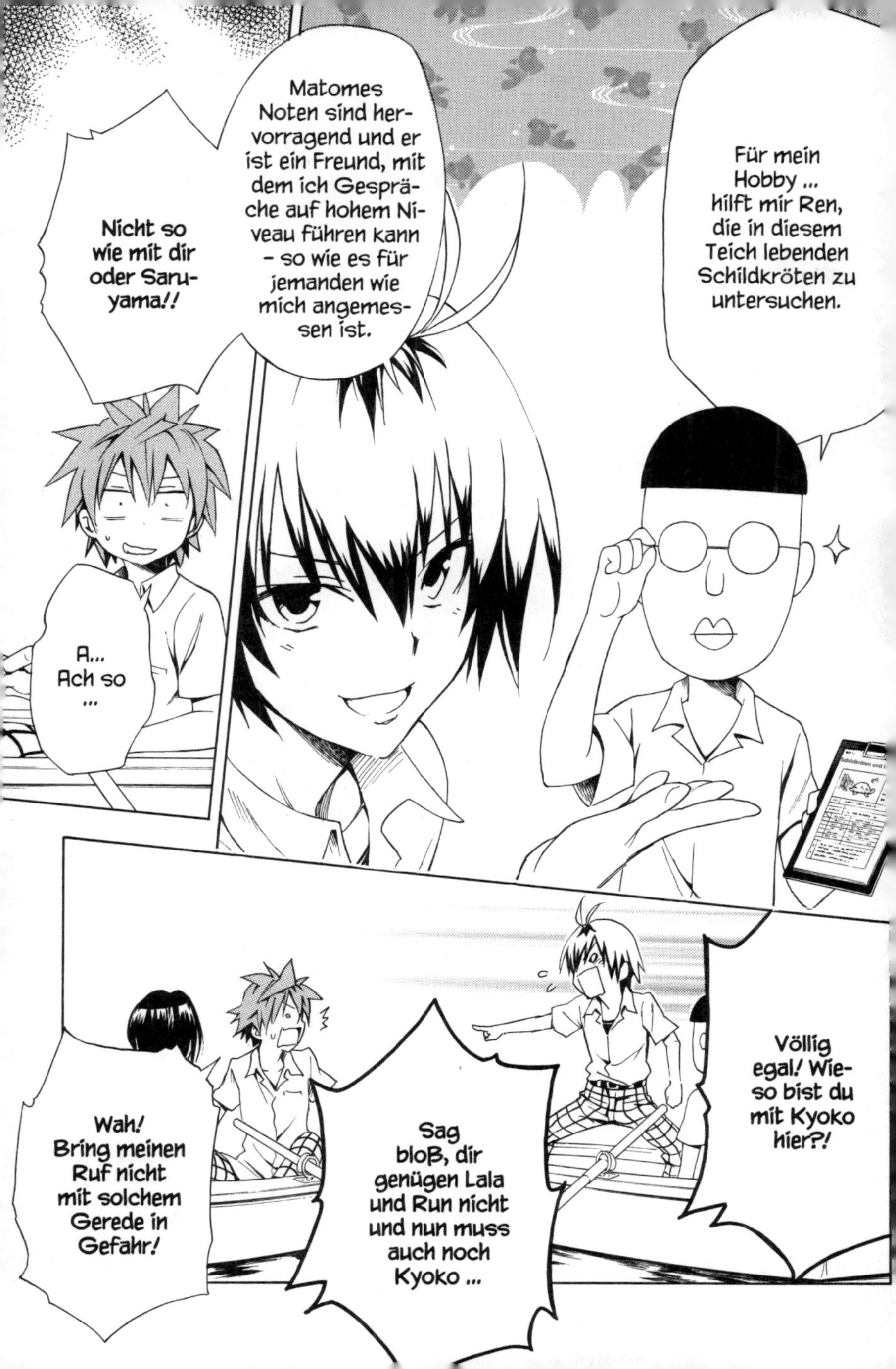
Für mein Hobby ... hilft mir Ren, die in diesem Teich lebenden Schildkröten zu untersuchen.
Matomes Noten sind hervorragend und er ist ein Freund, mit dem ich Gespräche auf hohem Niveau führen kann – so wie es für jemanden wie mich angemessen ist.
Nicht so wie mit dir oder Saruyama!!
A... Ach so ...
Völlig egal! Wieso bist du mit Kyoko hier?!
Sag bloß, dir genügen Lala und Run nicht und nun muss auch noch Kyoko ...
Wah! Bring meinen Ruf nicht mit solchem Gerede in Gefahr!

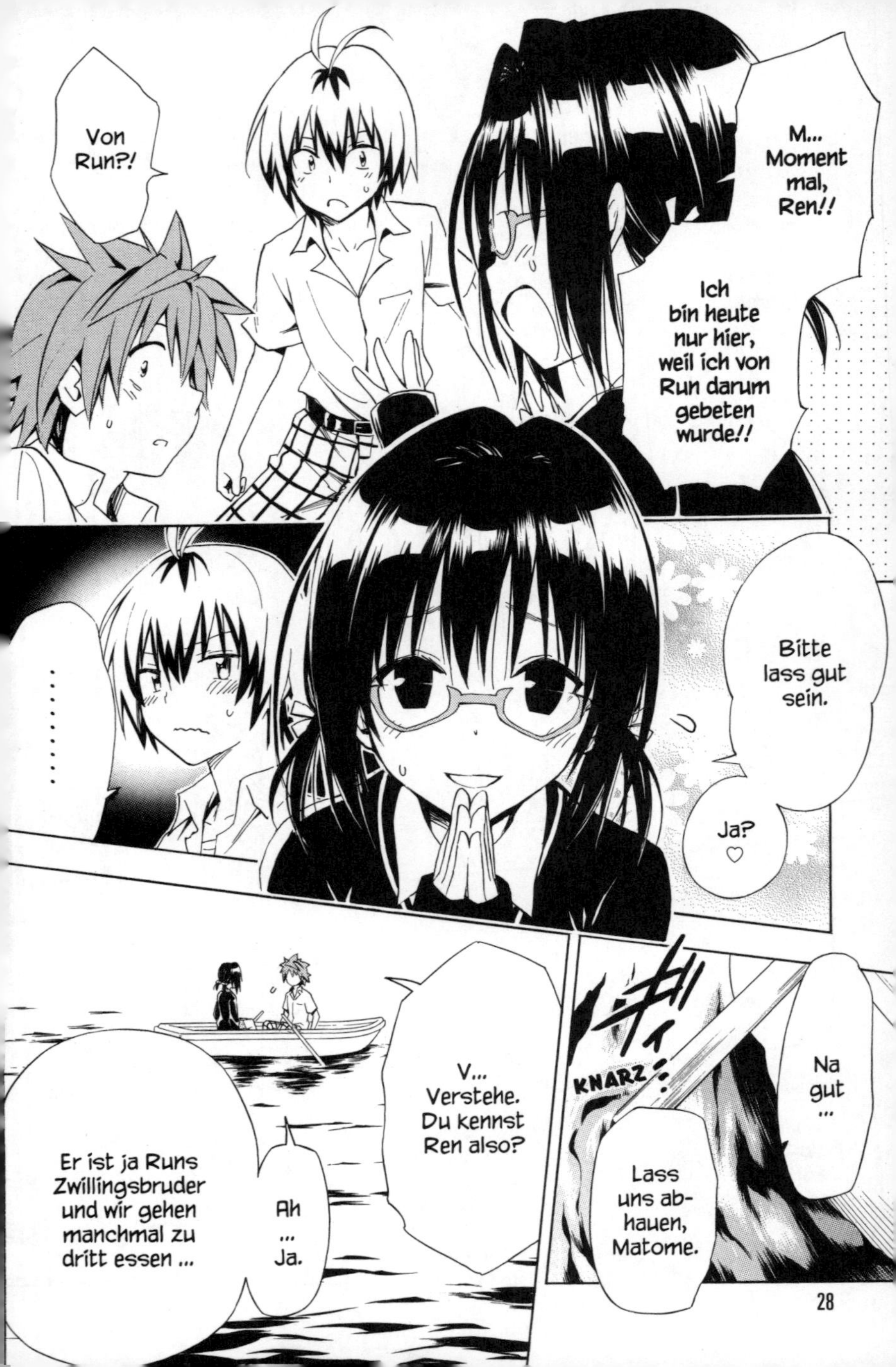
M... Moment mal, Ren!!
Ich bin heute nur hier, weil ich von Run darum gebeten wurde!!
Von Run?!
Bitte lass gut sein.
Ja? ♡
....
Na gut ...
KNARZ
Lass uns ab-hauen, Matome.
V... Verstehe. Du kennst Ren also?
Ah ... Ja.
Er ist ja Runs Zwillingsbruder und wir gehen manchmal zu dritt essen ...

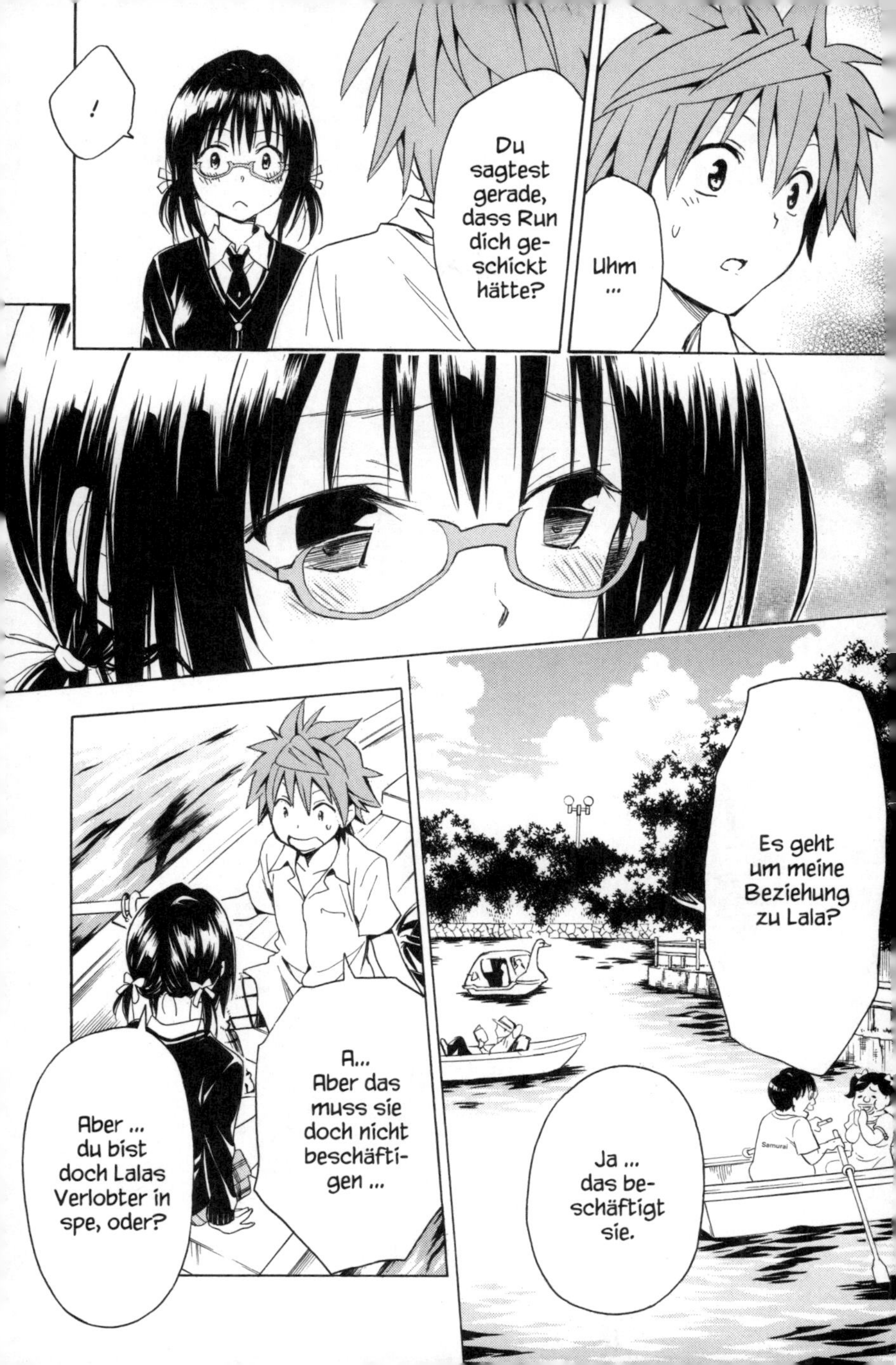
Uhm ...
Du sagtest gerade, dass Run dich geschickt hätte?
!
Es geht um meine Beziehung zu Lala?
Ja ... das beschäftigt sie.
A... Aber das muss sie doch nicht beschäftigen ...
Aber ... du bist doch Lalas Verlobter in spe, oder?
Samurai

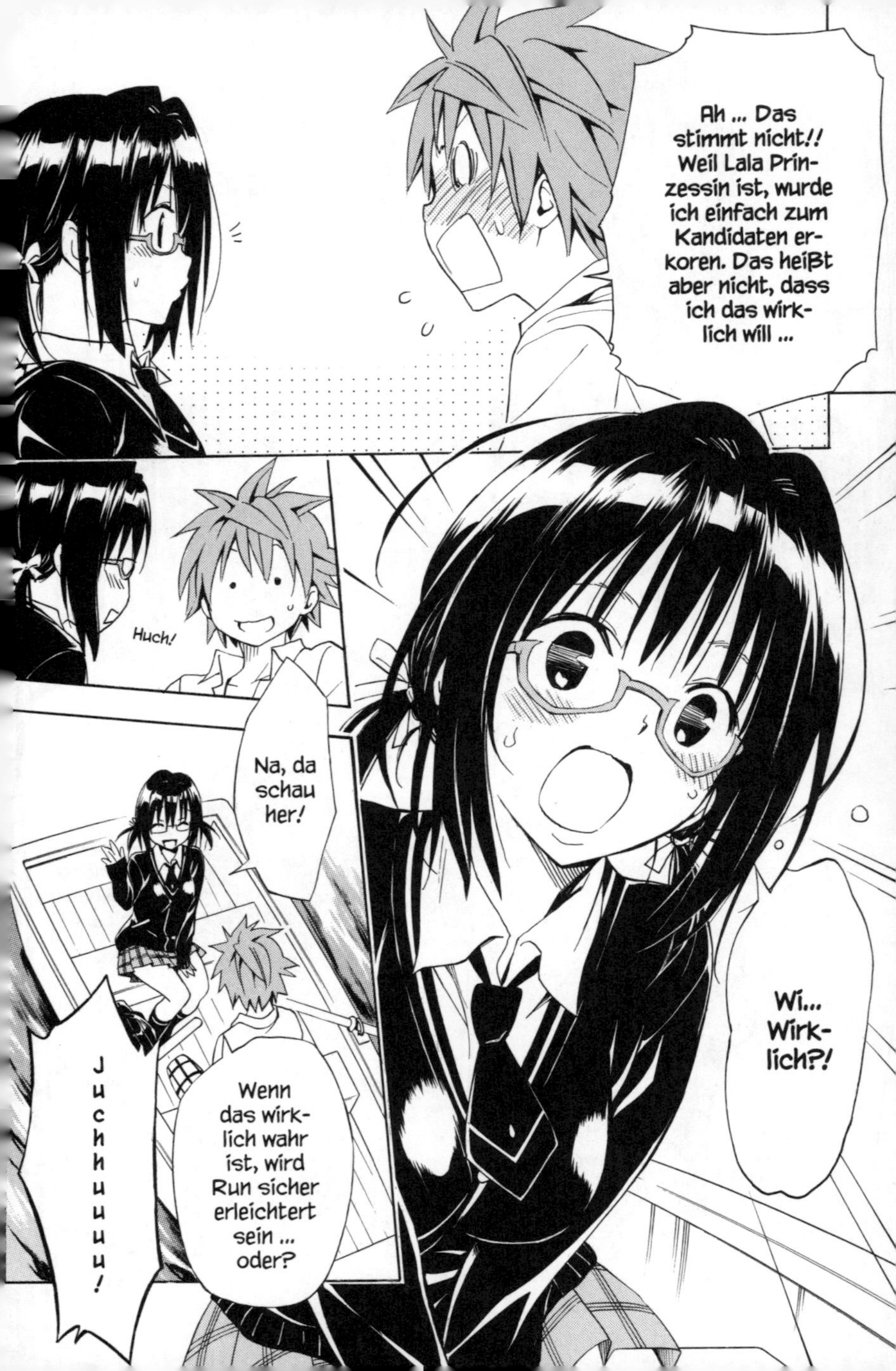
Ah ... Das stimmt nicht!! Weil Lala Prinzessin ist, wurde ich einfach zum Kandidaten erkoren. Das heißt aber nicht, dass ich das wirklich will ...
Huch!
Wi... Wirklich?!
Na, da schau her!
Wenn das wirklich wahr ist, wird Run sicher erleichtert sein ... oder?
Juchhuuuuu!

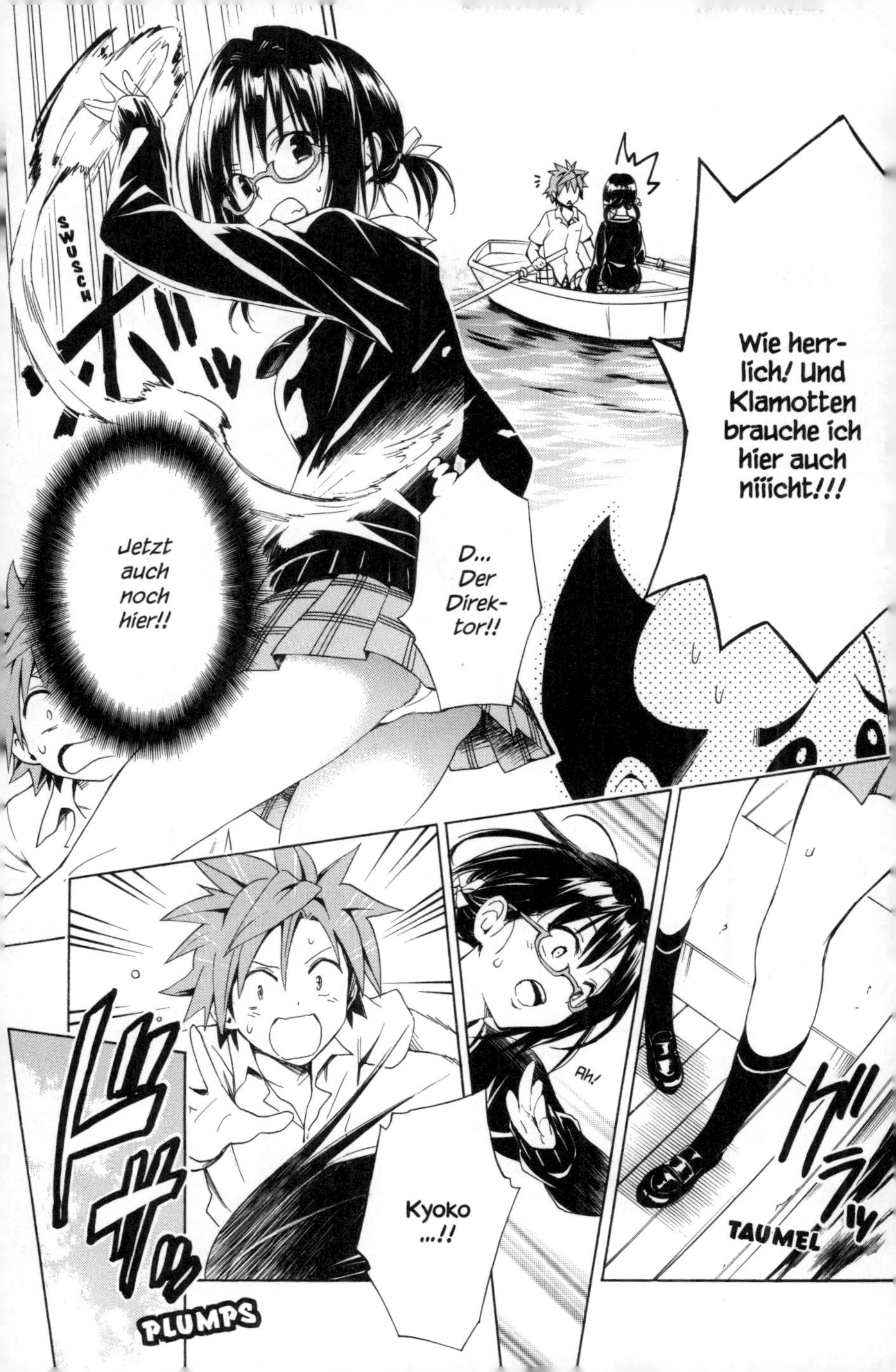

Wie herrlich! Und Klamotten brauche ich hier auch niiicht!!!
SWUSCH
D... Der Direktor!!
Jetzt auch noch hier!!
TAUMEL
Ah!
Kyoko ...!!
PLUMPS

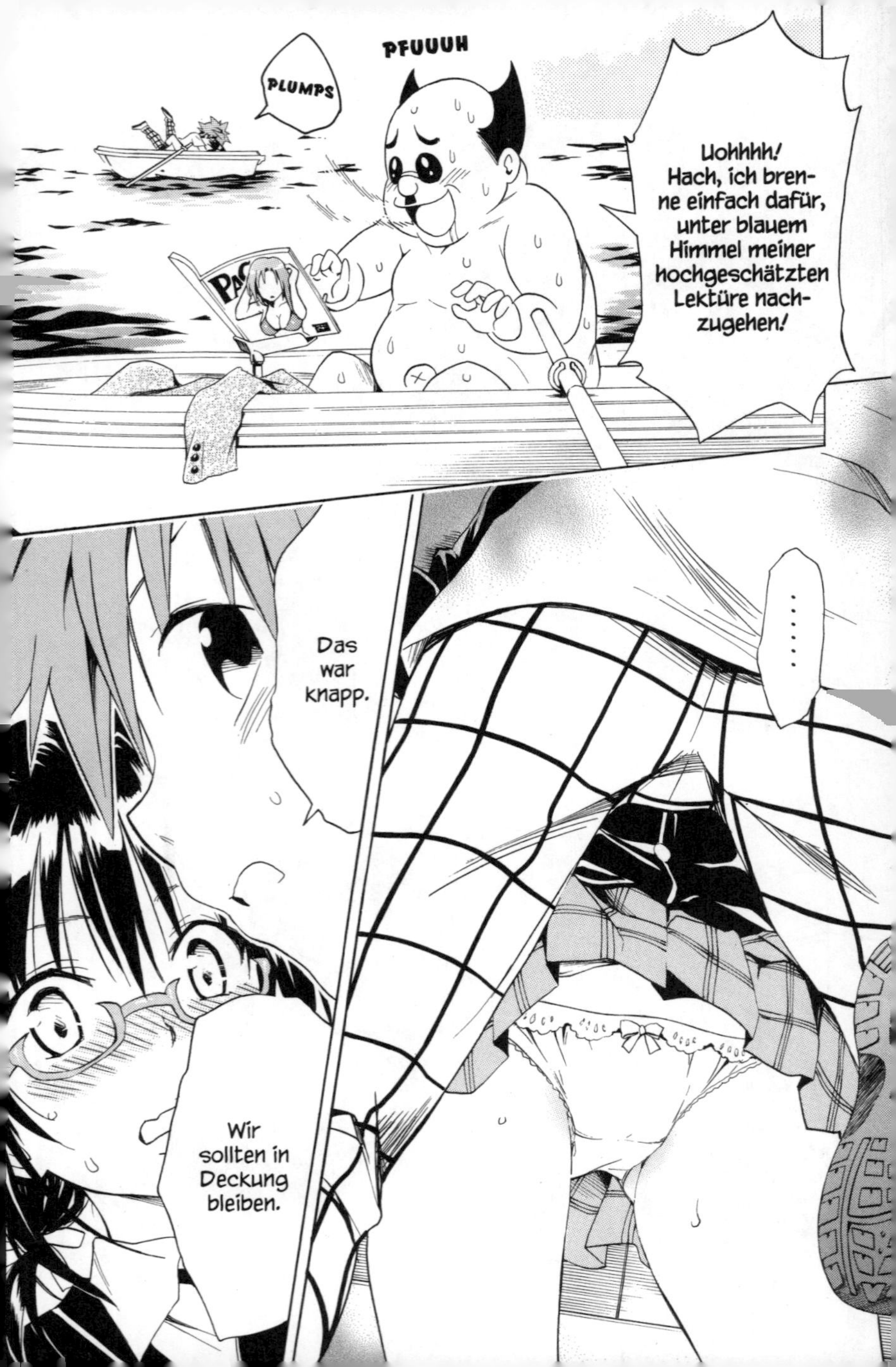
PFUUUH
PLUMPS
Uohhhh! Hach, ich brenne einfach dafür, unter blauem Himmel meiner hochgeschätzten Lektüre nachzugehen!
......
Das war knapp.
Wir sollten in Deckung bleiben.

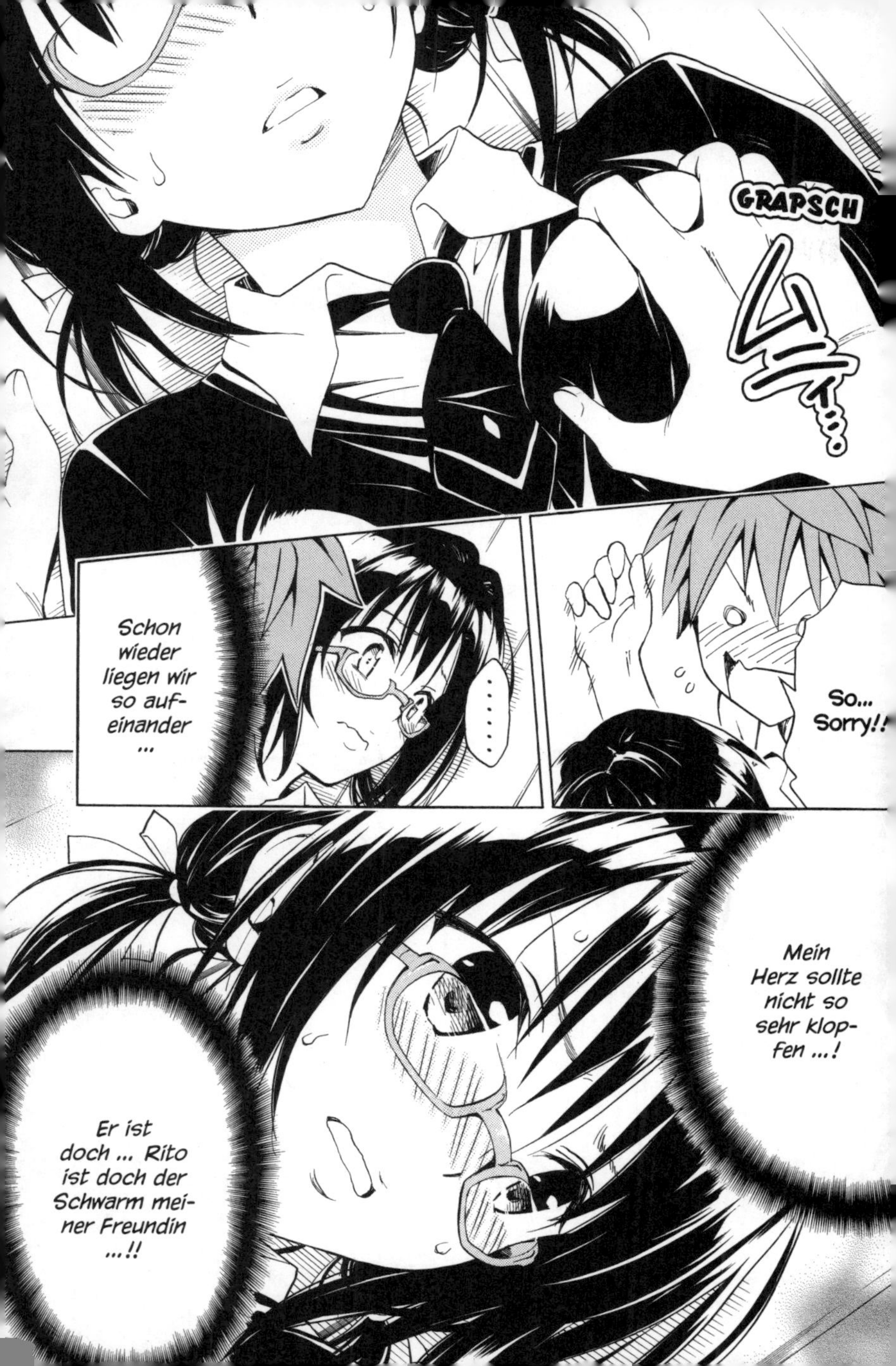
GRAPSCH
ムニ…
So... Sorry!!
Schon wieder liegen wir so auf-einander ...
....
Mein Herz sollte nicht so sehr klop-fen ...!
Er ist doch ... Rito ist doch der Schwarm mei-ner Freundin ...!!

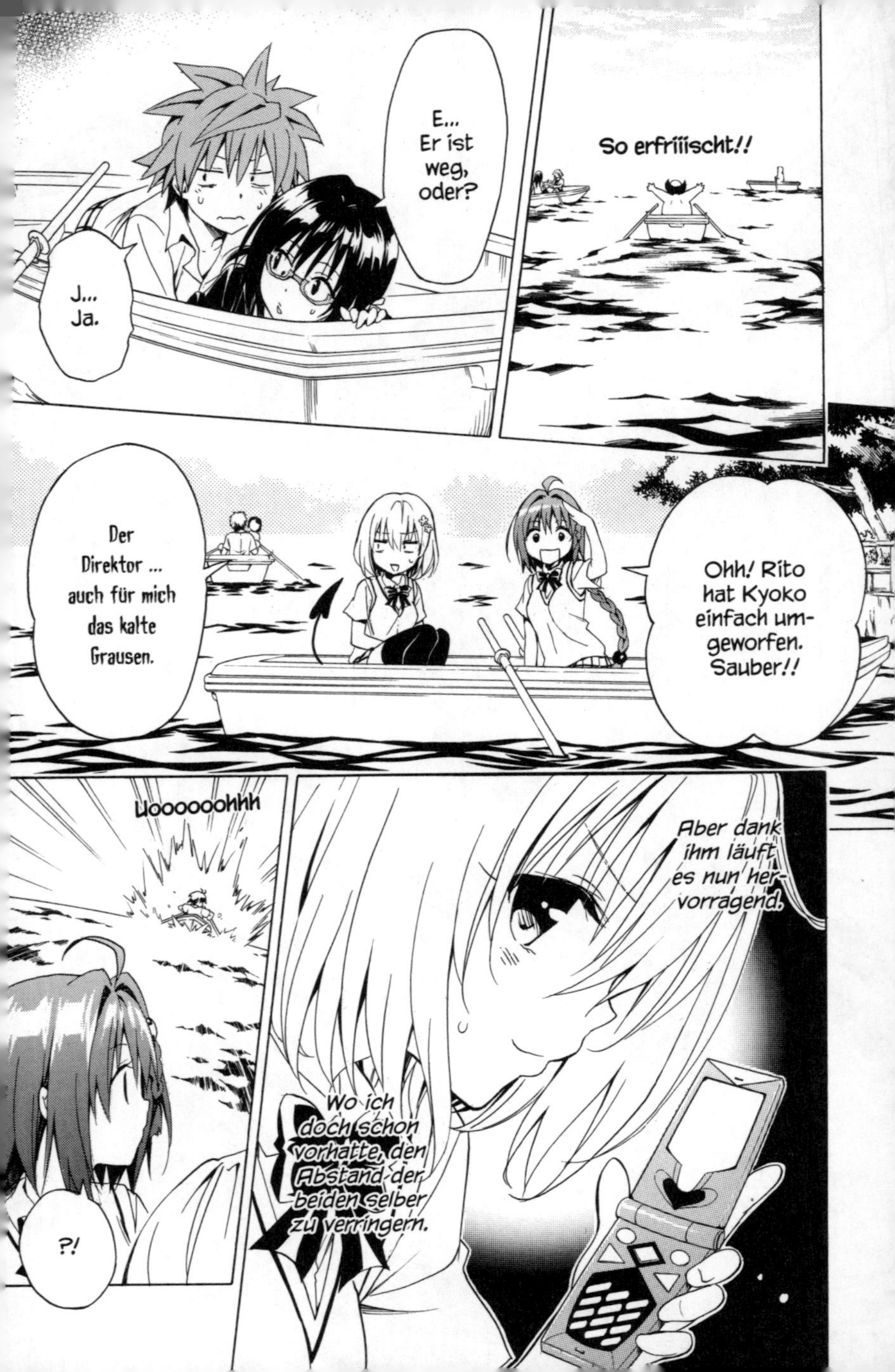
So erfriiischt!!
E... Er ist weg, oder?
J... Ja.
Ohh! Rito hat Kyoko einfach umgeworfen. Sauber!!
Der Direktor ... auch für mich das kalte Grausen.
Aber dank ihm läuft es nun hervorragend.
Wo ich doch schon vorhatte, den Abstand der beiden selber zu verringern.
Uoooooohhh
?!

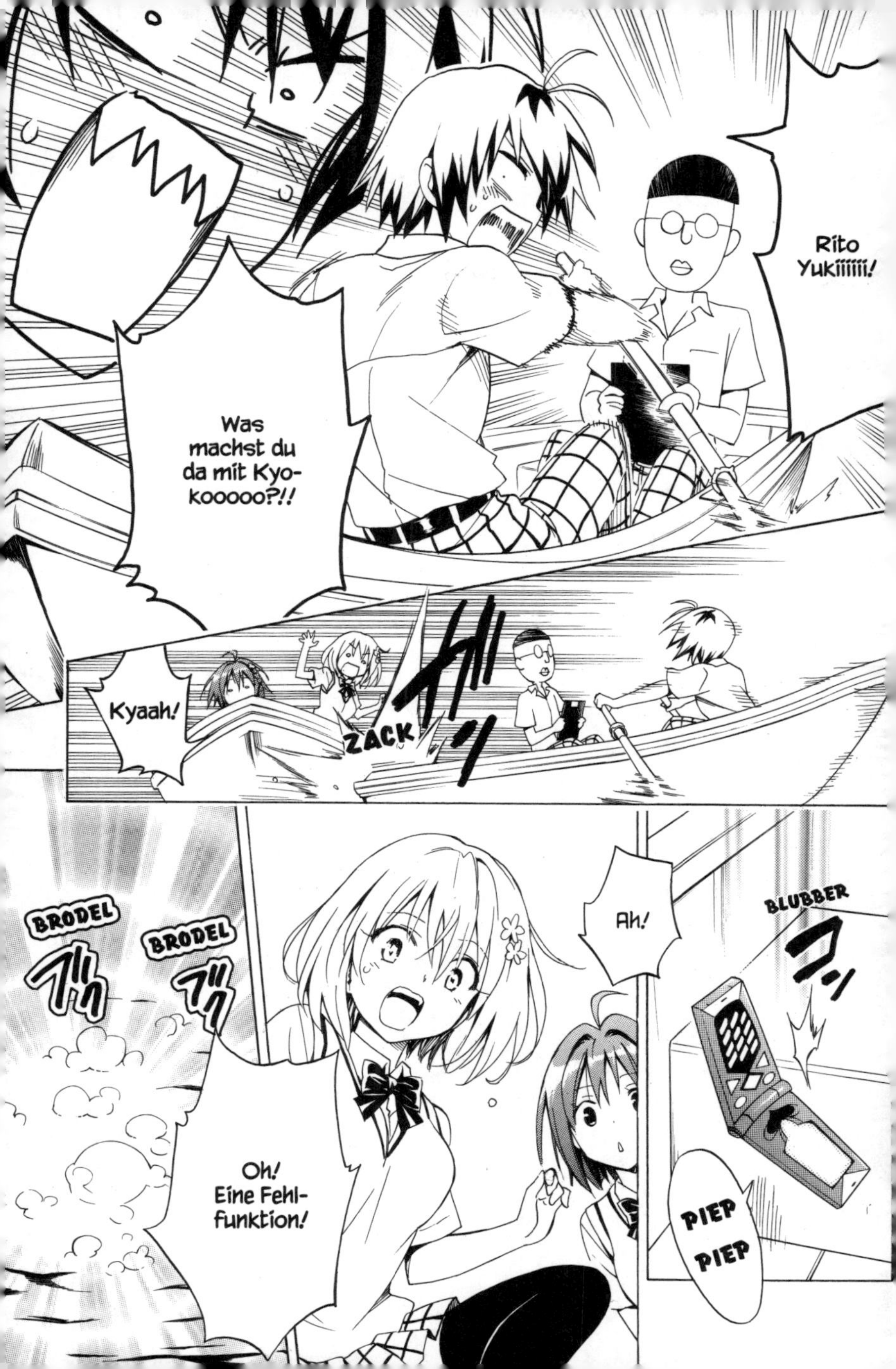
Rito Yukiiiiii!
Was machst du da mit Kyo-kooooo?!!
ZACK
Kyaah!
BLUBBER
Ah!
BRODEL
BRODEL
PIEP PIEP
Oh! Eine Fehl-funktion!

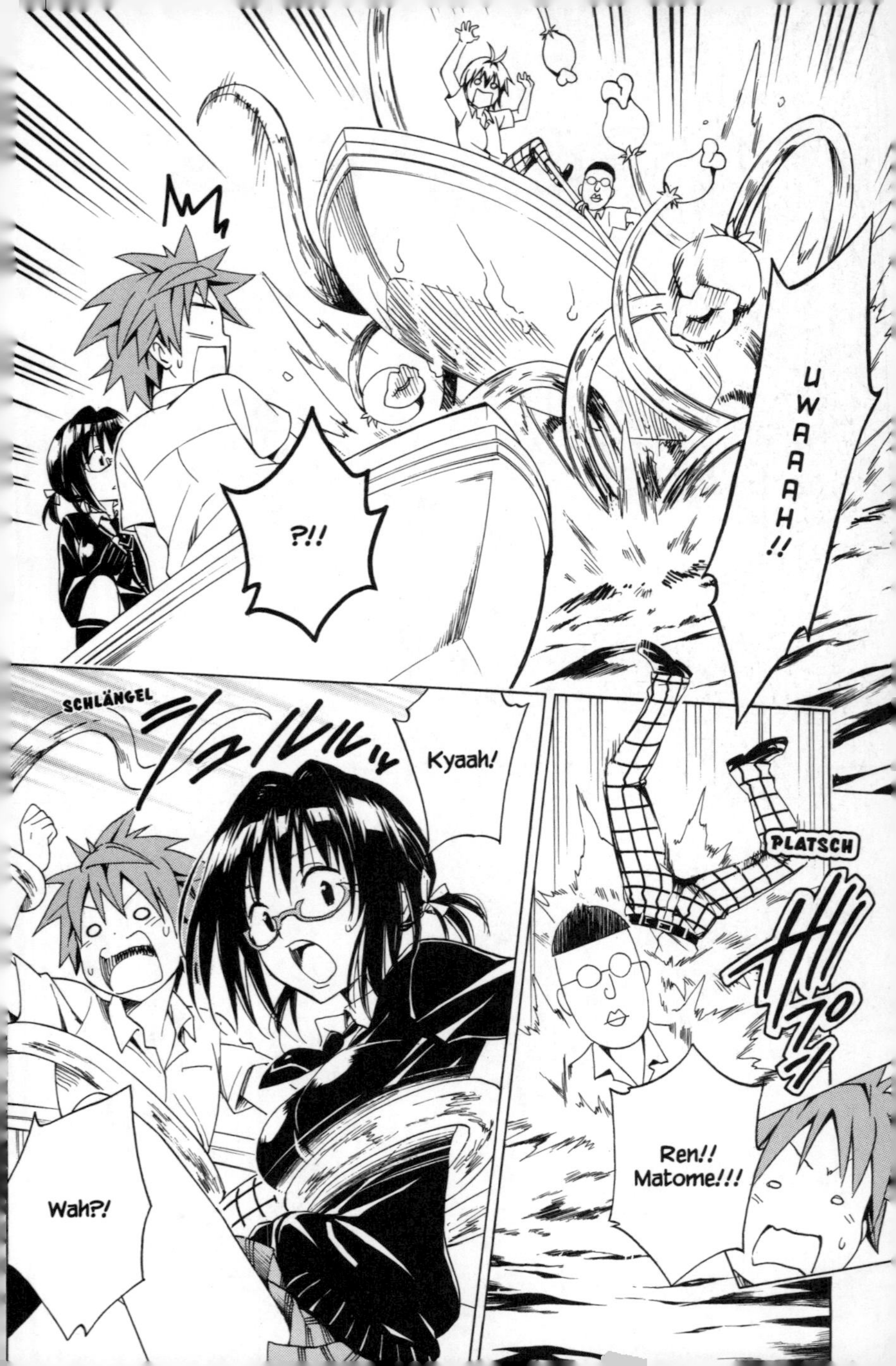
UWAAAH!!
?!!
PLATSCH
Ren!! Matome!!!
Kyaah!
SCHLÄNGEL
Wah?!

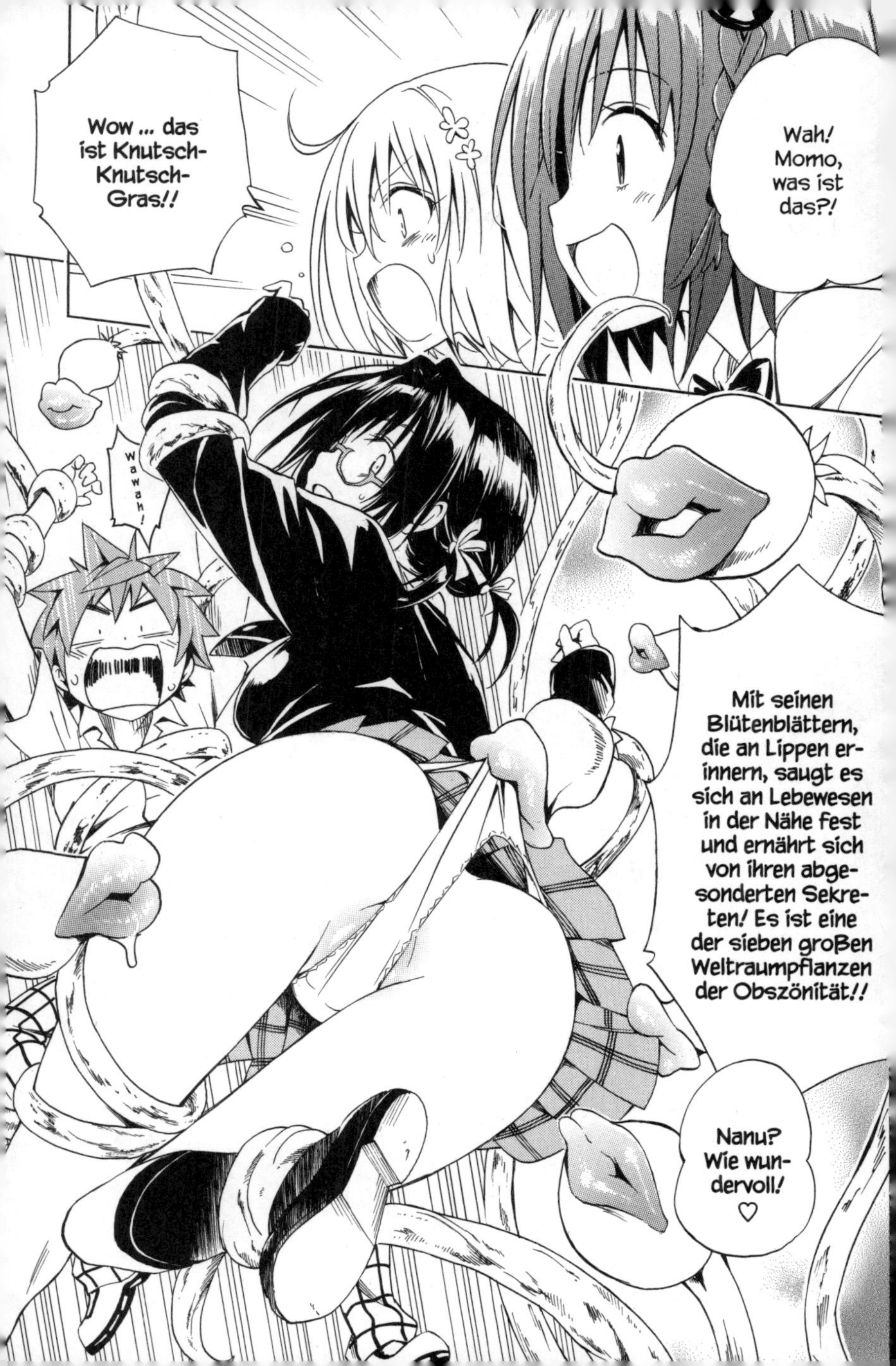

Wah! Momo, was ist das?!
Wow ... das ist Knutsch-Knutsch-Gras!!
Wawah!
Mit seinen Blütenblättern, die an Lippen erinnern, saugt es sich an Lebewesen in der Nähe fest und ernährt sich von ihren abgesonderten Sekreten! Es ist eine der sieben großen Weltraumpflanzen der Obszönität!!
Nanu? Wie wundervoll! ♡

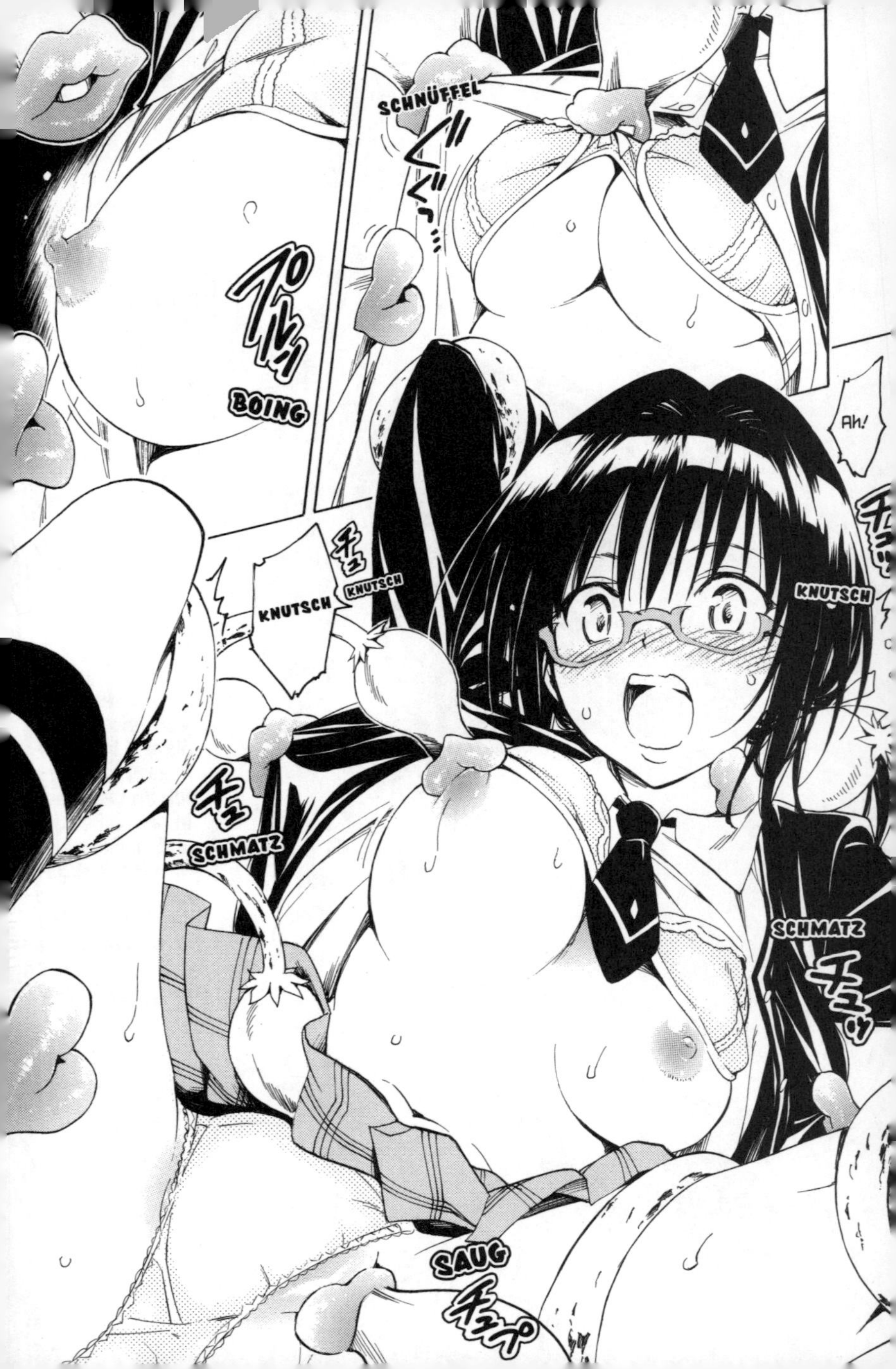

SCHNÜFFEL
プルン
BOING
Ah!
チュッ
KNUTSCH
チュ
KNUTSCH
KNUTSCH
チュ
SCHMATZ
SCHMATZ
チュッ
SAUG
チュプ

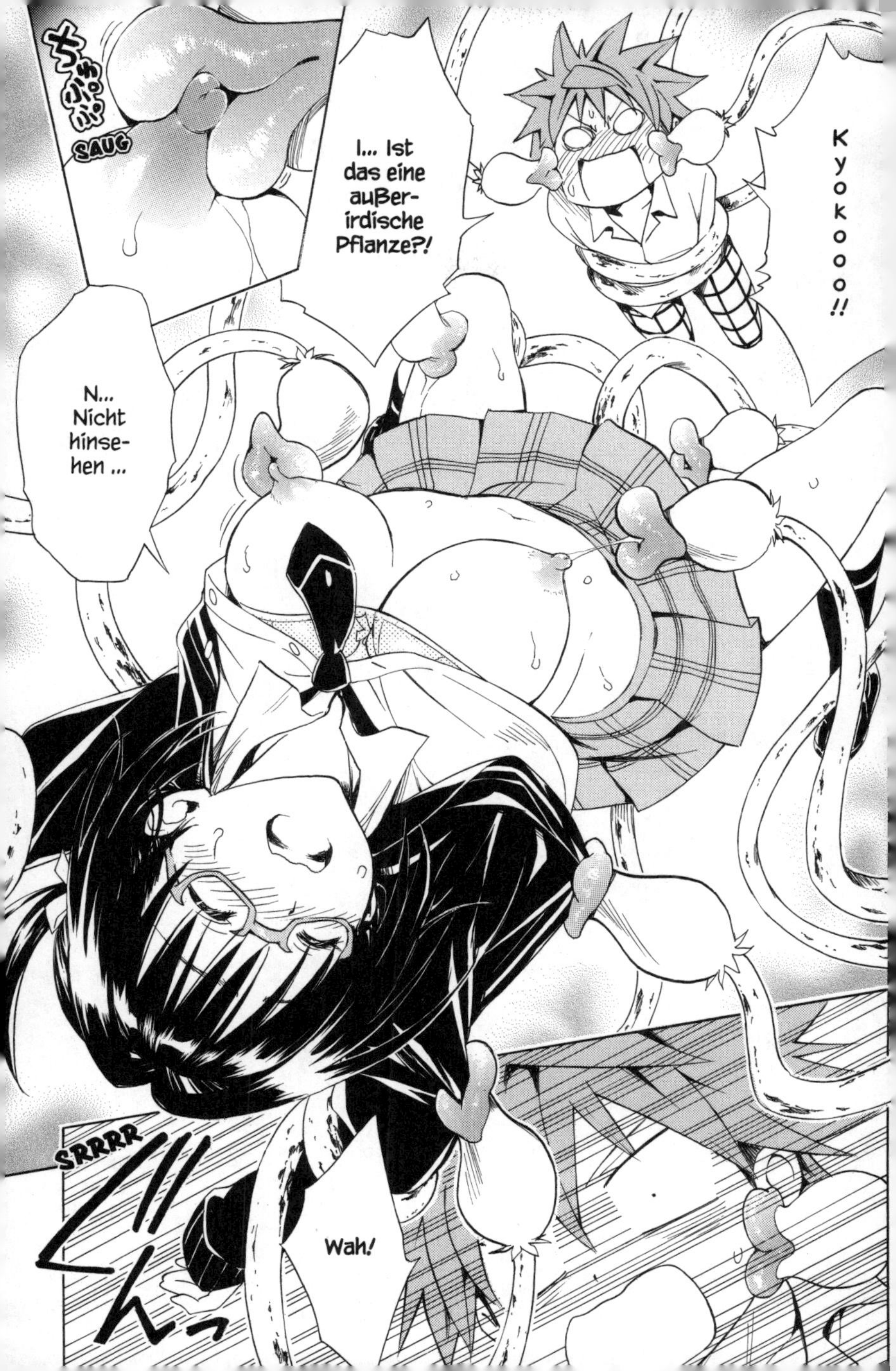
Kyokoooo!!
I... Ist das eine außer-irdische Pflanze?!
SAUG
N... Nicht hinse-hen ...
Wah!
SRRRR

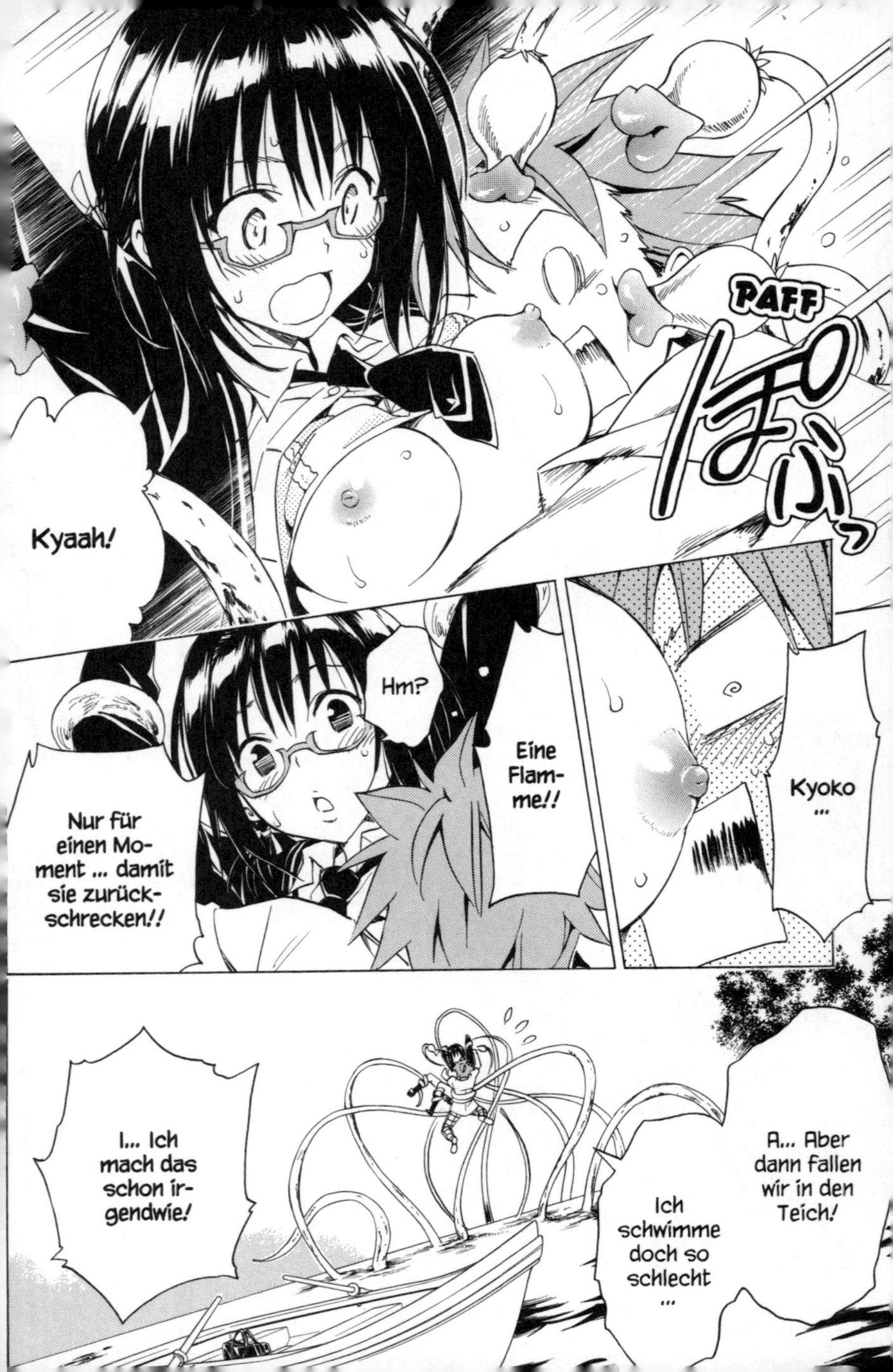
PAFF
ぽふっ
Kyaah!
Kyoko ...
Hm?
Eine Flamme!!
Nur für einen Moment ... damit sie zurückschrecken!!
A... Aber dann fallen wir in den Teich!
Ich schwimme doch so schlecht ...
I... Ich mach das schon irgendwie!

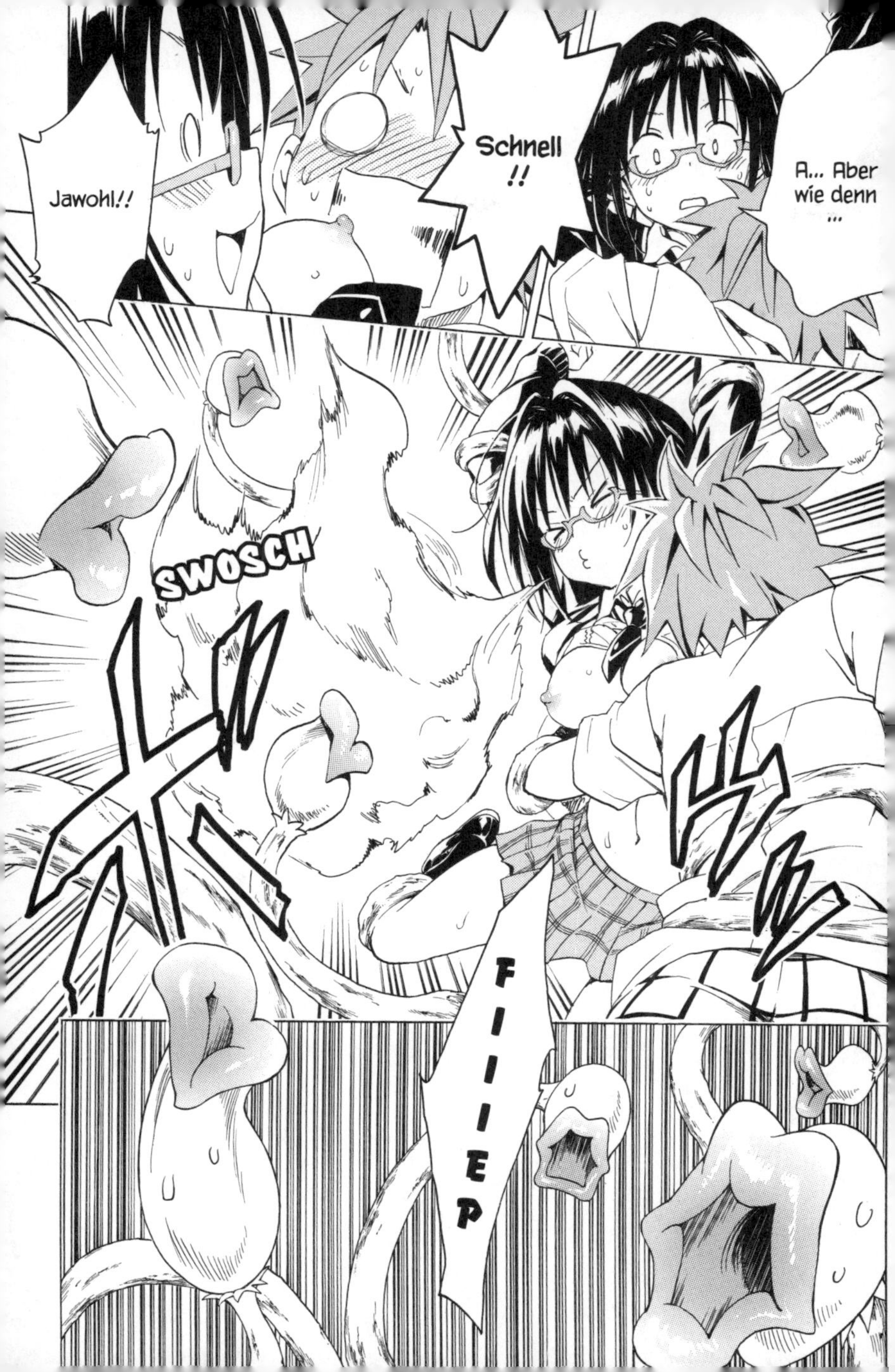

A... Aber wie denn ...
Schnell !!
Jawohl!!
SWOSCH
FIIIEP

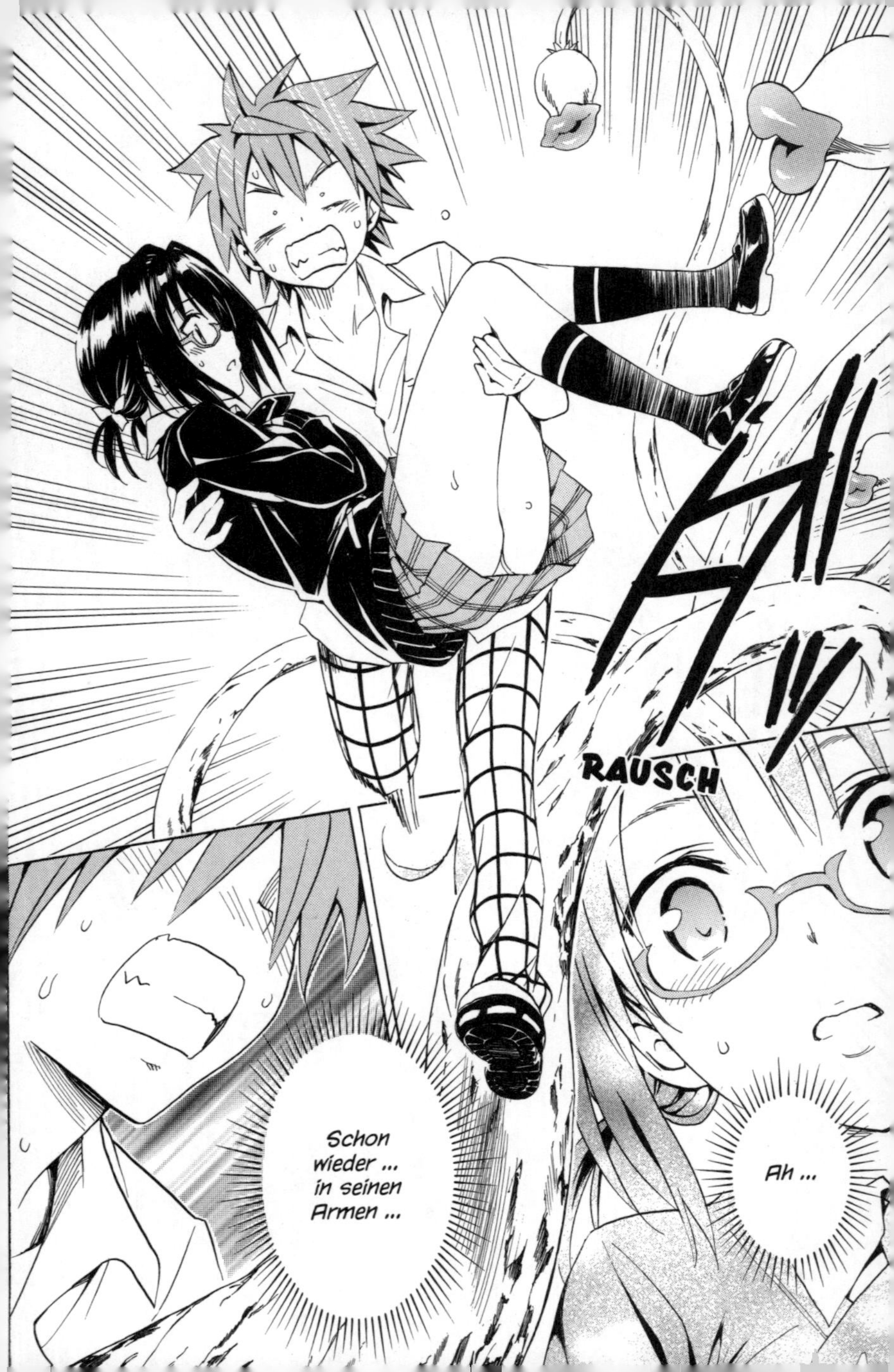
RAUSCH
Ah ...
Schon wieder ... in seinen Armen ...

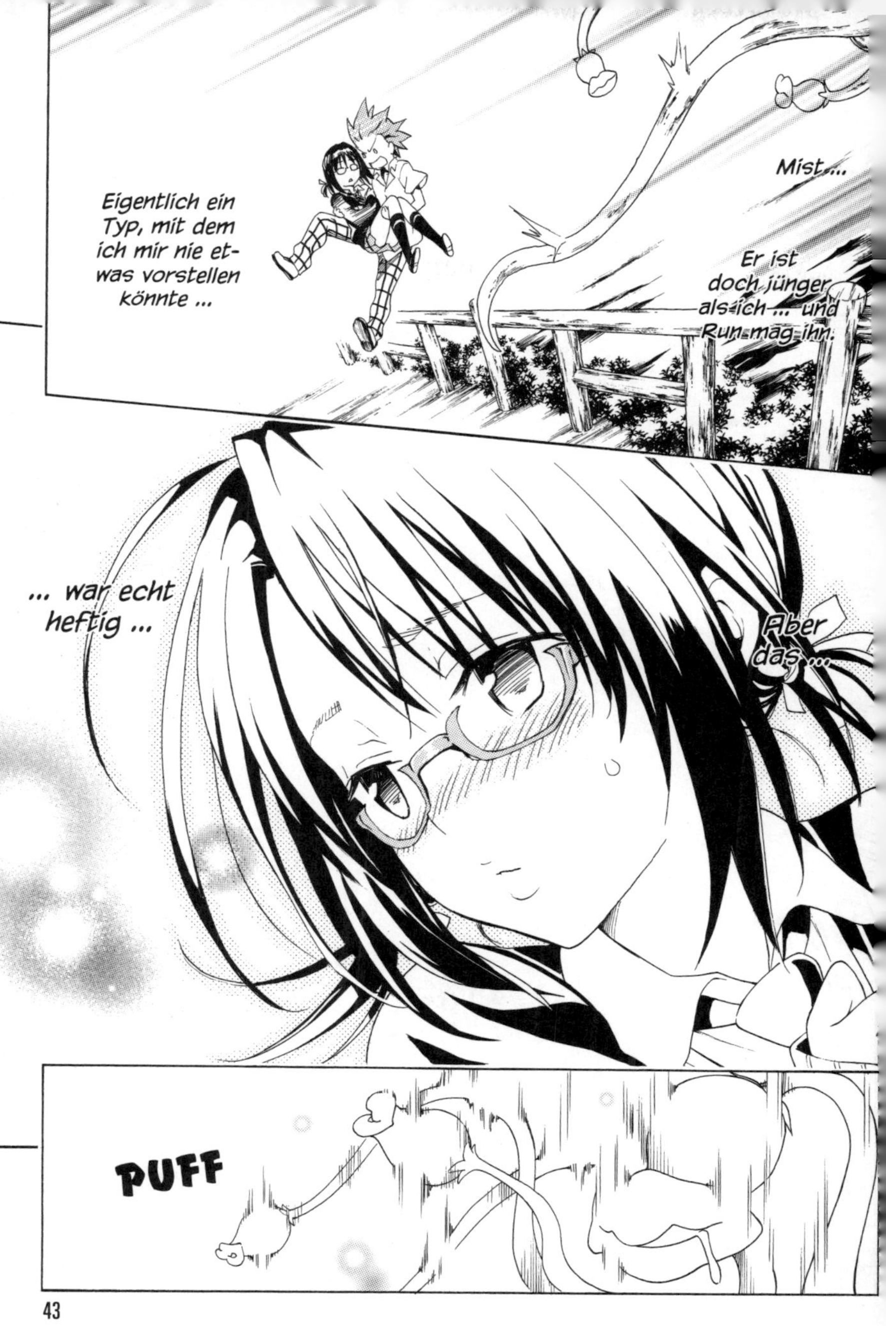
Mist ...
Er ist doch jünger als ich ... und Run mag ihn.
Eigentlich ein Typ, mit dem ich mir nie etwas vorstellen könnte ...
Aber das ...
... war echt heftig ...
PUFF

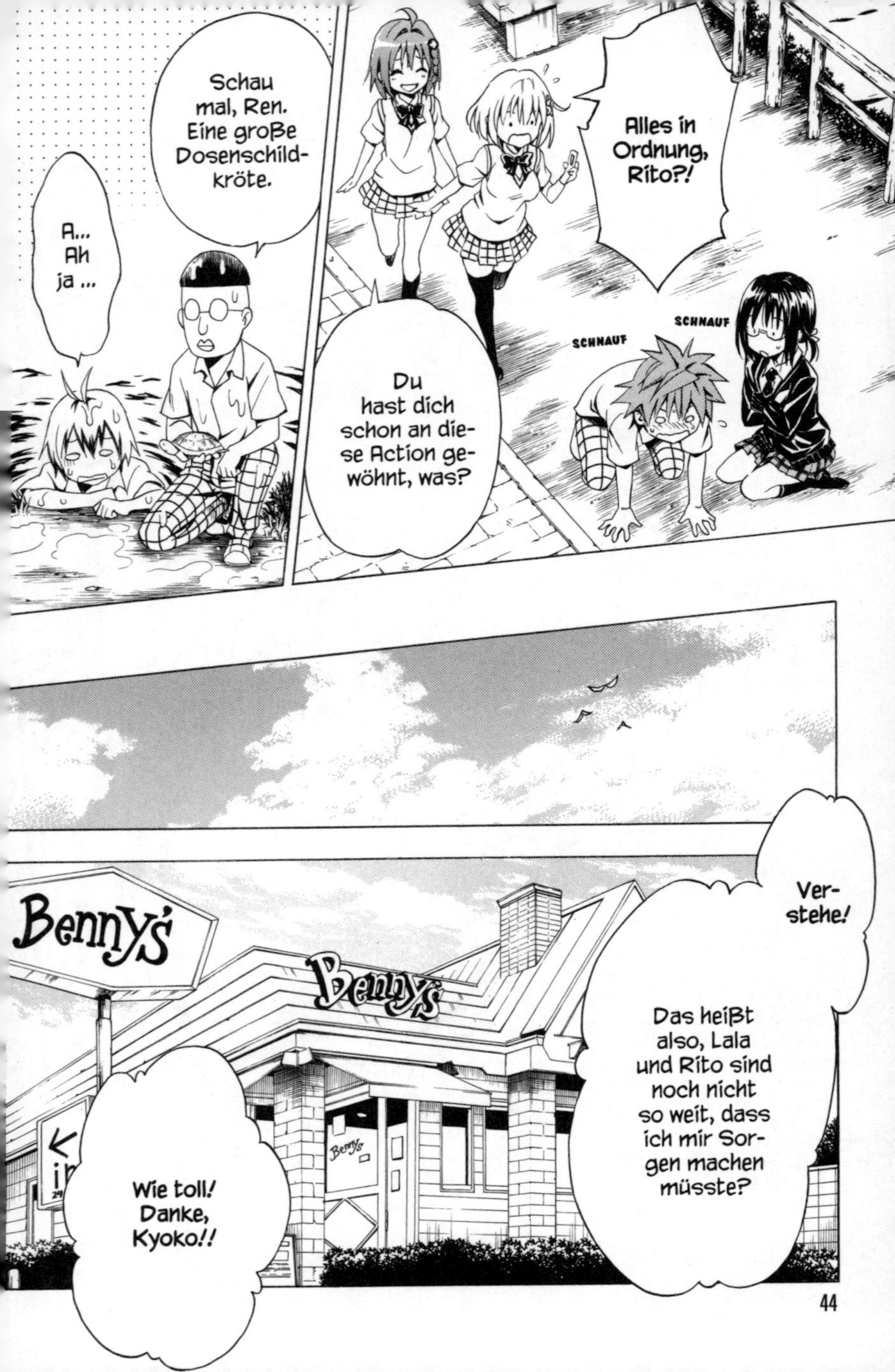

Alles in Ordnung, Rito?!
SCHNAUF
SCHNAUF
Du hast dich schon an diese Action gewöhnt, was?
Schau mal, Ren. Eine große Dosenschildkröte.
A... Ah ja ...
Bennys
Bennys
Ver-stehe!
Das heißt also, Lala und Rito sind noch nicht so weit, dass ich mir Sorgen machen müsste?
Wie toll! Danke, Kyoko!!

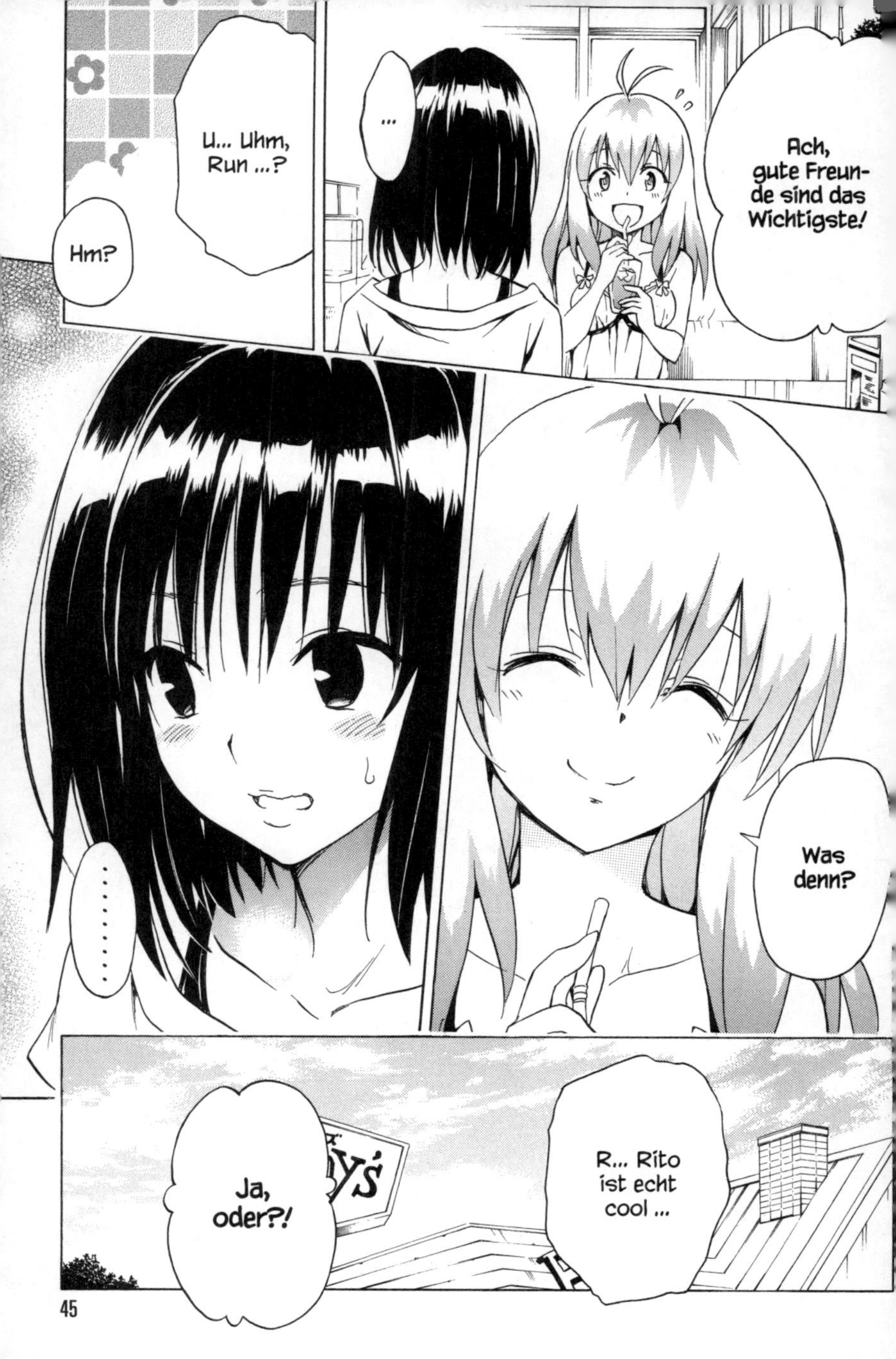

Ach, gute Freunde sind das Wichtigste!
...
U... Uhm, Run ...?
Hm?
Was denn?
....
R... Rito ist echt cool ...
Ja, oder?!

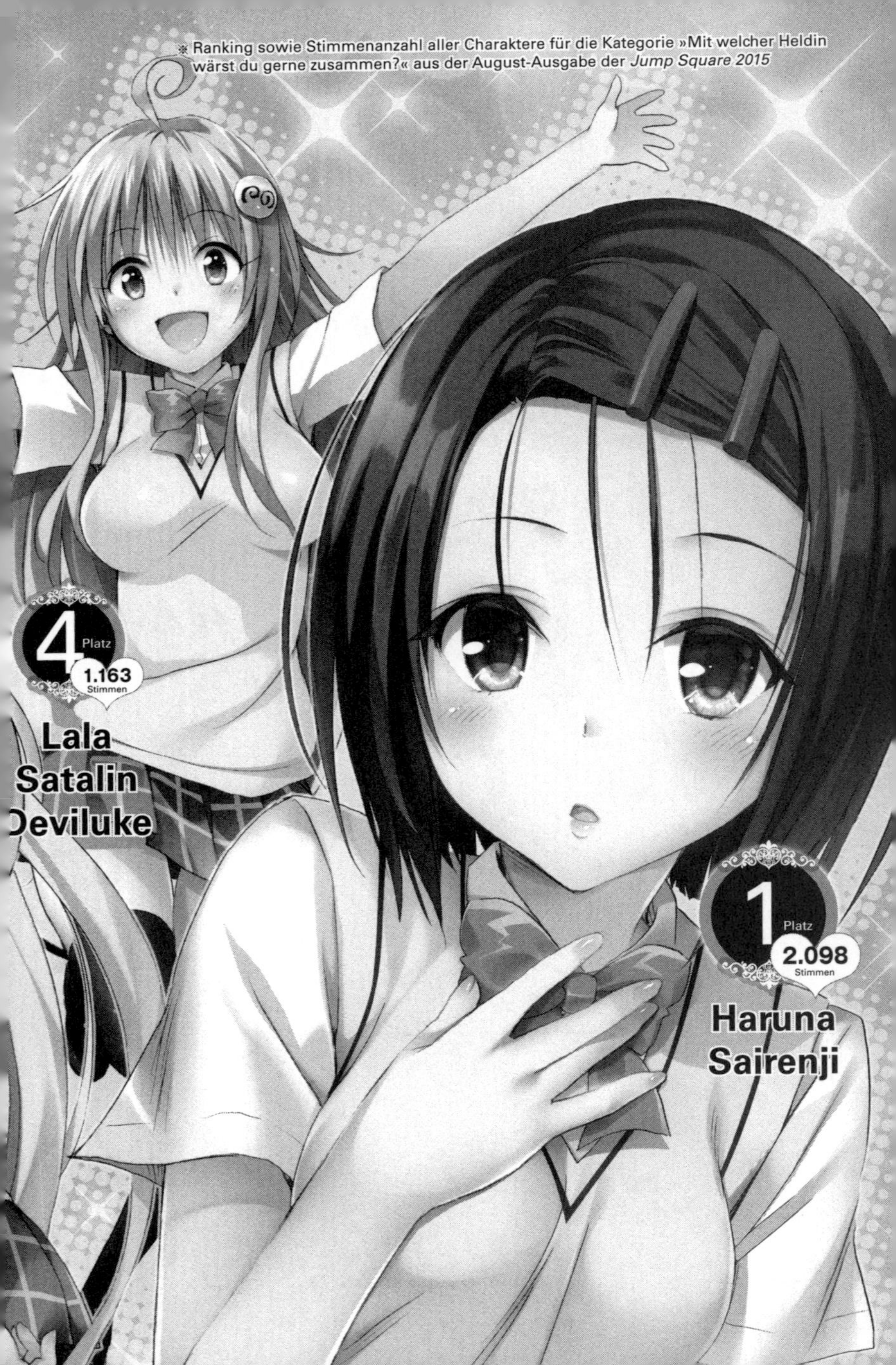
※ Ranking sowie Stimmenanzahl aller Charaktere für die Kategorie »Mit welcher Heldin wärst du gerne zusammen?« aus der August-Ausgabe der *Jump Square 2015*
4 Platz
1.163 Stimmen
Lala Satalin Deviluke
1 Platz
2.098 Stimmen
Haruna Sairenji

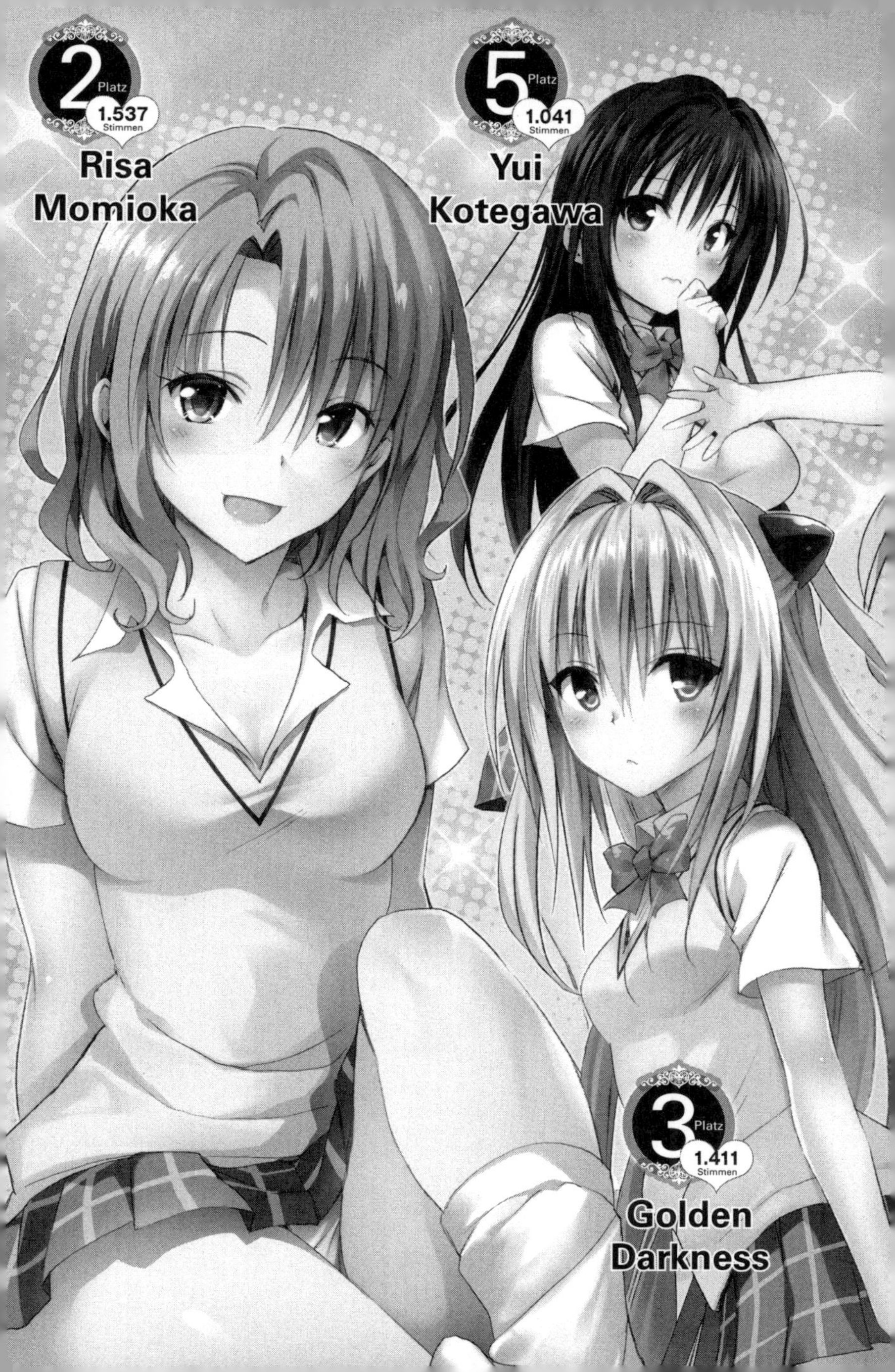
2 Platz
1.537 Stimmen
Risa Momioka
5 Platz
1.041 Stimmen
Yui Kotegawa
3 Platz
1.411 Stimmen
Golden Darkness

LOVE TROUBLE
DARKNESS

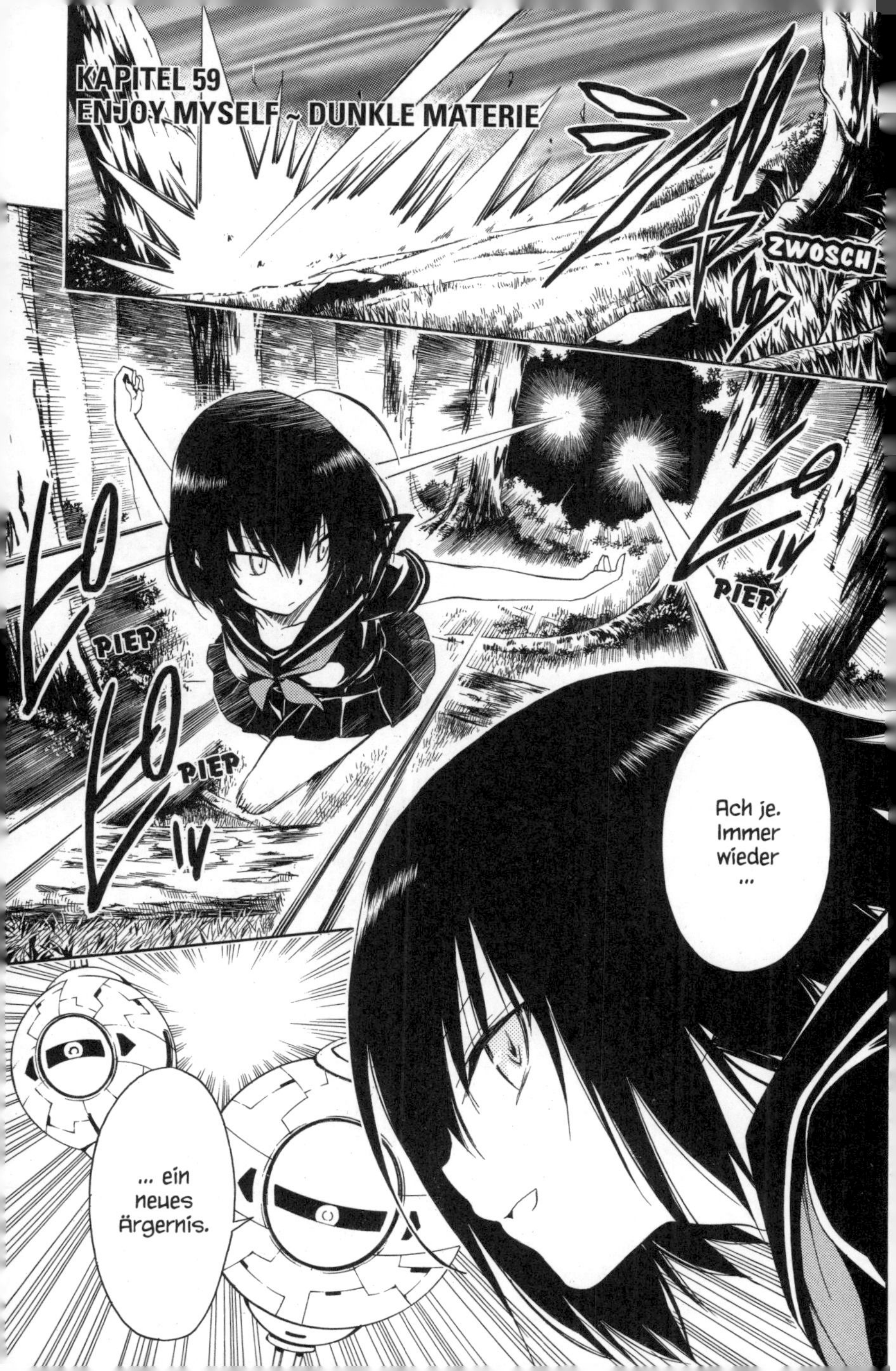
KAPITEL 59
ENJOY MYSELF ~ DUNKLE MATERIE
ZWOSCH
PIEP
PIEP
PIEP
Ach je. Immer wieder ...
... ein neues Ärgernis.

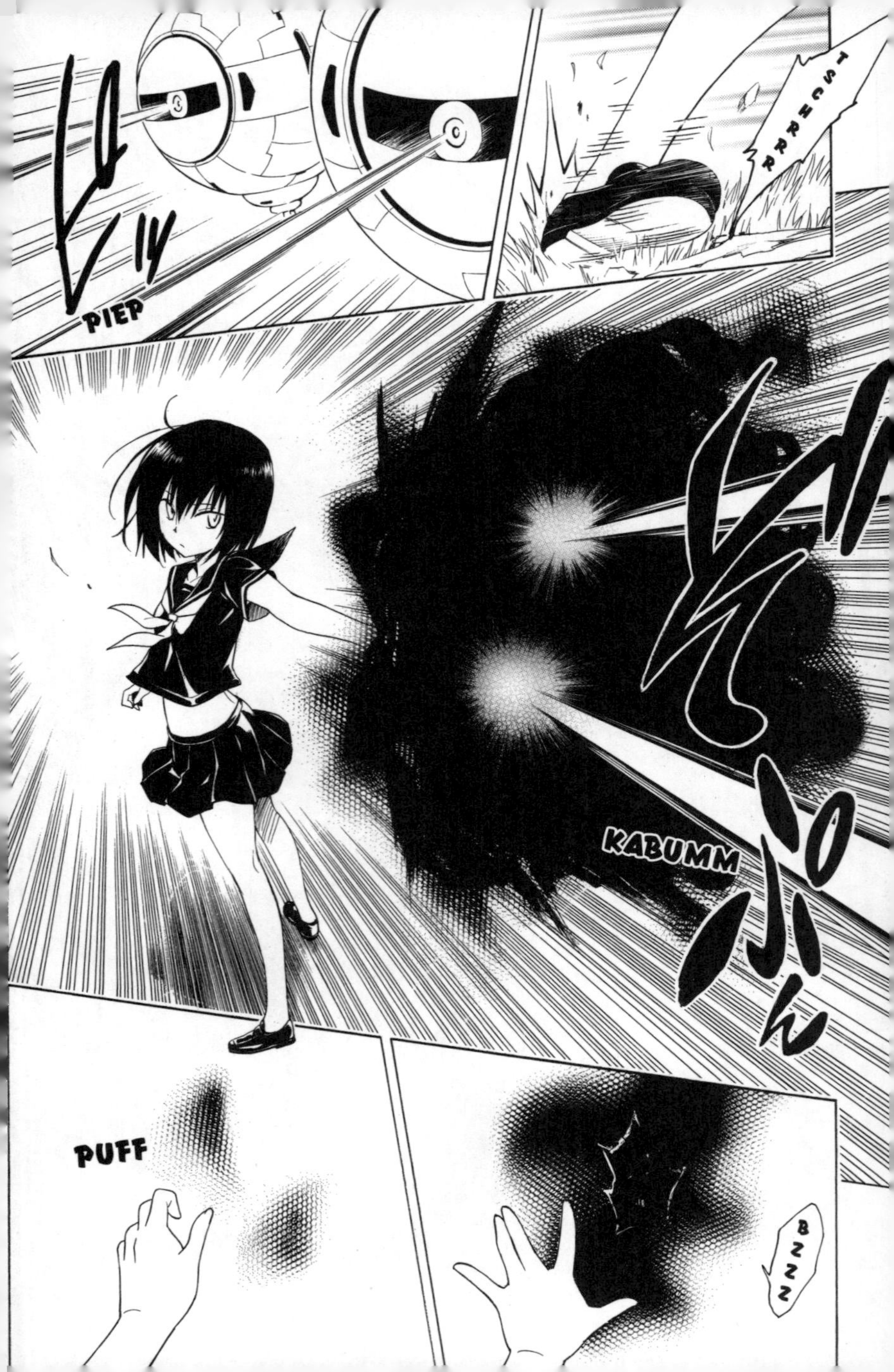
TSCHRRR
PIEP
KABUMM
BZZZ
PUFF

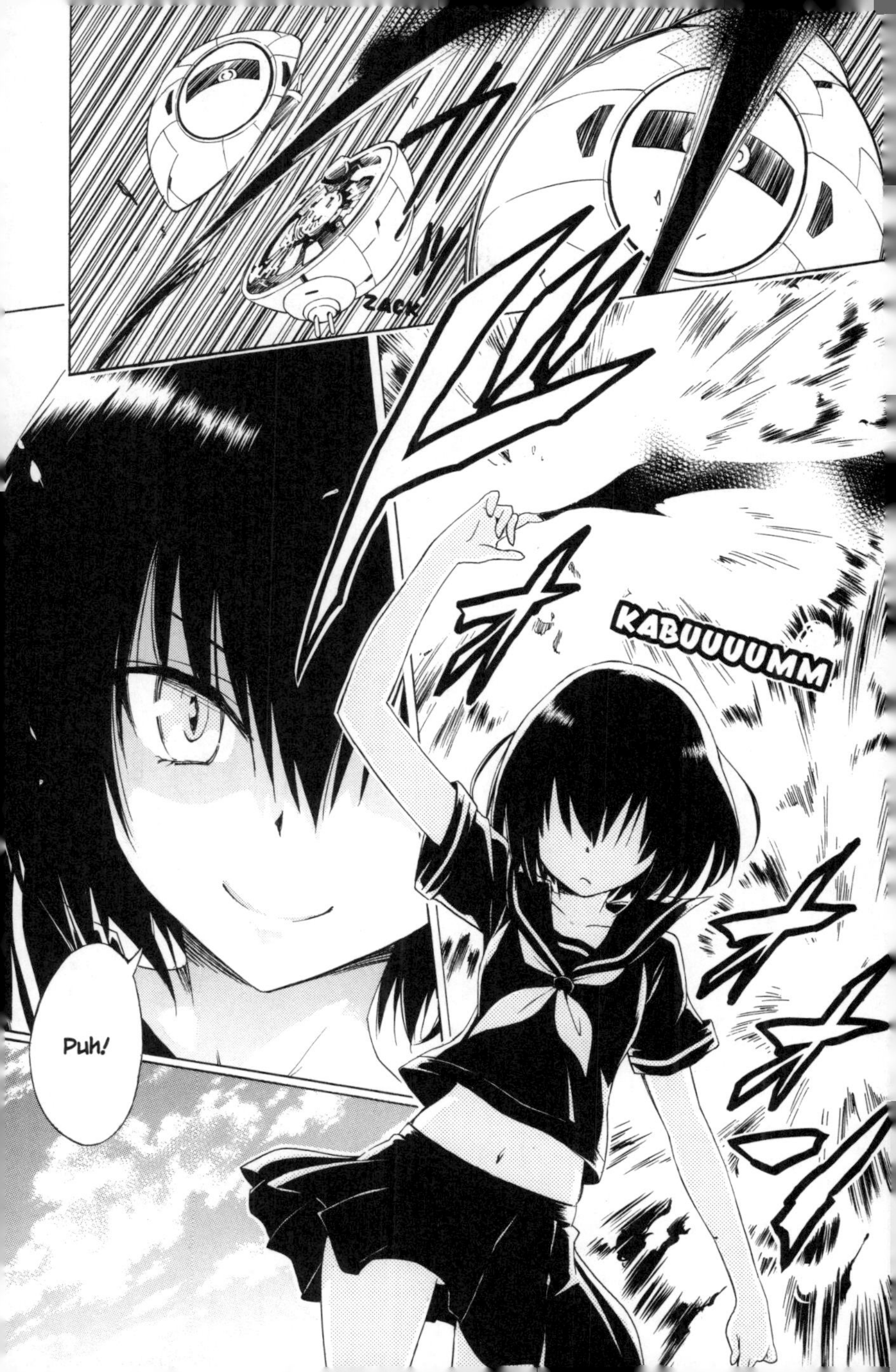
ZACK
KABUUUUMM
Puh!

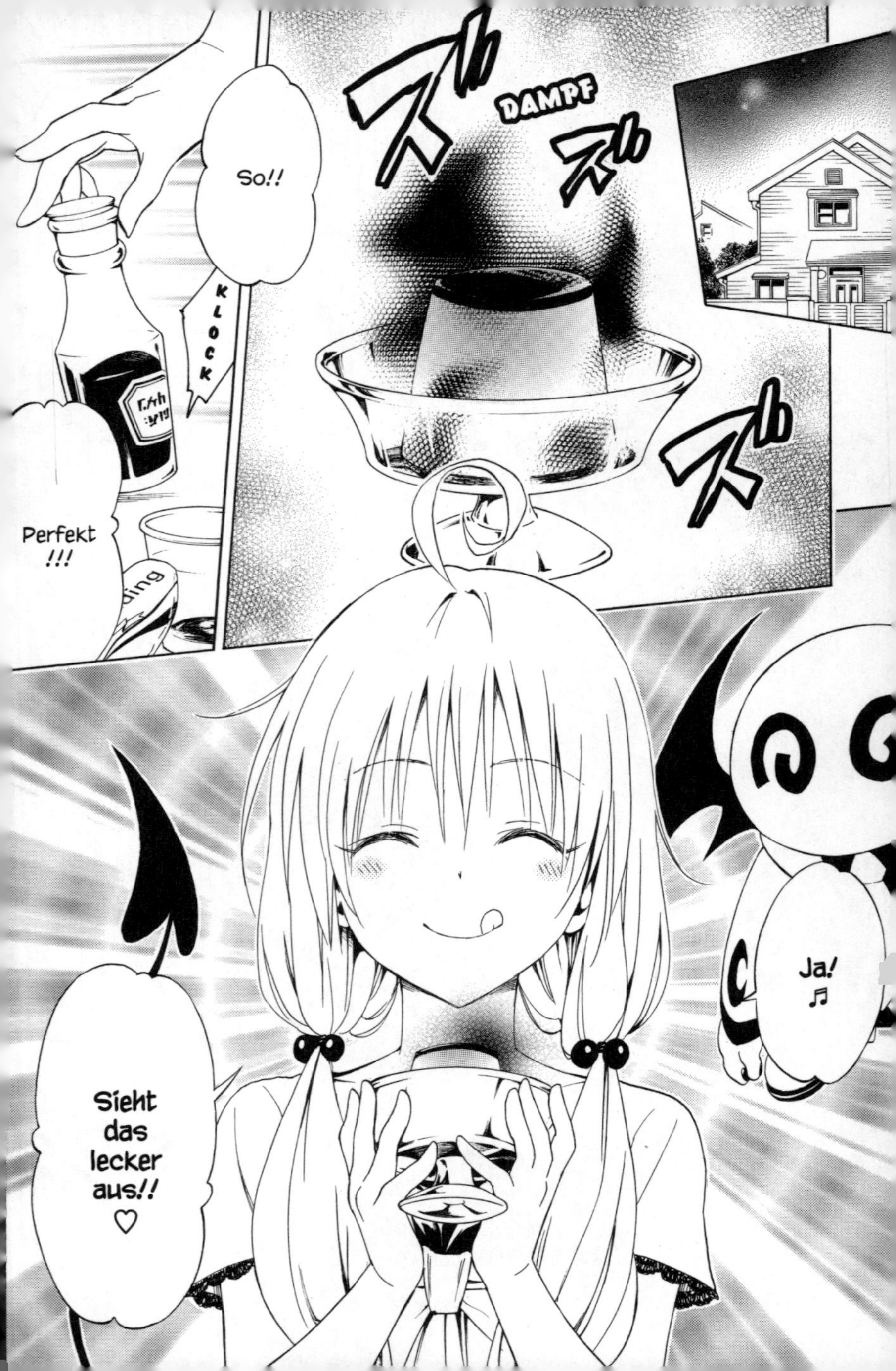
DAMPF
So!!
KLOCK
Perfekt !!!
Ja! ♫
Sieht das lecker aus!! ♡

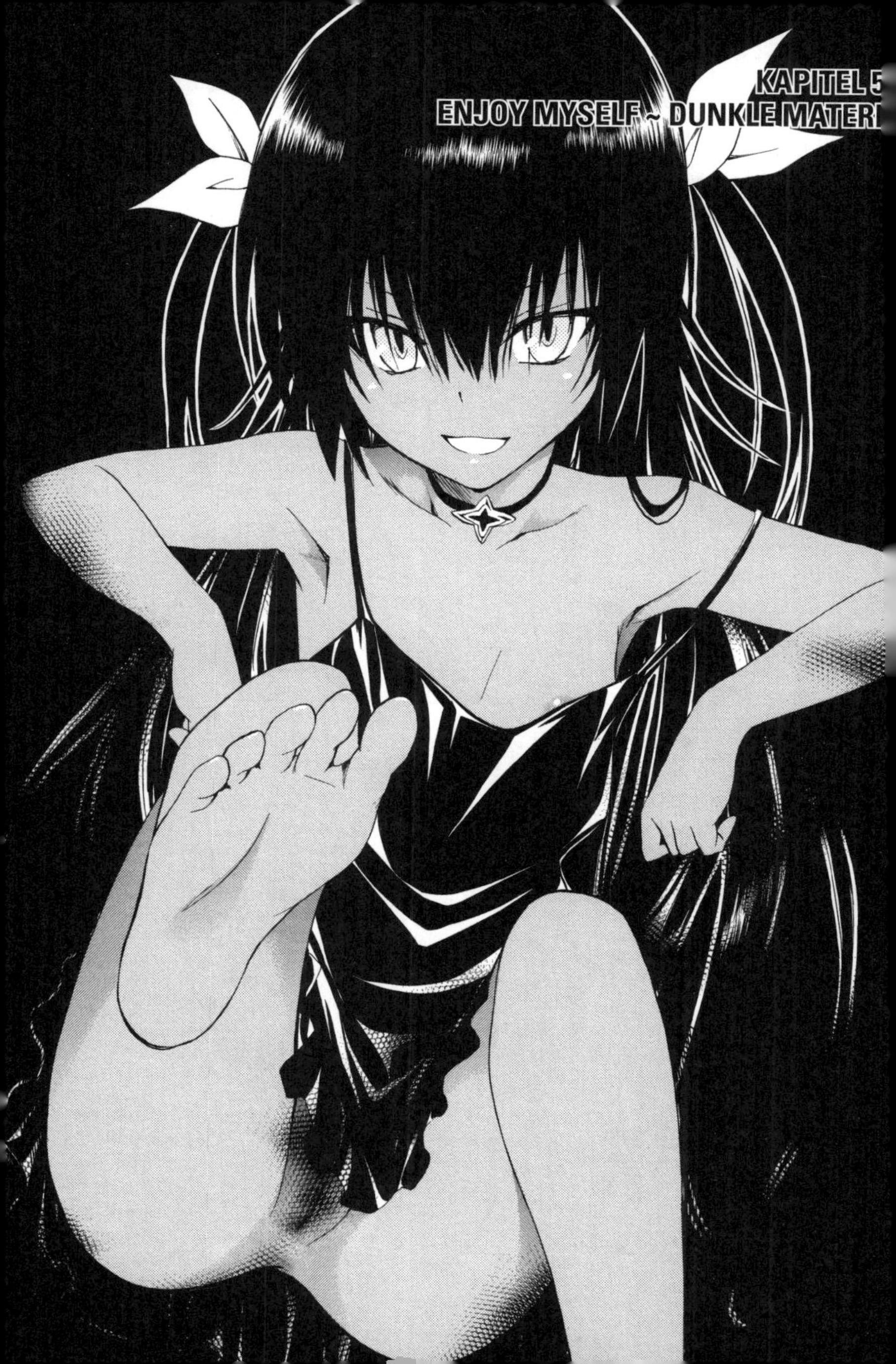
KAPITEL 5
ENJOY MYSELF ~ DUNKLE MATERI

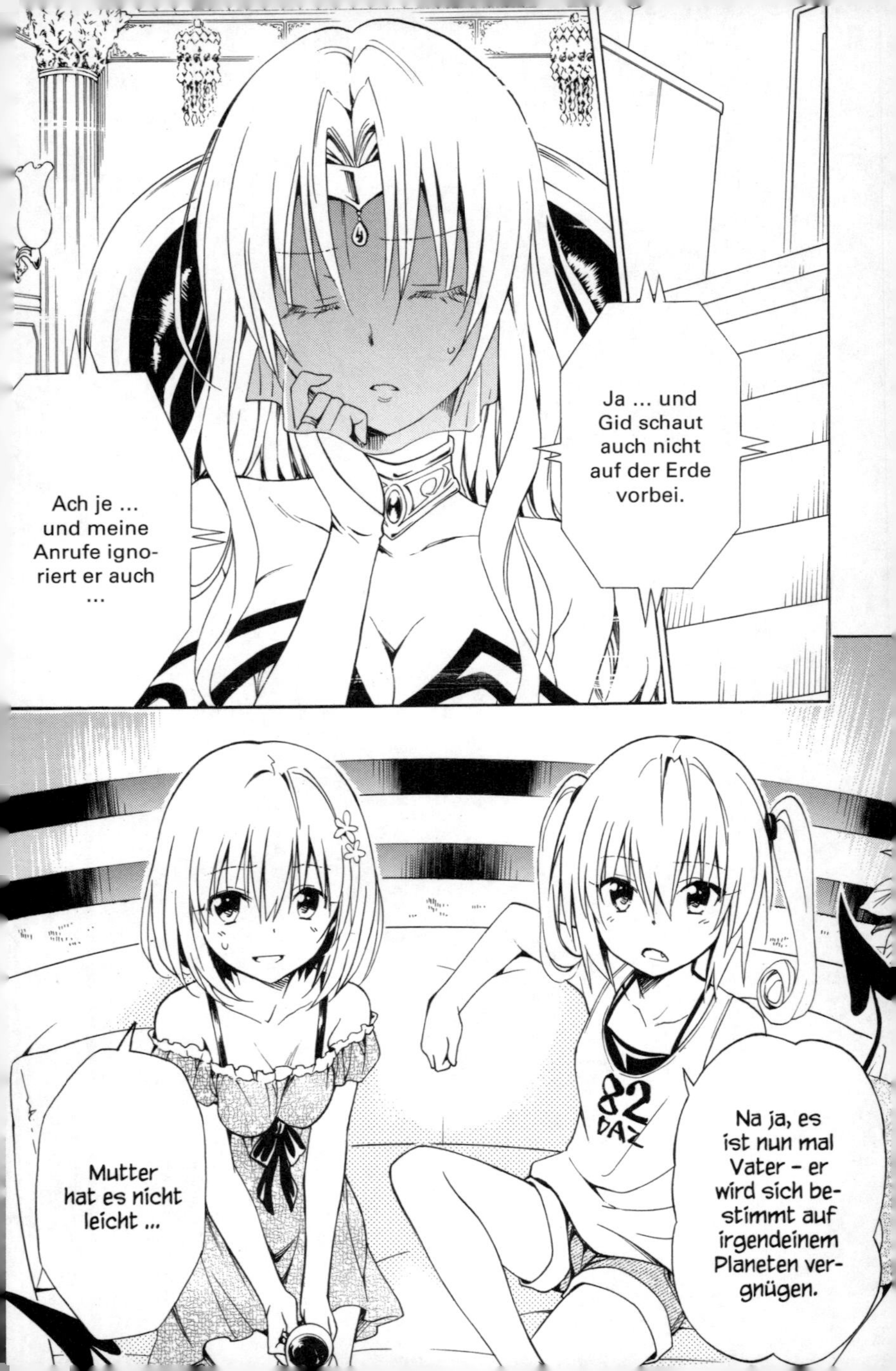
Ja ... und Gid schaut auch nicht auf der Erde vorbei.
Ach je ... und meine Anrufe ignoriert er auch ...
Na ja, es ist nun mal Vater – er wird sich bestimmt auf irgendeinem Planeten vergnügen.
Mutter hat es nicht leicht ...
82 DAZ

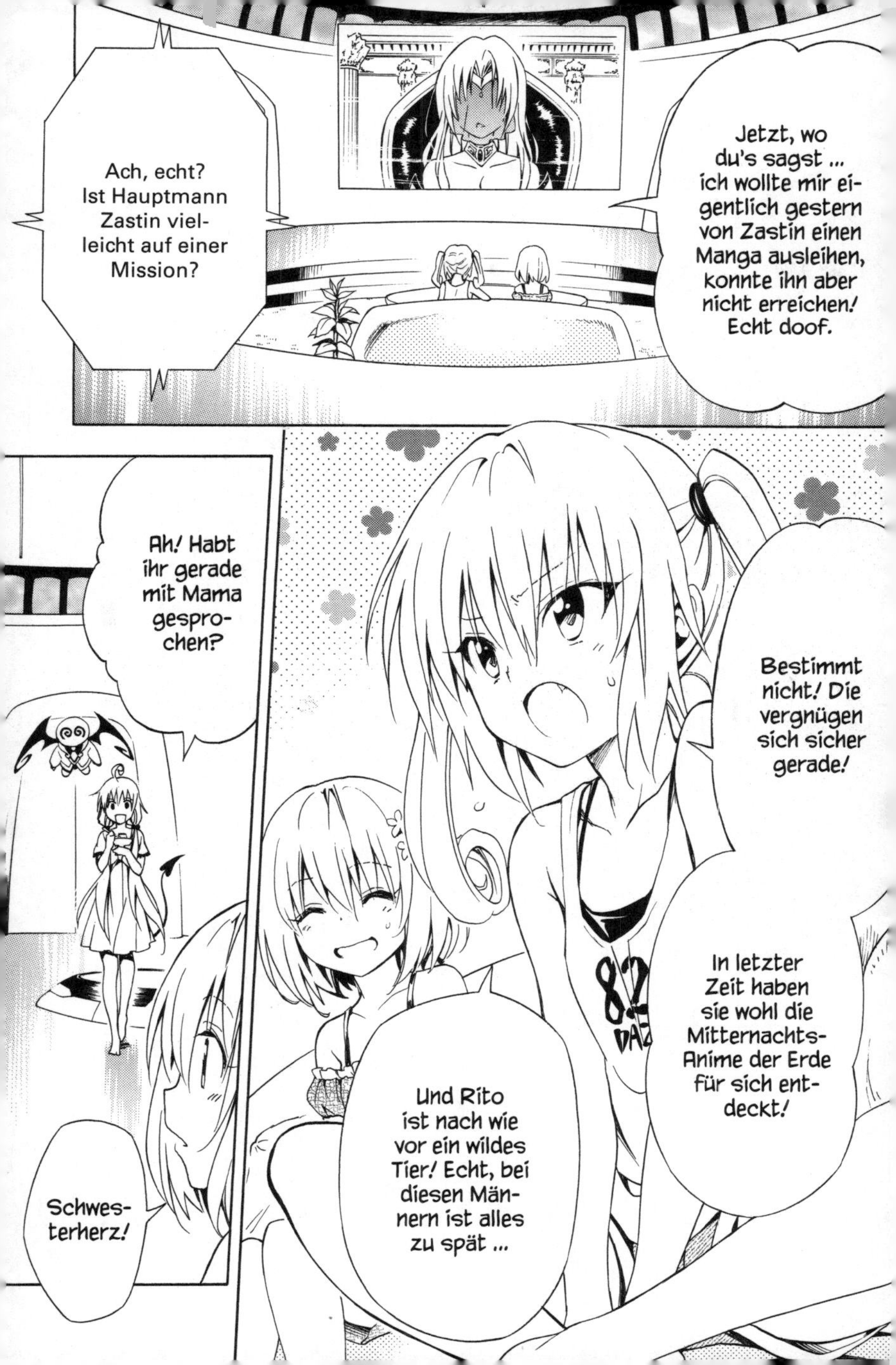

Jetzt, wo du's sagst ... ich wollte mir eigentlich gestern von Zastin einen Manga ausleihen, konnte ihn aber nicht erreichen! Echt doof.
Ach, echt? Ist Hauptmann Zastin vielleicht auf einer Mission?
Bestimmt nicht! Die vergnügen sich sicher gerade!
In letzter Zeit haben sie wohl die Mitternachts-Anime der Erde für sich entdeckt!
Und Rito ist nach wie vor ein wildes Tier! Echt, bei diesen Männern ist alles zu spät ...
Ah! Habt ihr gerade mit Mama gesprochen?
Schwesterherz!

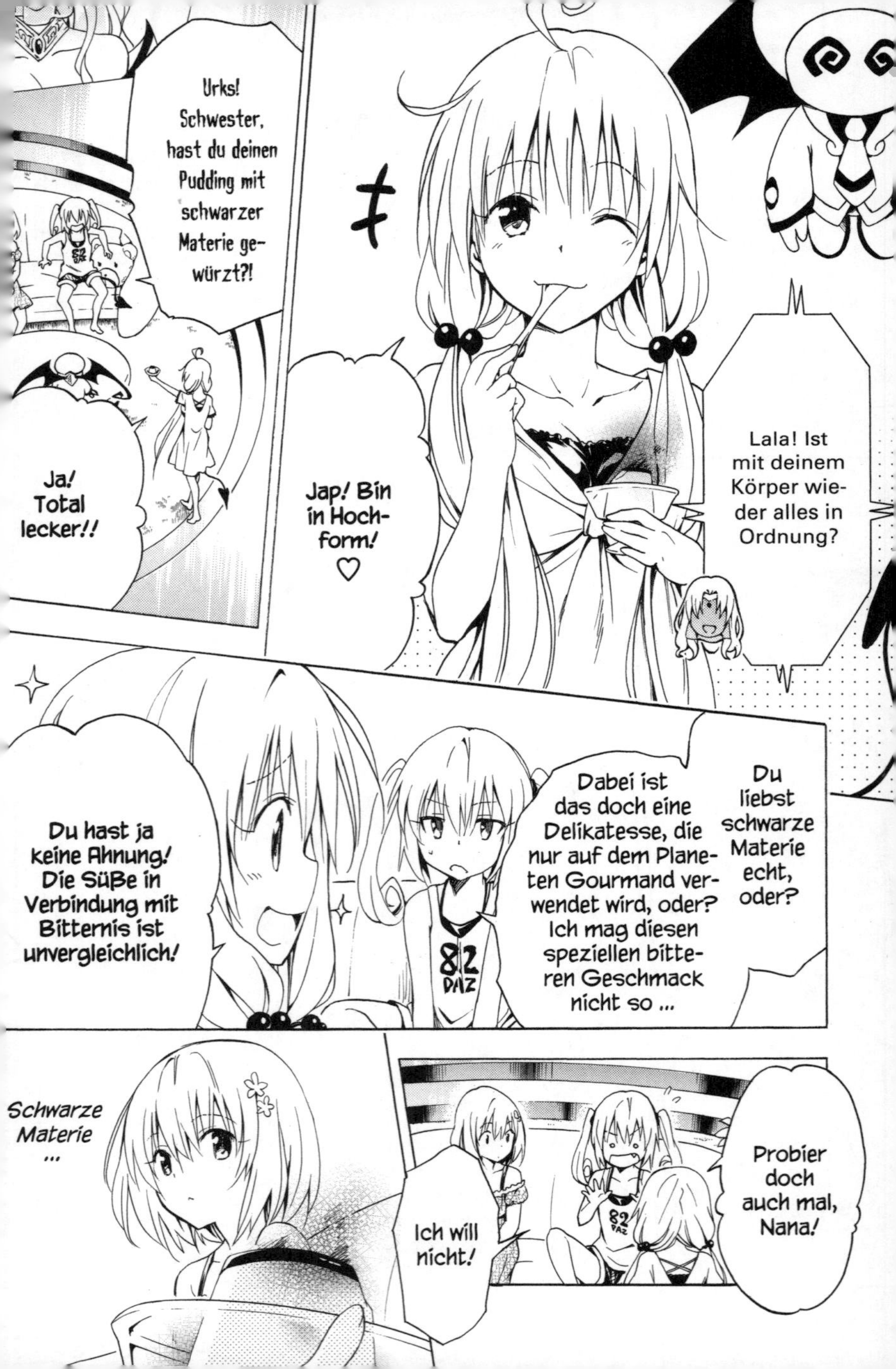
Lala! Ist mit deinem Körper wieder alles in Ordnung?
Jap! Bin in Hochform! ♡
Urks! Schwester, hast du deinen Pudding mit schwarzer Materie gewürzt?!
Ja! Total lecker!!
Du liebst schwarze Materie echt, oder?
Dabei ist das doch eine Delikatesse, die nur auf dem Planeten Gourmand verwendet wird, oder? Ich mag diesen speziellen bitteren Geschmack nicht so ...
Du hast ja keine Ahnung! Die Süße in Verbindung mit Bitternis ist unvergleichlich!
Probier doch auch mal, Nana!
Ich will nicht!
Schwarze Materie ...

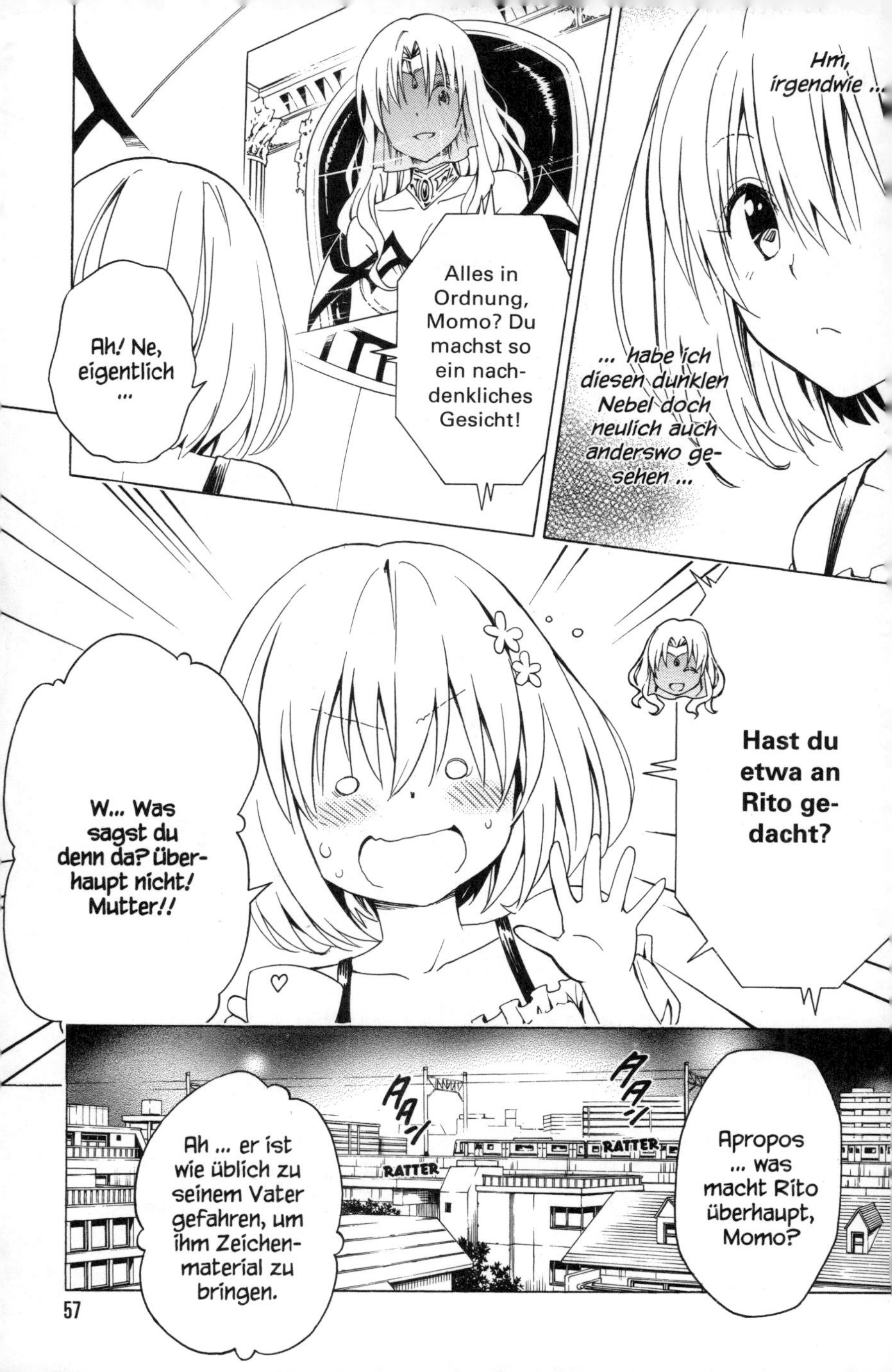
Hm, irgendwie ...
... habe ich diesen dunklen Nebel doch neulich auch anderswo gesehen ...
Alles in Ordnung, Momo? Du machst so ein nachdenkliches Gesicht!
Ah! Ne, eigentlich ...
Hast du etwa an Rito gedacht?
W... Was sagst du denn da? Überhaupt nicht! Mutter!!
RATTER
RATTER
Apropos ... was macht Rito überhaupt, Momo?
Ah ... er ist wie üblich zu seinem Vater gefahren, um ihm Zeichenmaterial zu bringen.

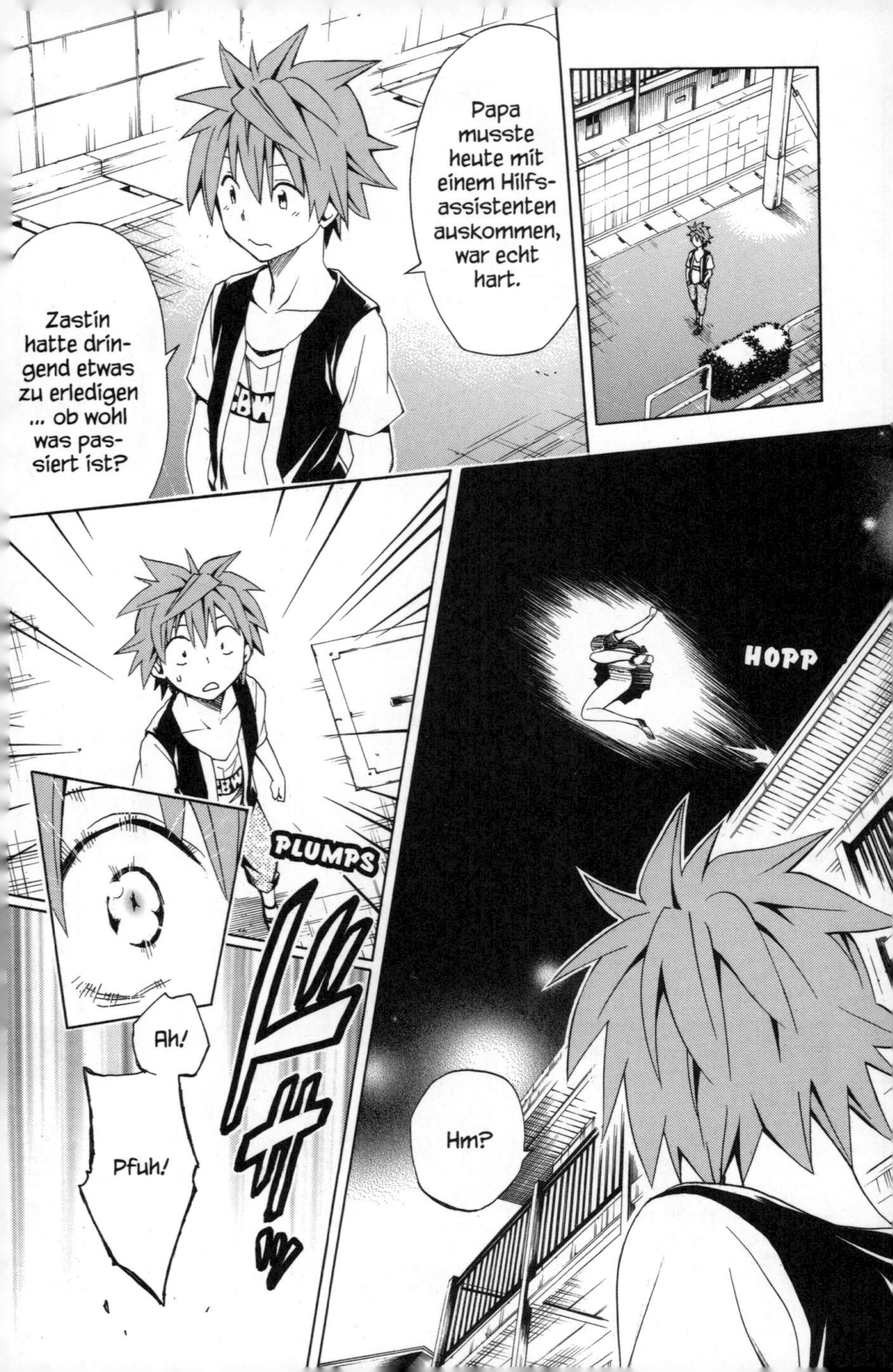
Papa musste heute mit einem Hilfs-assistenten auskommen, war echt hart.
Zastin hatte drin-gend etwas zu erledigen ... ob wohl was pas-siert ist?
HOPP
Hm?
PLUMPS
Ah!
Pfuh!

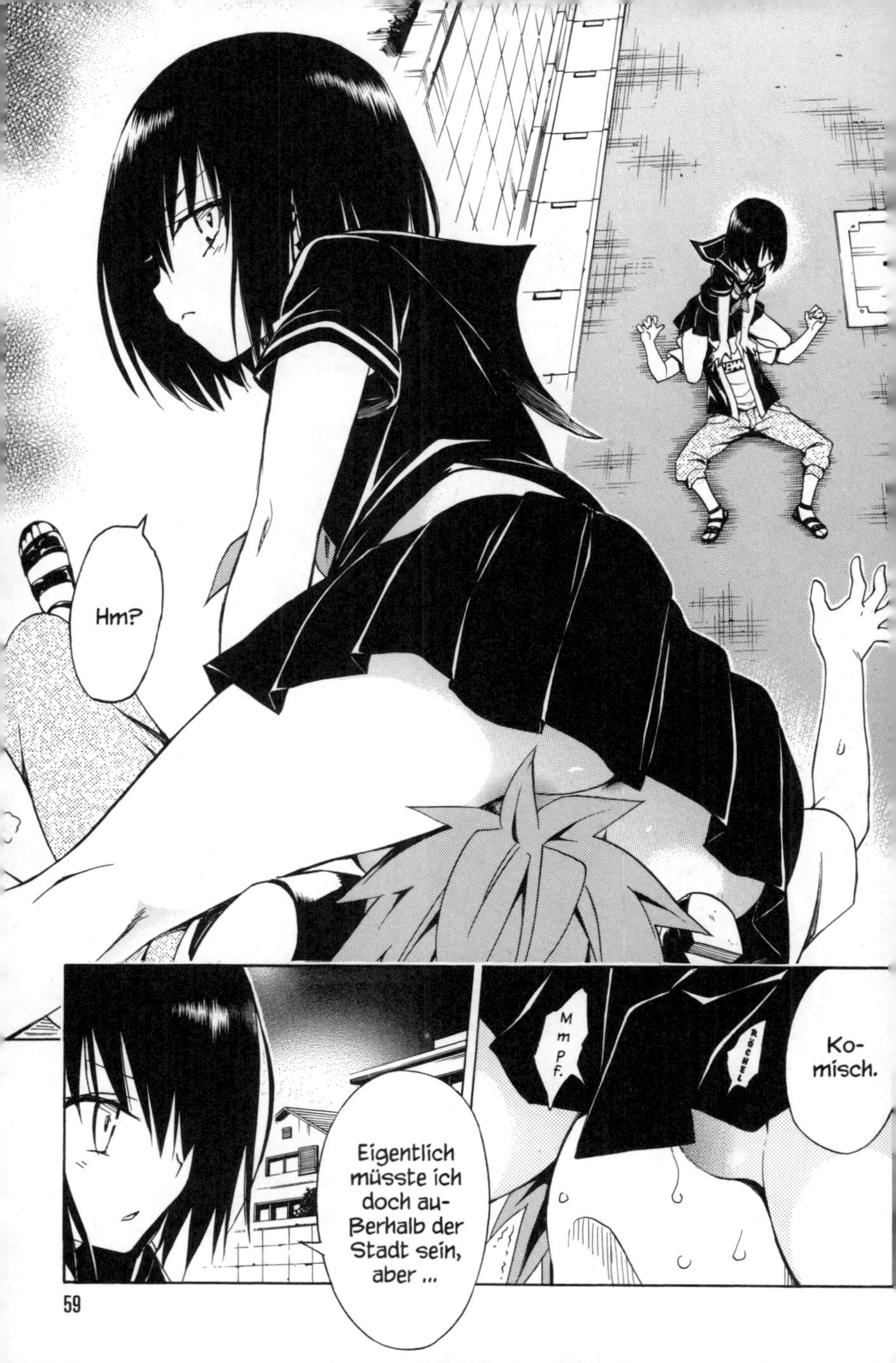
Hm?
Ko-misch.
RÖCHEL
Mmpf.
Eigentlich müsste ich doch au-ßerhalb der Stadt sein, aber ...

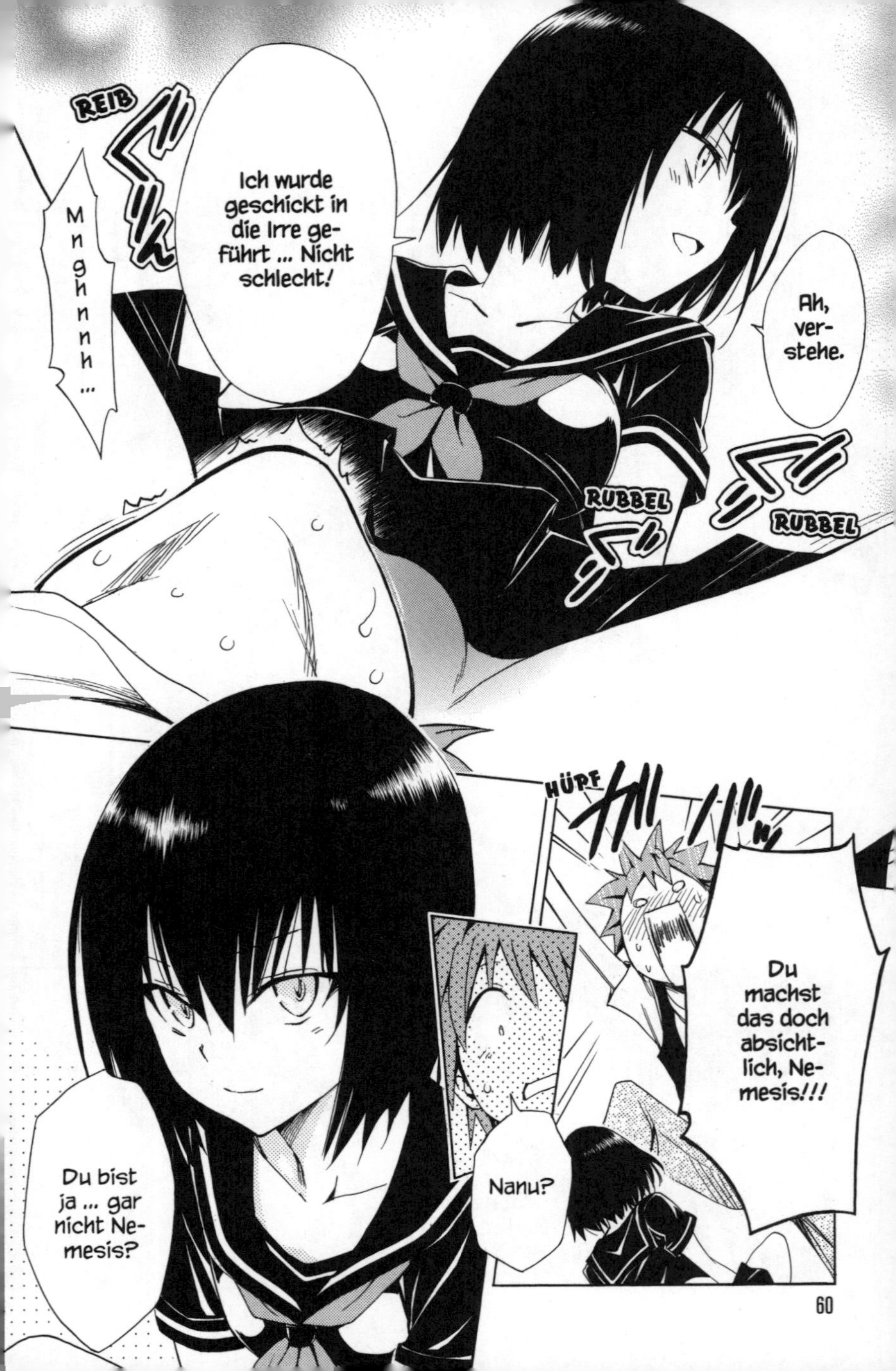
Ah, verstehe.
RUBBEL
RUBBEL
Ich wurde geschickt in die Irre geführt ... Nicht schlecht!
REIB
Mnghnnh ...
HÜPF
Du machst das doch absichtlich, Nemesis!!!
Nanu?
Du bist ja ... gar nicht Nemesis?

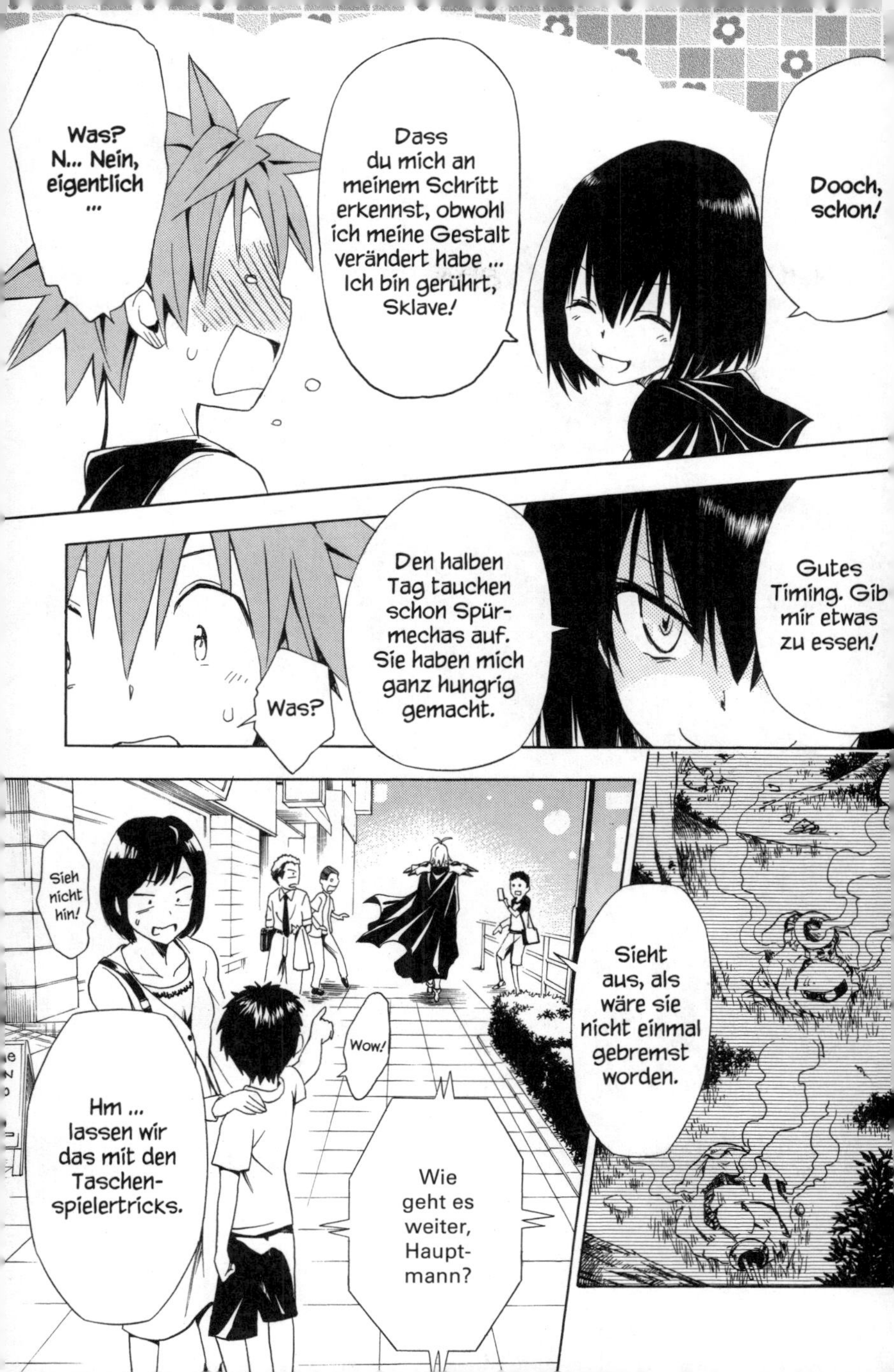
Dooch, schon!
Dass du mich an meinem Schritt erkennst, obwohl ich meine Gestalt verändert habe ... Ich bin gerührt, Sklave!
Was? N... Nein, eigentlich ...
Gutes Timing. Gib mir etwas zu essen!
Den halben Tag tauchen schon Spürmechas auf. Sie haben mich ganz hungrig gemacht.
Was?
Sieht aus, als wäre sie nicht einmal gebremst worden.
Wie geht es weiter, Hauptmann?
Wow!
Sieh nicht hin!
Hm ... lassen wir das mit den Taschenspielertricks.

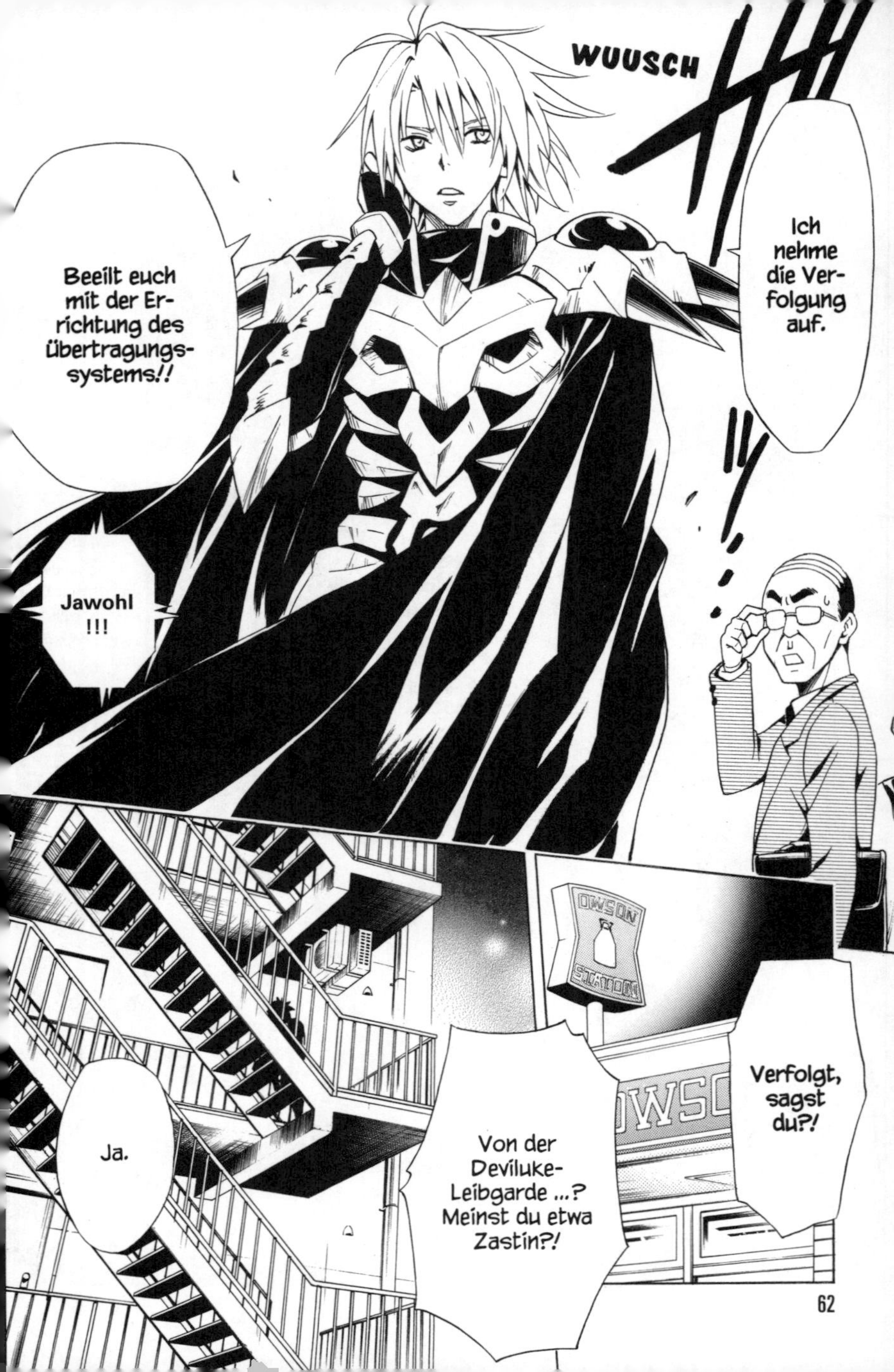
WUUSCH
Ich nehme die Verfolgung auf.
Beeilt euch mit der Errichtung des Übertragungssystems!!
Jawohl !!!
Verfolgt, sagst du?!
Von der Deviluke-Leibgarde ...? Meinst du etwa Zastin?!
Ja.

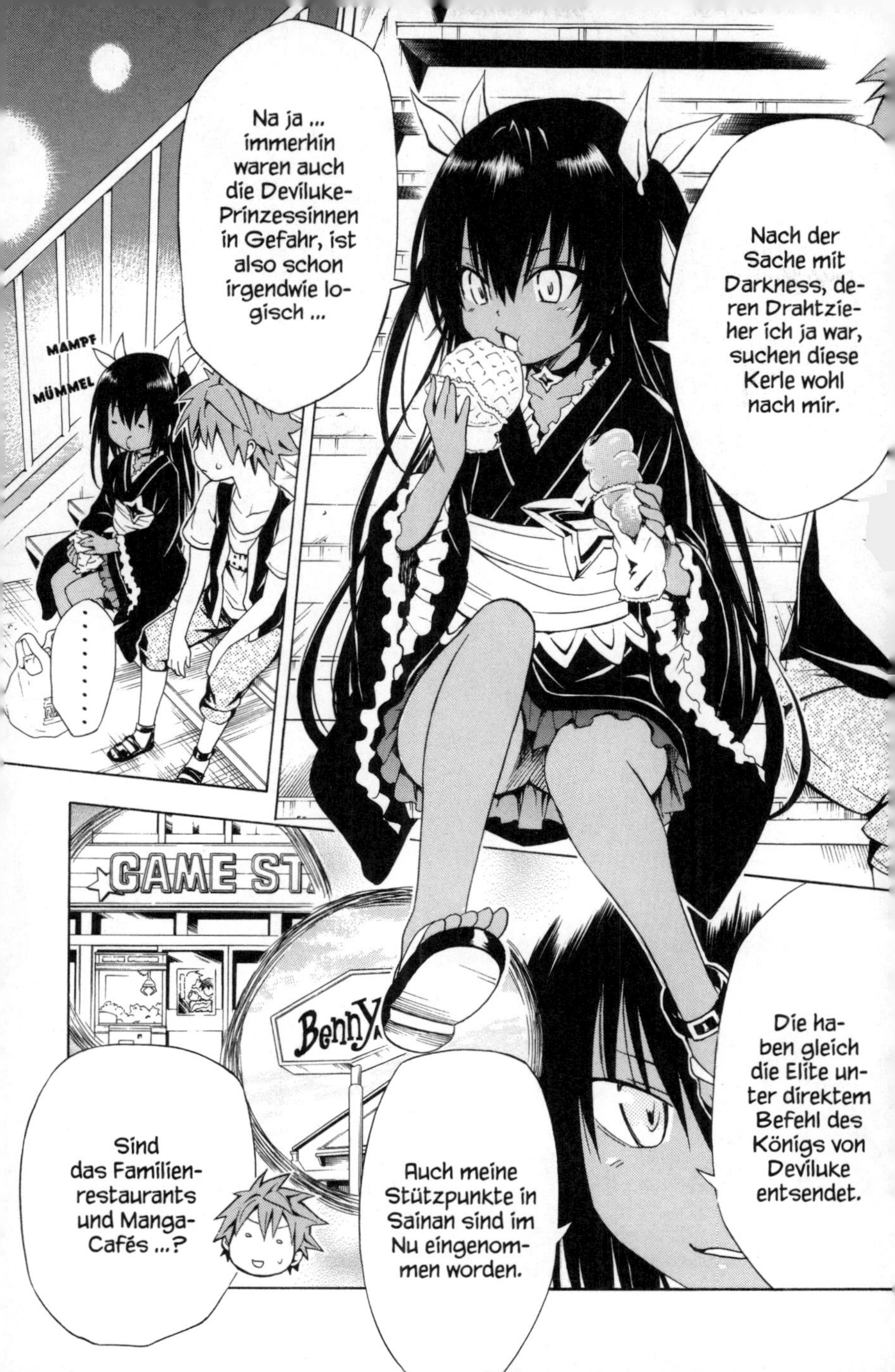

Nach der Sache mit Darkness, deren Drahtzieher ich ja war, suchen diese Kerle wohl nach mir.
Na ja ... immerhin waren auch die Deviluke-Prinzessinnen in Gefahr, ist also schon irgendwie logisch ...
MAMPF
MÜMMEL
....
GAME ST
Die haben gleich die Elite unter direktem Befehl des Königs von Deviluke entsendet.
Benny
Auch meine Stützpunkte in Sainan sind im Nu eingenommen worden.
Sind das Familienrestaurants und Manga-Cafés ...?

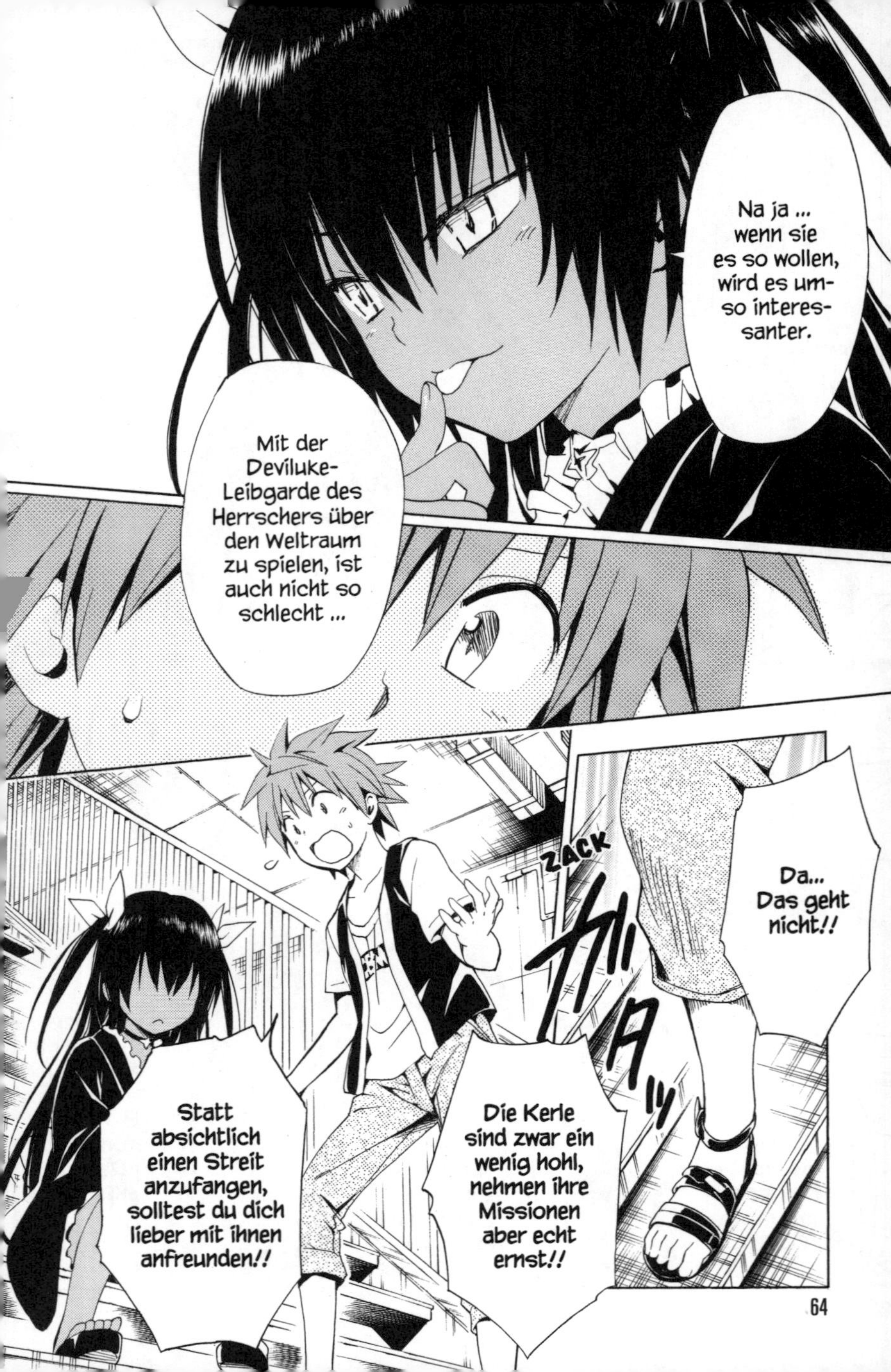
Na ja ... wenn sie es so wollen, wird es umso interessanter.
Mit der Deviluke-Leibgarde des Herrschers über den Weltraum zu spielen, ist auch nicht so schlecht ...
ZACK
Da... Das geht nicht!!
Die Kerle sind zwar ein wenig hohl, nehmen ihre Missionen aber echt ernst!!
Statt absichtlich einen Streit anzufangen, solltest du dich lieber mit ihnen anfreunden!!

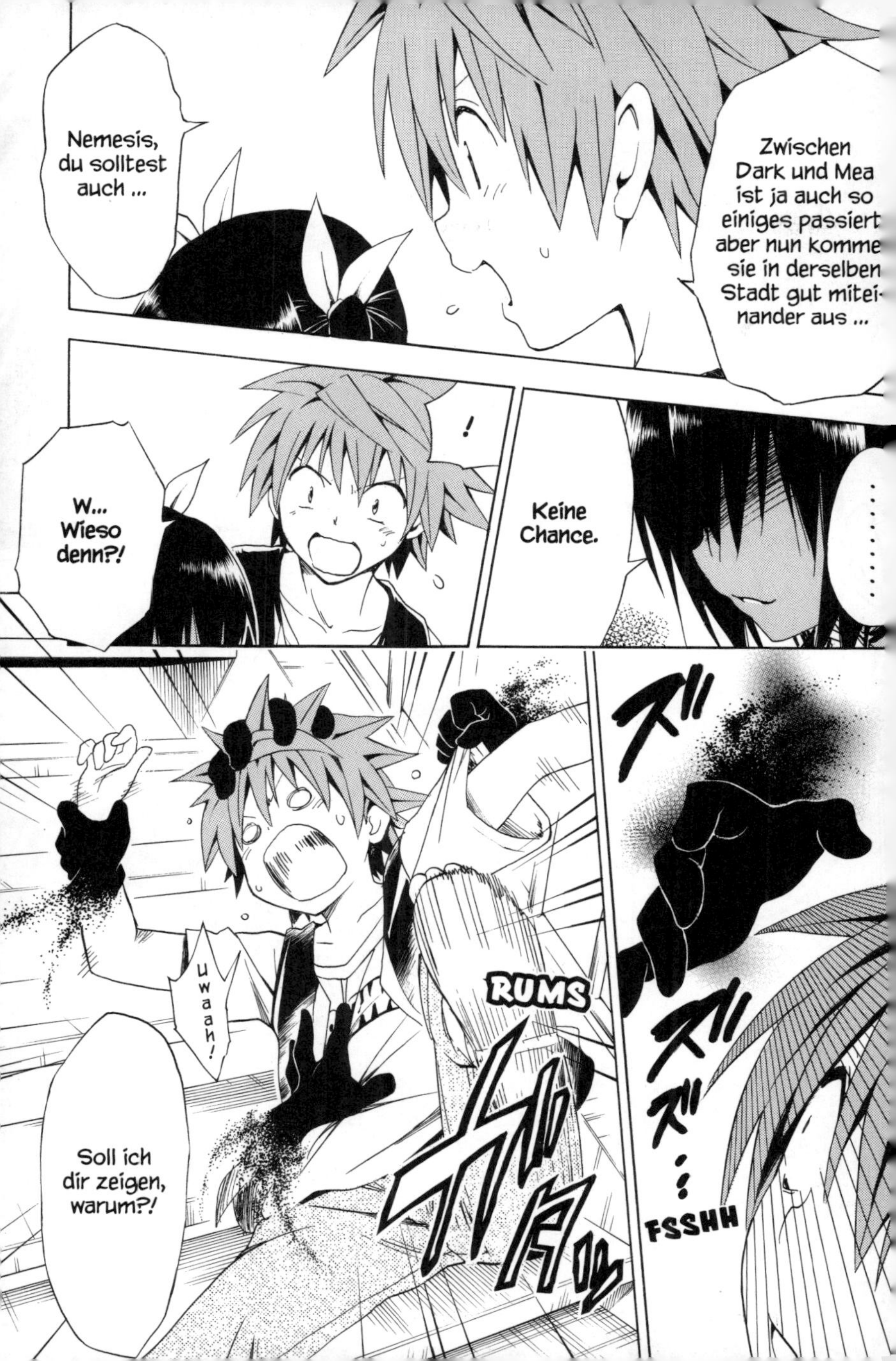
Zwischen Dark und Mea ist ja auch so einiges passiert aber nun komme sie in derselben Stadt gut miteinander aus ...
Nemesis, du solltest auch ...
......
Keine Chance.
!
W... Wieso denn?!
FSSHH
RUMS
Uwaah!
Soll ich dir zeigen, warum?!

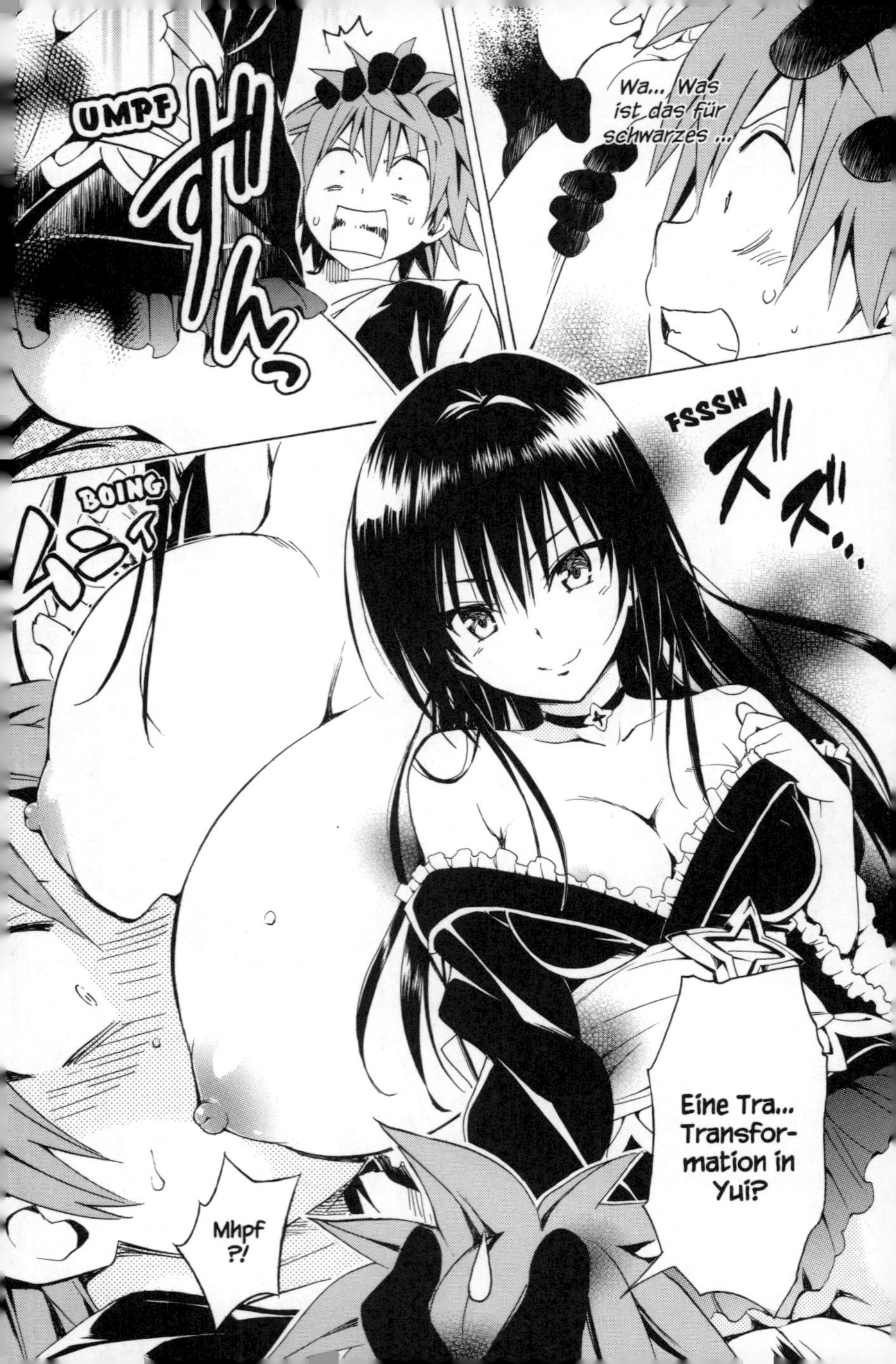
Wa... Was ist das für schwarzes ...
UMPF
FSSSH
Eine Tra... Transformation in Yui?
BOING
Mhpf ?!

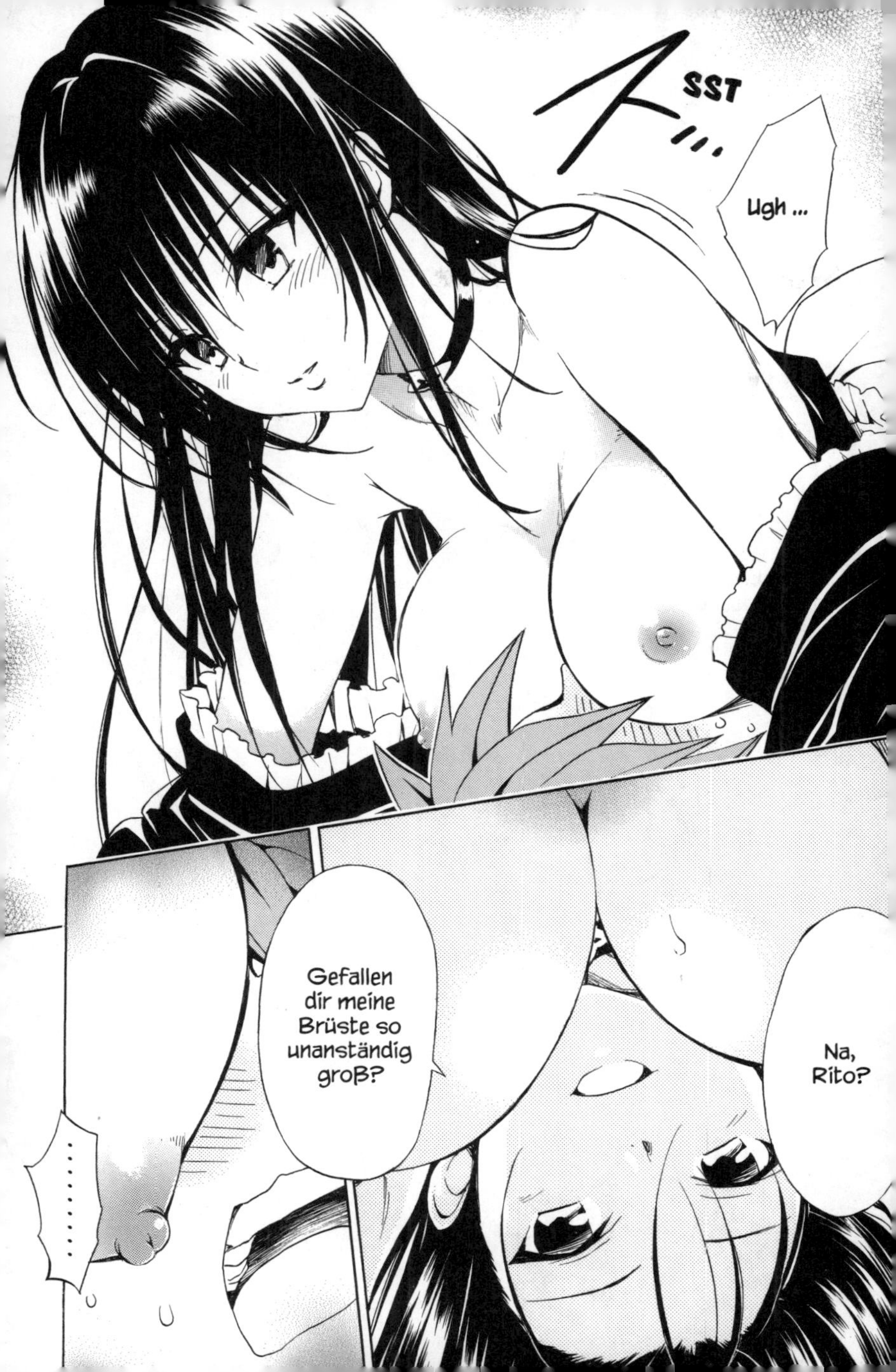
SST
Ugh ...
Na, Rito?
Gefallen dir meine Brüste so unanständig groß?
....

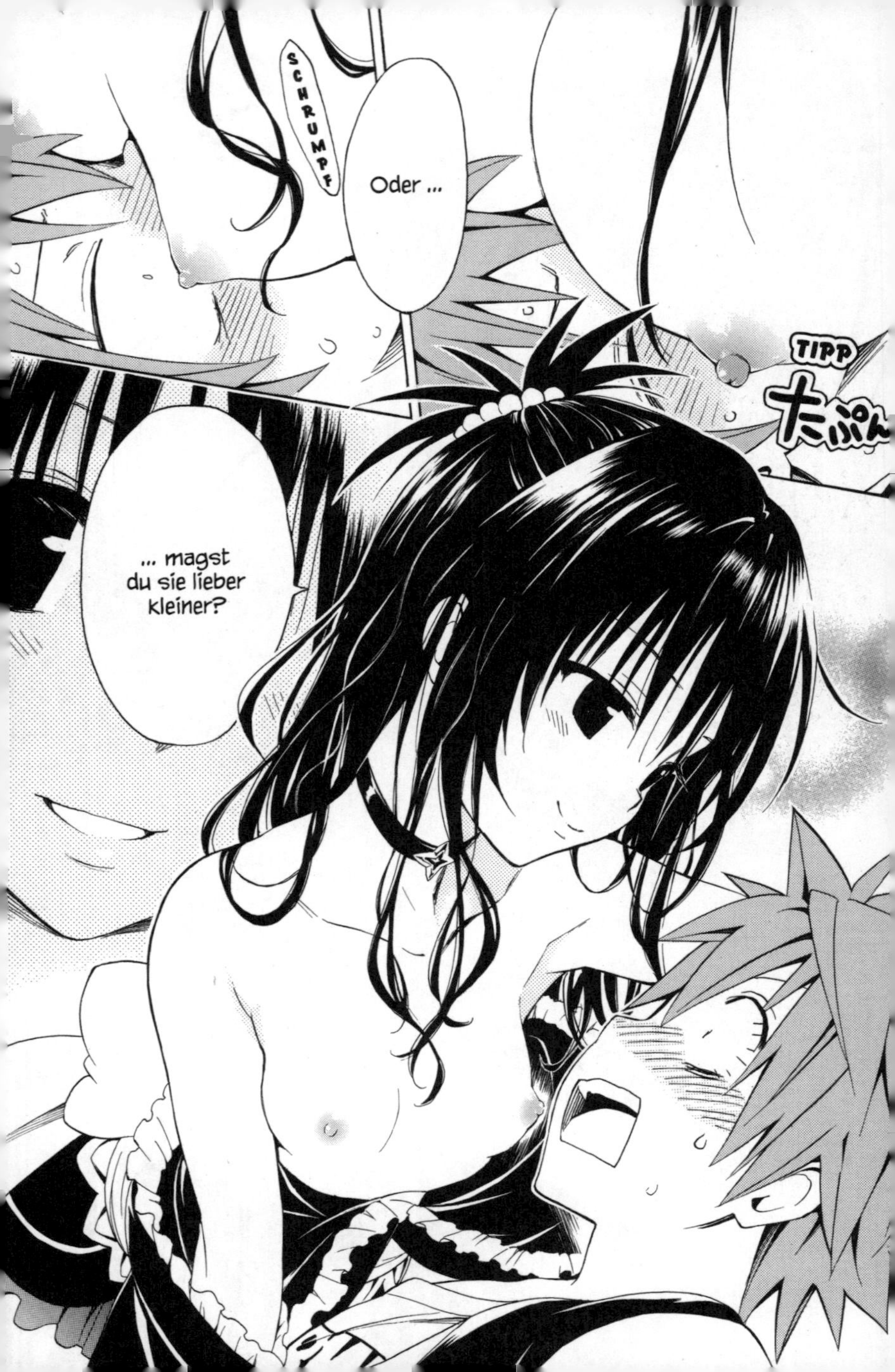
Oder ...
SCHRUMPF
TIPP
たぷん
... magst du sie lieber kleiner?

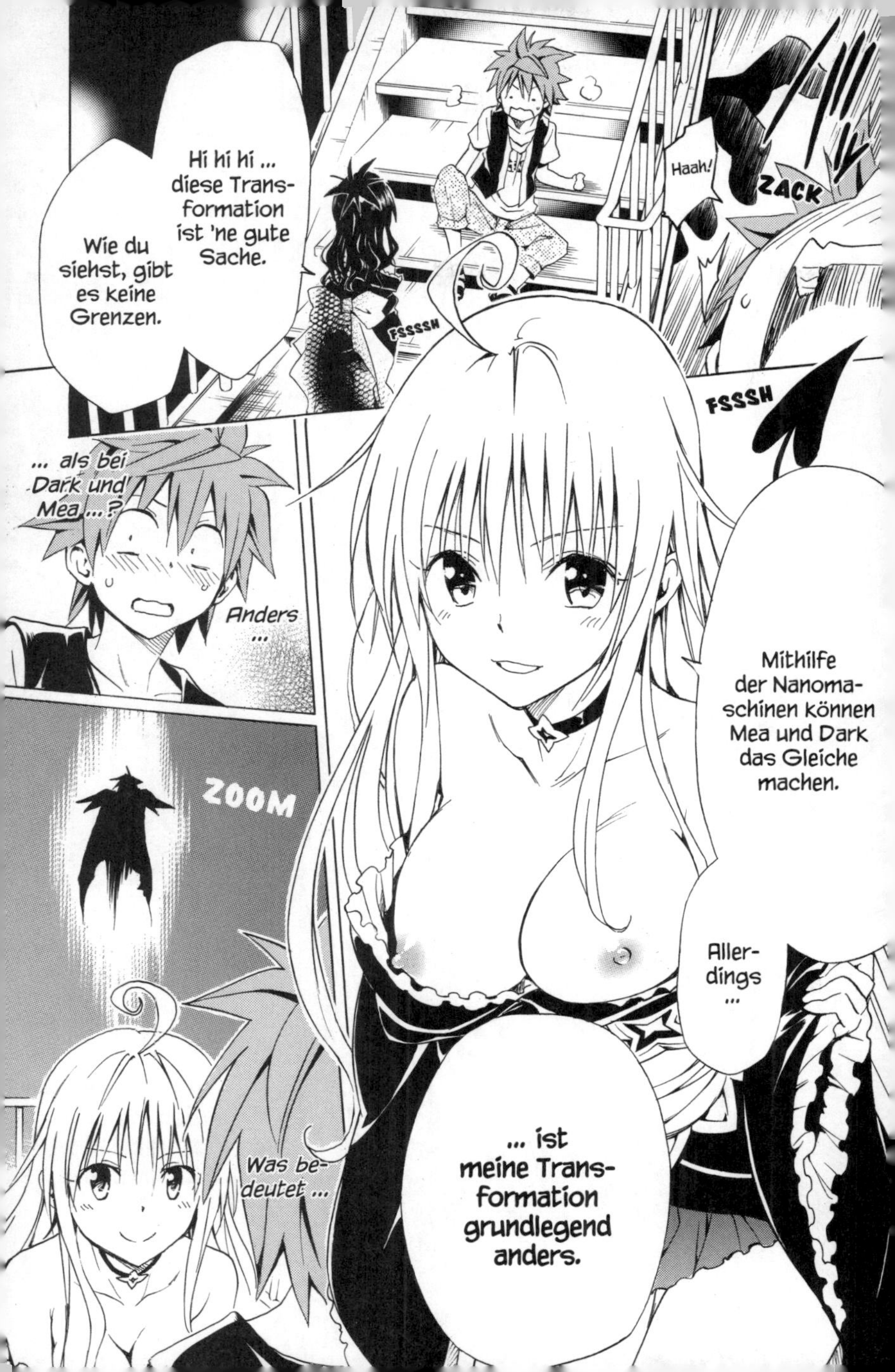
Haah!
ZACK
FSSSSH
Hi hi hi ... diese Transformation ist 'ne gute Sache.
Wie du siehst, gibt es keine Grenzen.
FSSSH
Mithilfe der Nanomaschinen können Mea und Dark das Gleiche machen.
Allerdings ...
... ist meine Transformation grundlegend anders.
Anders ...
... als bei Dark und Méa ...?
ZOOM
Was bedeutet ...

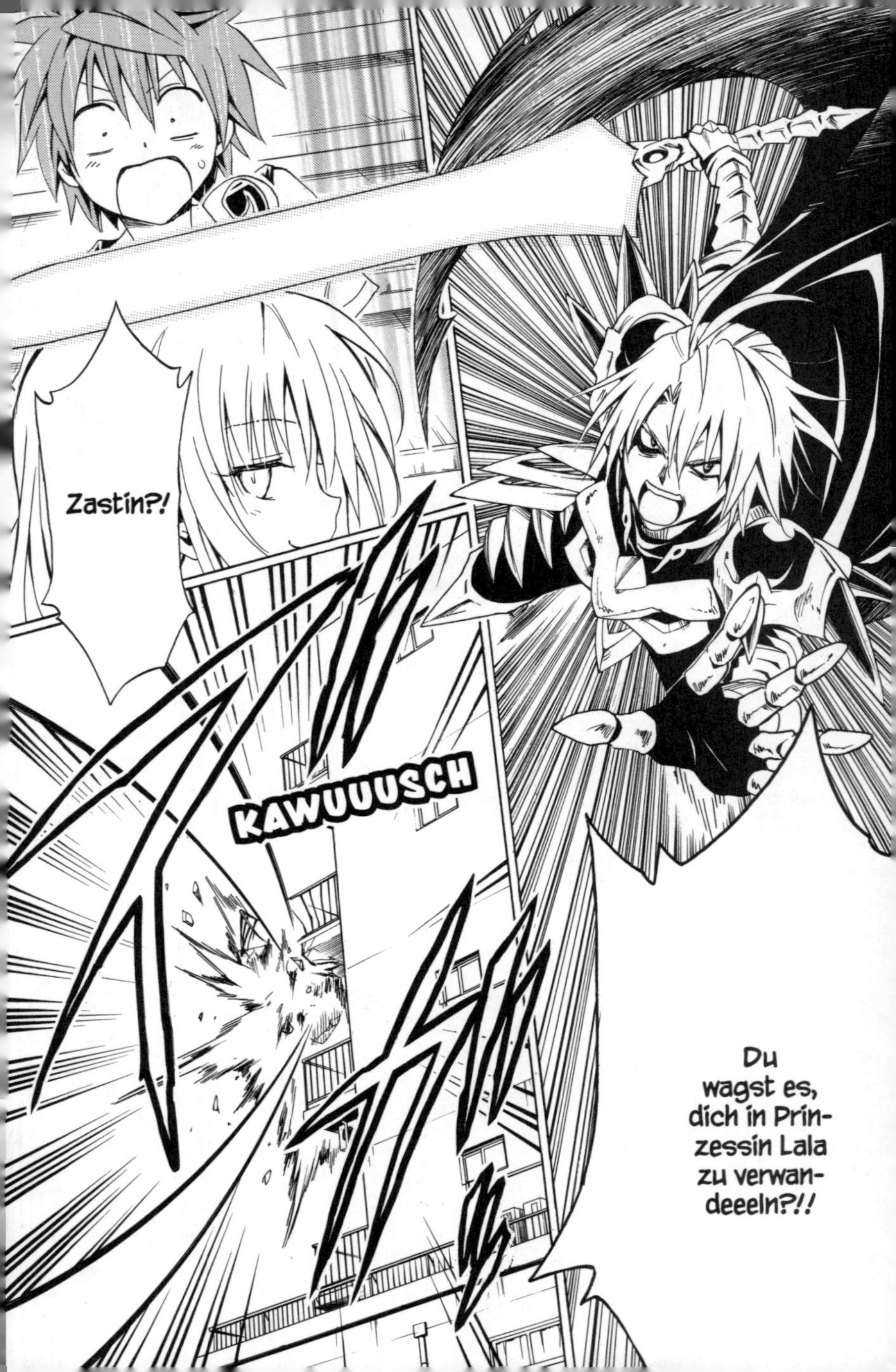
Du wagst es, dich in Prinzessin Lala zu verwandeeeln?!!
KAWUUUSCH
Zastin?!

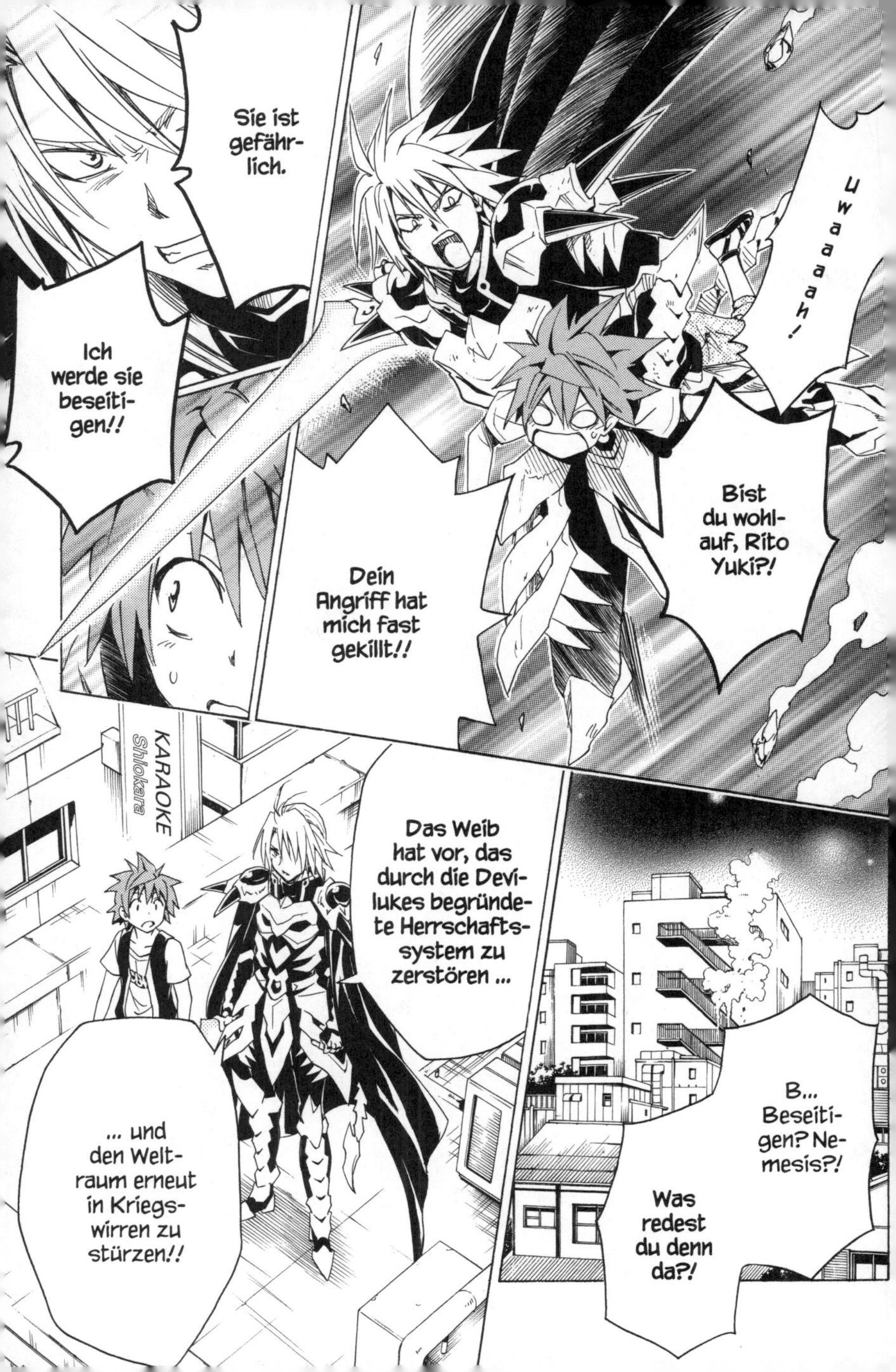
Uwaaaah!
Sie ist gefährlich.
Ich werde sie beseitigen!!
Bist du wohlauf, Rito Yuki?!
Dein Angriff hat mich fast gekillt!!
KARAOKE Shiokara
Das Weib hat vor, das durch die Devilukes begründete Herrschaftssystem zu zerstören ...
... und den Weltraum erneut in Kriegswirren zu stürzen!!
B... Beseitigen? Nemesis?!
Was redest du denn da?!

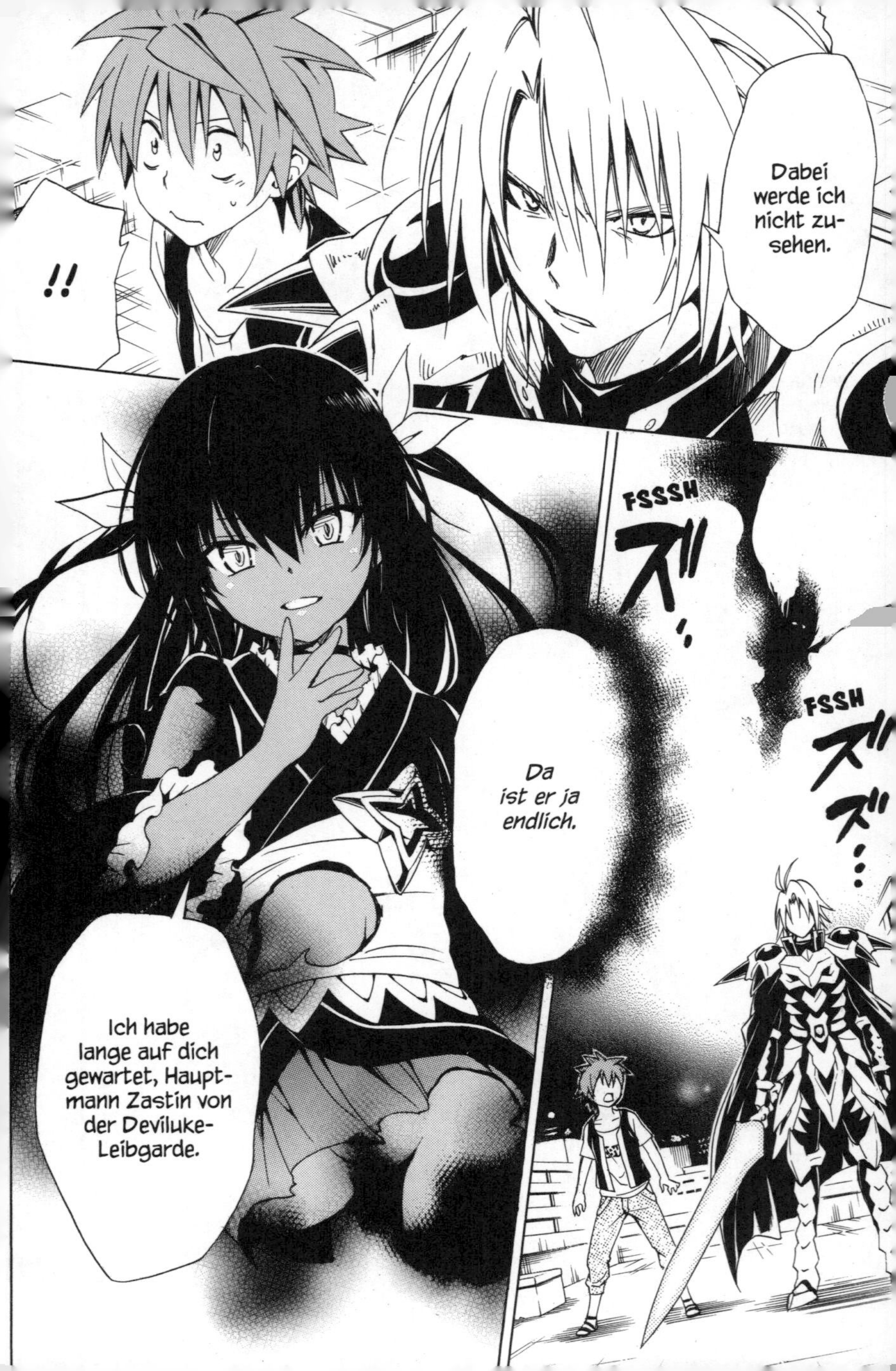
Dabei werde ich nicht zu-sehen.
!!
FSSSH
FSSH
Da ist er ja endlich.
Ich habe lange auf dich gewartet, Haupt-mann Zastin von der Deviluke-Leibgarde.

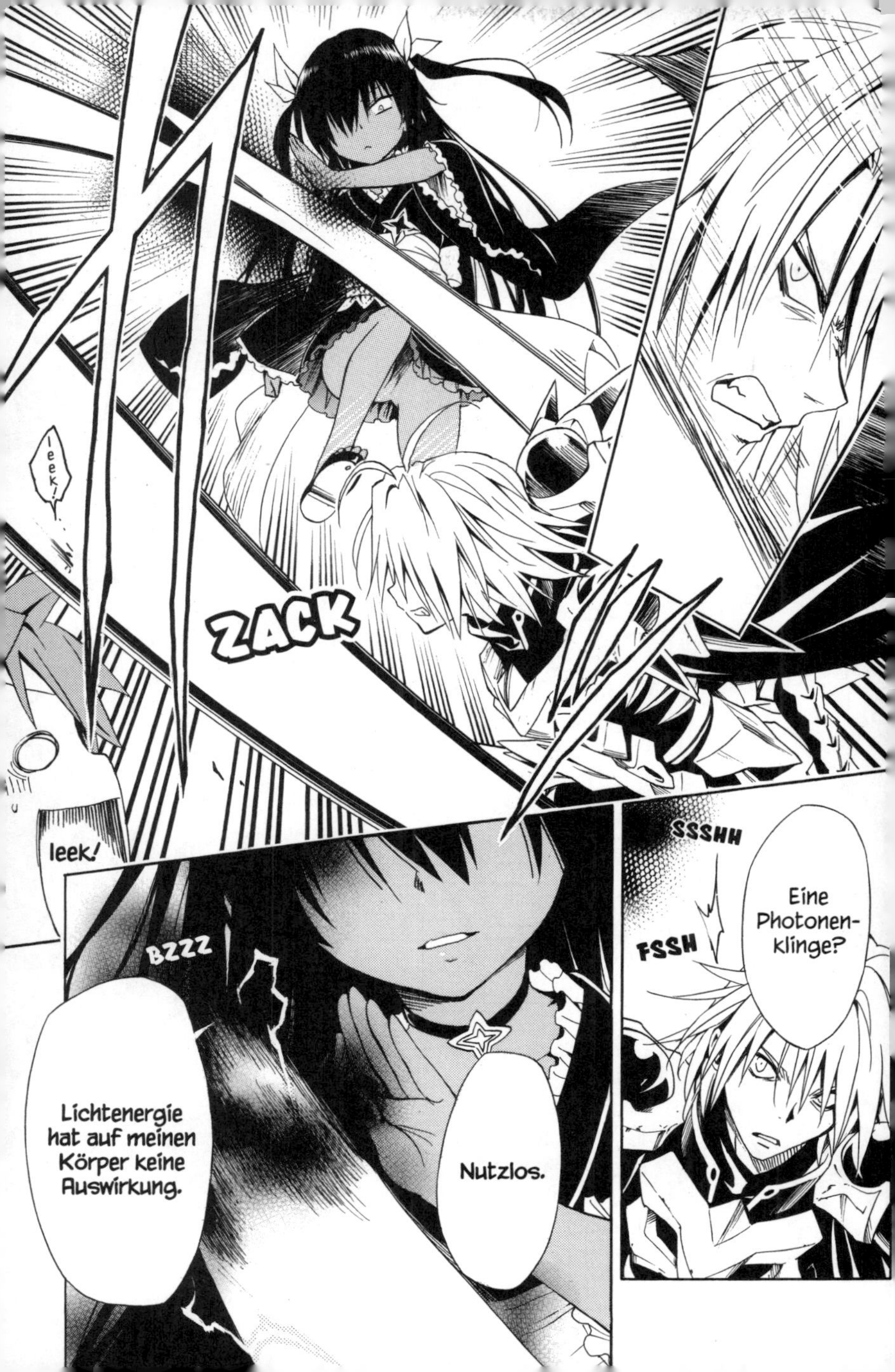
Ieek!
ZACK
Ieek!
SSSHH
FSSH
Eine Photonen-klinge?
BZZZ
Nutzlos.
Lichtenergie hat auf meinen Körper keine Auswirkung.

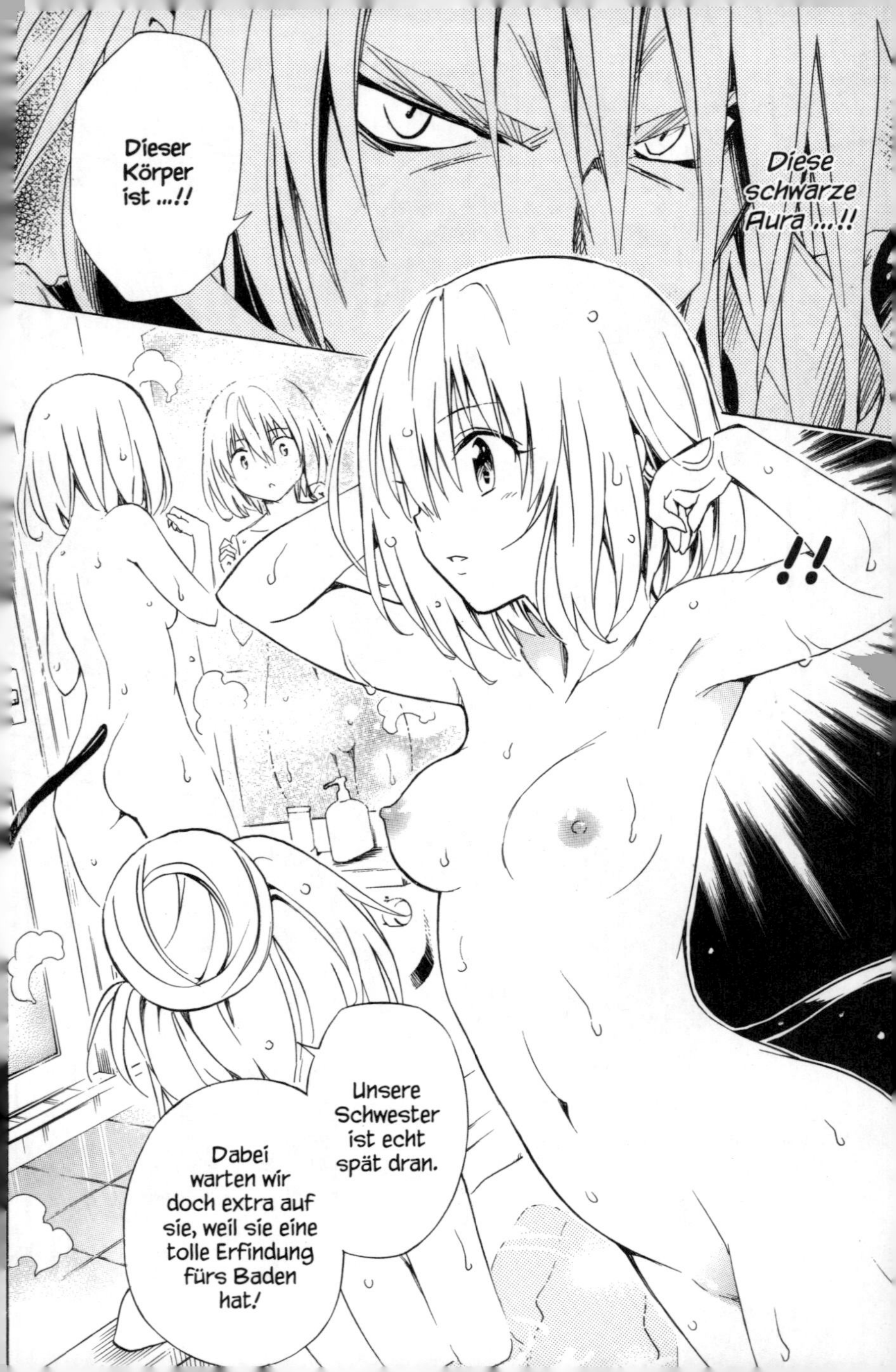
Diese schwarze Aura ...!!
Dieser Körper ist ...!!
!!
Unsere Schwester ist echt spät dran.
Dabei warten wir doch extra auf sie, weil sie eine tolle Erfindung fürs Baden hat!

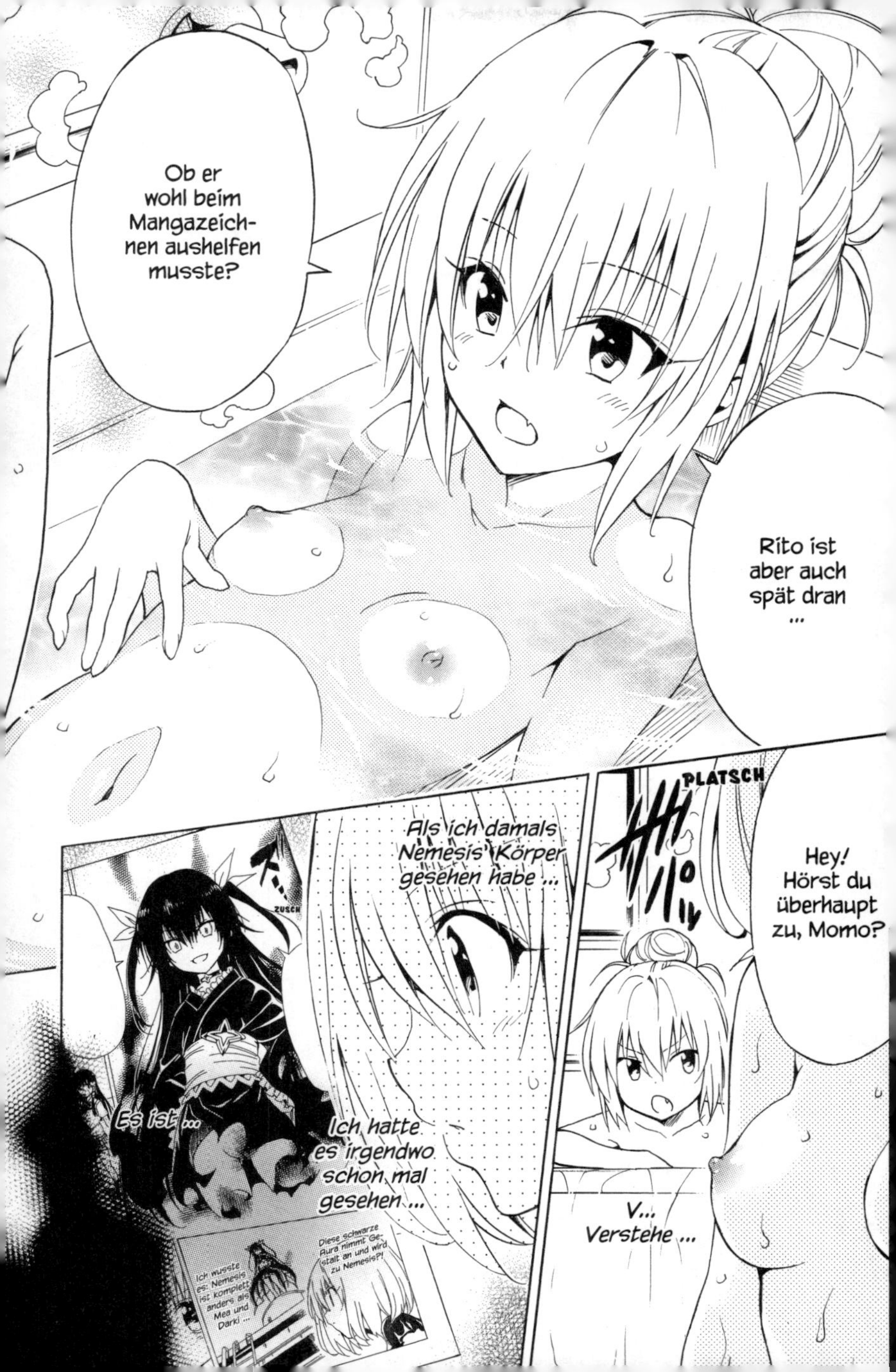

Rito ist aber auch spät dran ...
Ob er wohl beim Mangazeichnen aushelfen musste?
PLATSCH
Hey! Hörst du überhaupt zu, Momo?
V... Verstehe ...
Als ich damals Nemesis' Körper gesehen habe ...
Ich hatte es irgendwo schon mal gesehen ...
ZUSCH
Es ist ...
Diese schwarze Aura nimmt Gestalt an und wird zu Nemesis?!
Ich wusste es: Nemesis ist komplett anders als Mea und Darki ...

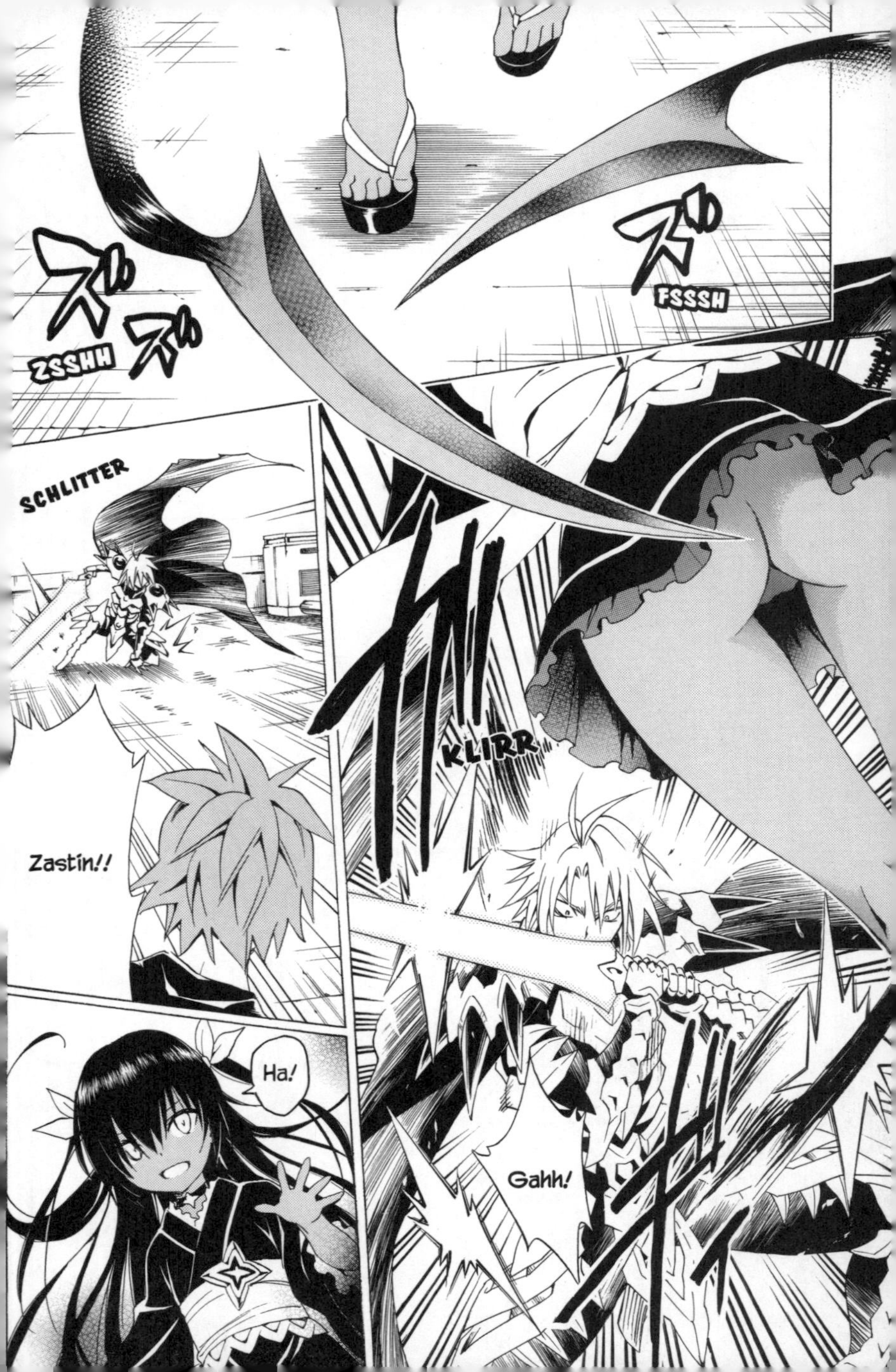
FSSSH
ZSSHH
SCHLITTER
KLIRR
Zastin!!
Gahh!
Ha!

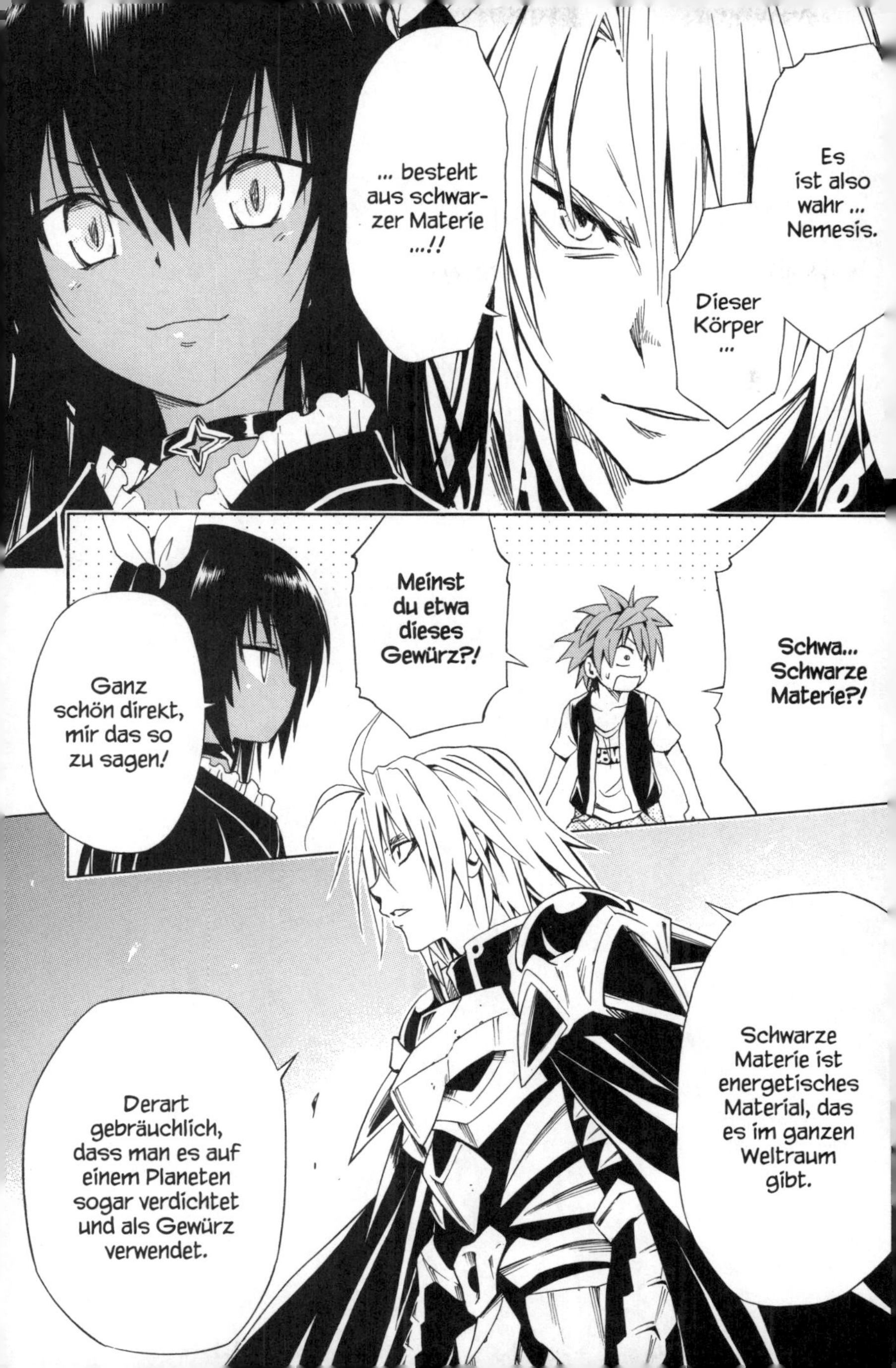
Es ist also wahr ... Nemesis.
Dieser Körper ...
... besteht aus schwarzer Materie ...!!
Schwa... Schwarze Materie?!
Meinst du etwa dieses Gewürz?!
Ganz schön direkt, mir das so zu sagen!
Schwarze Materie ist energetisches Material, das es im ganzen Weltraum gibt.
Derart gebräuchlich, dass man es auf einem Planeten sogar verdichtet und als Gewürz verwendet.

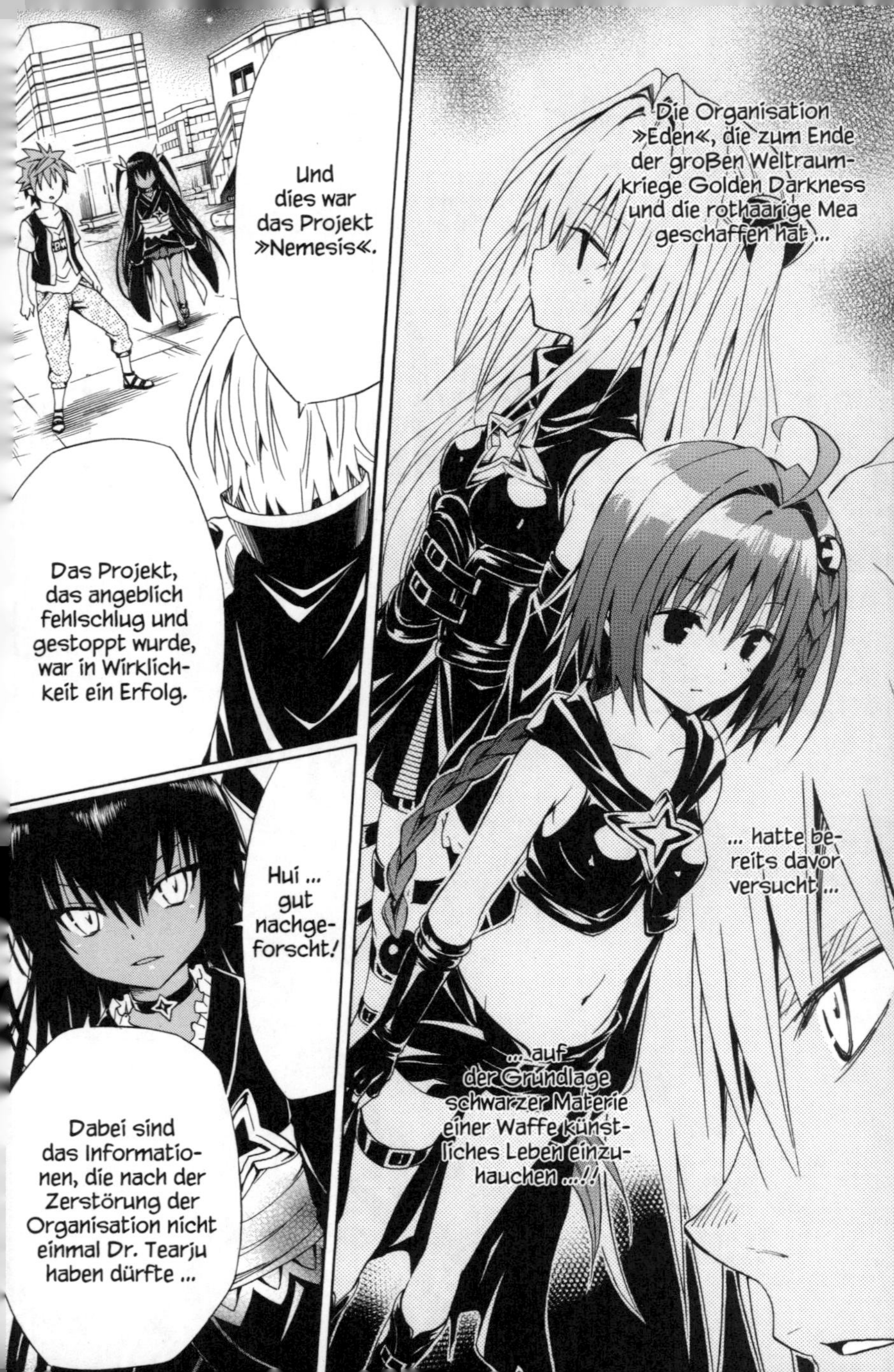
Die Organisation »Eden«, die zum Ende der großen Weltraumkriege Golden Darkness und die rothaarige Mea geschaffen hat ...
... hatte bereits davor versucht ...
... auf der Grundlage schwarzer Materie einer Waffe künstliches Leben einzuhauchen ...!!
Und dies war das Projekt »Nemesis«.
Das Projekt, das angeblich fehlschlug und gestoppt wurde, war in Wirklichkeit ein Erfolg.
Hui ... gut nachgeforscht!
Dabei sind das Informationen, die nach der Zerstörung der Organisation nicht einmal Dr. Tearju haben dürfte ...

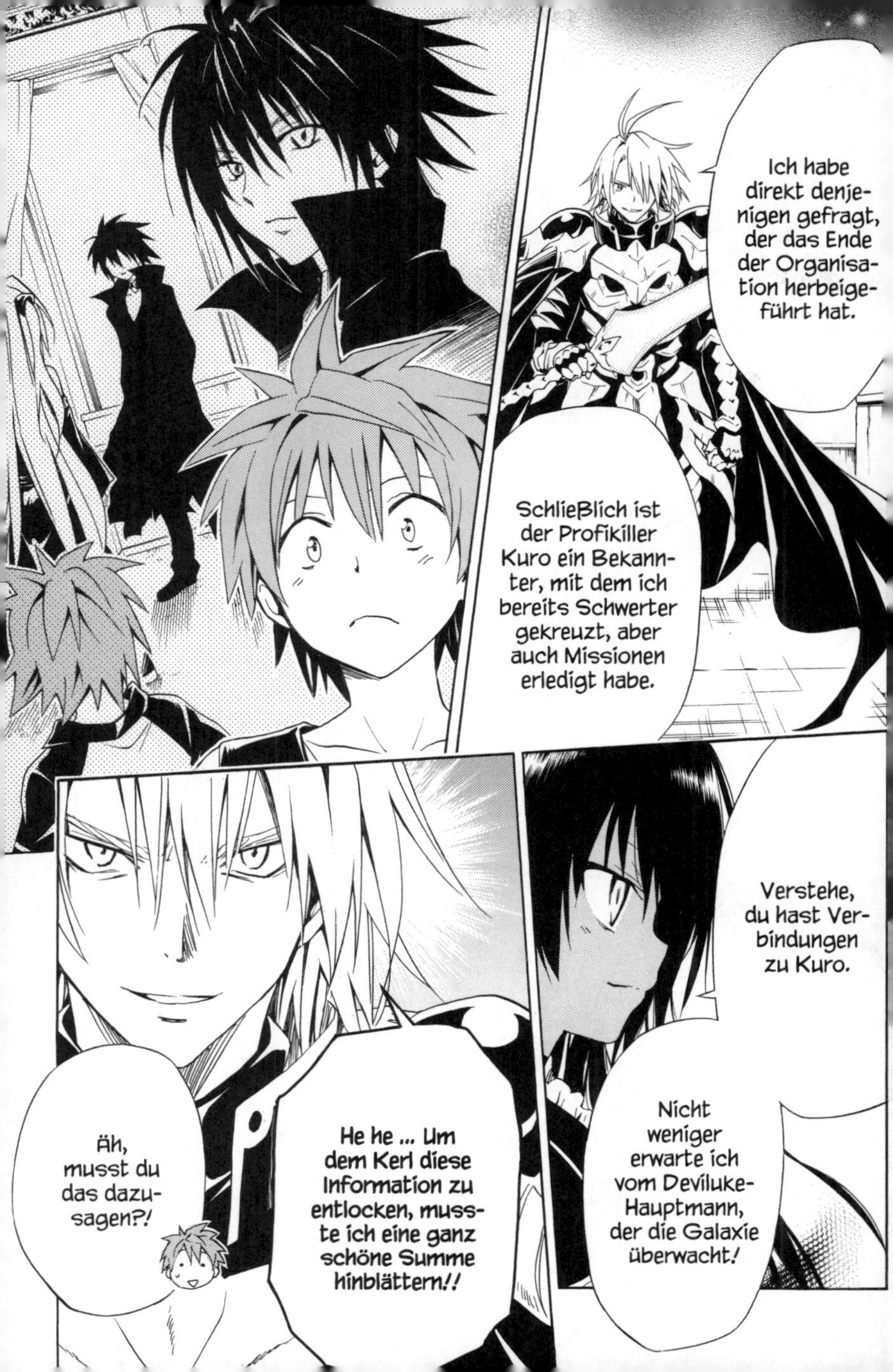
Ich habe direkt denjenigen gefragt, der das Ende der Organisation herbeigeführt hat.
Schließlich ist der Profikiller Kuro ein Bekannter, mit dem ich bereits Schwerter gekreuzt, aber auch Missionen erledigt habe.
Verstehe, du hast Verbindungen zu Kuro.
Nicht weniger erwarte ich vom Deviluke-Hauptmann, der die Galaxie überwacht!
He he ... Um dem Kerl diese Information zu entlocken, musste ich eine ganz schöne Summe hinblättern!!
Äh, musst du das dazusagen?!

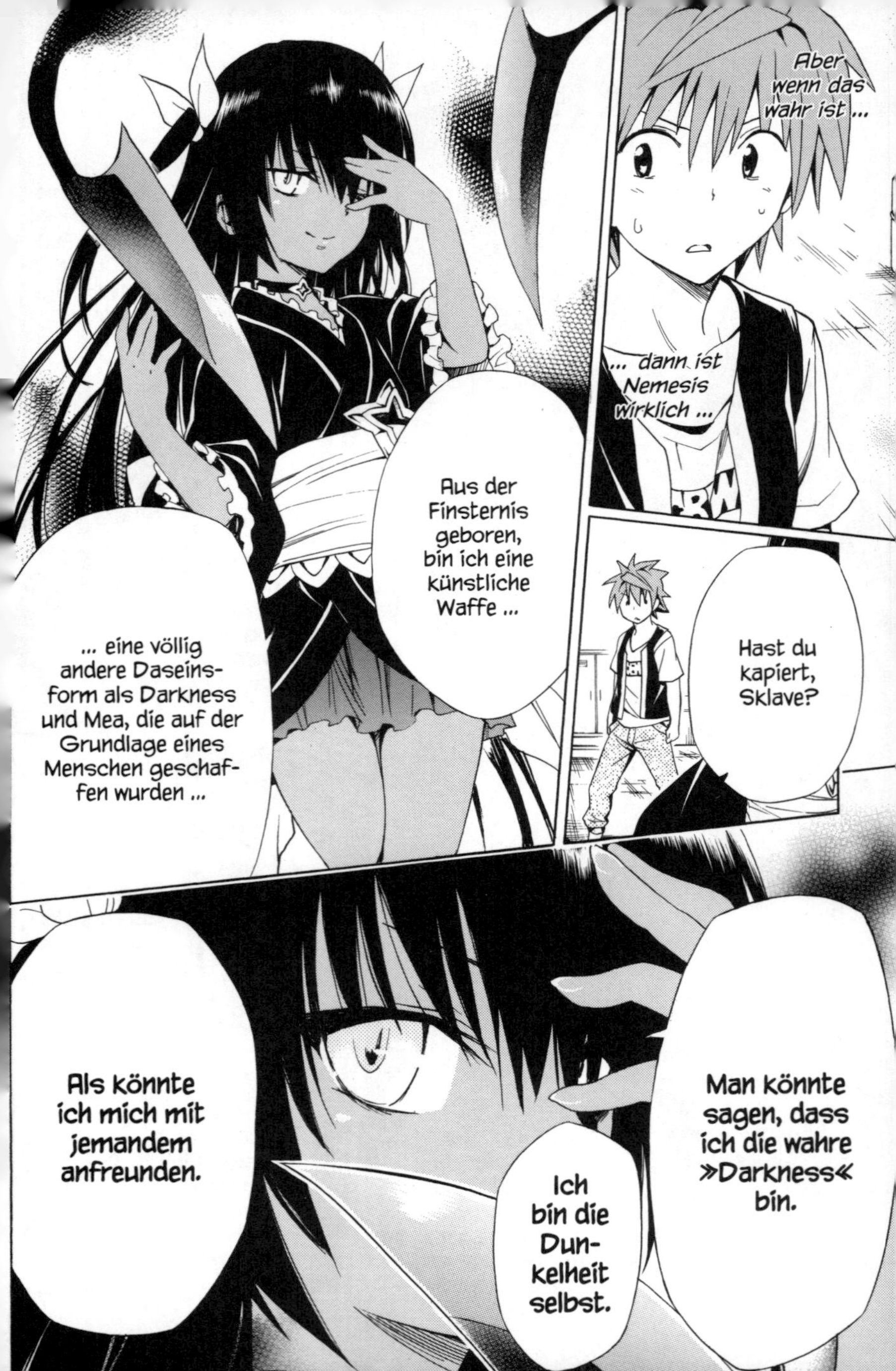
Aber wenn das wahr ist ...
... dann ist Nemesis wirklich ...
Aus der Finsternis geboren, bin ich eine künstliche Waffe ...
... eine völlig andere Daseinsform als Darkness und Mea, die auf der Grundlage eines Menschen geschaffen wurden ...
Hast du kapiert, Sklave?
Man könnte sagen, dass ich die wahre »Darkness« bin.
Ich bin die Dunkelheit selbst.
Als könnte ich mich mit jemandem anfreunden.

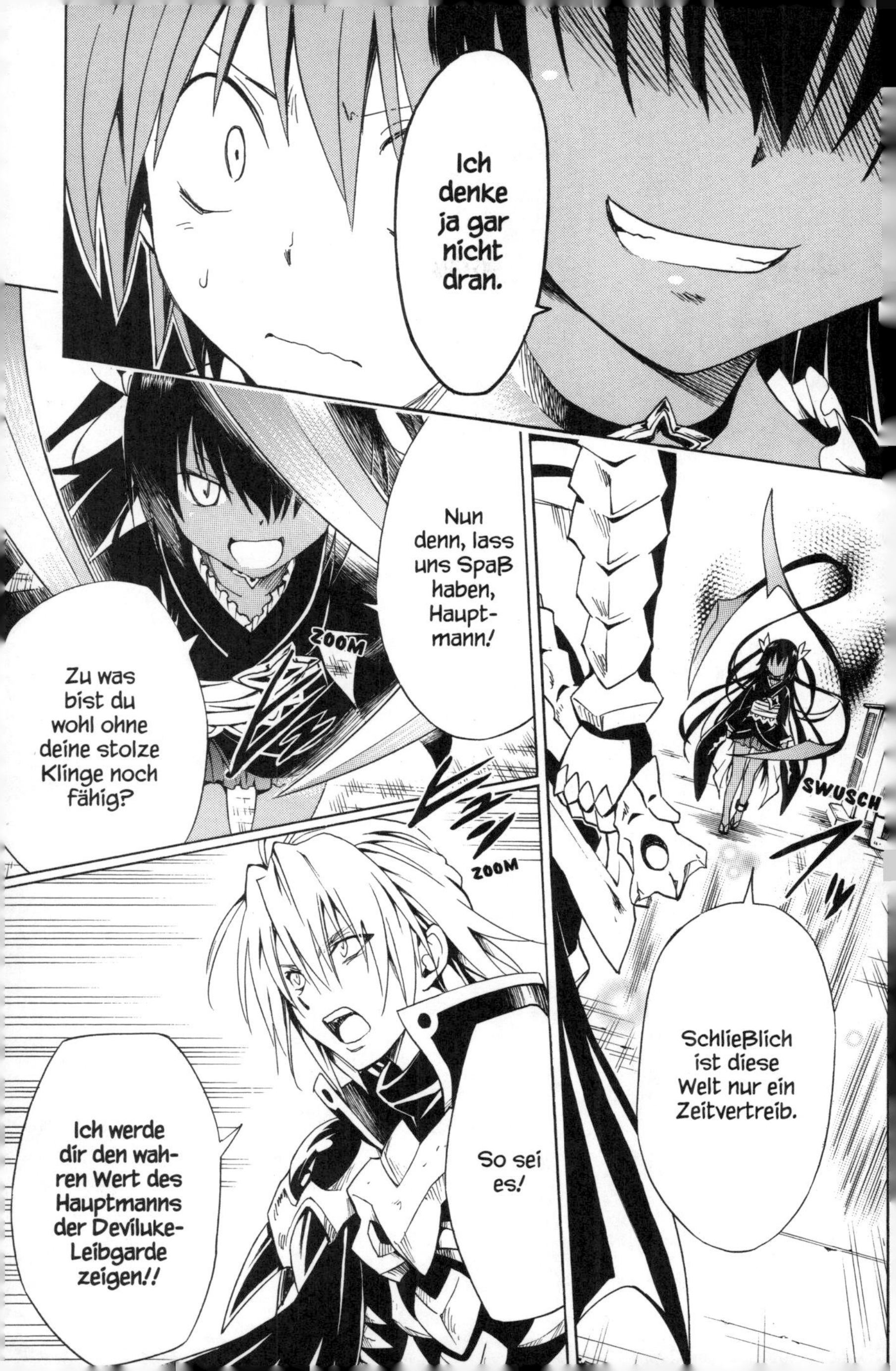
Ich denke ja gar nicht dran.
Nun denn, lass uns Spaß haben, Hauptmann!
ZOOM
Zu was bist du wohl ohne deine stolze Klinge noch fähig?
SWUSCH
ZOOM
Schließlich ist diese Welt nur ein Zeitvertreib.
So sei es!
Ich werde dir den wahren Wert des Hauptmanns der Deviluke-Leibgarde zeigen!!

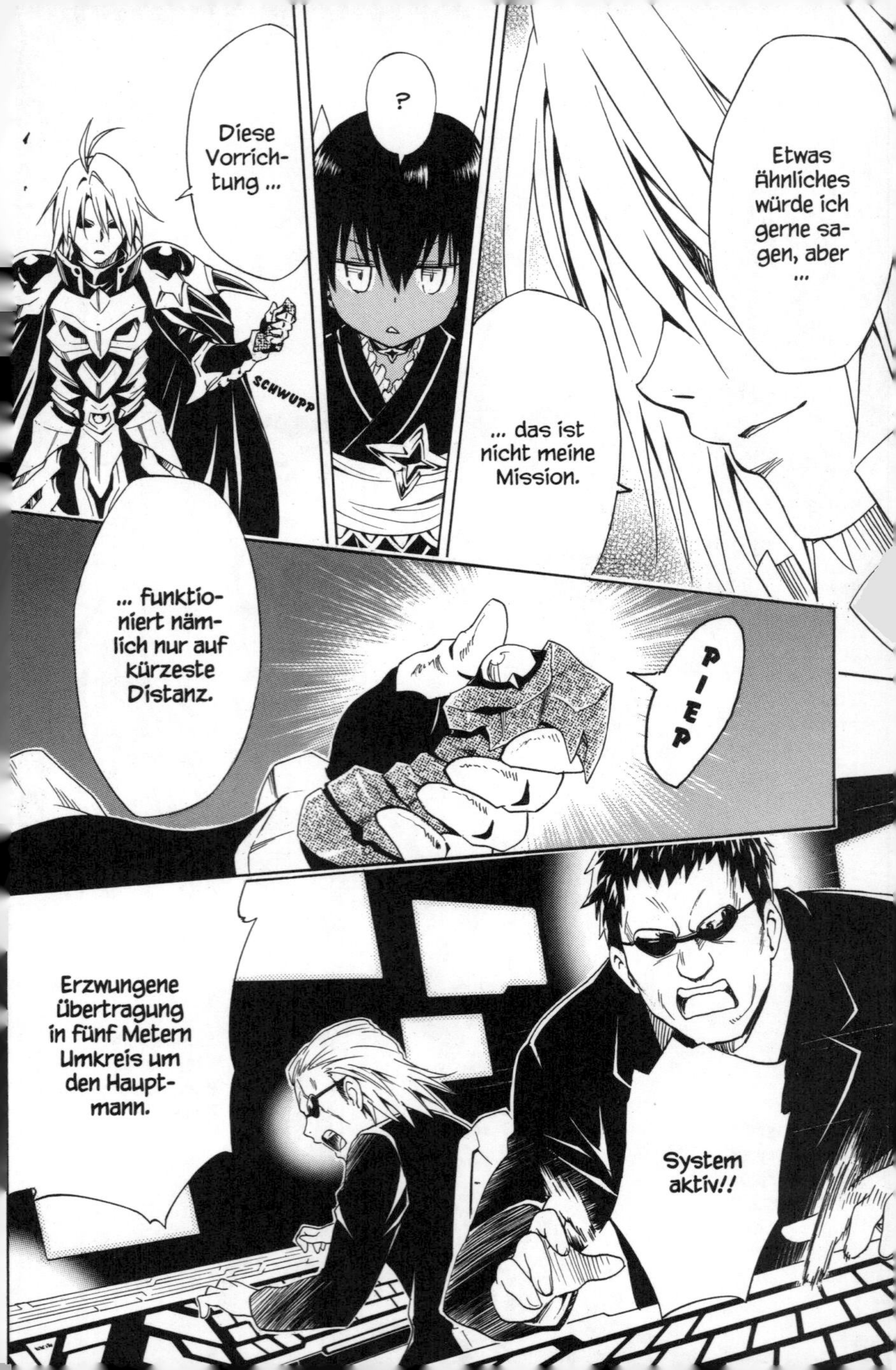
Etwas Ähnliches würde ich gerne sagen, aber …
… das ist nicht meine Mission.
?
Diese Vorrichtung …
SCHWUPP
PIEP
… funktioniert nämlich nur auf kürzeste Distanz.
System aktiv!!
Erzwungene Übertragung in fünf Metern Umkreis um den Hauptmann.

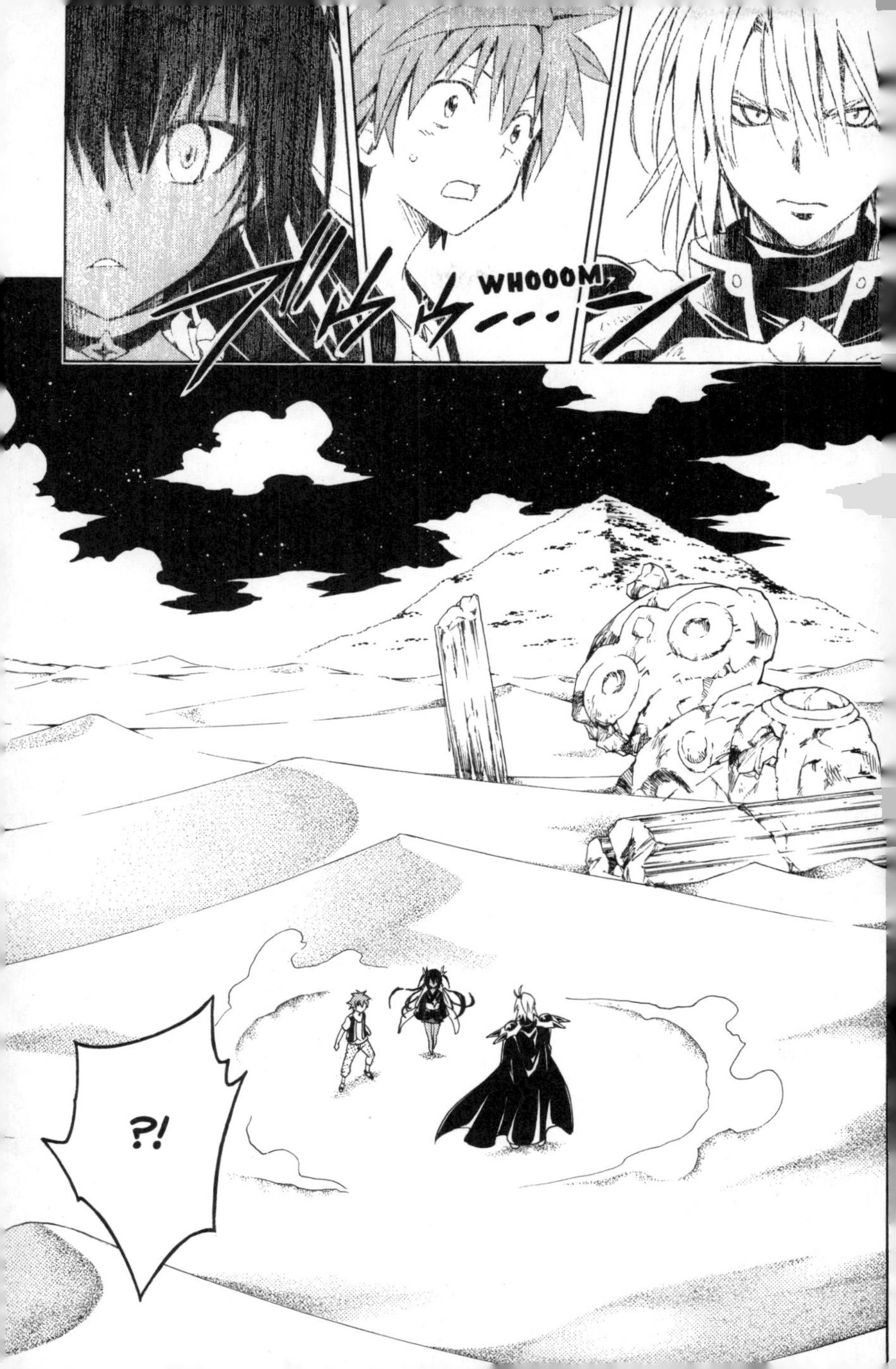
WHOOOM
?!

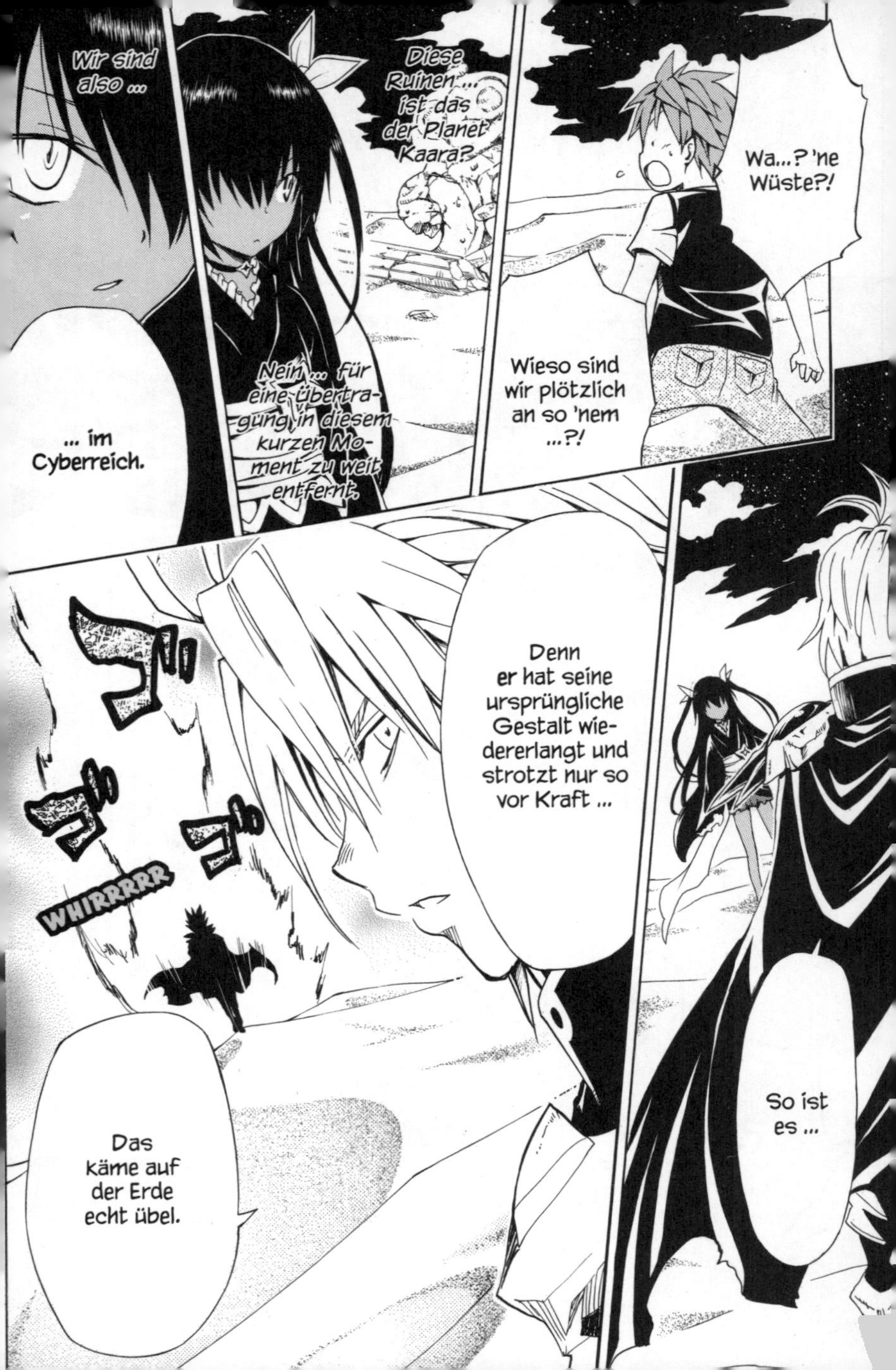
Wa...? 'ne Wüste?!
Wieso sind wir plötzlich an so 'nem ...?!
Diese Ruinen ... ist das der Planet Kaara?
Nein ... für eine Übertragung in diesem kurzen Moment zu weit entfernt.
Wir sind also ...
... im Cyberreich.
Denn er hat seine ursprüngliche Gestalt wiedererlangt und strotzt nur so vor Kraft ...
So ist es ...
WHIRRRRR
Das käme auf der Erde echt übel.

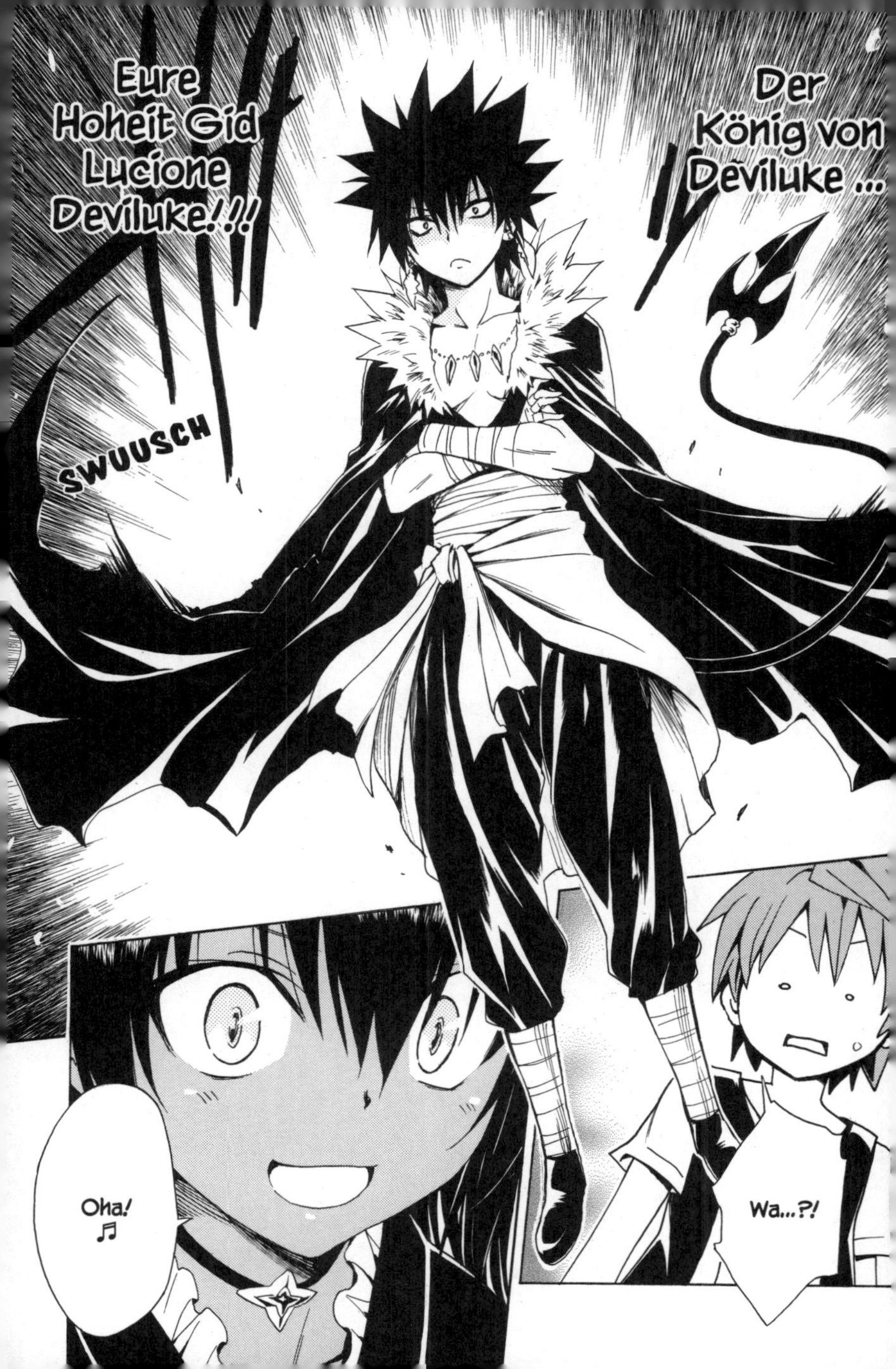
Der König von Deviluke ...
Eure Hoheit Gid Lucione Deviluke!!!
SWUUSCH
Wa...?!
Oha! ♫

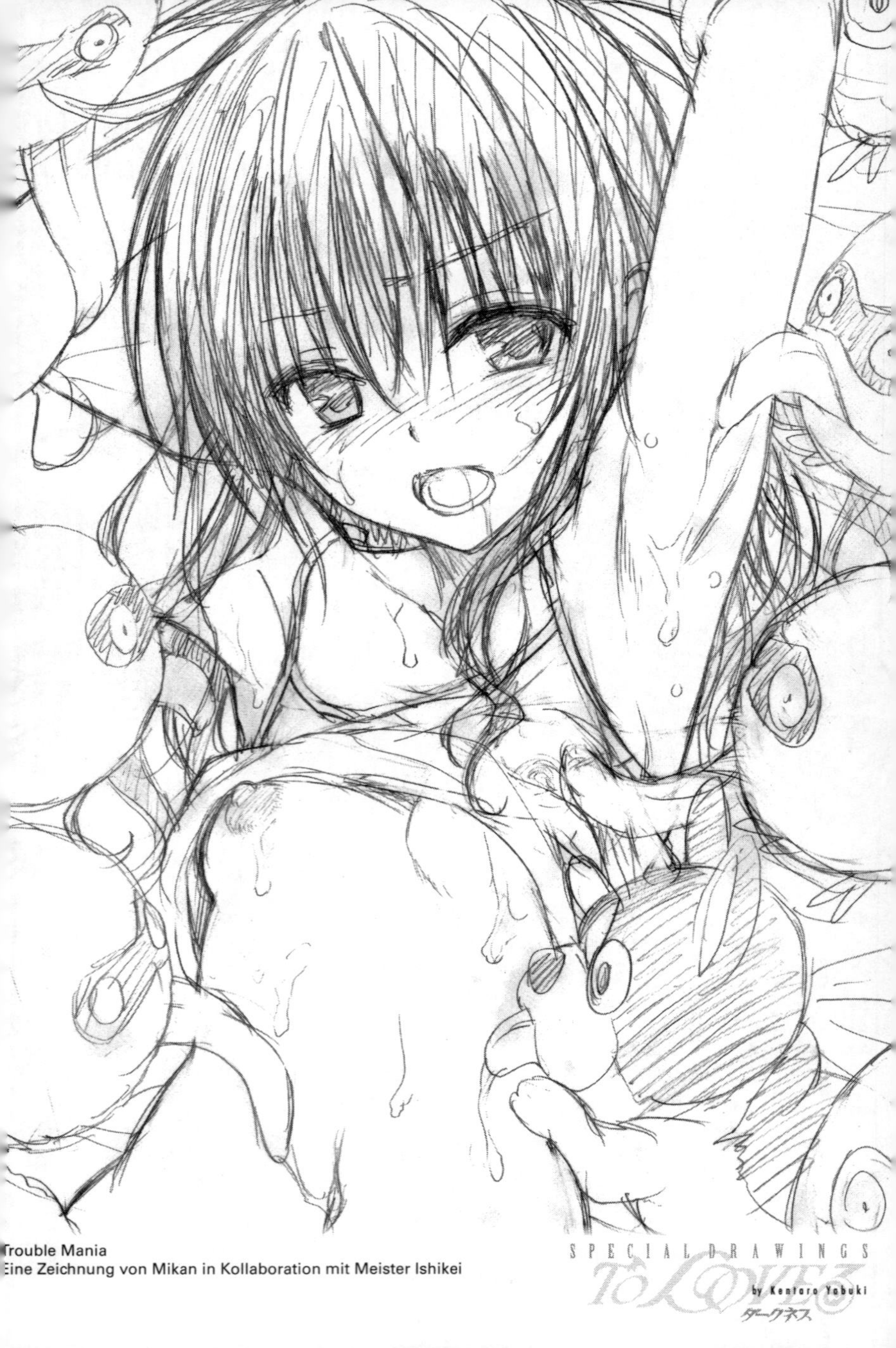

Trouble Mania
Eine Zeichnung von Mikan in Kollaboration mit Meister Ishikei

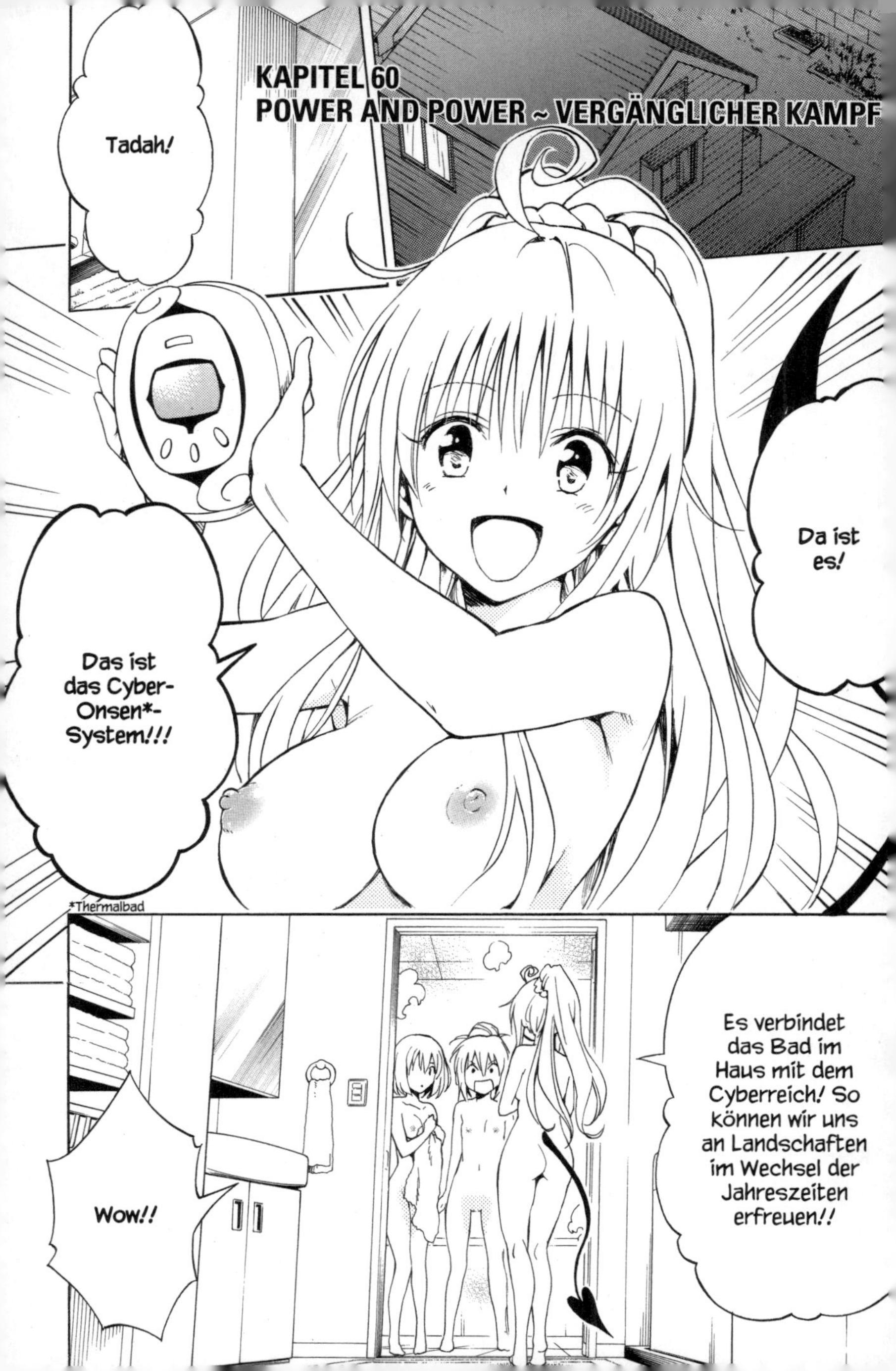
KAPITEL 60
POWER AND POWER ~ VERGÄNGLICHER KAMPF
Tadah!
Da ist es!
Das ist das Cyber-Onsen*-System!!!
*Thermalbad
Es verbindet das Bad im Haus mit dem Cyberreich! So können wir uns an Landschaften im Wechsel der Jahreszeiten erfreuen!!
Wow!!

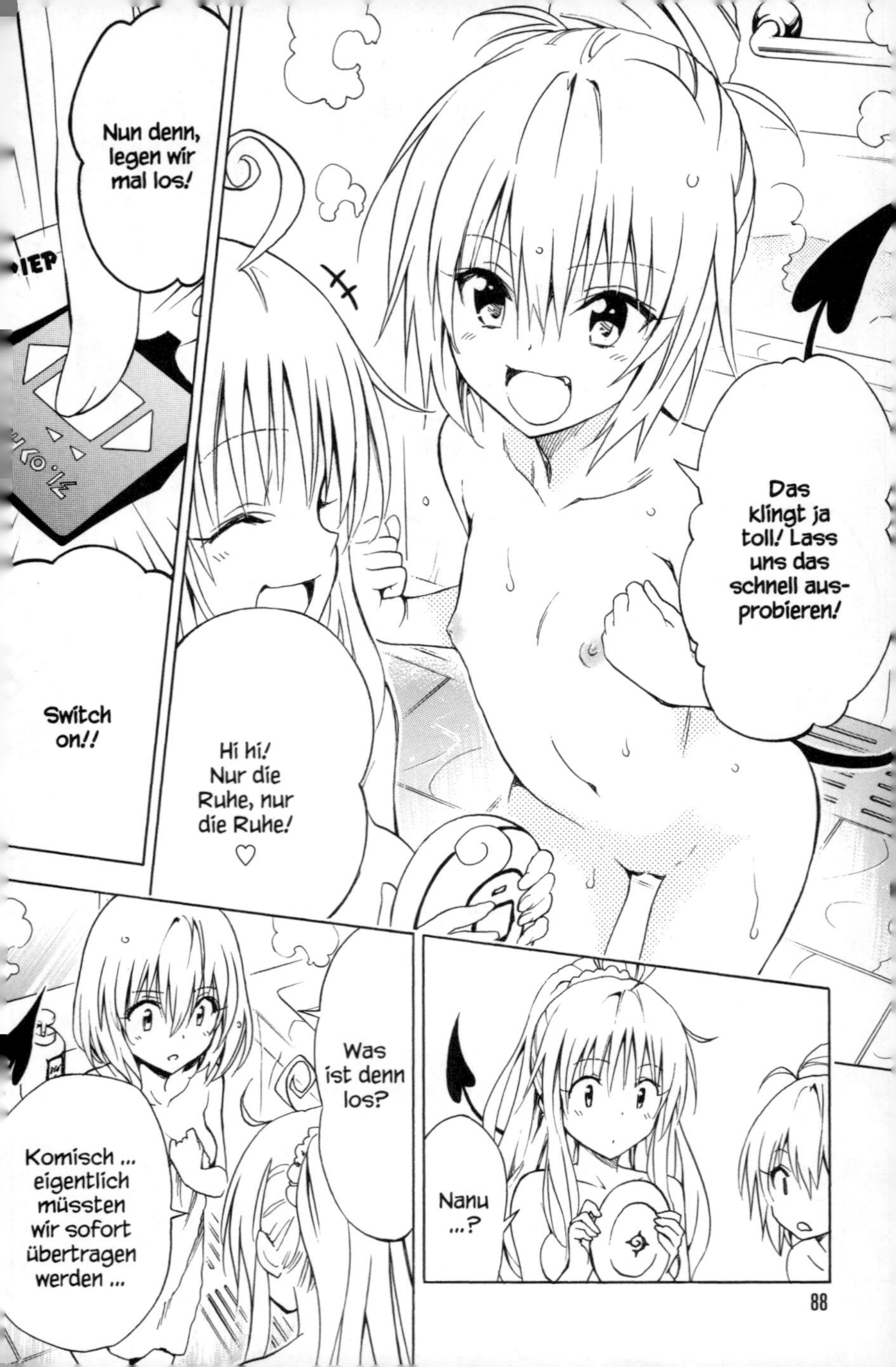

Das klingt ja toll! Lass uns das schnell ausprobieren!
Hi hi! Nur die Ruhe, nur die Ruhe! ♡
Nun denn, legen wir mal los!
IEP
Switch on!!
Nanu ...?
Was ist denn los?
Komisch ... eigentlich müssten wir sofort übertragen werden ...

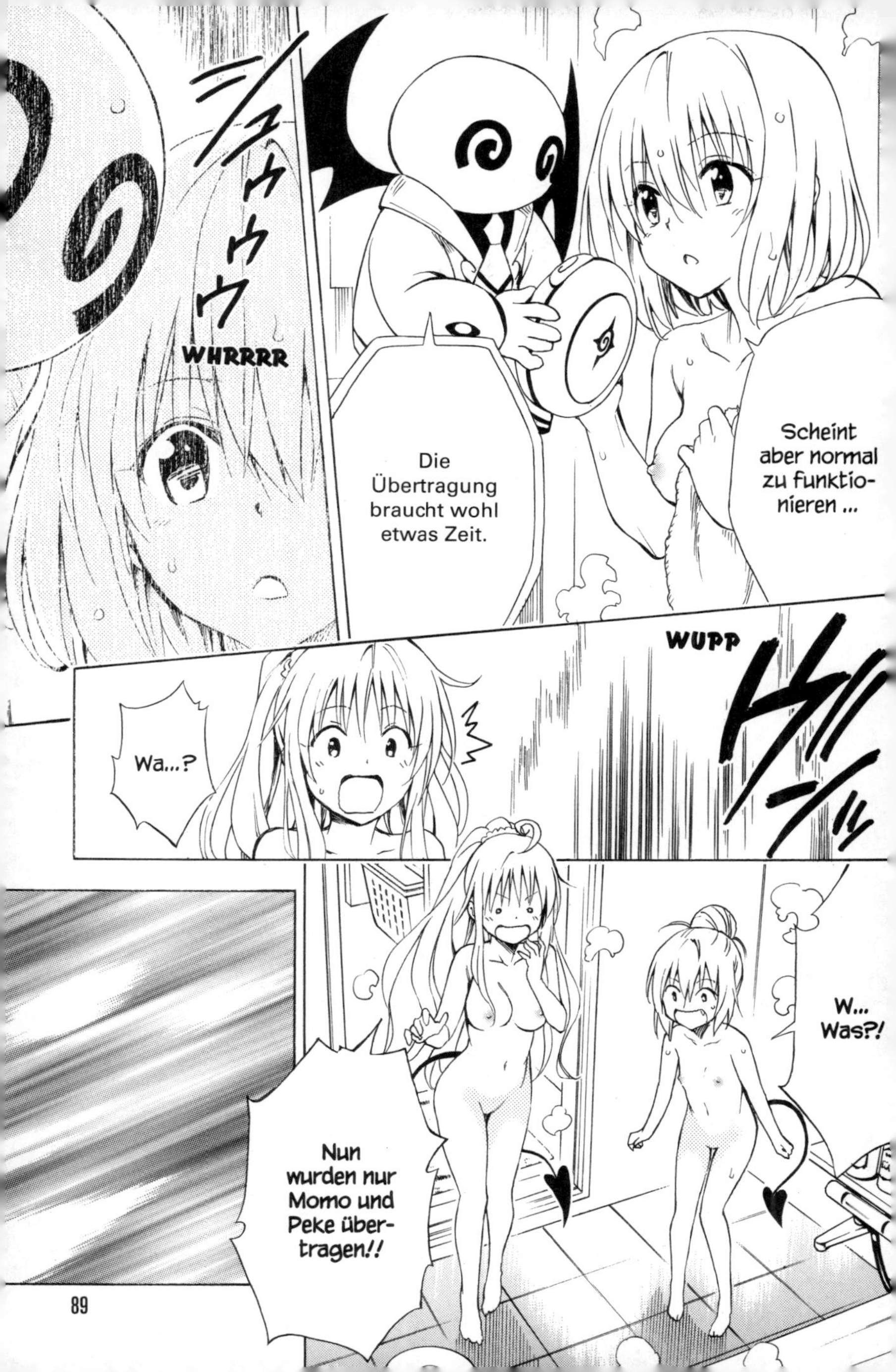
Scheint aber normal zu funktionieren ...
Die Übertragung braucht wohl etwas Zeit.
WHRRRR
WUPP
Wa...?
W... Was?!
Nun wurden nur Momo und Peke übertragen!!

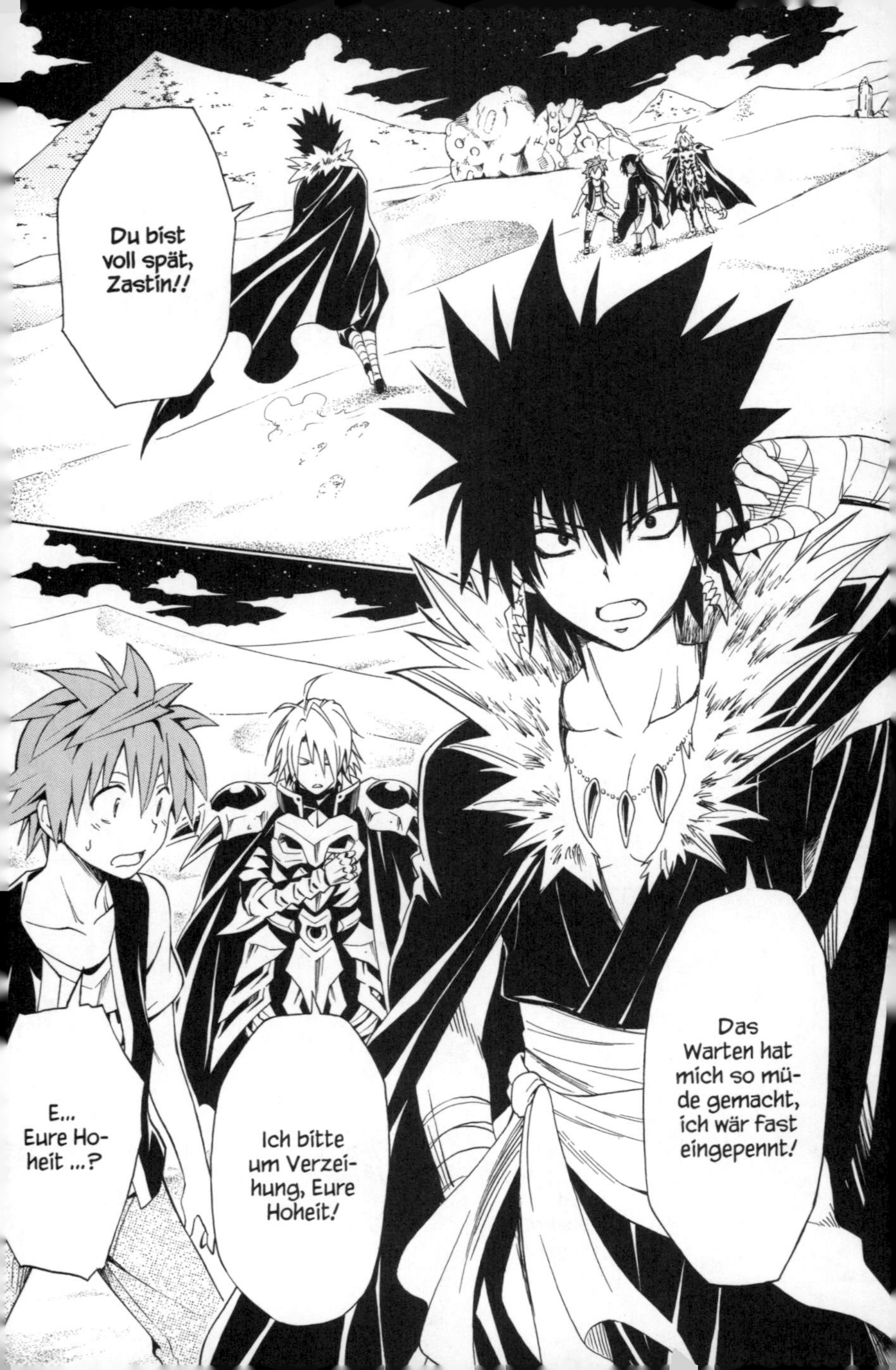
Du bist voll spät, Zastin!!
Das Warten hat mich so mü-de gemacht, ich wär fast eingepennt!
Ich bitte um Verzei-hung, Eure Hoheit!
E... Eure Ho-heit ...?

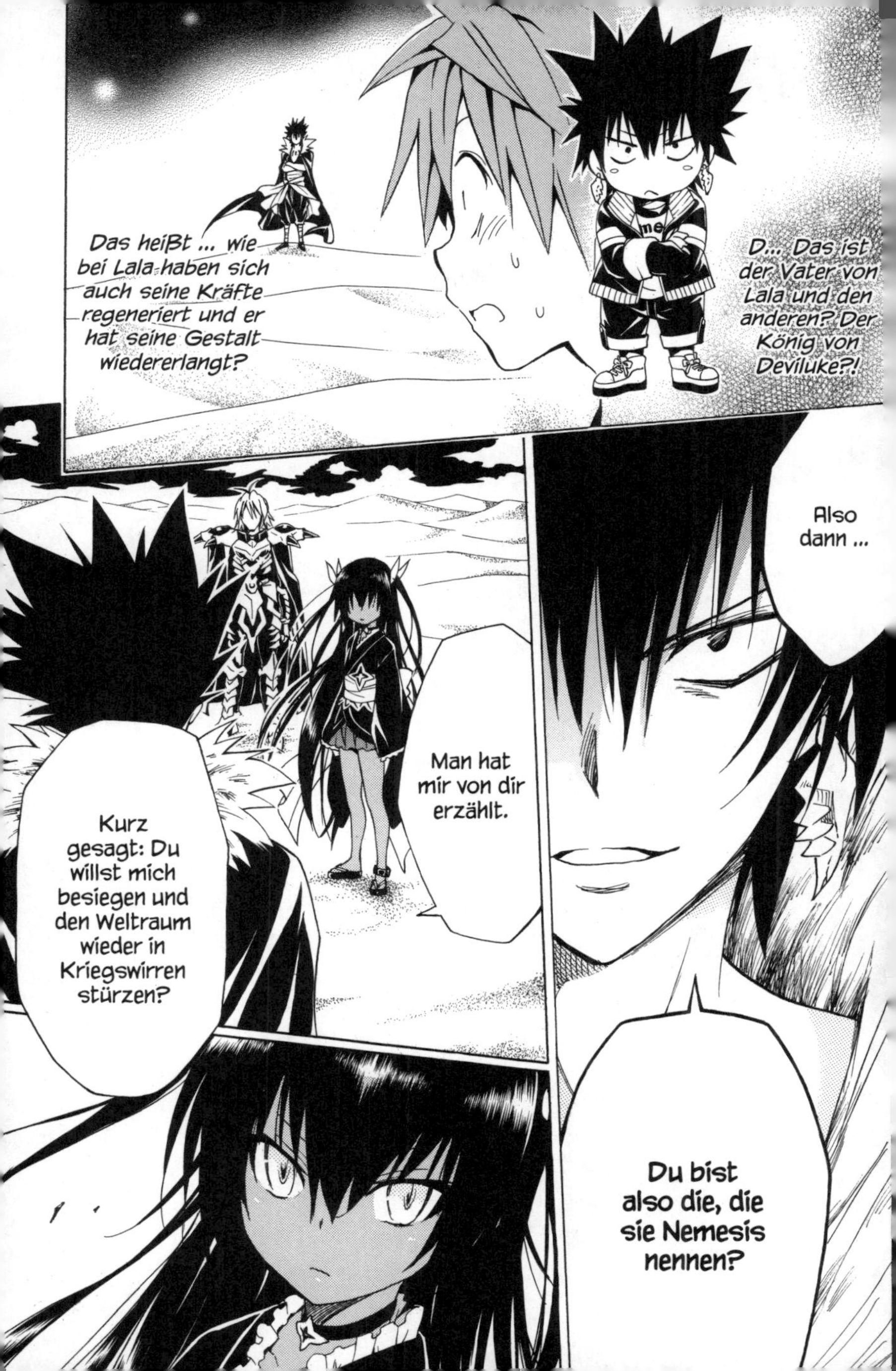
D... Das ist der Vater von Lala und den anderen? Der König von Deviluke?!
Das heißt ... wie bei Lala haben sich auch seine Kräfte regeneriert und er hat seine Gestalt wiedererlangt?
Also dann ...
Man hat mir von dir erzählt.
Kurz gesagt: Du willst mich besiegen und den Weltraum wieder in Kriegswirren stürzen?
Du bist also die, die sie Nemesis nennen?

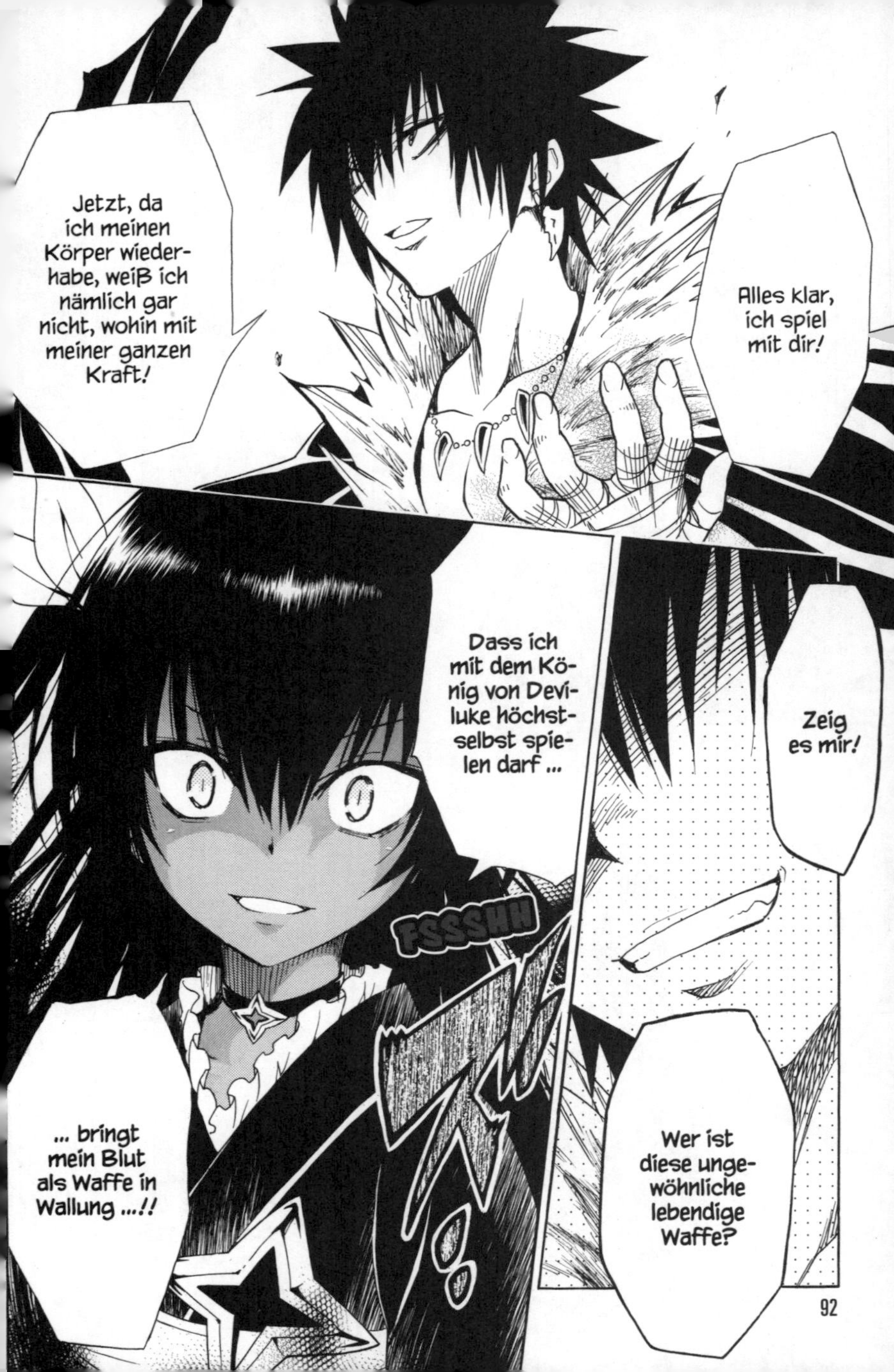
Alles klar, ich spiel mit dir!
Jetzt, da ich meinen Körper wiederhabe, weiß ich nämlich gar nicht, wohin mit meiner ganzen Kraft!
Zeig es mir!
Dass ich mit dem König von Deviluke höchstselbst spielen darf ...
FSSSHH
Wer ist diese ungewöhnliche lebendige Waffe?
... bringt mein Blut als Waffe in Wallung ...!!

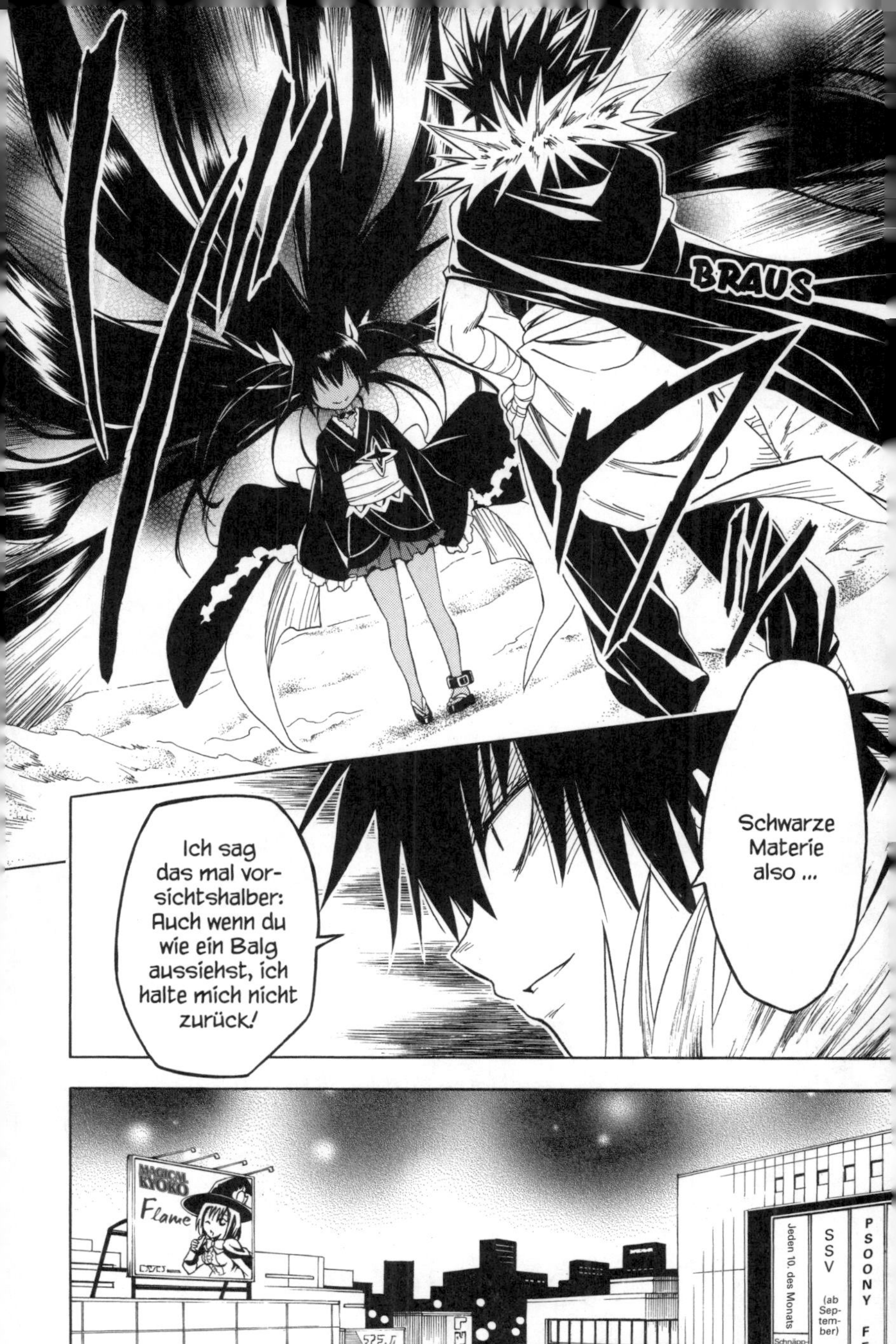
BRAUS
Schwarze Materie also ...
Ich sag das mal vorsichtshalber: Auch wenn du wie ein Balg aussiehst, ich halte mich nicht zurück!
MAGICAL KYOKO
Flame
PSOONY FES
SSV
(ab Sep-tem-ber)
Jeden 10. des Monats

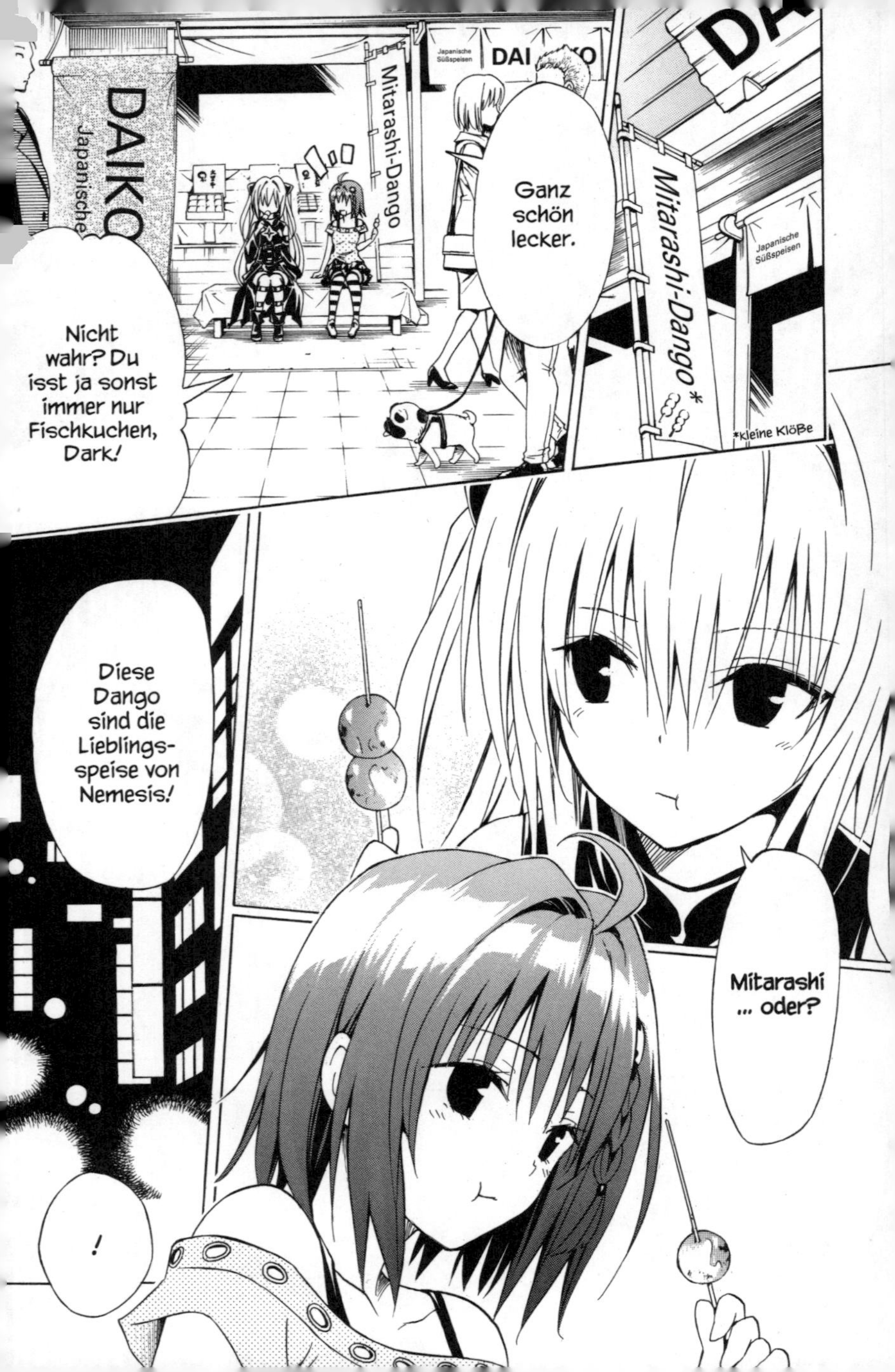
DAIKO
Japanische Süßspeisen
DAIKO
Japanische
Mitarashi-Dango
Mitarashi-Dango*
Japanische Süßspeisen
*Kleine Klöße
Ganz schön lecker.
Nicht wahr? Du isst ja sonst immer nur Fischkuchen, Dark!
Mitarashi ... oder?
Diese Dango sind die Lieblingsspeise von Nemesis!
!

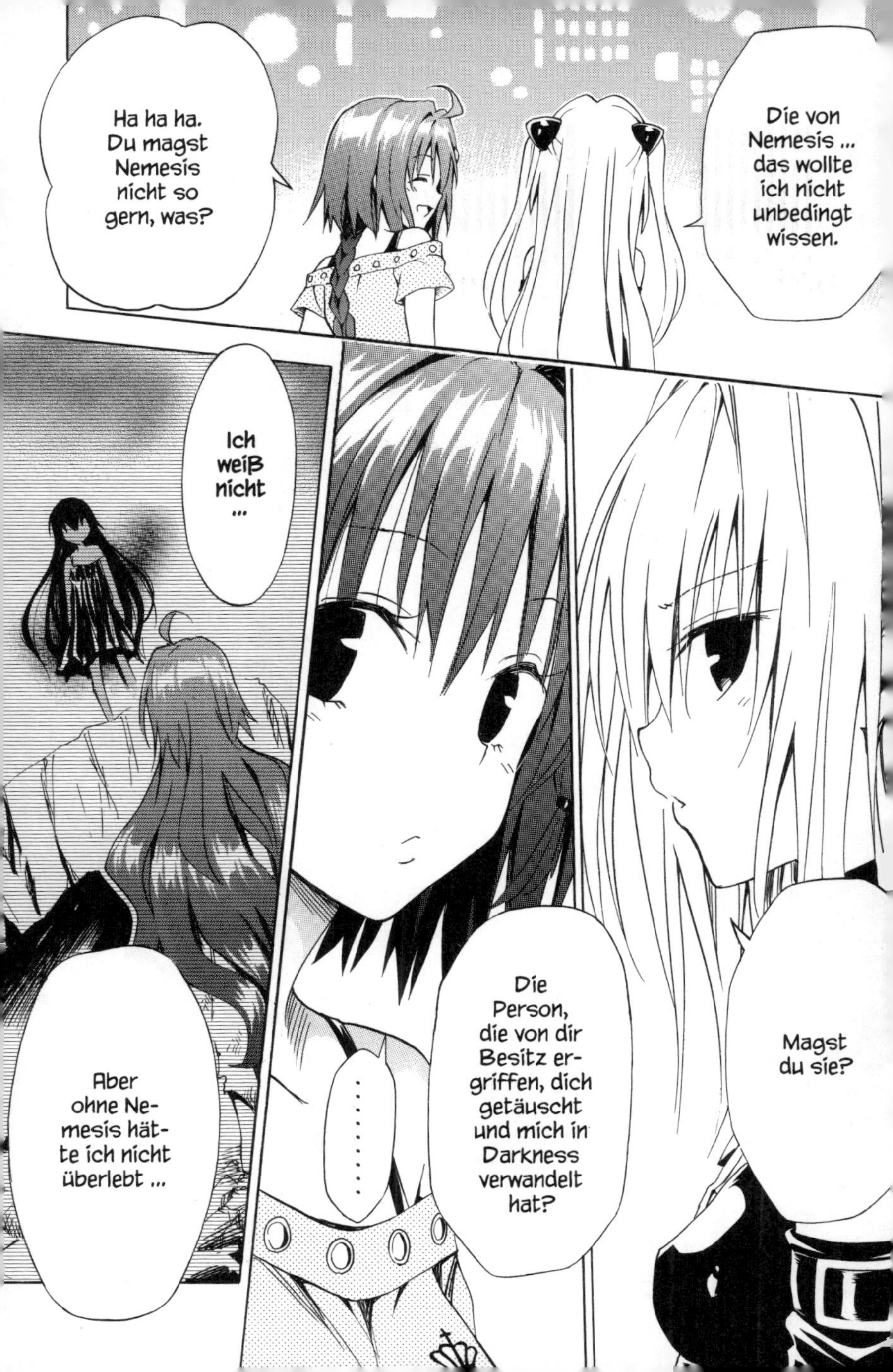
Die von Nemesis ... das wollte ich nicht unbedingt wissen.
Ha ha ha. Du magst Nemesis nicht so gern, was?
Ich weiß nicht ...
Magst du sie?
Die Person, die von dir Besitz ergriffen, dich getäuscht und mich in Darkness verwandelt hat?
....
Aber ohne Nemesis hätte ich nicht überlebt ...

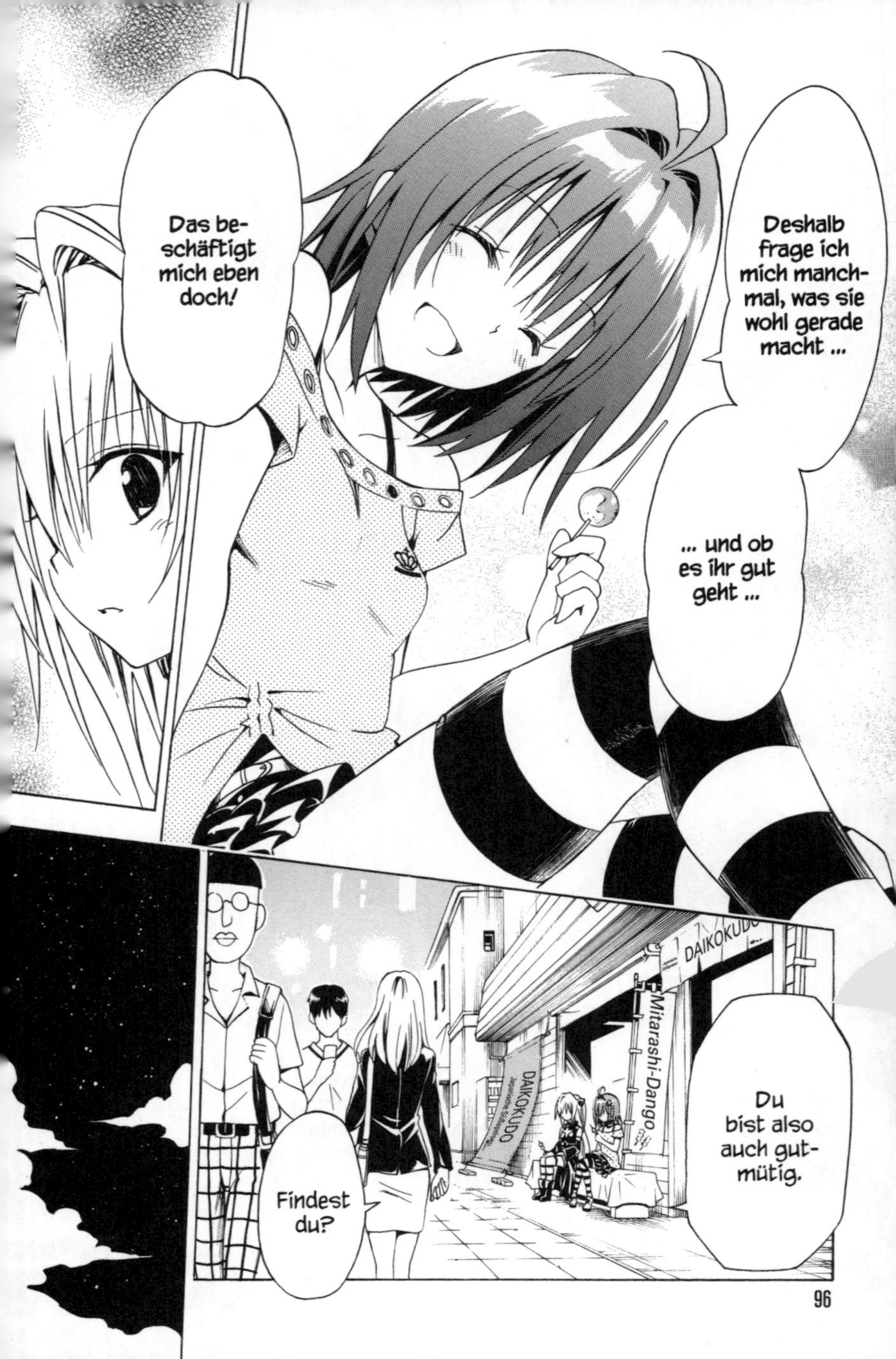
Deshalb frage ich mich manch-mal, was sie wohl gerade macht ...
... und ob es ihr gut geht ...
Das be-schäftigt mich eben doch!
DAIKOKUDO
Mitarashi-Dango
DAIKOKUDO
Du bist also auch gut-mütig.
Findest du?

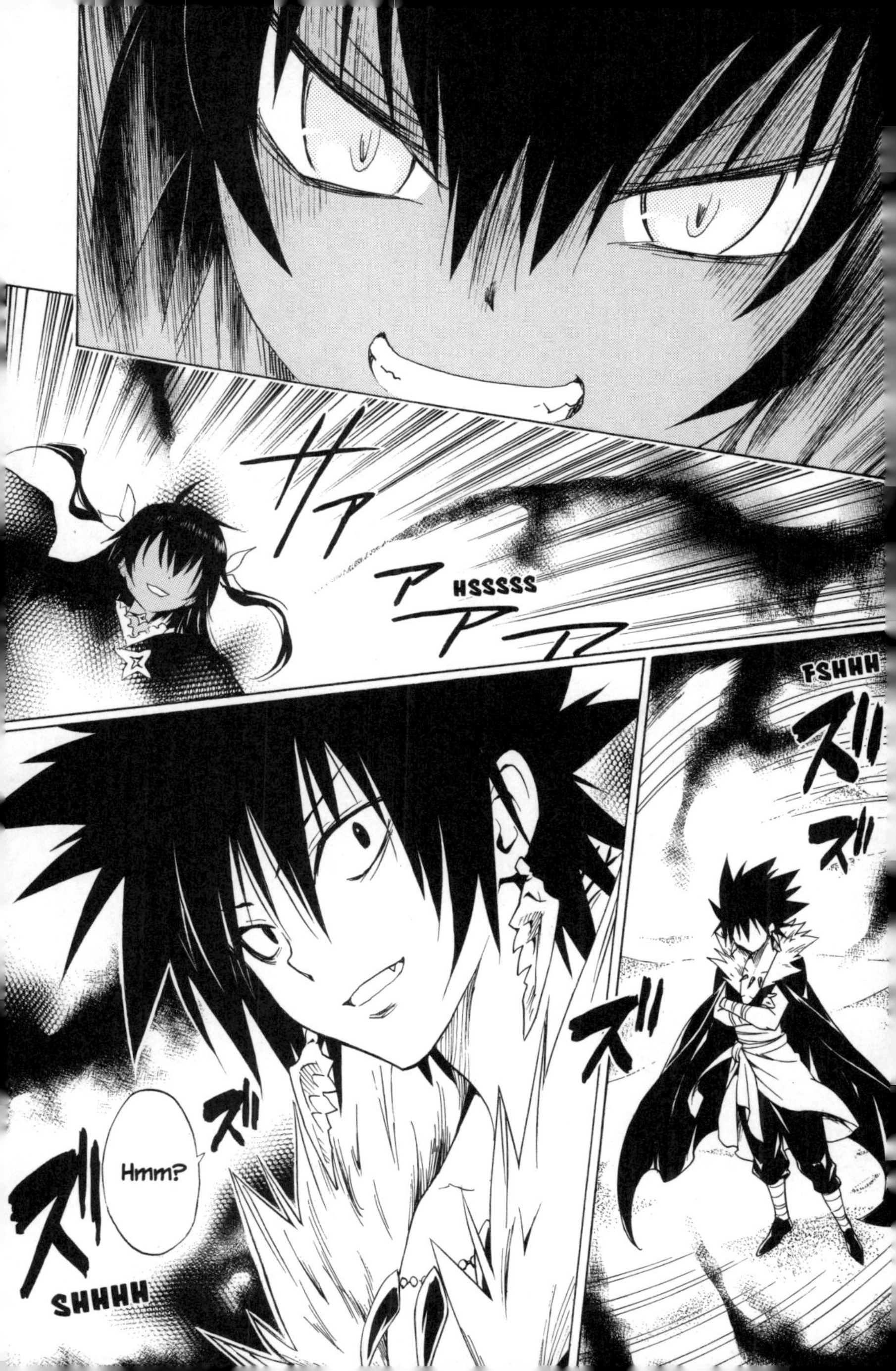
サァァァ
HSSSSS
FSHHH
ズズ
ズズ
ズ
Hmm?
ズズ
SHHHH

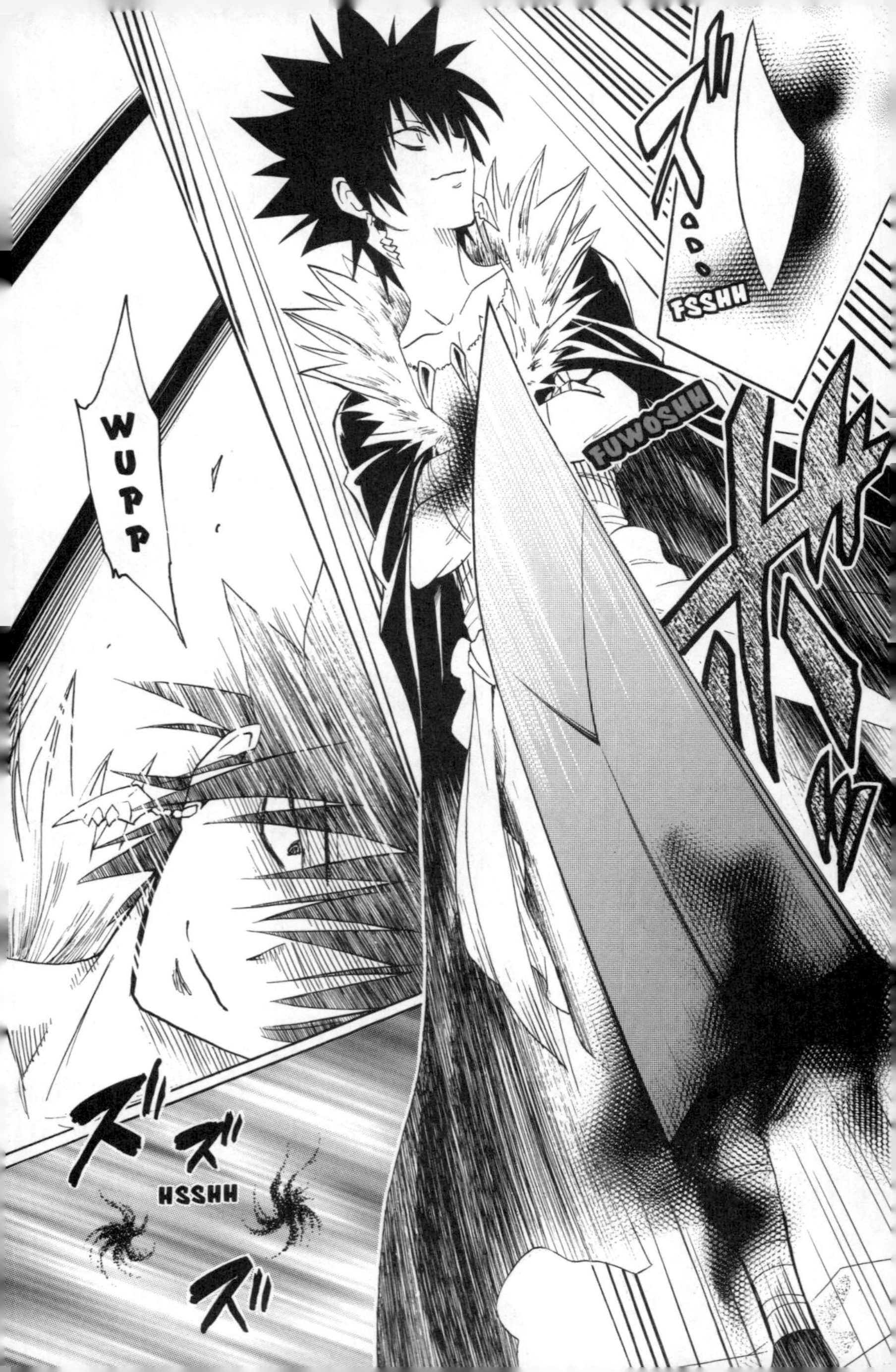
FSSHH
FUWOSHH
WUPP
HSSHH

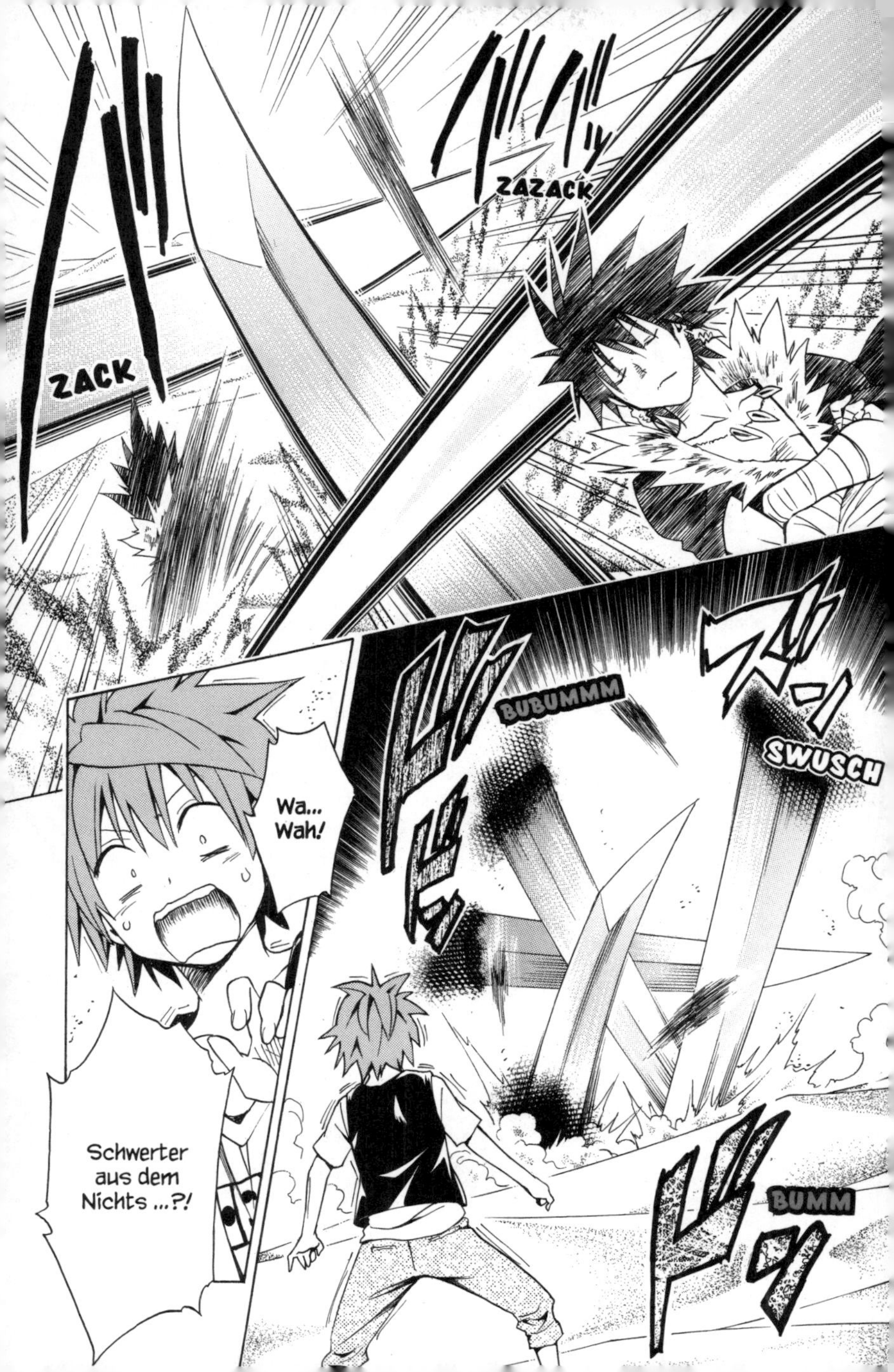
ZAZACK
ZACK
SWUSCH
BUBUMMM
Wa... Wah!
Schwerter aus dem Nichts ...?!
BUMM

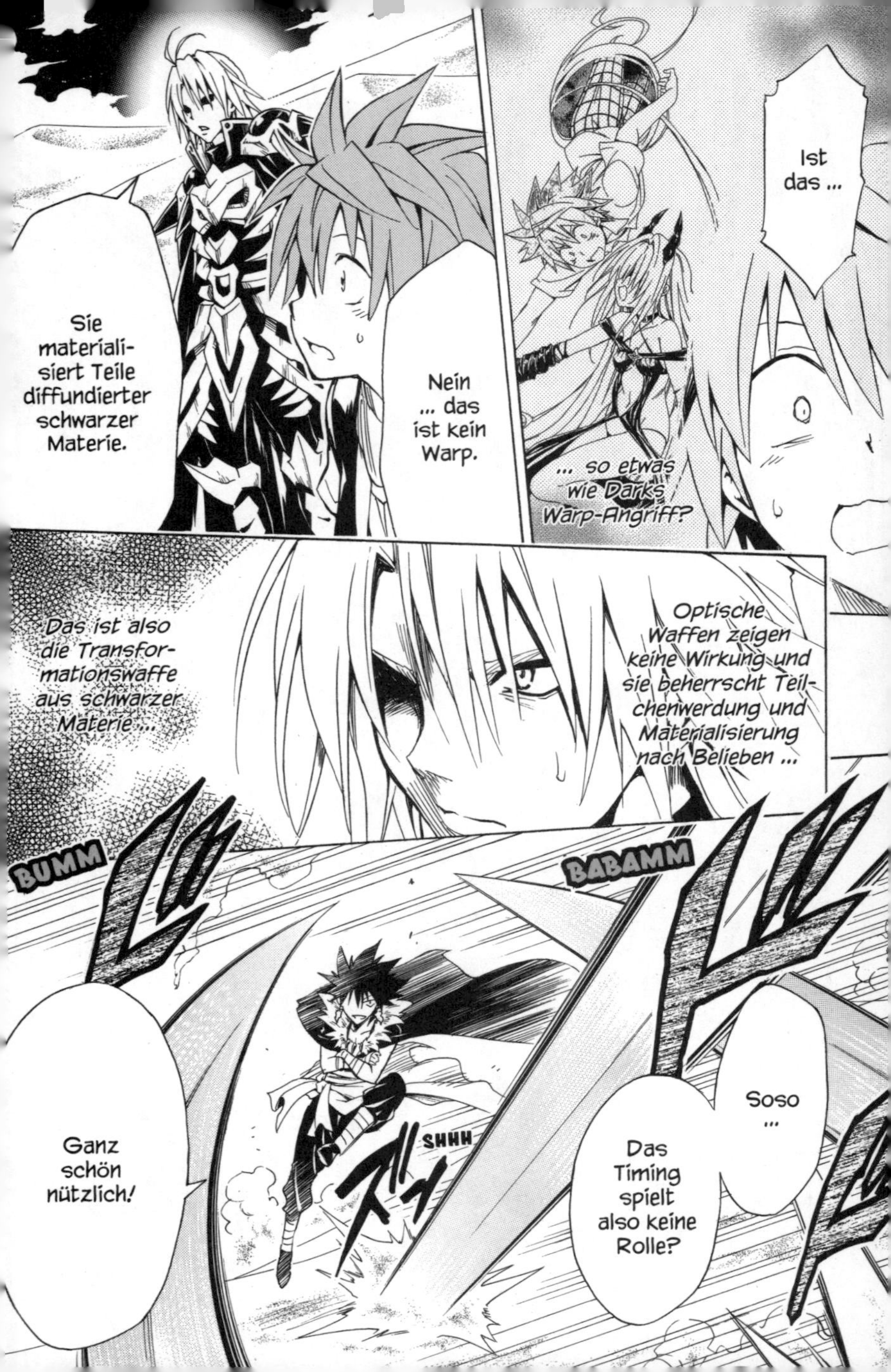
Ist das ...
... so etwas wie Darks Warp-Angriff?
Nein ... das ist kein Warp.
Sie materiali-siert Teile diffundierter schwarzer Materie.
Optische Waffen zeigen keine Wirkung und sie beherrscht Teil-chenwerdung und Materialisierung nach Belieben ...
Das ist also die Transfor-mationswaffe aus schwarzer Materie ...
BABAMM
BUMM
Soso ...
Das Timing spielt also keine Rolle?
SHHH
Ganz schön nützlich!

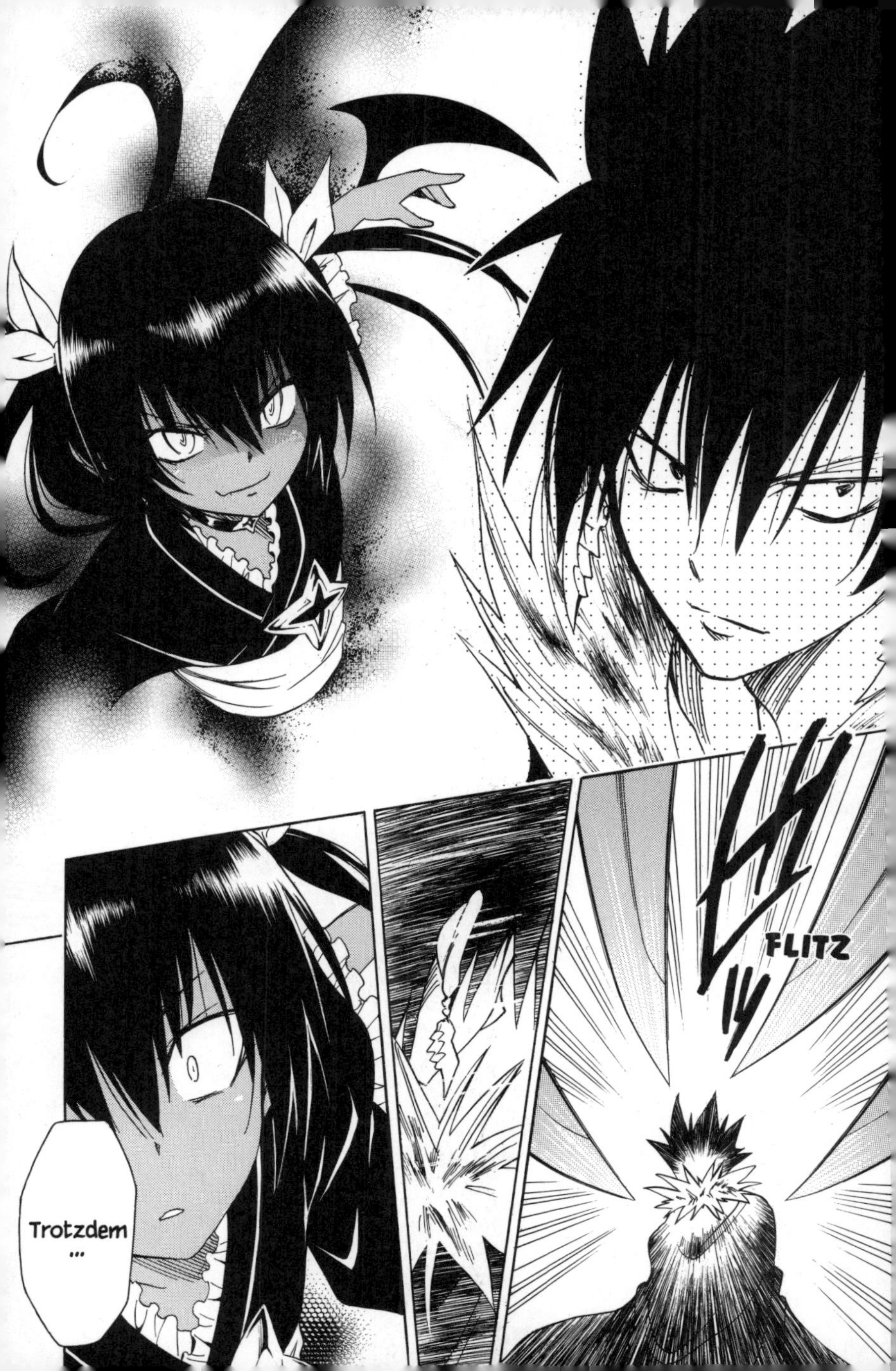
FLITZ
Trotzdem …

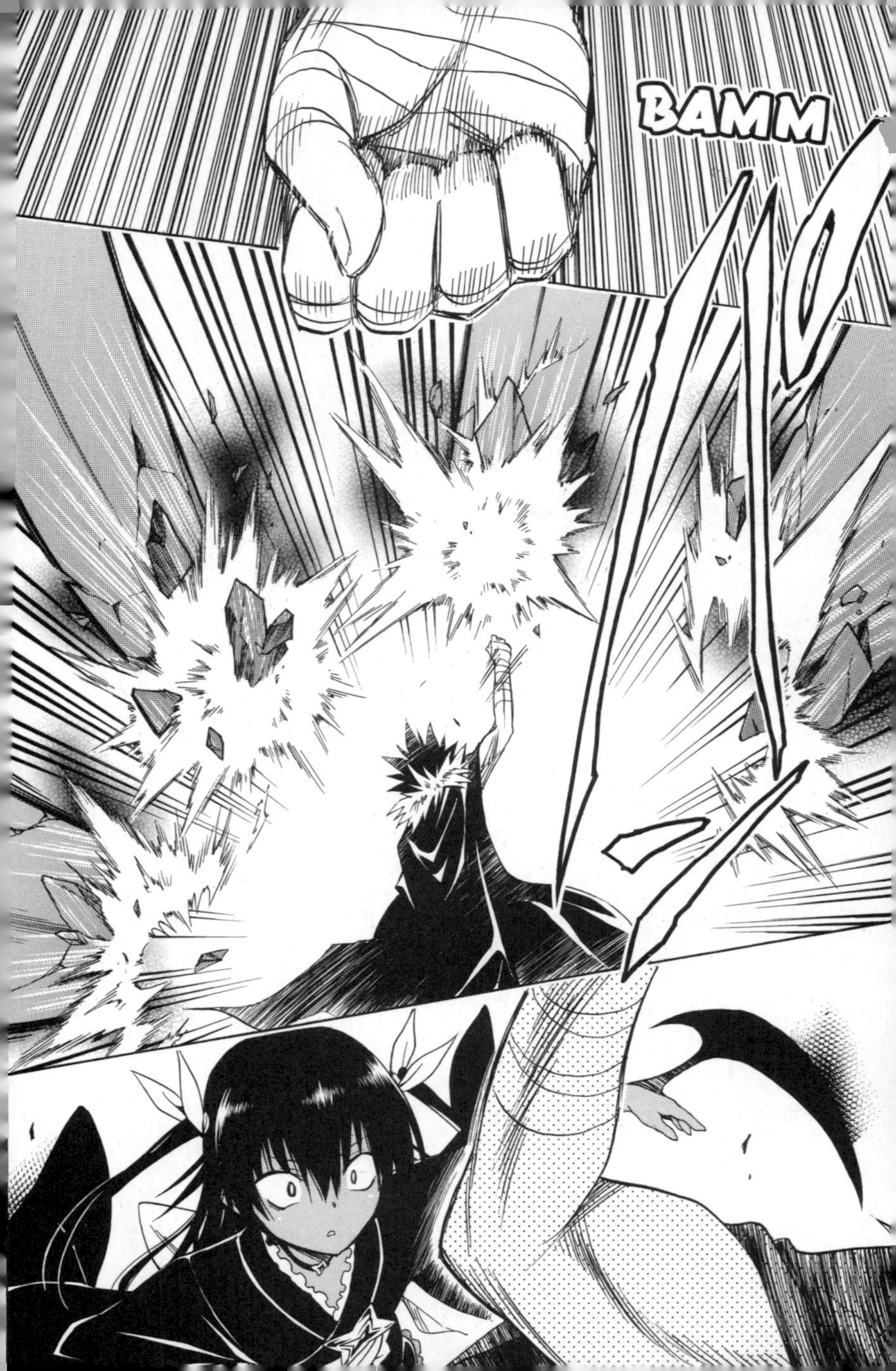
BAMM

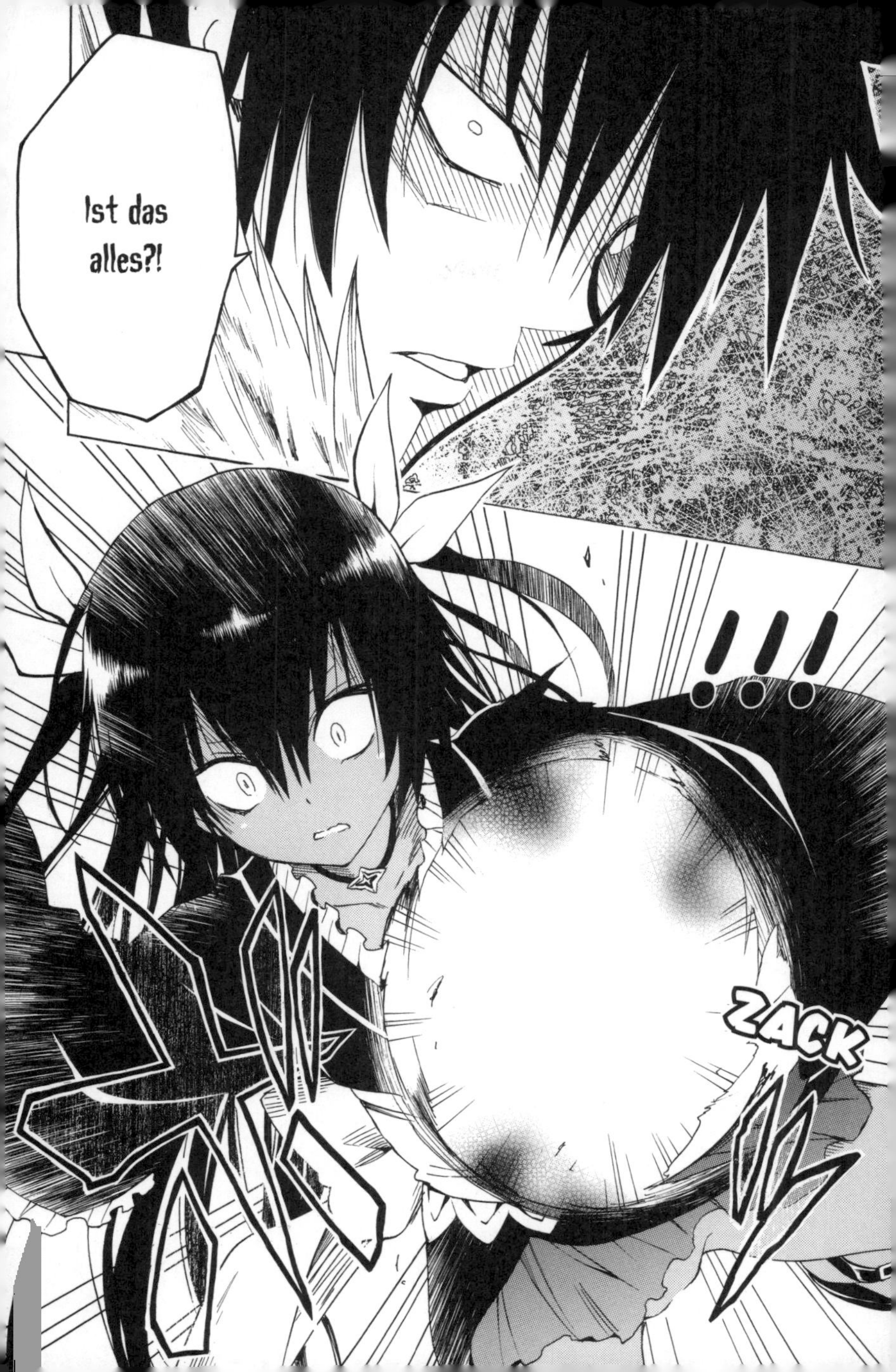
Ist das alles?!
!!!
ZACK

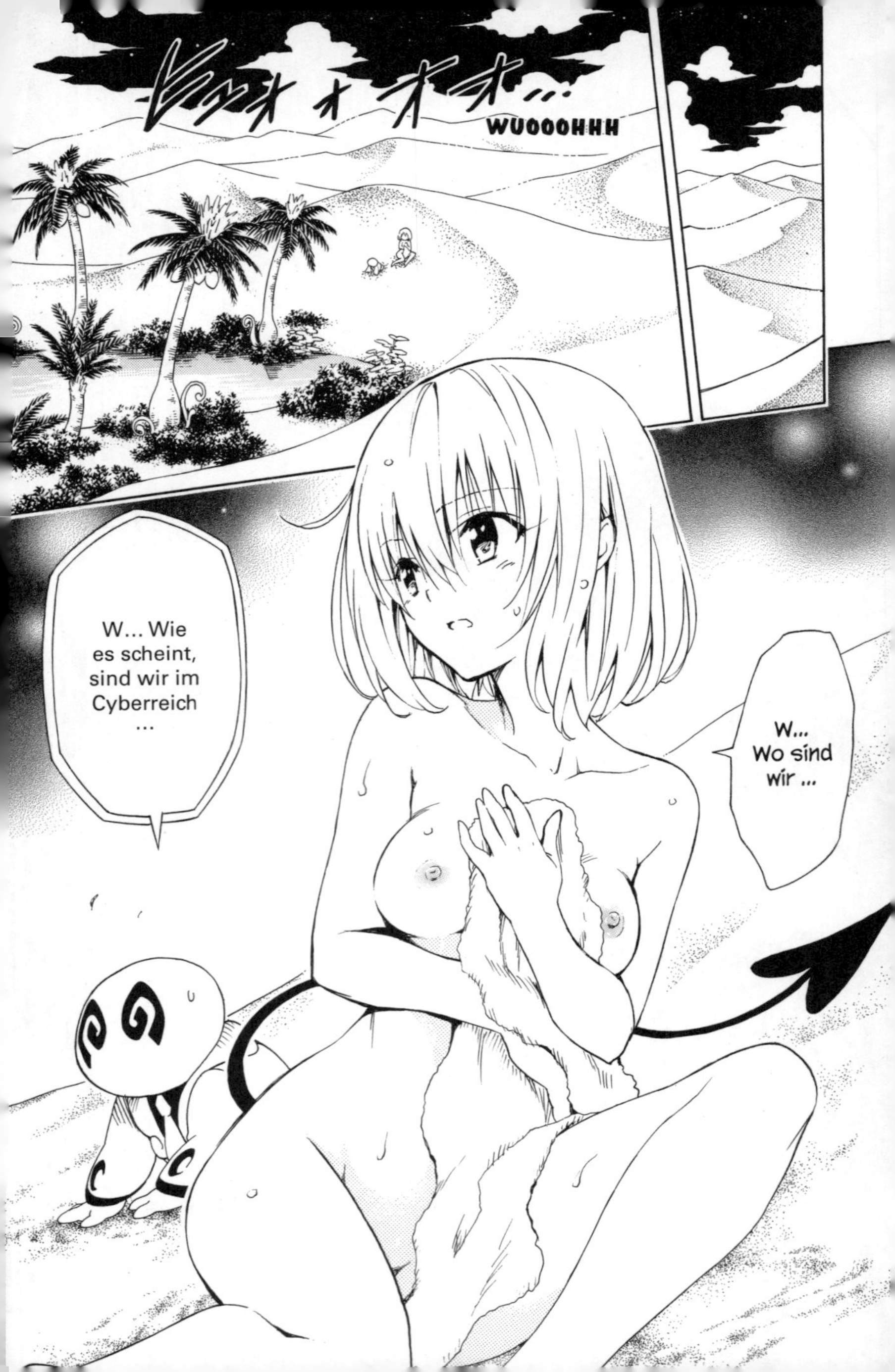
WUOOOHHH
W... Wo sind wir ...
W... Wie es scheint, sind wir im Cyberreich ...

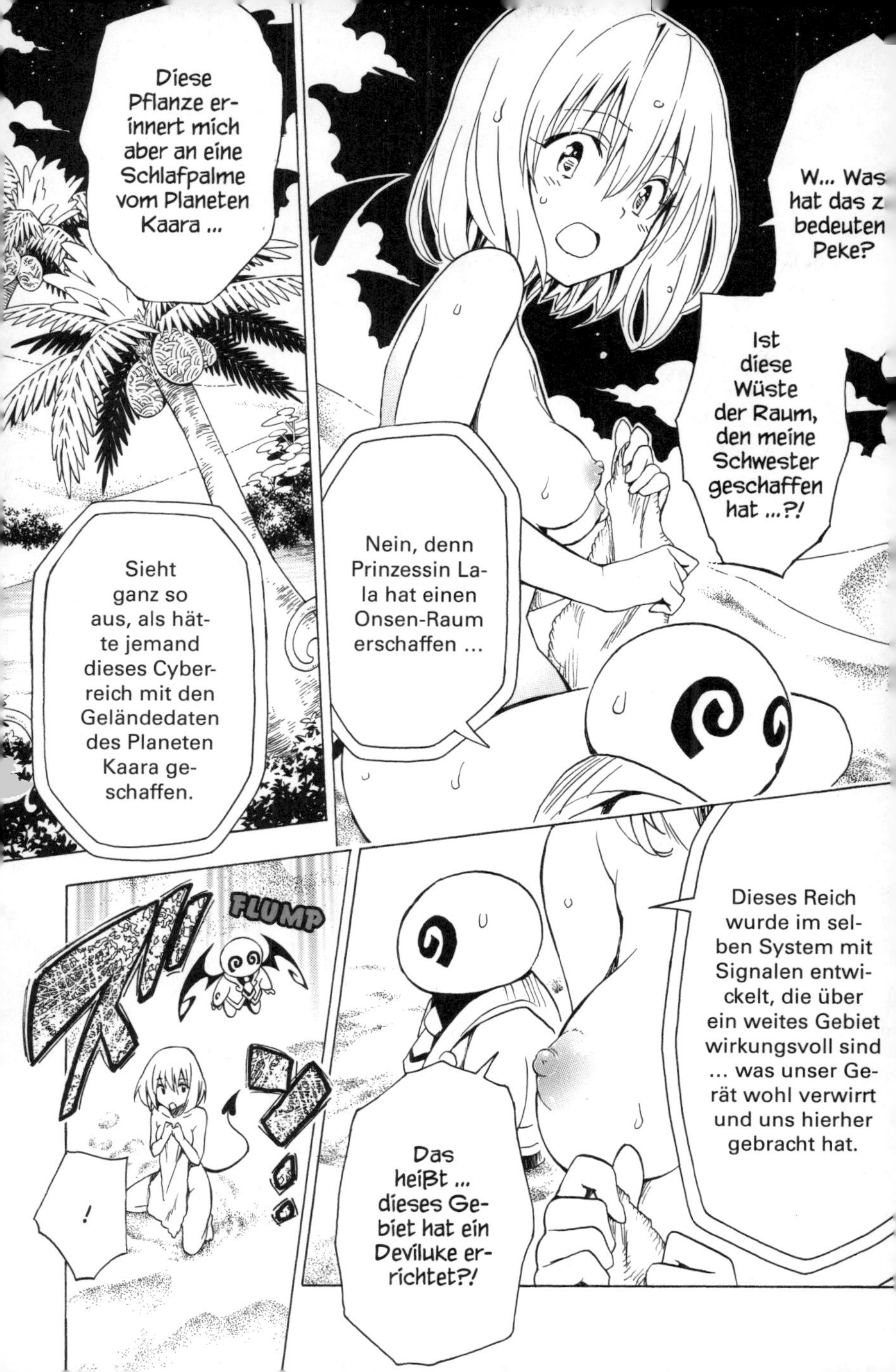
W... Was hat das z bedeuten Peke?
Ist diese Wüste der Raum, den meine Schwester geschaffen hat ...?!
Nein, denn Prinzessin Lala hat einen Onsen-Raum erschaffen ...
Diese Pflanze erinnert mich aber an eine Schlafpalme vom Planeten Kaara ...
Sieht ganz so aus, als hätte jemand dieses Cyberreich mit den Geländedaten des Planeten Kaara geschaffen.
Dieses Reich wurde im selben System mit Signalen entwickelt, die über ein weites Gebiet wirkungsvoll sind ... was unser Gerät wohl verwirrt und uns hierher gebracht hat.
Das heißt ... dieses Gebiet hat ein Deviluke errichtet?!
FLUMP
!

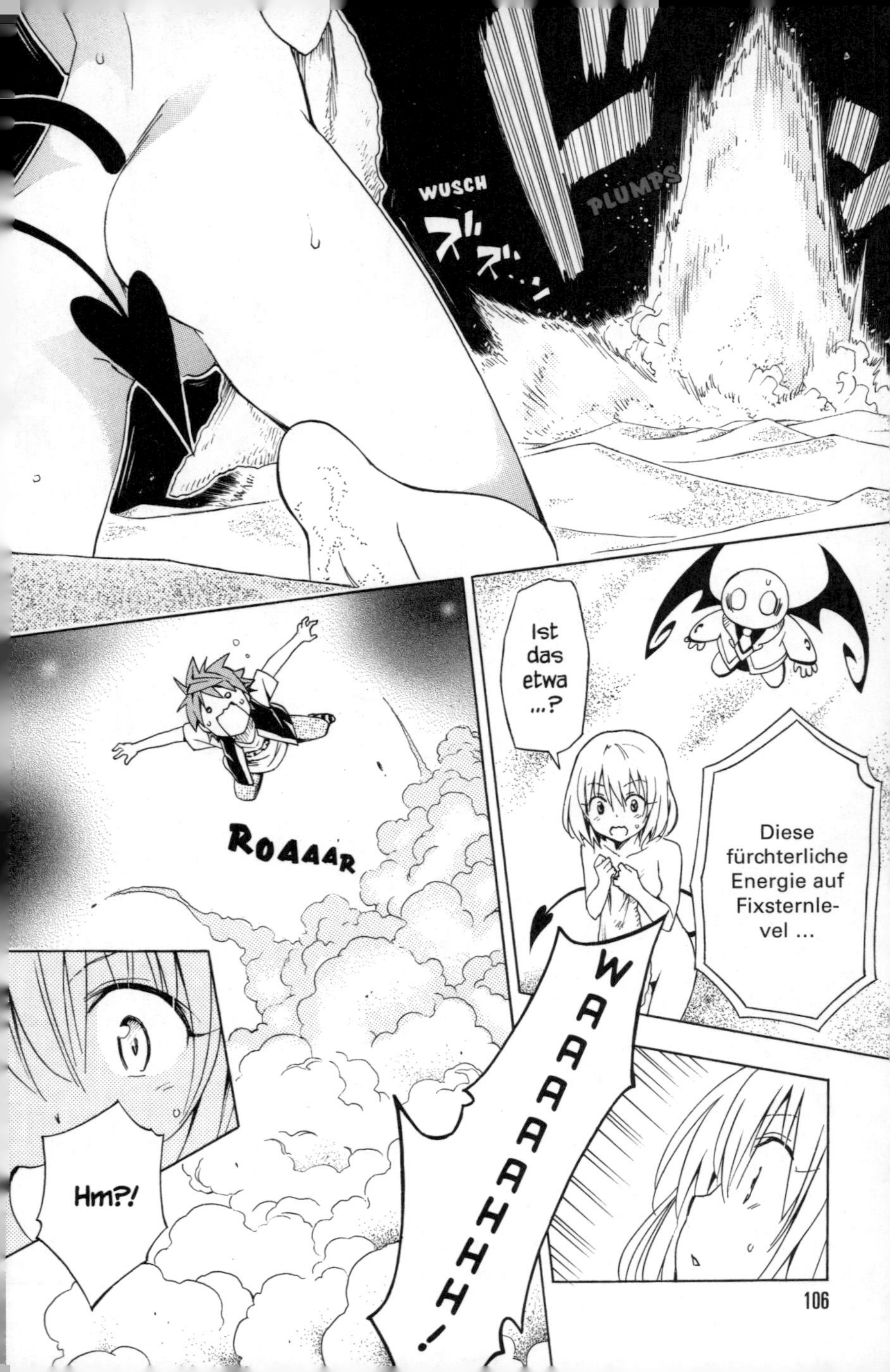
PLUMPS
WUSCH
Ist das etwa ...?
Diese fürchterliche Energie auf Fixsternle-vel ...
ROAAAR
WAAAAAAHHHH!
Hm?!

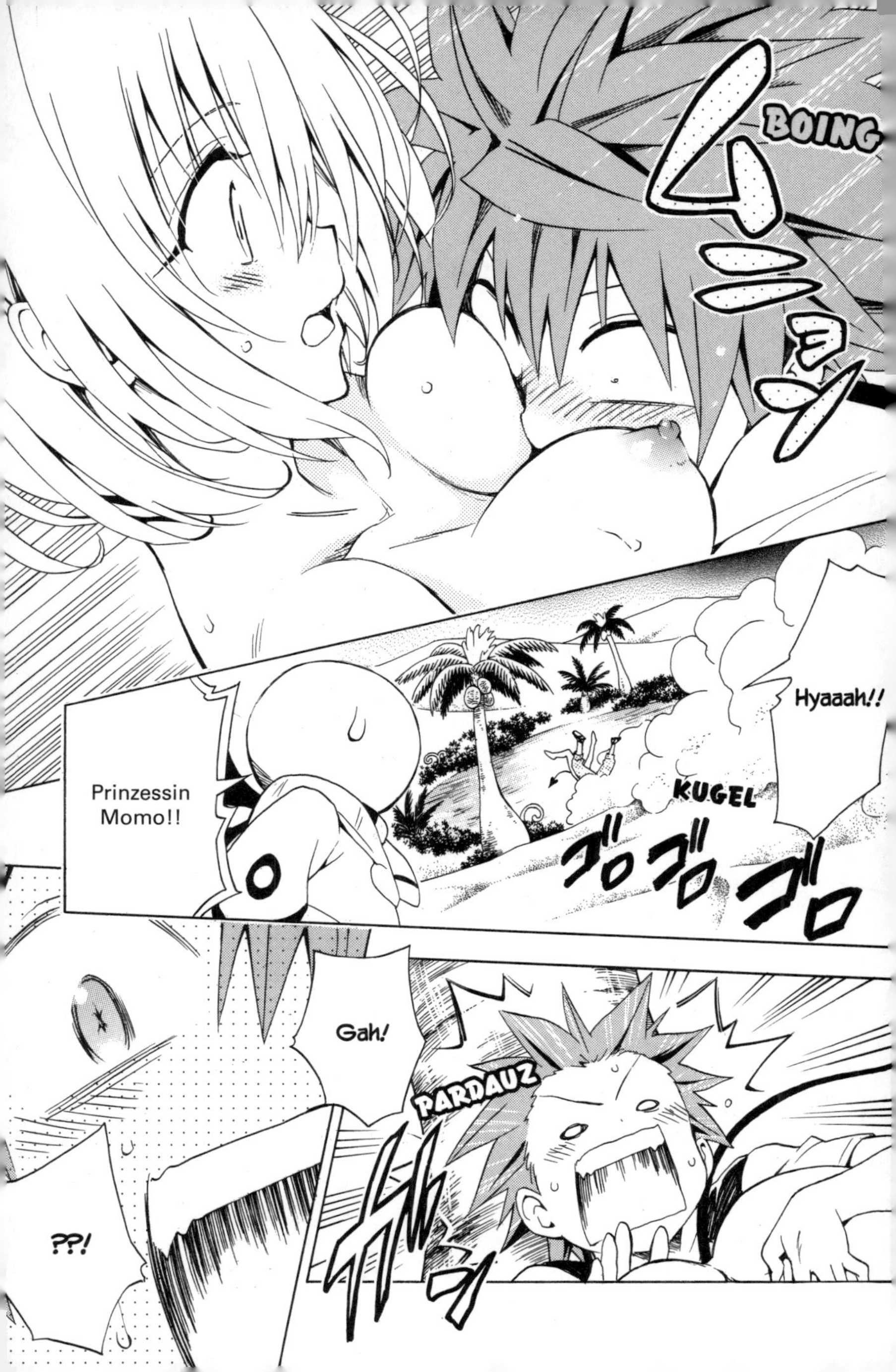
BOING
Hyaaah!!
KUGEL
Prinzessin Momo!!
Gah!
PARDAUZ
??!

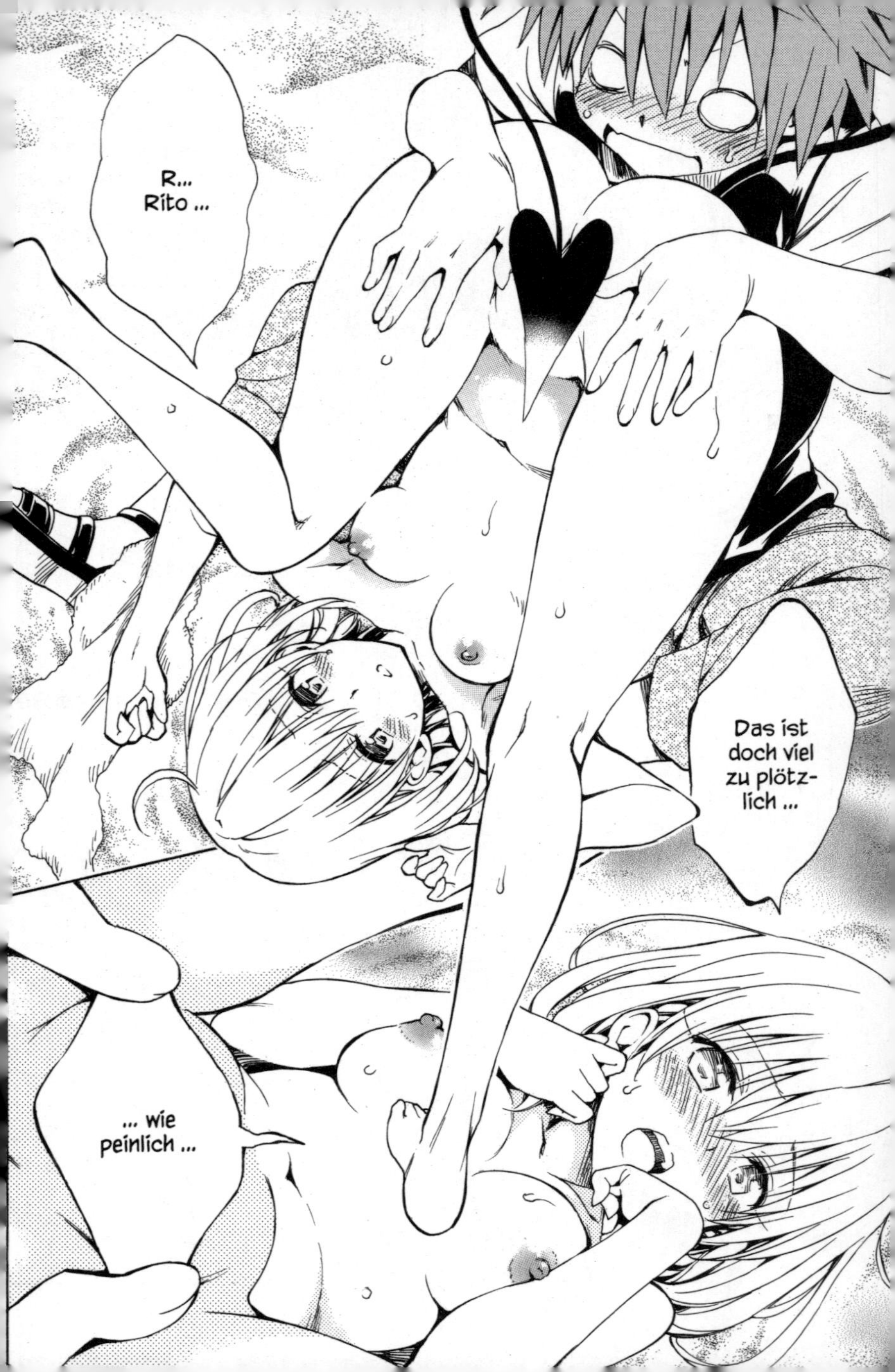
R...
Rito ...
Das ist doch viel zu plötz-lich ...
... wie peinlich ...

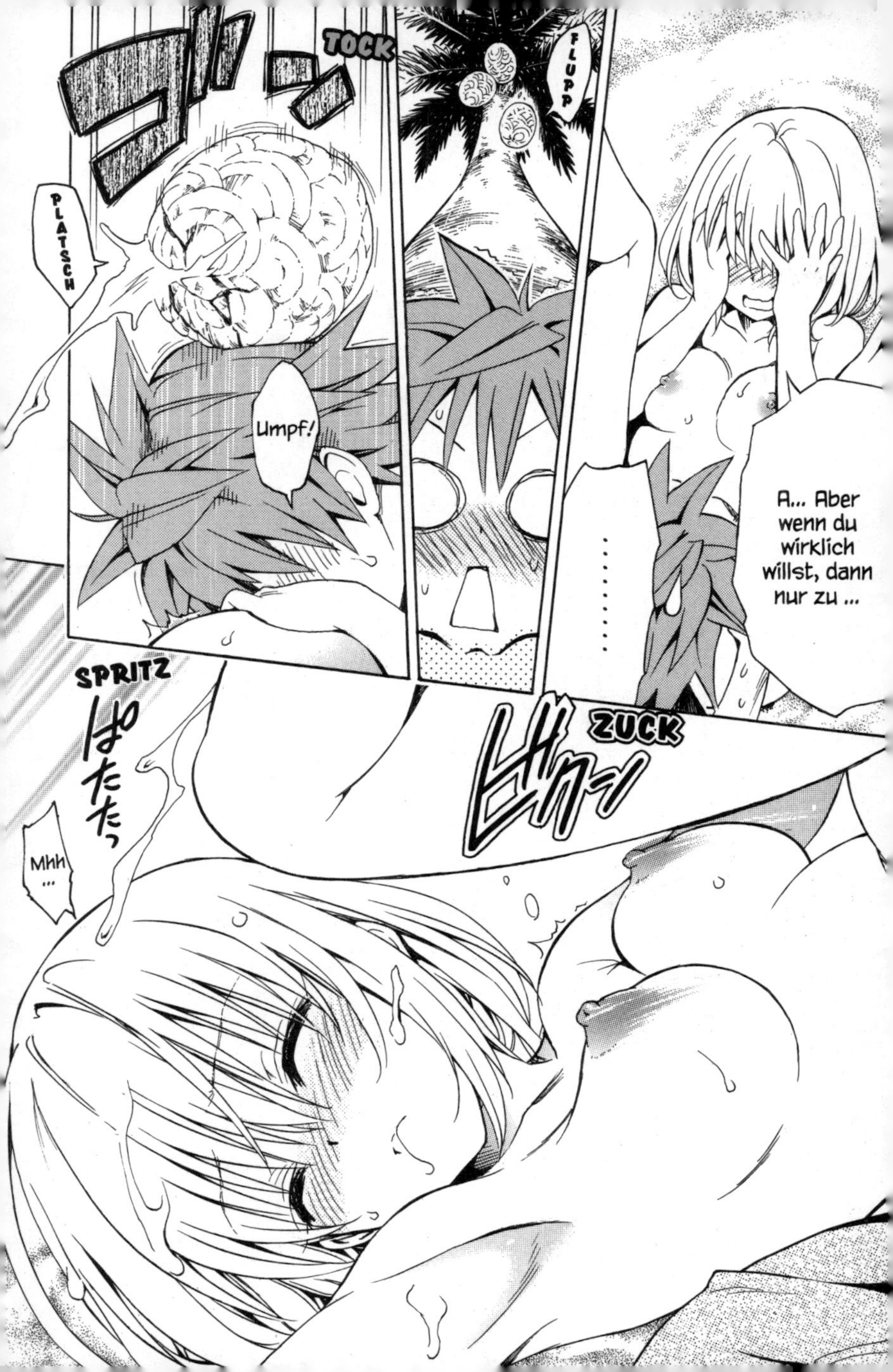
A... Aber wenn du wirklich willst, dann nur zu ...
......
FLUPP
TOCK
PLATSCH
Umpf!
ZUCK
SPRITZ
ぱたたっ
Mhh ...

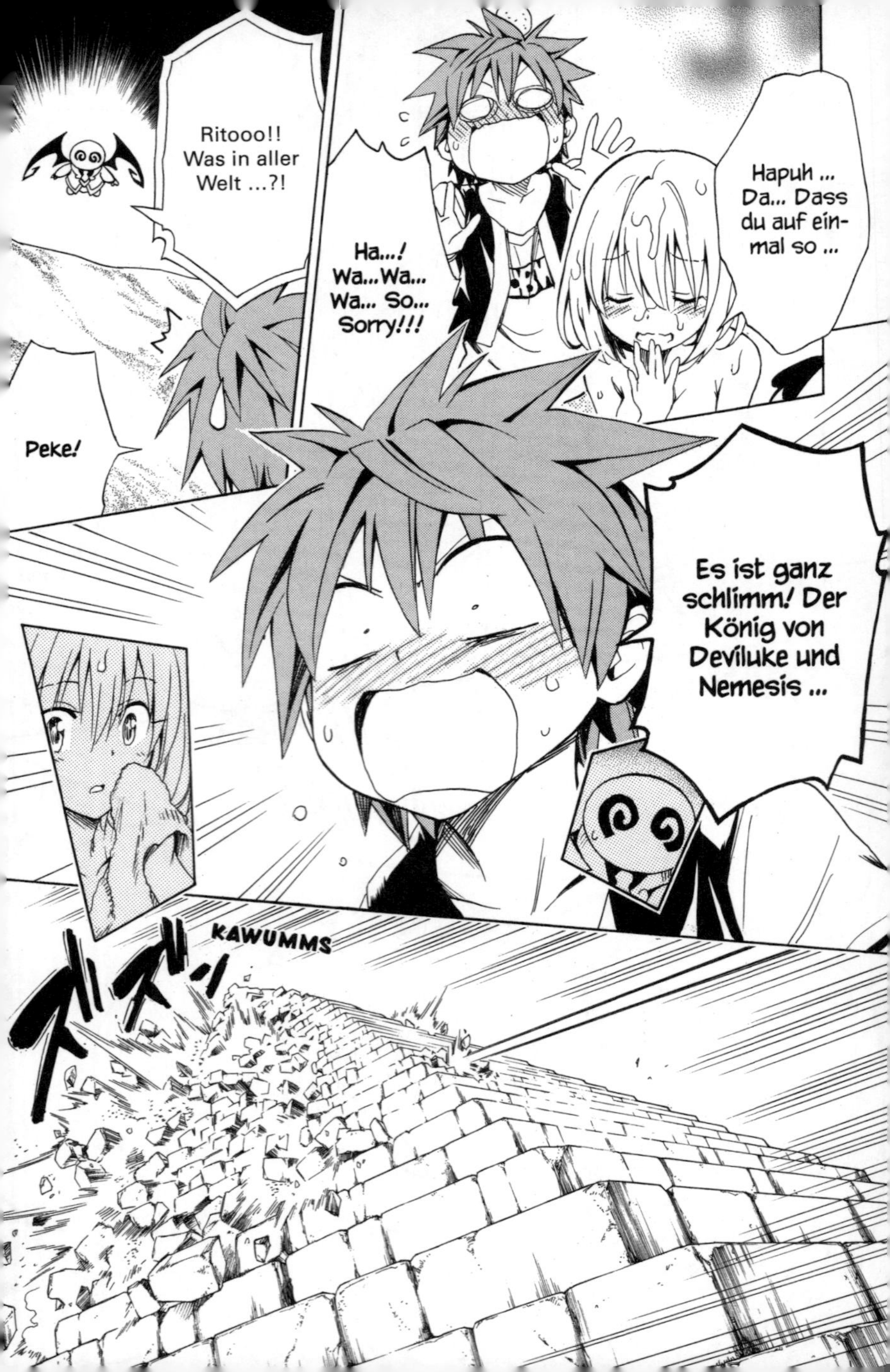
Hapuh ...
Da... Dass du auf einmal so ...
Ha...! Wa...Wa... Wa... So... Sorry!!!
Ritooo!! Was in aller Welt ...?!
Peke!
Es ist ganz schlimm! Der König von Deviluke und Nemesis ...
KAWUMMS

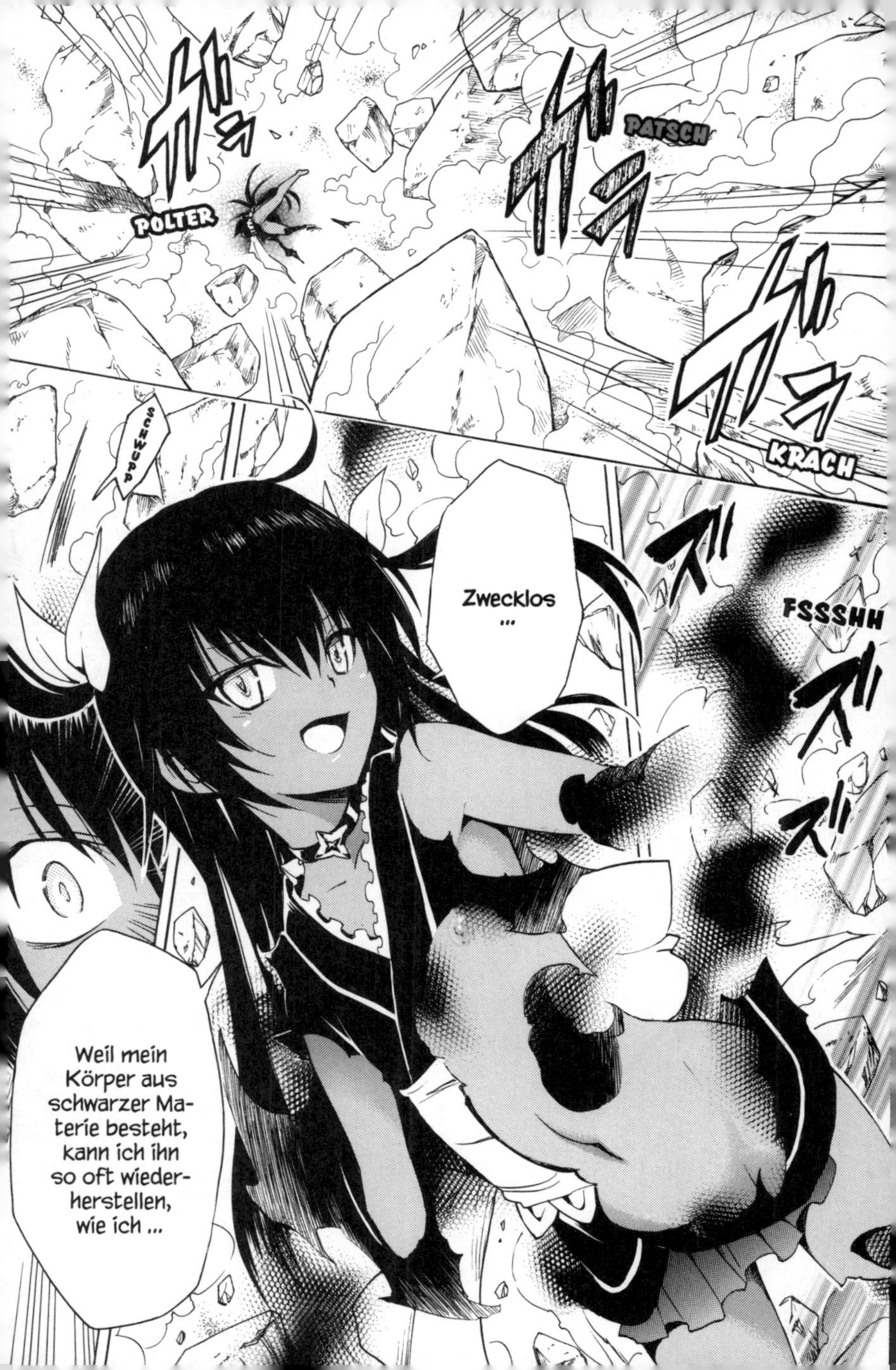
PATSCH
KRACH
POLTER
FSSSHH
SCHWUPP
Zwecklos ...
Weil mein Körper aus schwarzer Materie besteht, kann ich ihn so oft wiederherstellen, wie ich ...

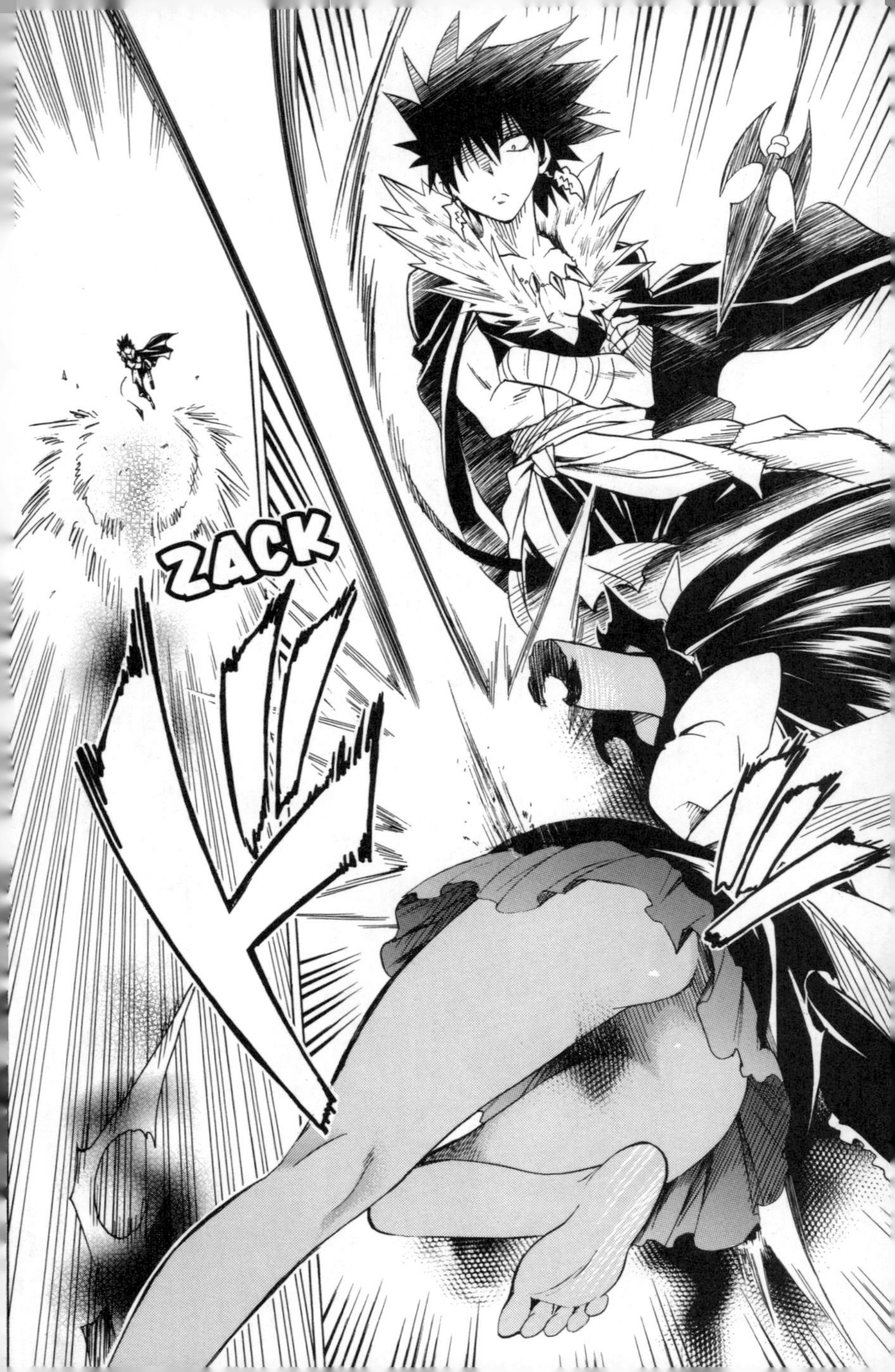
ZACK

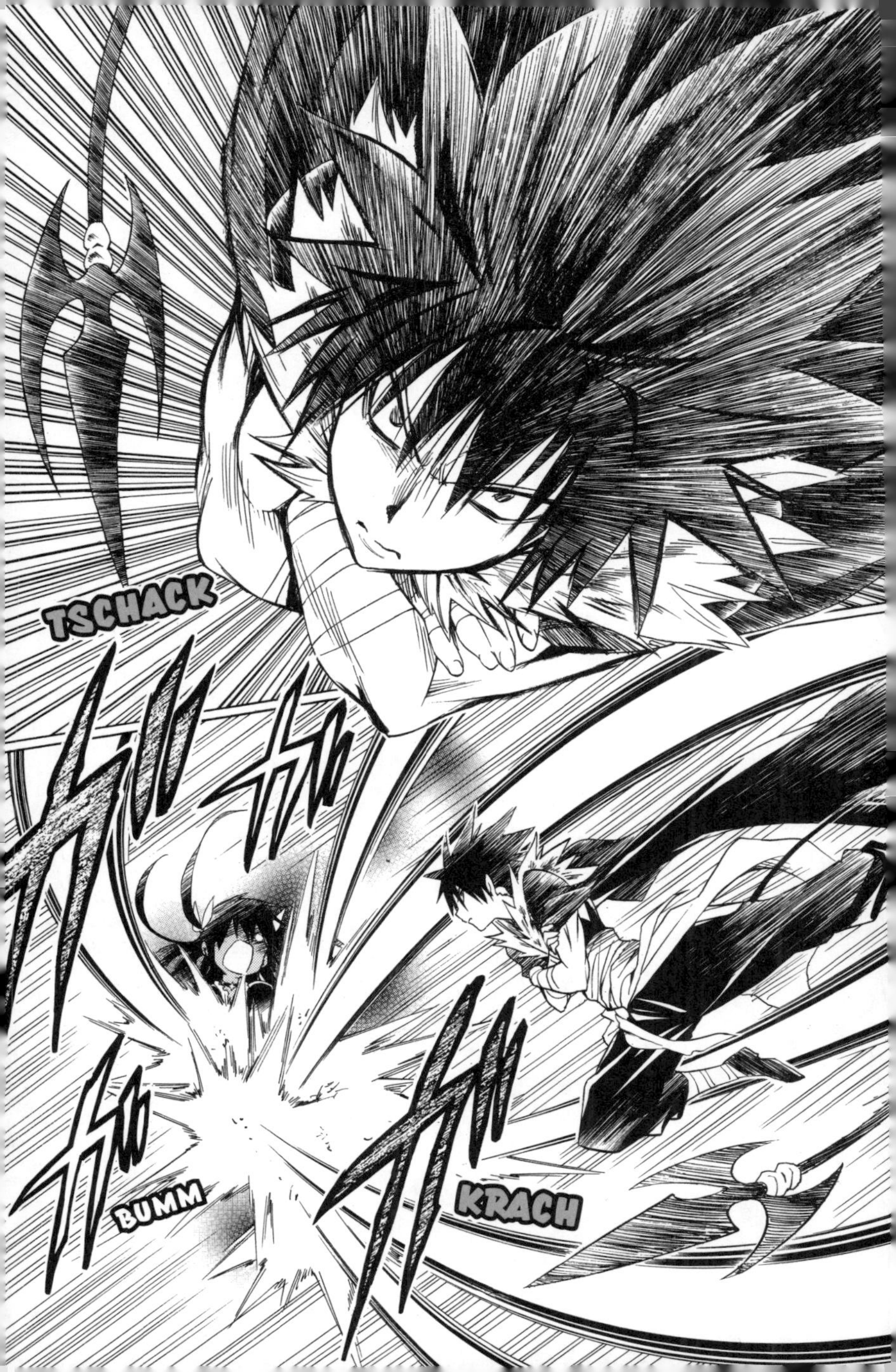
TSCHACK
BUMM
KRACH

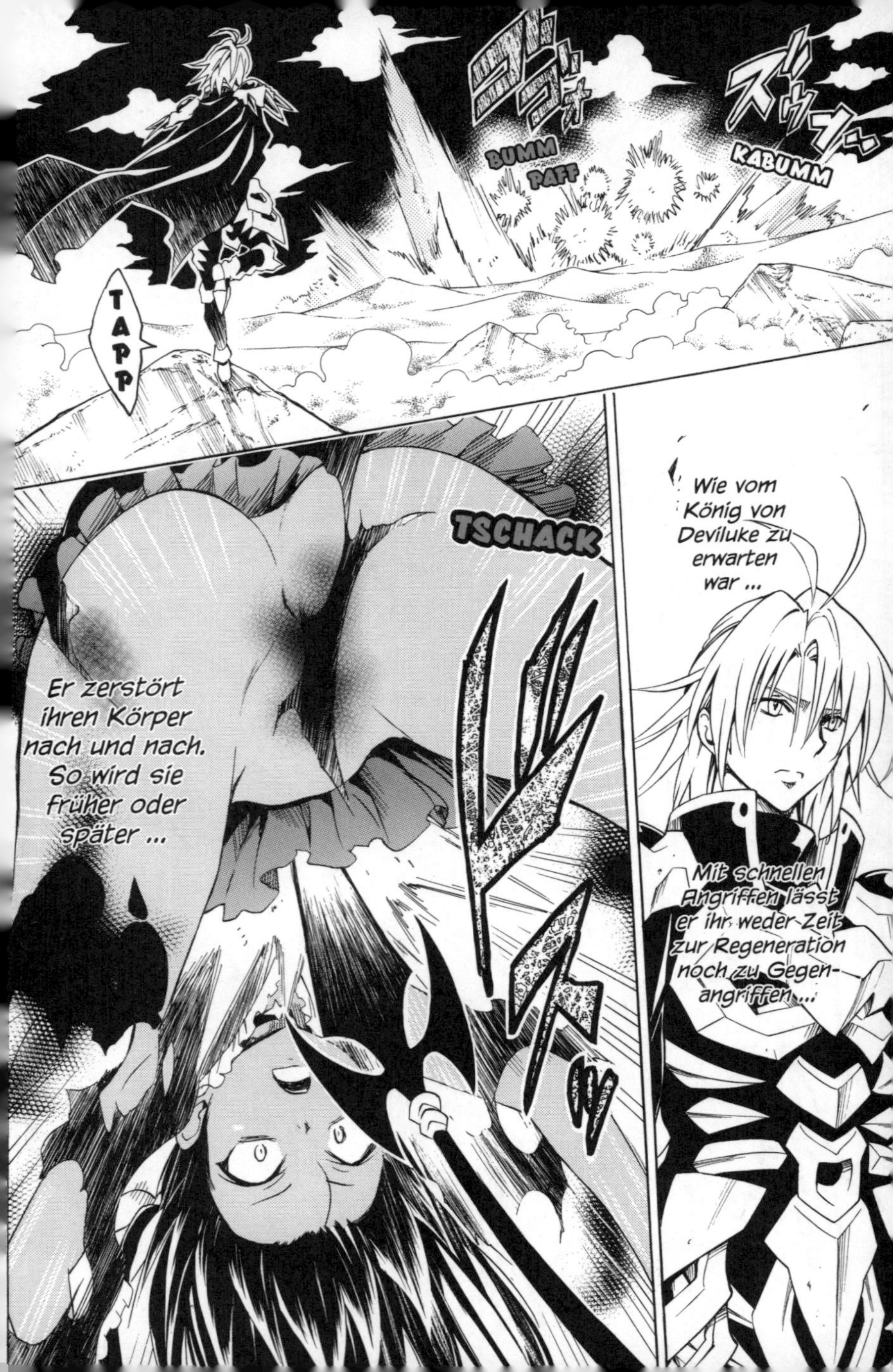
KABUMM
BUMM
PAFF
TAPP
Wie vom König von Deviluke zu erwarten war ...
TSCHACK
Mit schnellen Angriffen lässt er ihr weder Zeit zur Regeneration noch zu Gegen-angriffen ...
Er zerstört ihren Körper nach und nach. So wird sie früher oder später ...

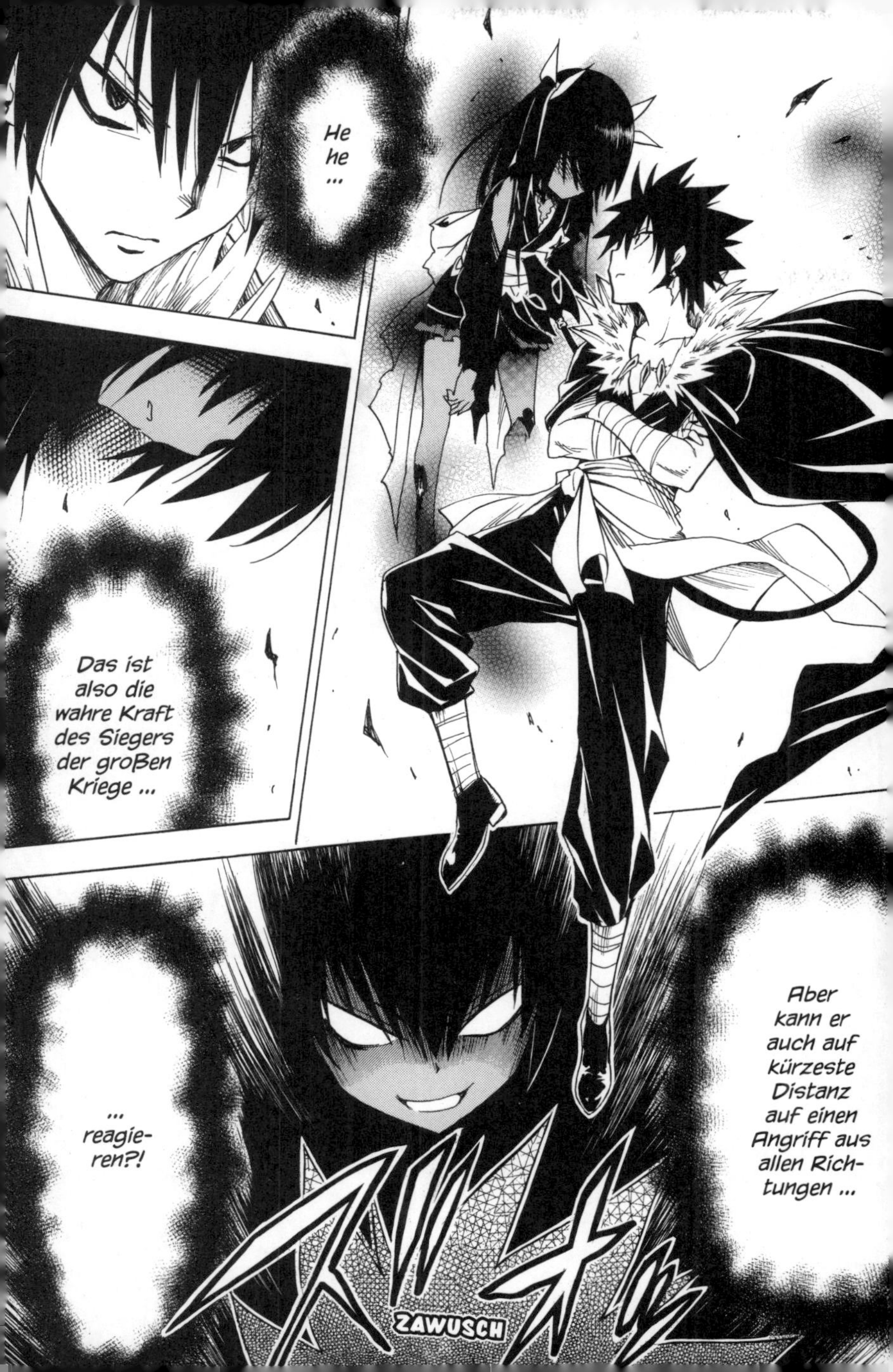
He he …
Das ist also die wahre Kraft des Siegers der großen Kriege …
Aber kann er auch auf kürzeste Distanz auf einen Angriff aus allen Richtungen …
… reagieren?!
ZAWUSCH

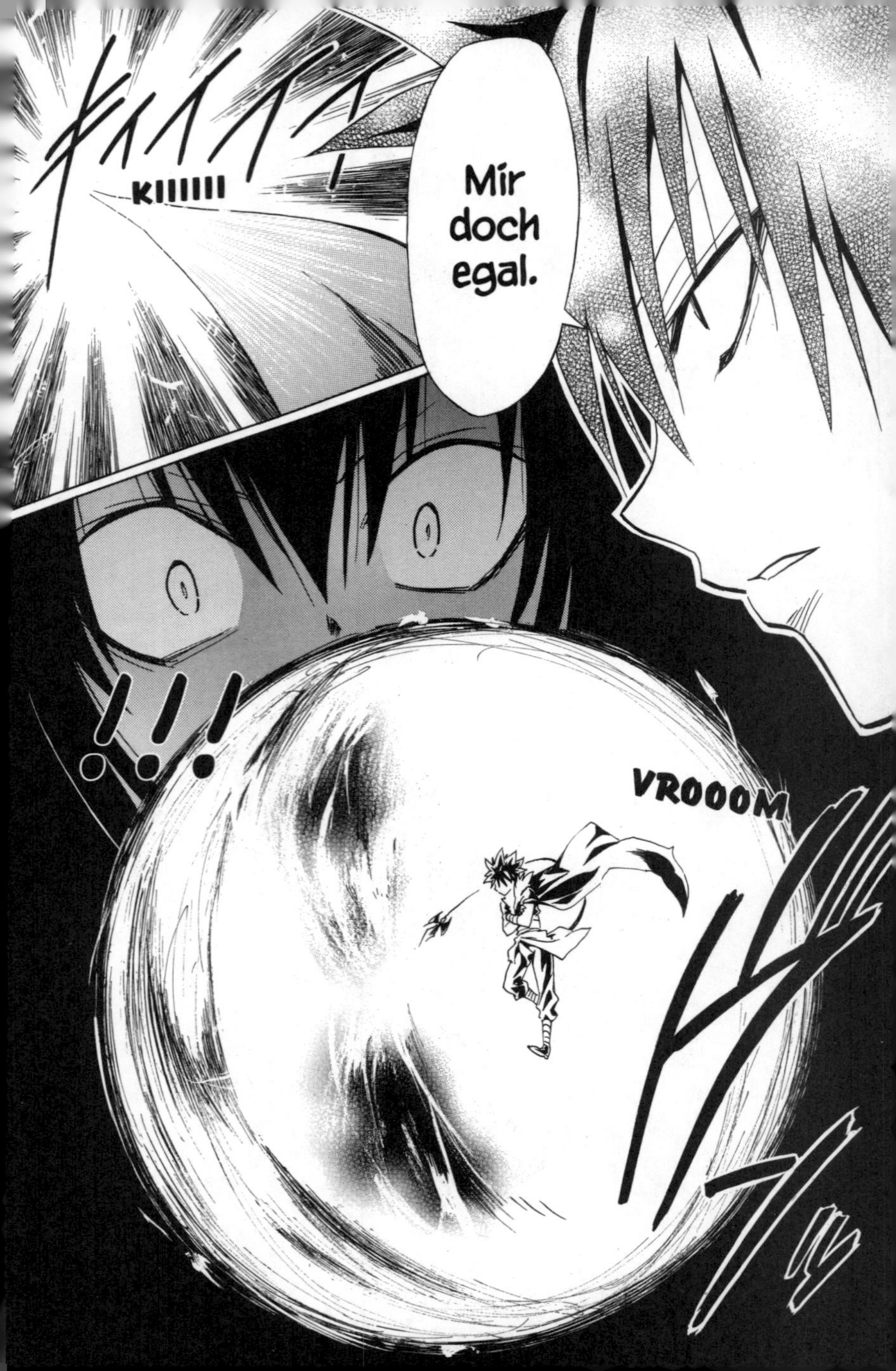
Mir doch egal.
KIIIIII
VROOOM

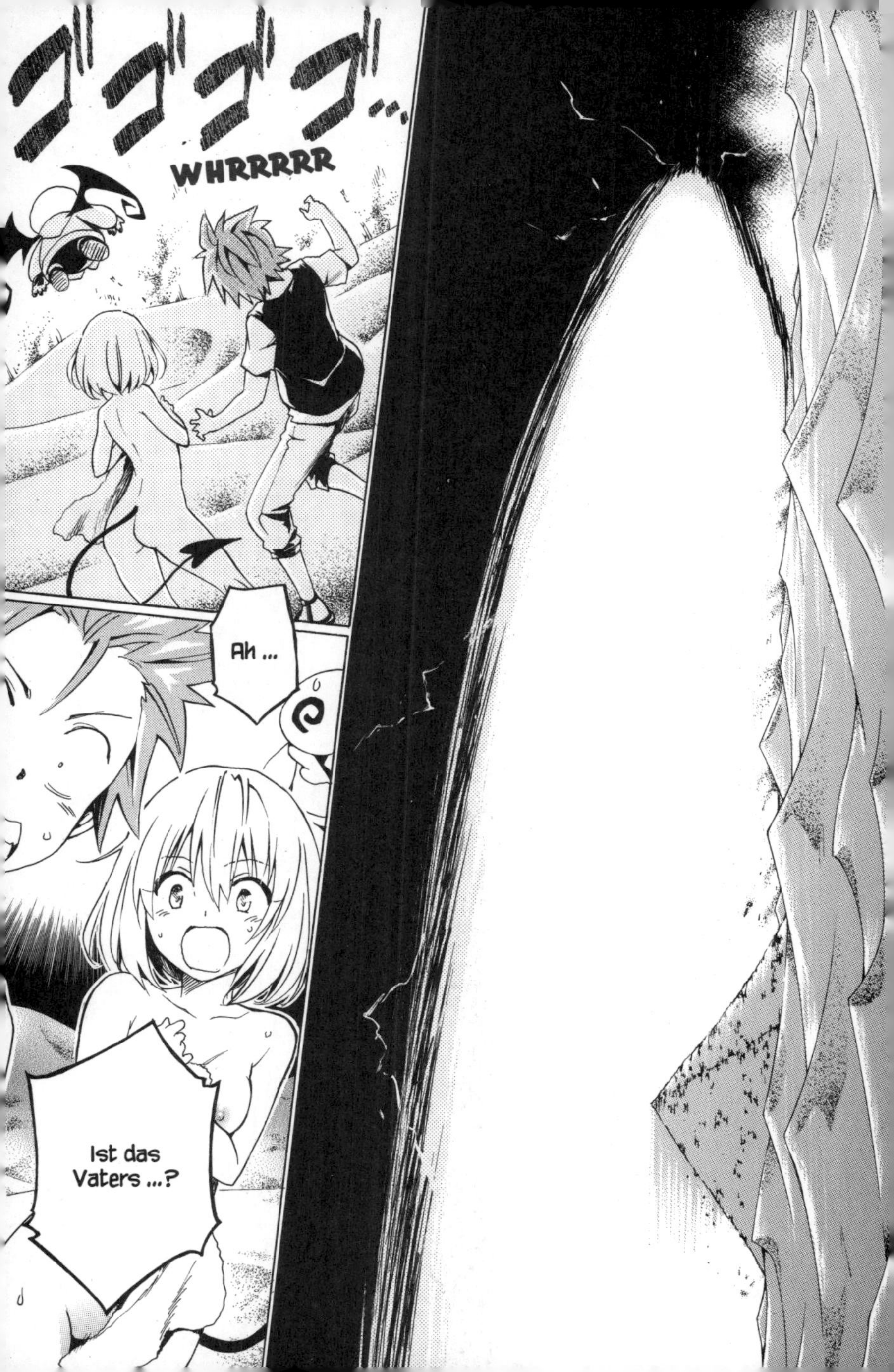
ゴゴゴゴ…
WHRRRRR
Ah …
Ist das Vaters …?

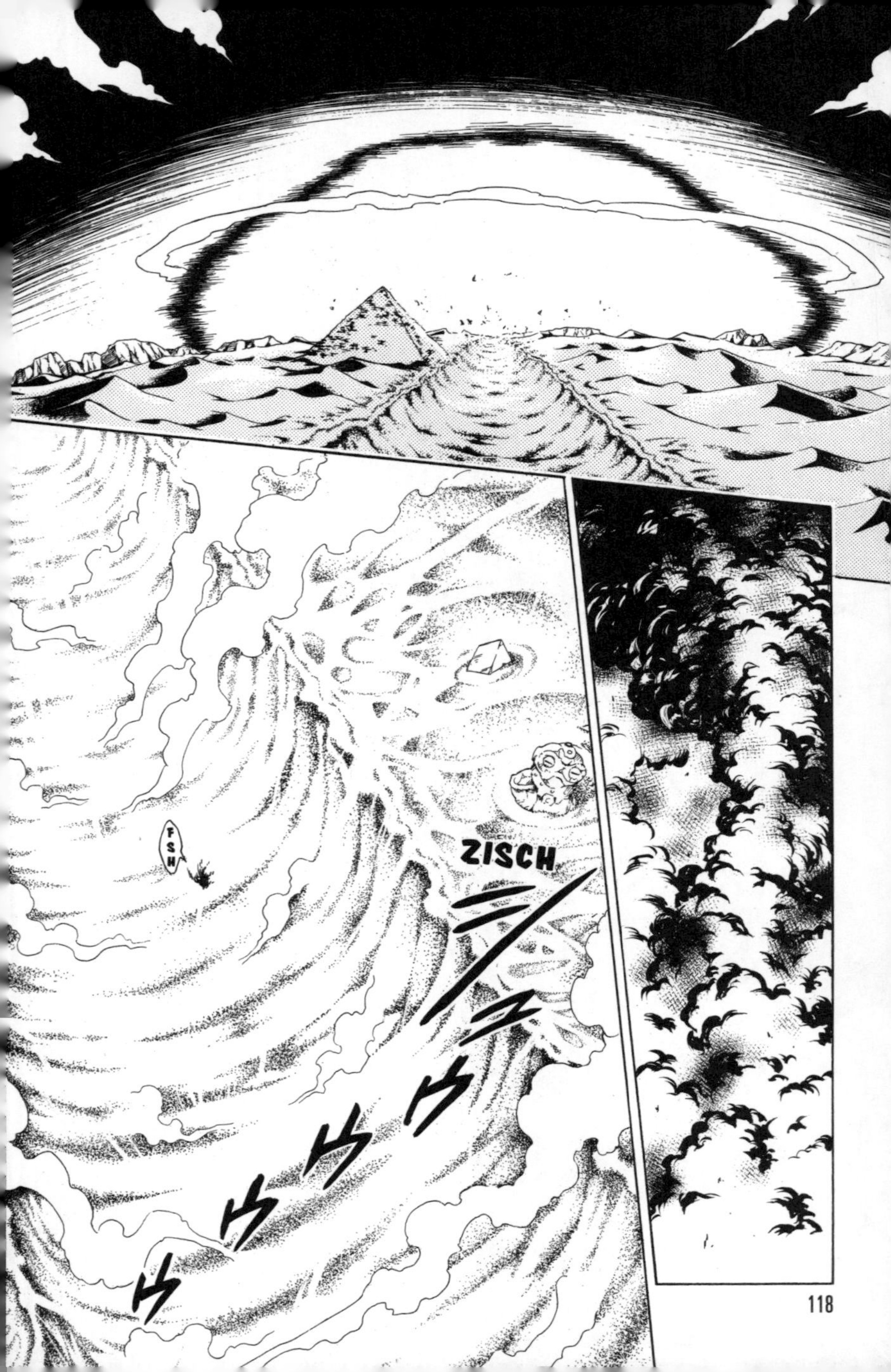
FSH
ZISCH

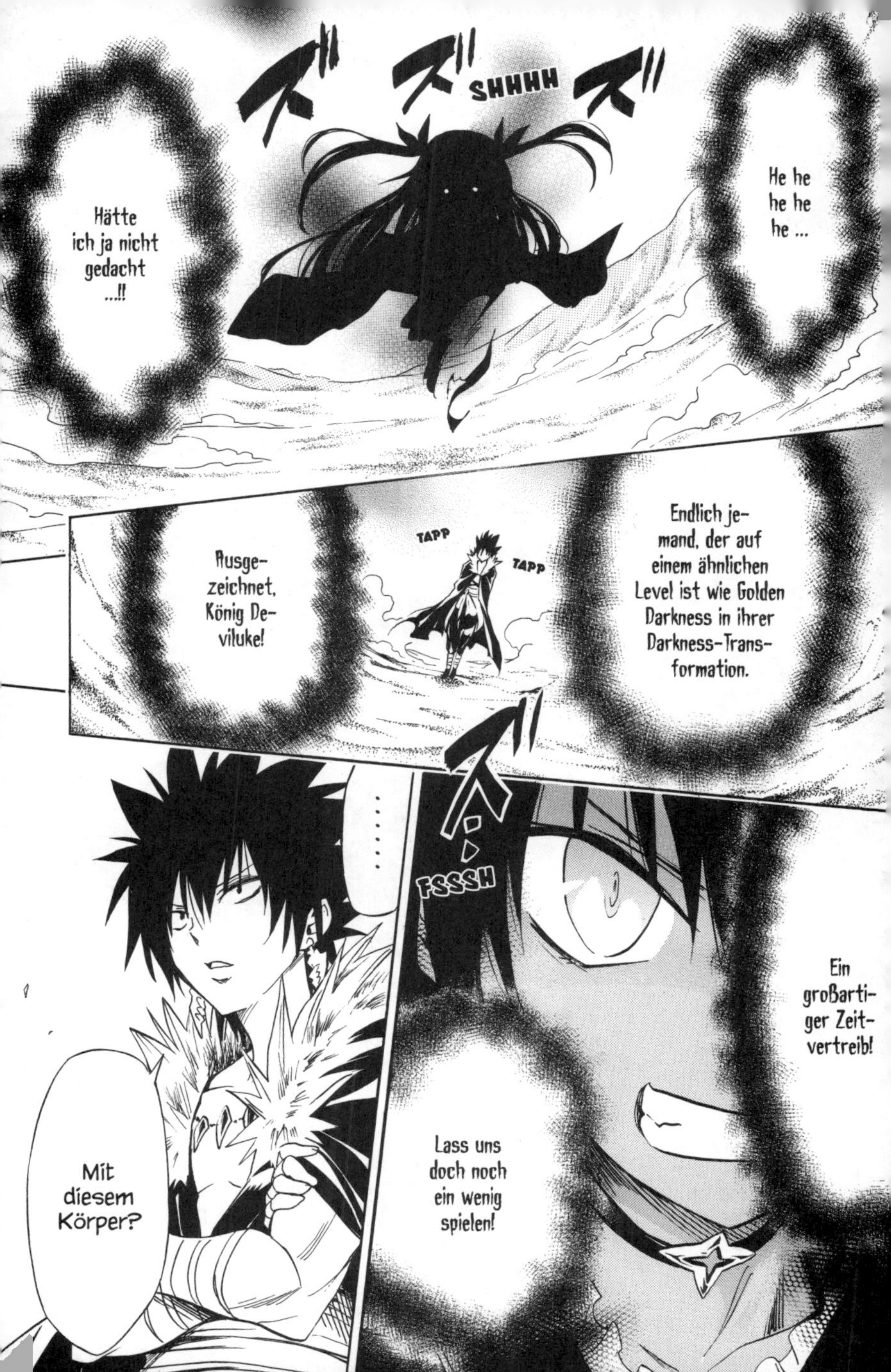
SHHHH
He he
he he
he ...
Hätte
ich ja nicht
gedacht
...!!
Endlich je-
mand, der auf
einem ähnlichen
Level ist wie Golden
Darkness in ihrer
Darkness-Trans-
formation.
TAPP
TAPP
Ausge-
zeichnet,
König De-
viluke!
FSSSH
Ein
großarti-
ger Zeit-
vertreib!
Lass uns
doch noch
ein wenig
spielen!
......
Mit
diesem
Körper?

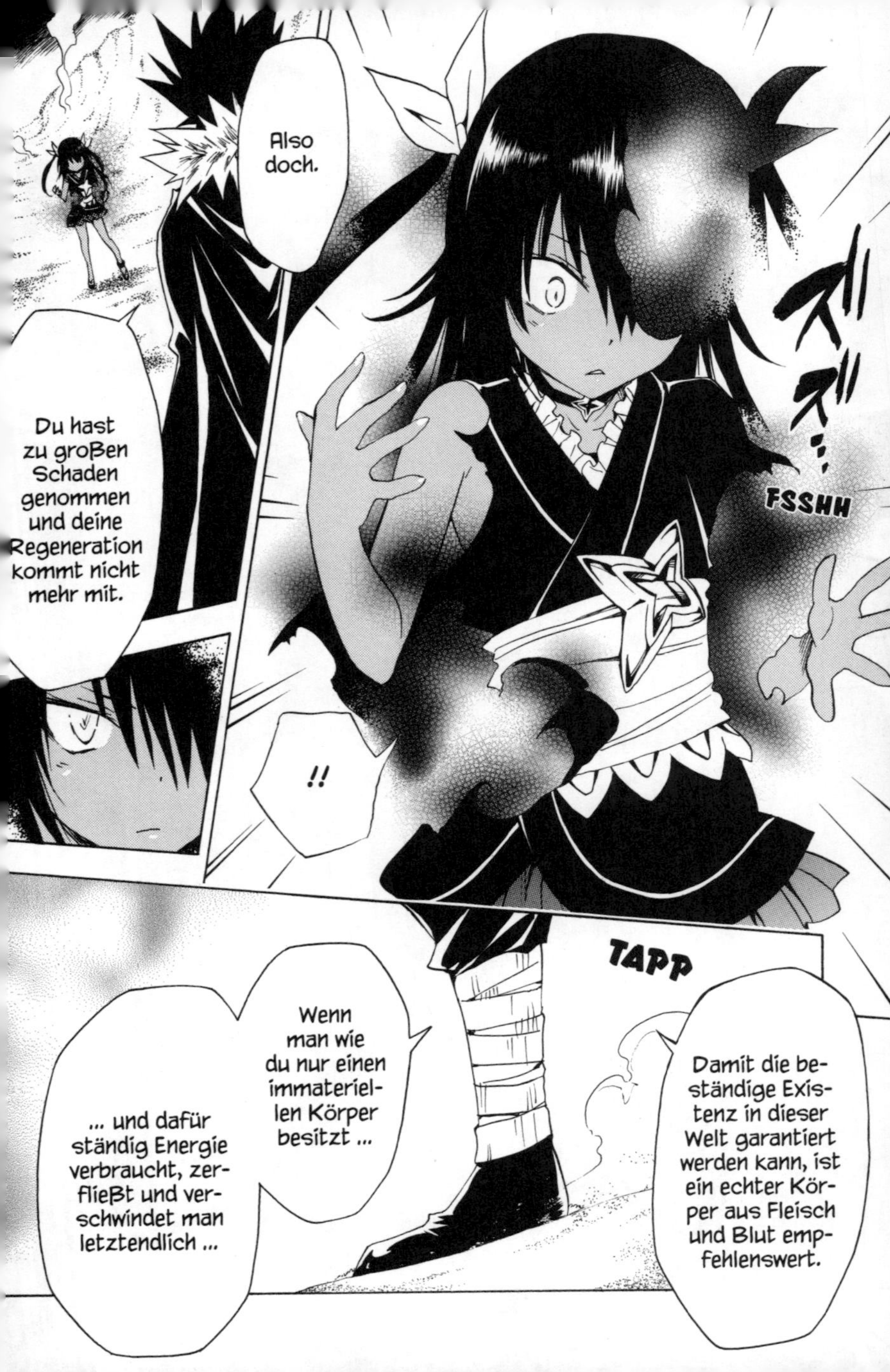
Also doch.
Du hast zu großen Schaden genommen und deine Regeneration kommt nicht mehr mit.
!!
FSSHH
TAPP
Damit die beständige Existenz in dieser Welt garantiert werden kann, ist ein echter Körper aus Fleisch und Blut empfehlenswert.
Wenn man wie du nur einen immateriellen Körper besitzt ...
... und dafür ständig Energie verbraucht, zerfließt und verschwindet man letztendlich ...

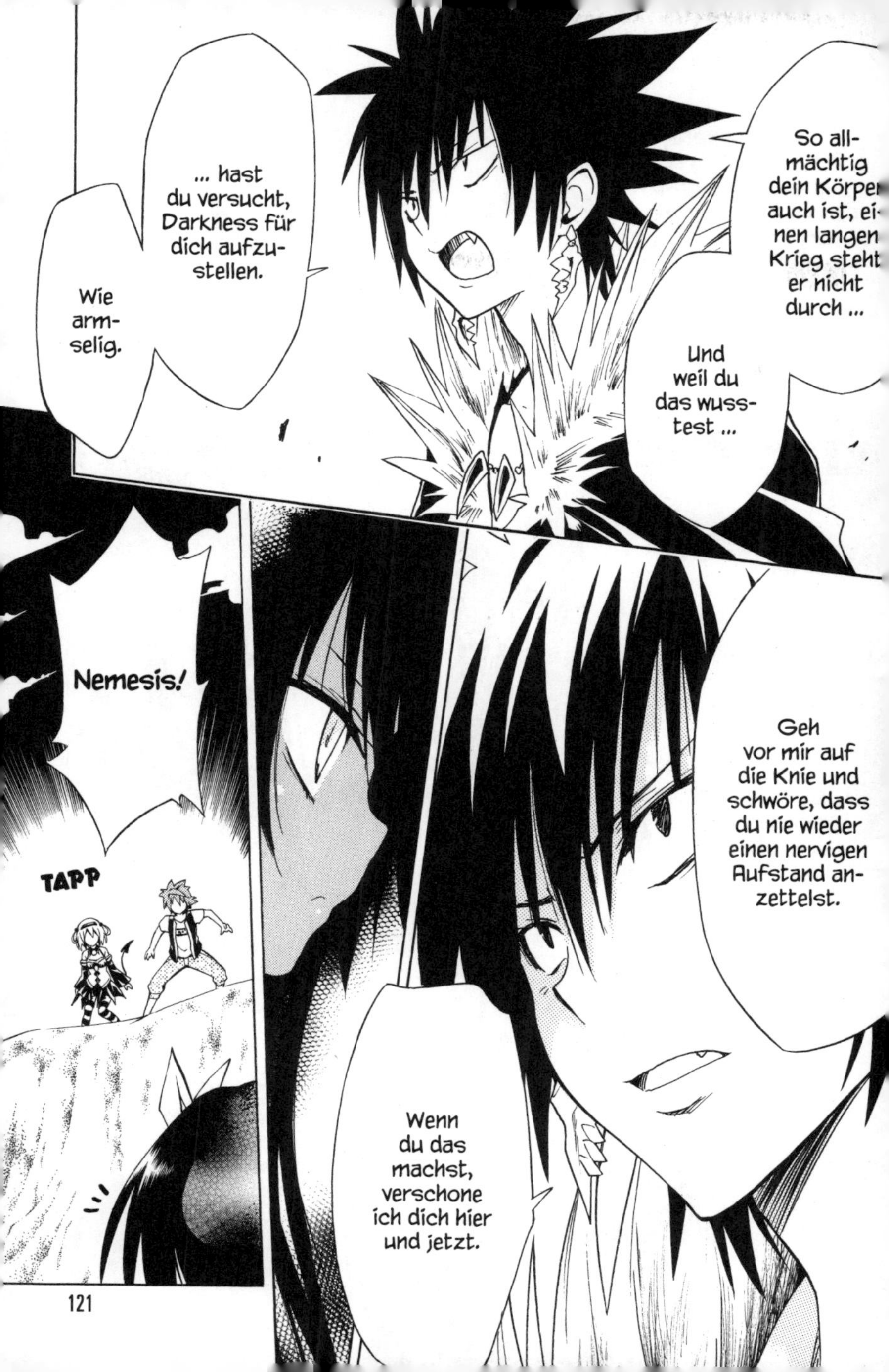
So allmächtig dein Körper auch ist, einen langen Krieg steht er nicht durch ...
Und weil du das wusstest ...
... hast du versucht, Darkness für dich aufzustellen.
Wie armselig.
Geh vor mir auf die Knie und schwöre, dass du nie wieder einen nervigen Aufstand anzettelst.
Wenn du das machst, verschone ich dich hier und jetzt.
Nemesis!
TAPP

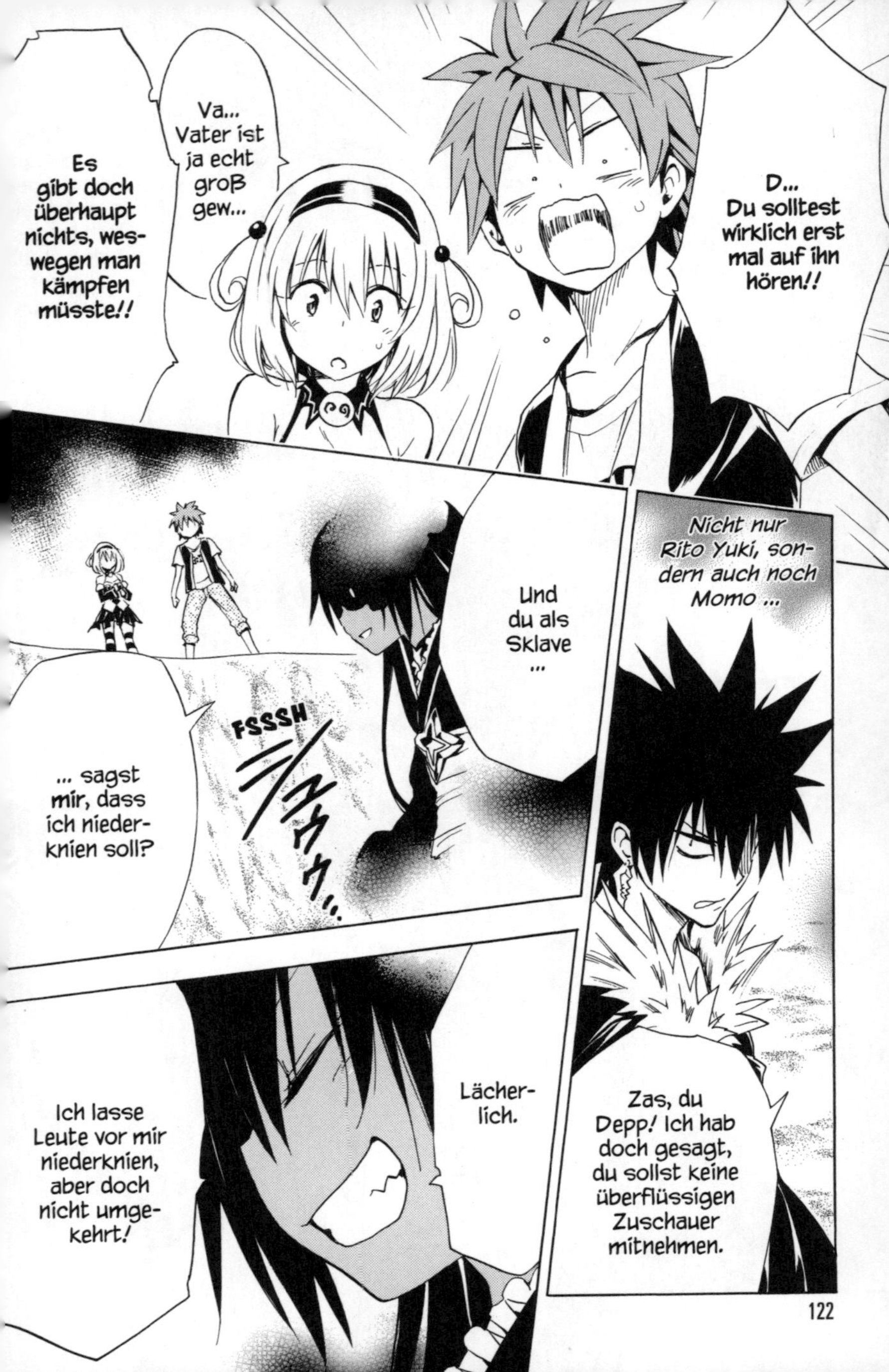
D... Du solltest wirklich erst mal auf ihn hören!!
Va... Vater ist ja echt groß gew...
Es gibt doch überhaupt nichts, weswegen man kämpfen müsste!!
Nicht nur Rito Yuki, sondern auch noch Momo ...
Und du als Sklave ...
FSSSH
... sagst mir, dass ich niederknien soll?
Zas, du Depp! Ich hab doch gesagt, du sollst keine überflüssigen Zuschauer mitnehmen.
Lächerlich.
Ich lasse Leute vor mir niederknien, aber doch nicht umgekehrt!

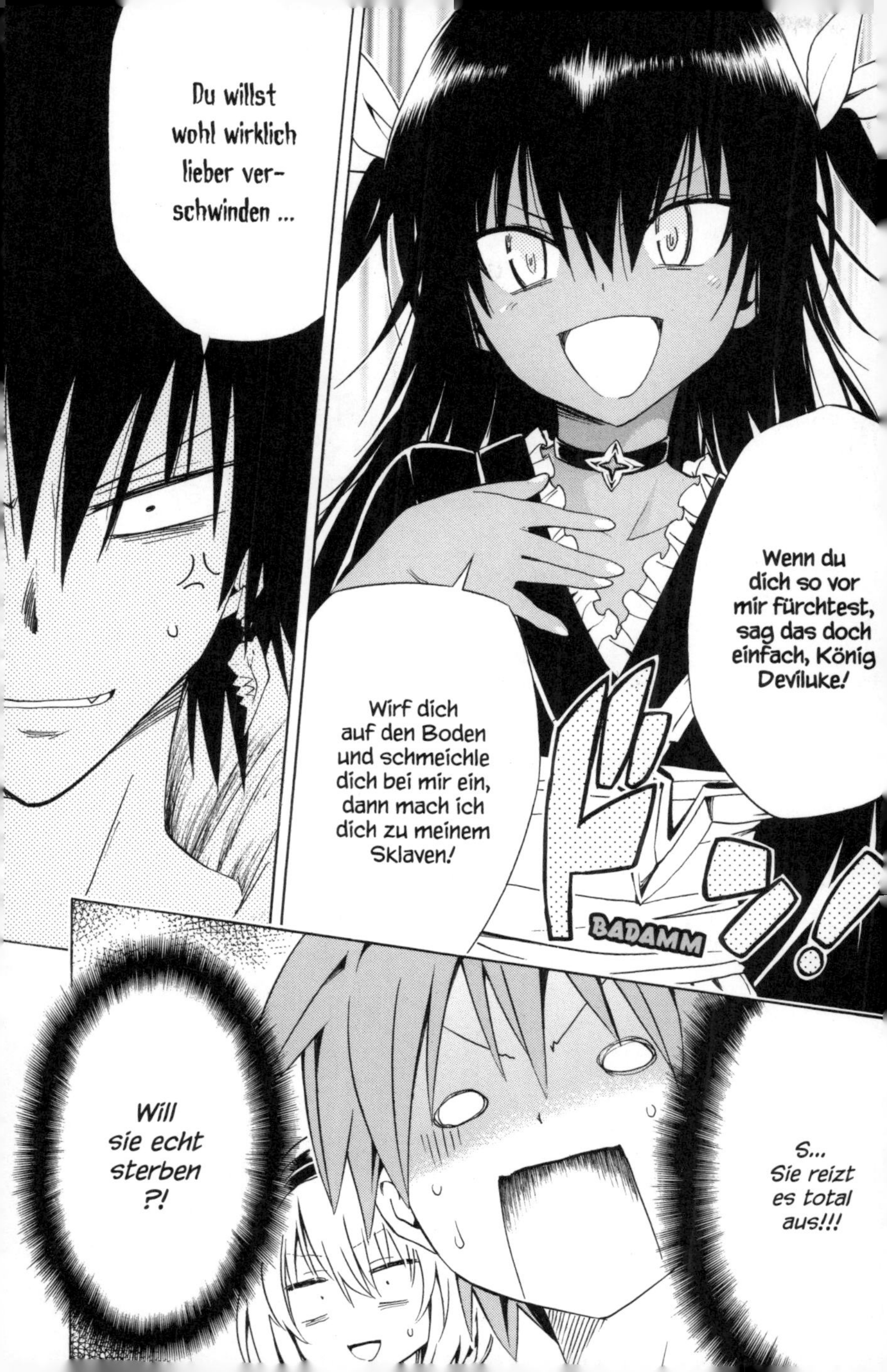
Du willst wohl wirklich lieber verschwinden ...
Wenn du dich so vor mir fürchtest, sag das doch einfach, König Deviluke!
Wirf dich auf den Boden und schmeichle dich bei mir ein, dann mach ich dich zu meinem Sklaven!
BADAMM
S... Sie reizt es total aus!!!
Will sie echt sterben ?!

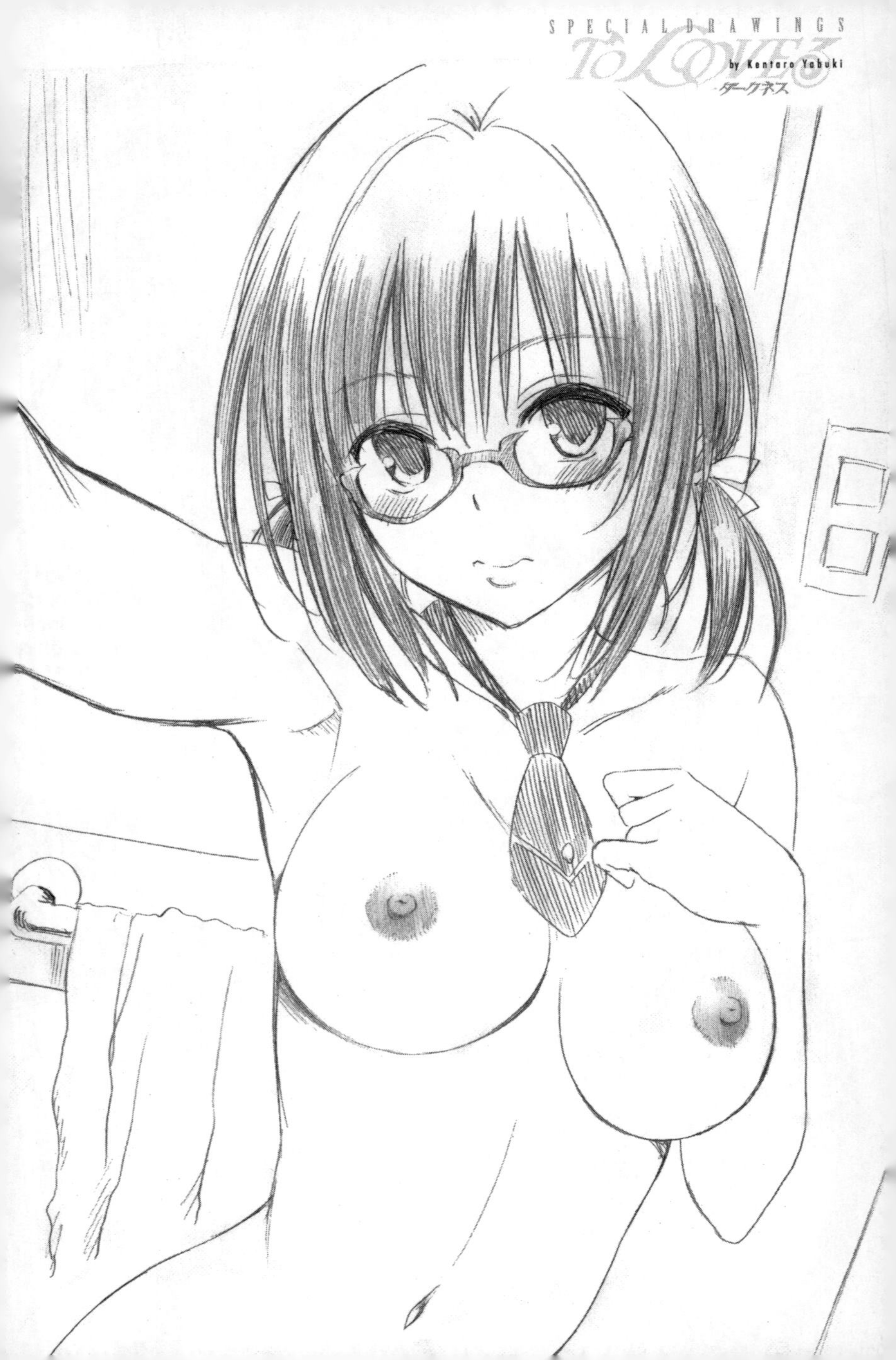
SPECIAL DRAWINGS
To LOVEる
by Kentaro Yabuki
ダークネス

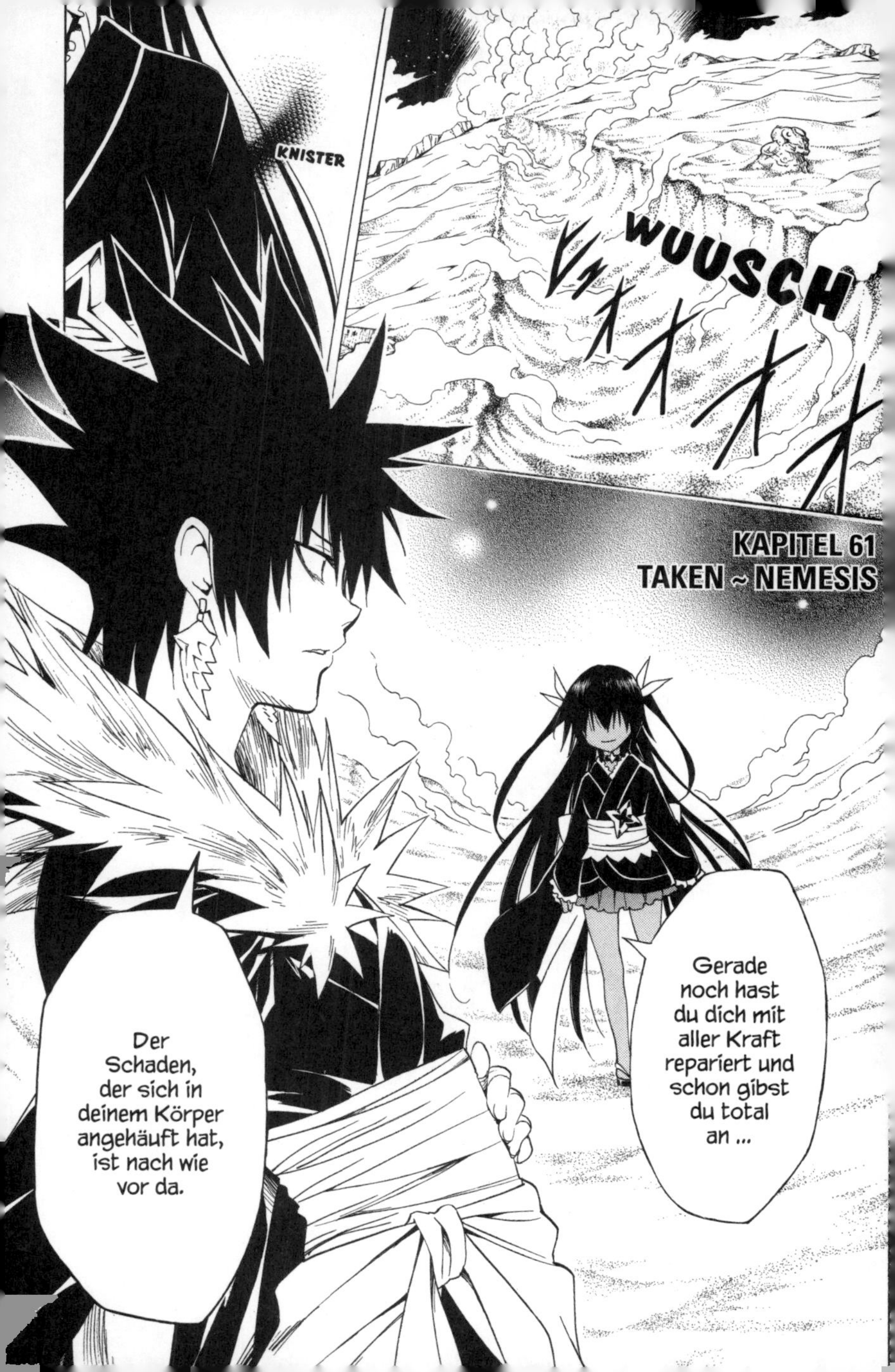
KNISTER
WUUSCH
KAPITEL 61
TAKEN ~ NEMESIS
Gerade noch hast du dich mit aller Kraft repariert und schon gibst du total an ...
Der Schaden, der sich in deinem Körper angehäuft hat, ist nach wie vor da.

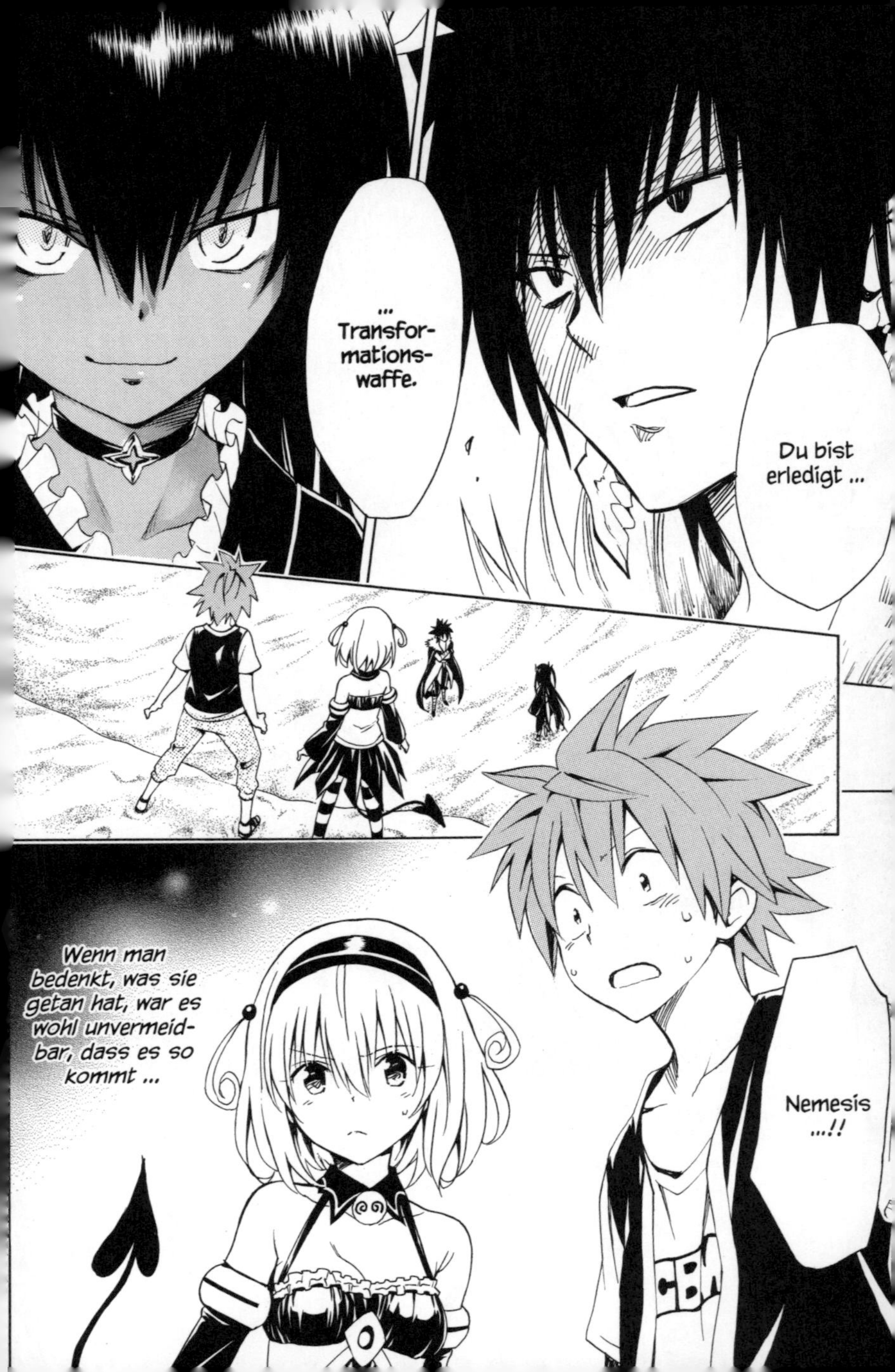
Du bist erledigt ...
... Transformations-waffe.
Nemesis ...!!
Wenn man bedenkt, was sie getan hat, war es wohl unvermeid-bar, dass es so kommt ...

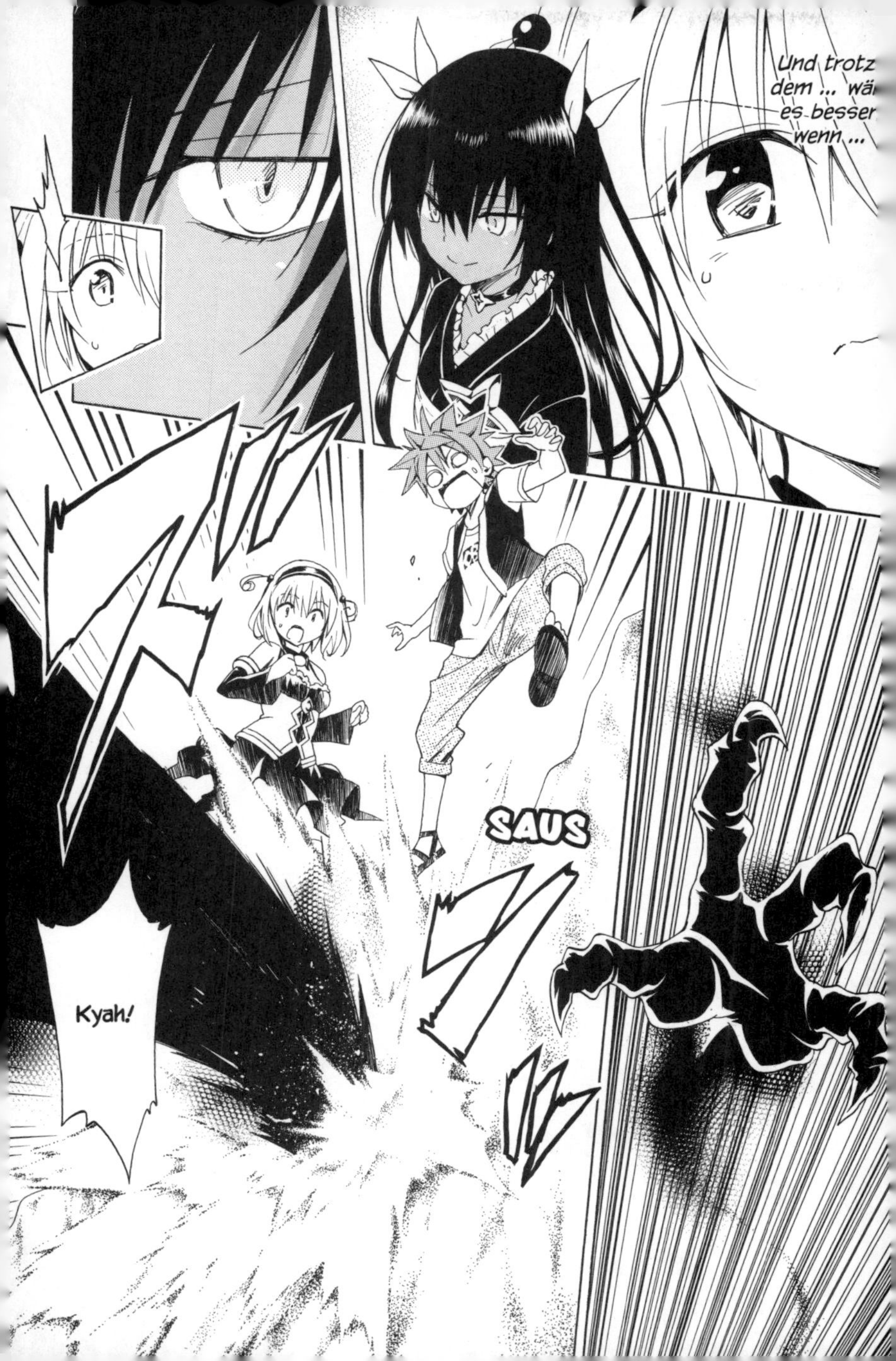
Und trotz dem ... wä es besser wenn ...
SAUS
Kyah!

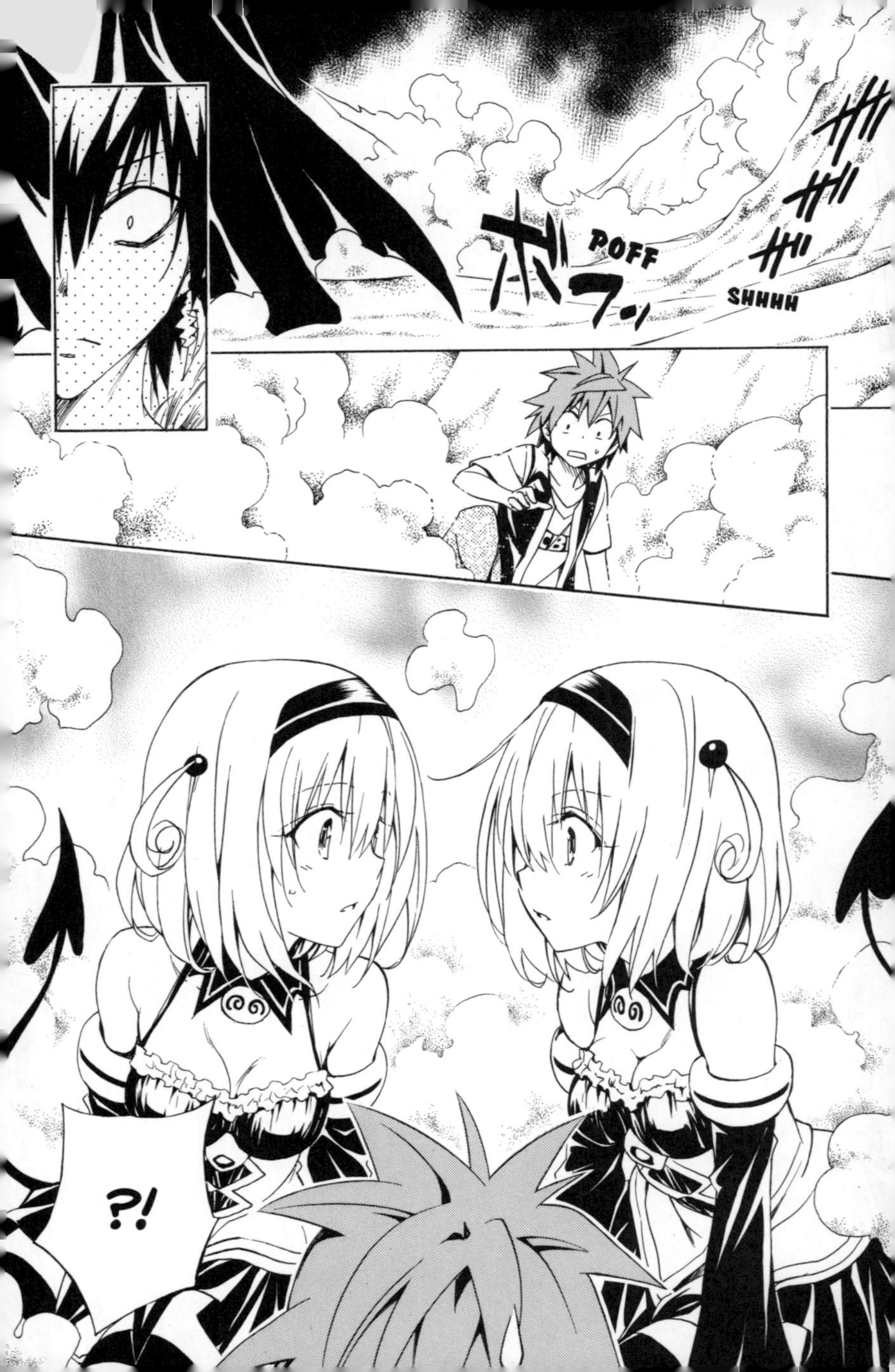

ザザザザ
SHHHH
ボフッ
POFF
?!

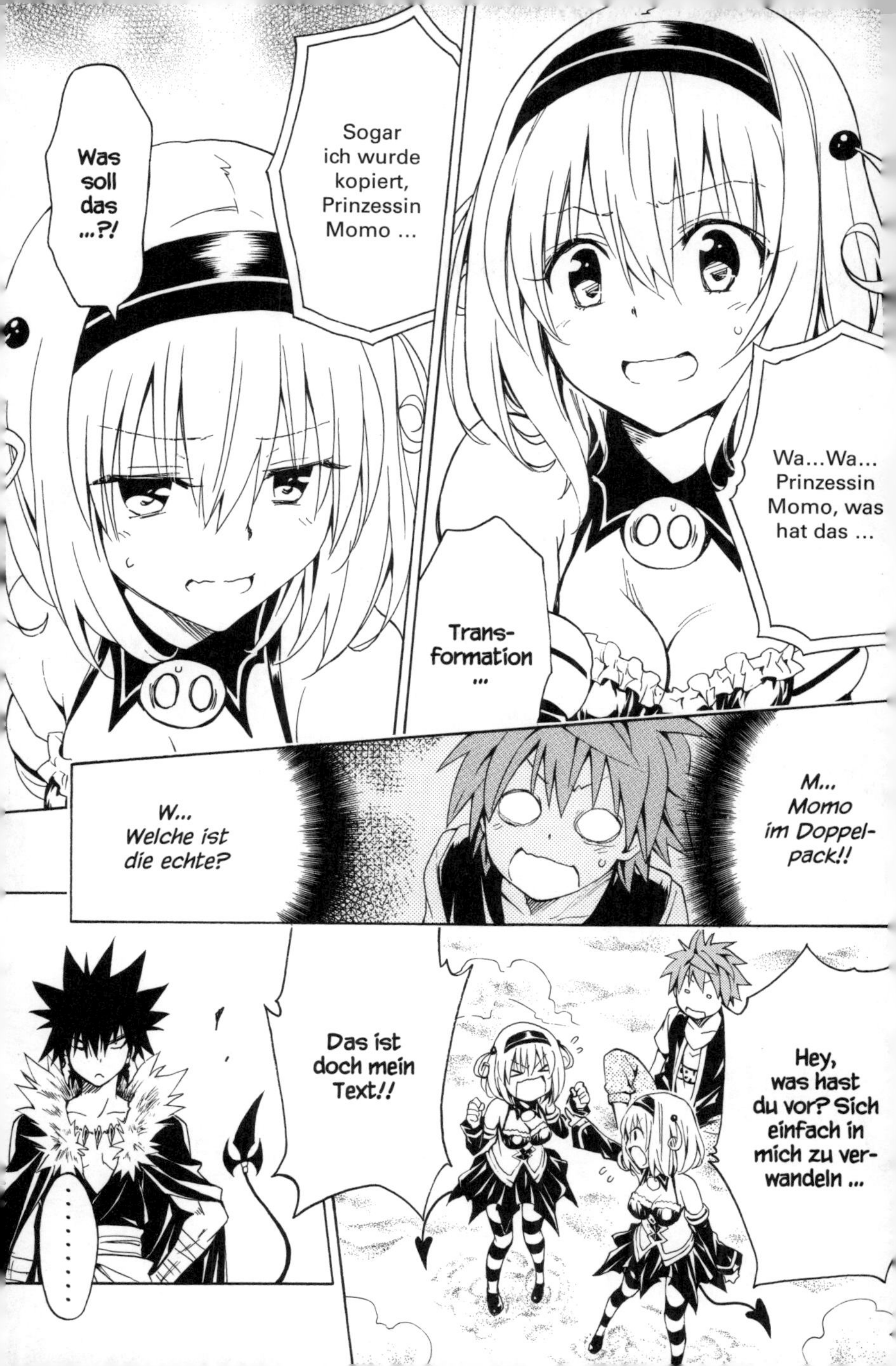
Wa...Wa... Prinzessin Momo, was hat das ...
Trans-formation ...
Sogar ich wurde kopiert, Prinzessin Momo ...
Was soll das ...?!
M... Momo im Doppel-pack!!
W... Welche ist die echte?
Hey, was hast du vor? Sich einfach in mich zu ver-wandeln ...
Das ist doch mein Text!!
....

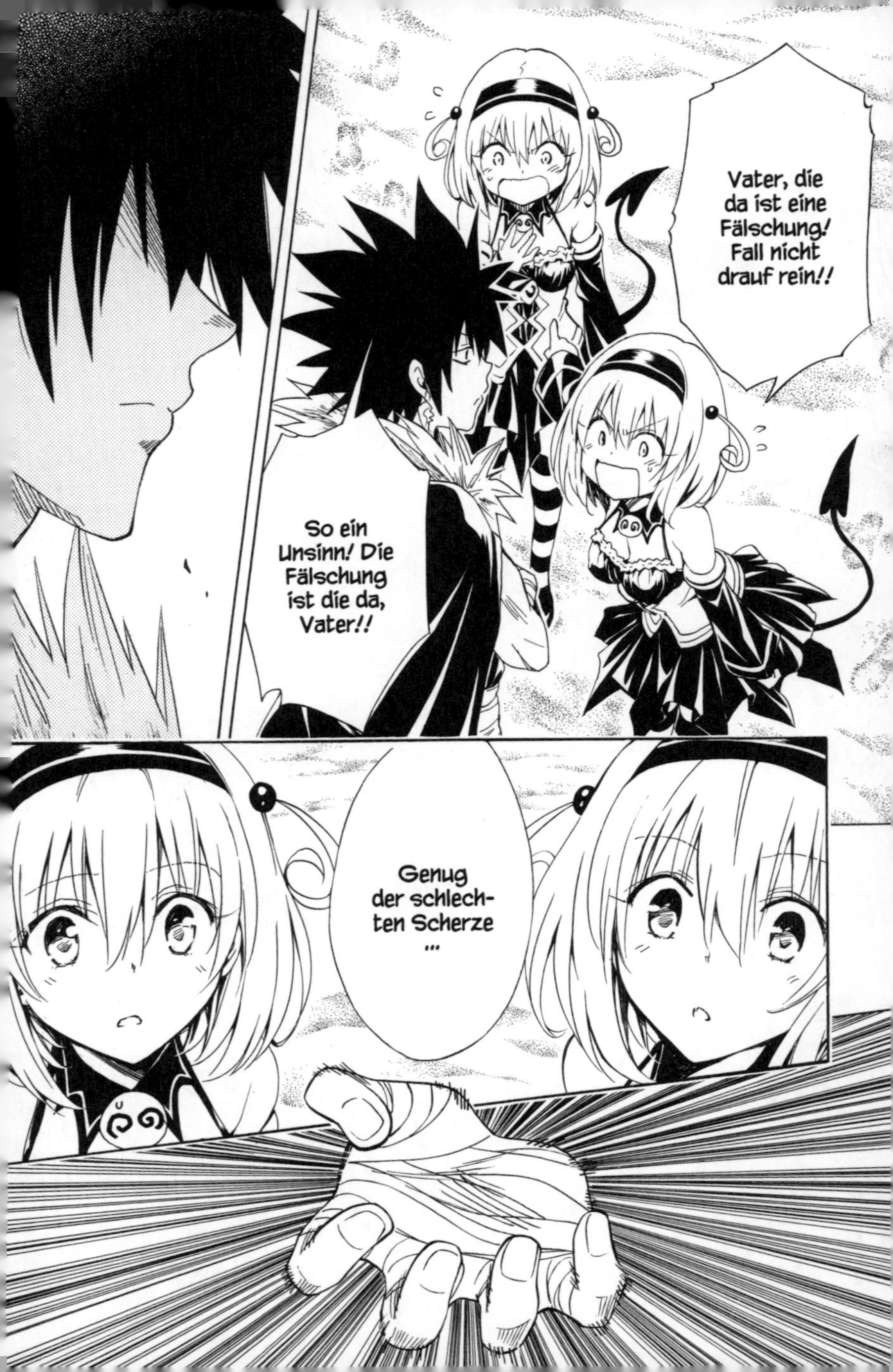
Vater, die da ist eine Fälschung! Fall nicht drauf rein!!
So ein Unsinn! Die Fälschung ist die da, Vater!!
Genug der schlechten Scherze ...

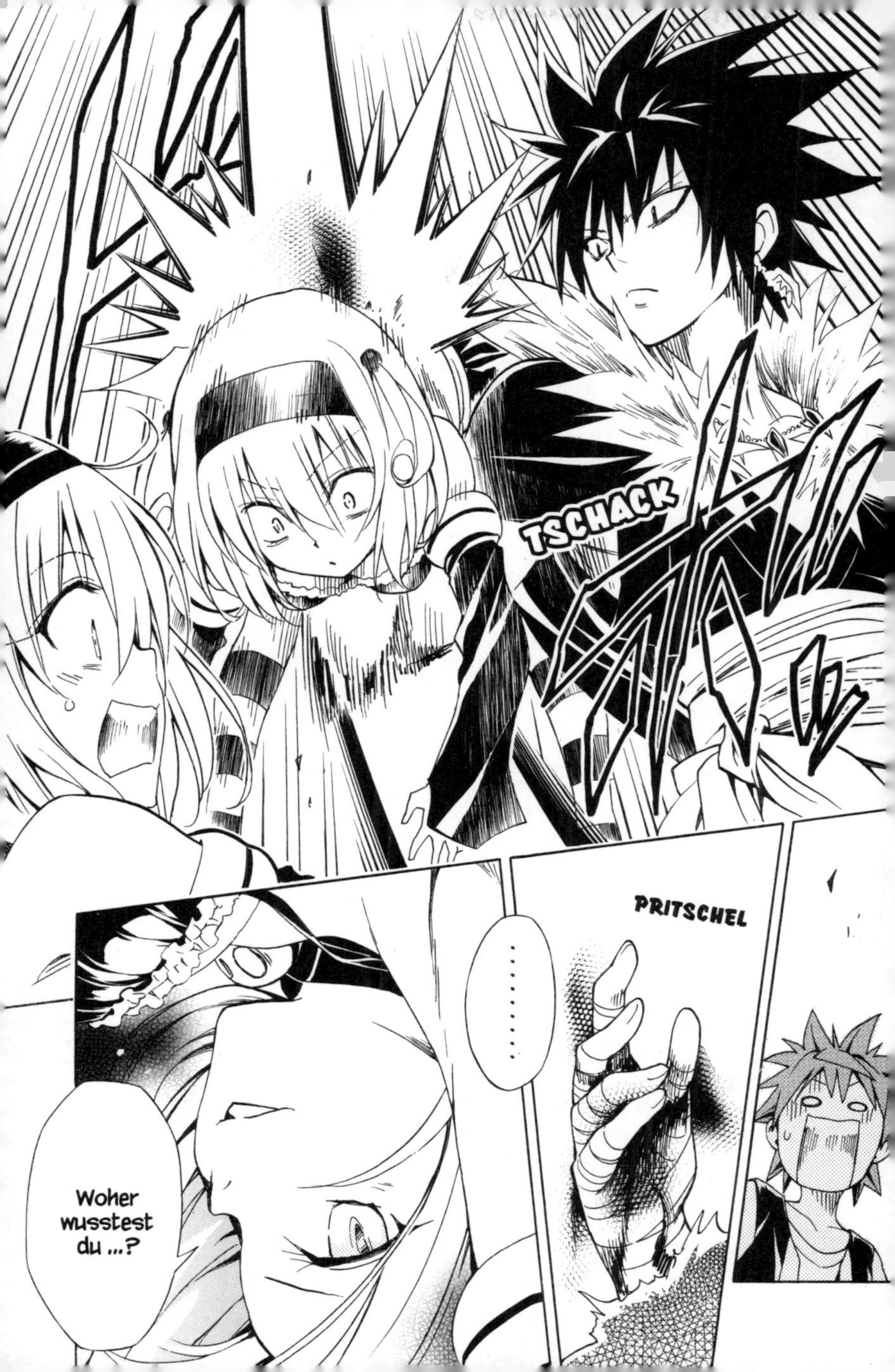
TSCHACK
PRITSCHEL
……
Woher wusstest du …?

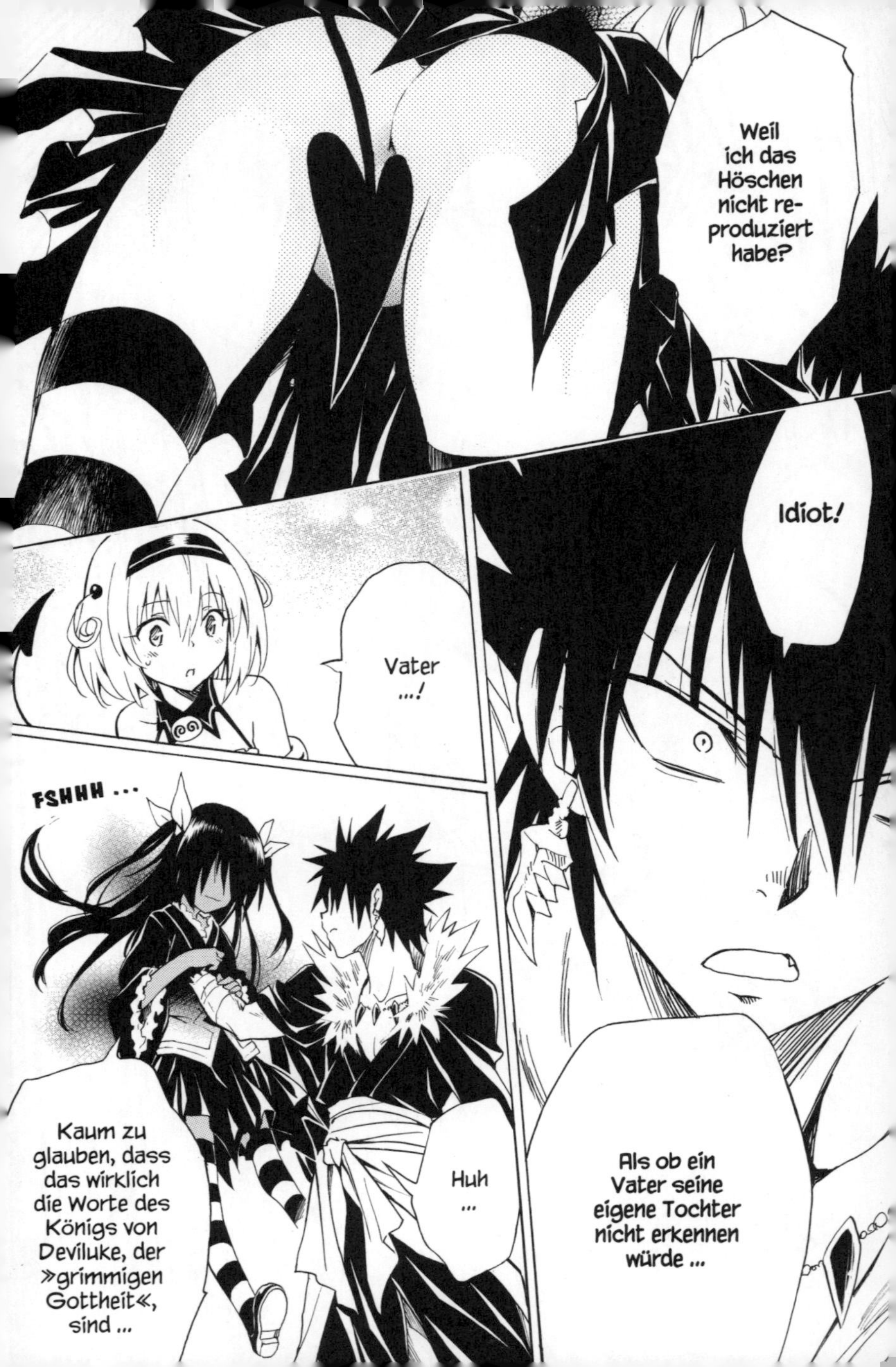
Weil ich das Höschen nicht re-produziert habe?
Idiot!
Vater ...!
Als ob ein Vater seine eigene Tochter nicht erkennen würde ...
Huh ...
FSHHH ...
Kaum zu glauben, dass das wirklich die Worte des Königs von Deviluke, der »grimmigen Gottheit«, sind ...

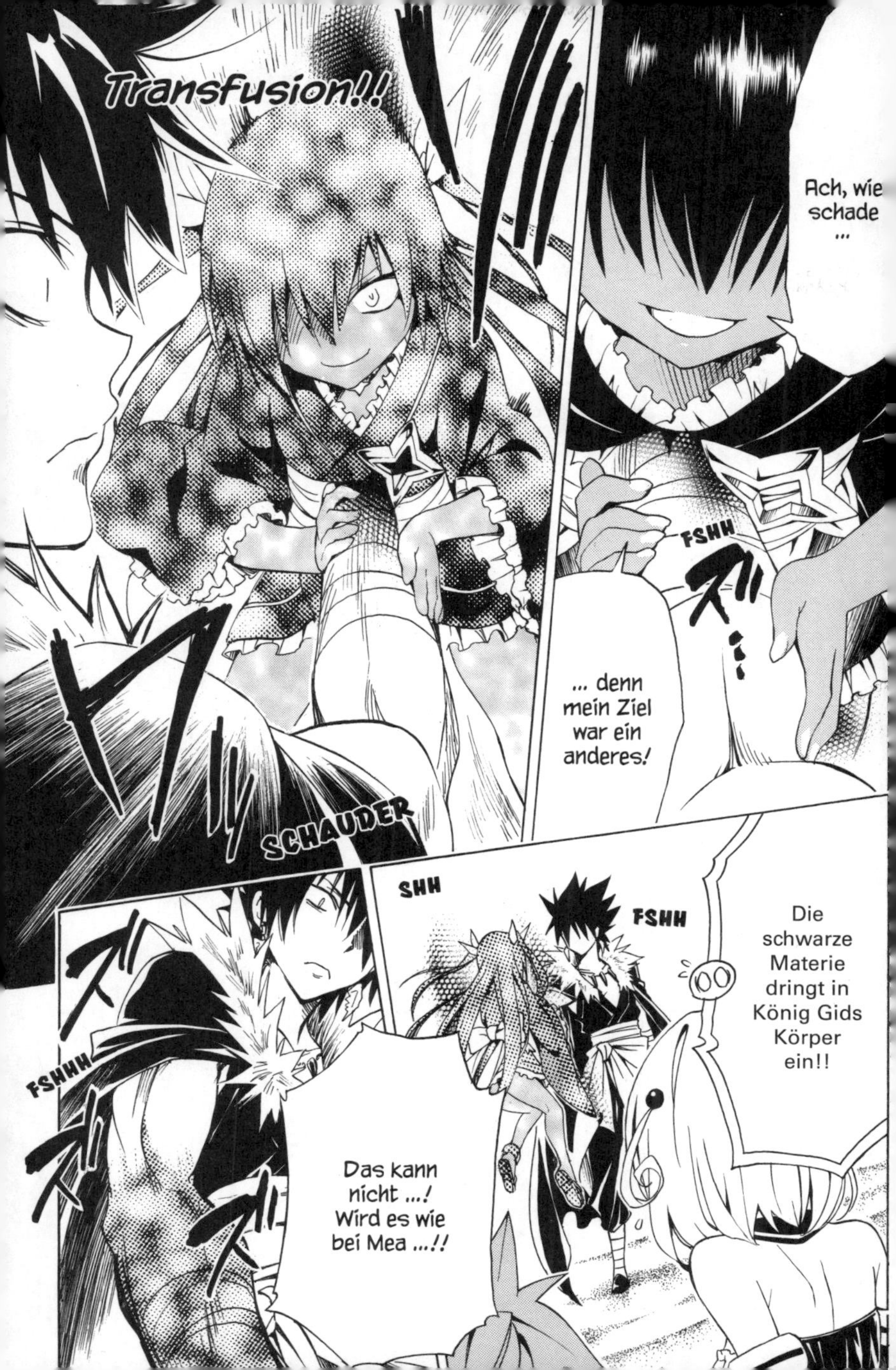
Ach, wie schade ...
... denn mein Ziel war ein anderes!
FSHH
Transfusion!!
SCHAUDER
Die schwarze Materie dringt in König Gids Körper ein!!
FSHH
SHH
Das kann nicht ...! Wird es wie bei Mea ...!!
FSHHH

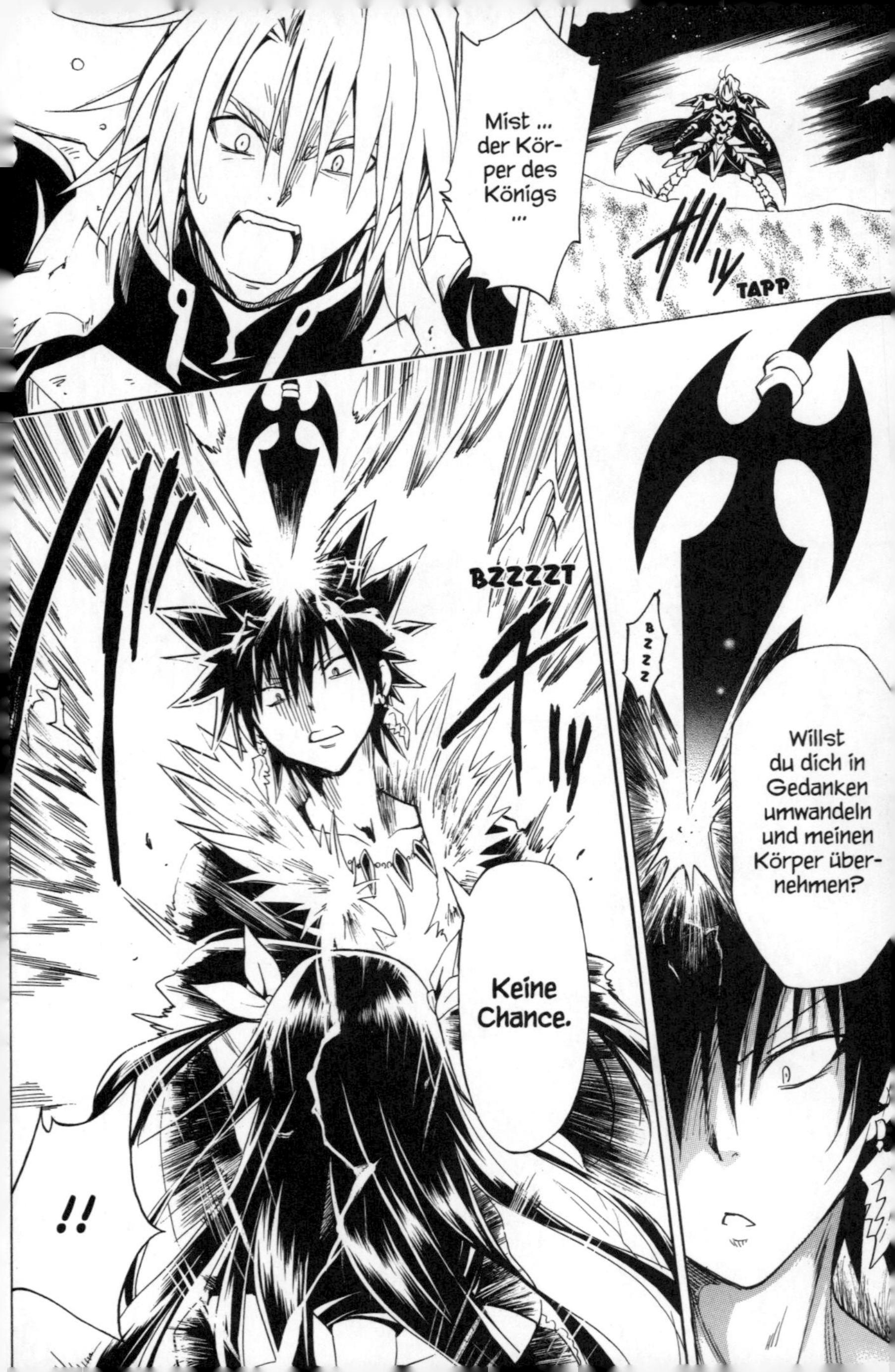
TAPP
Mist ... der Kör-per des Königs ...
BZZZ
Willst du dich in Gedanken umwandeln und meinen Körper über-nehmen?
BZZZZT
Keine Chance.
!!

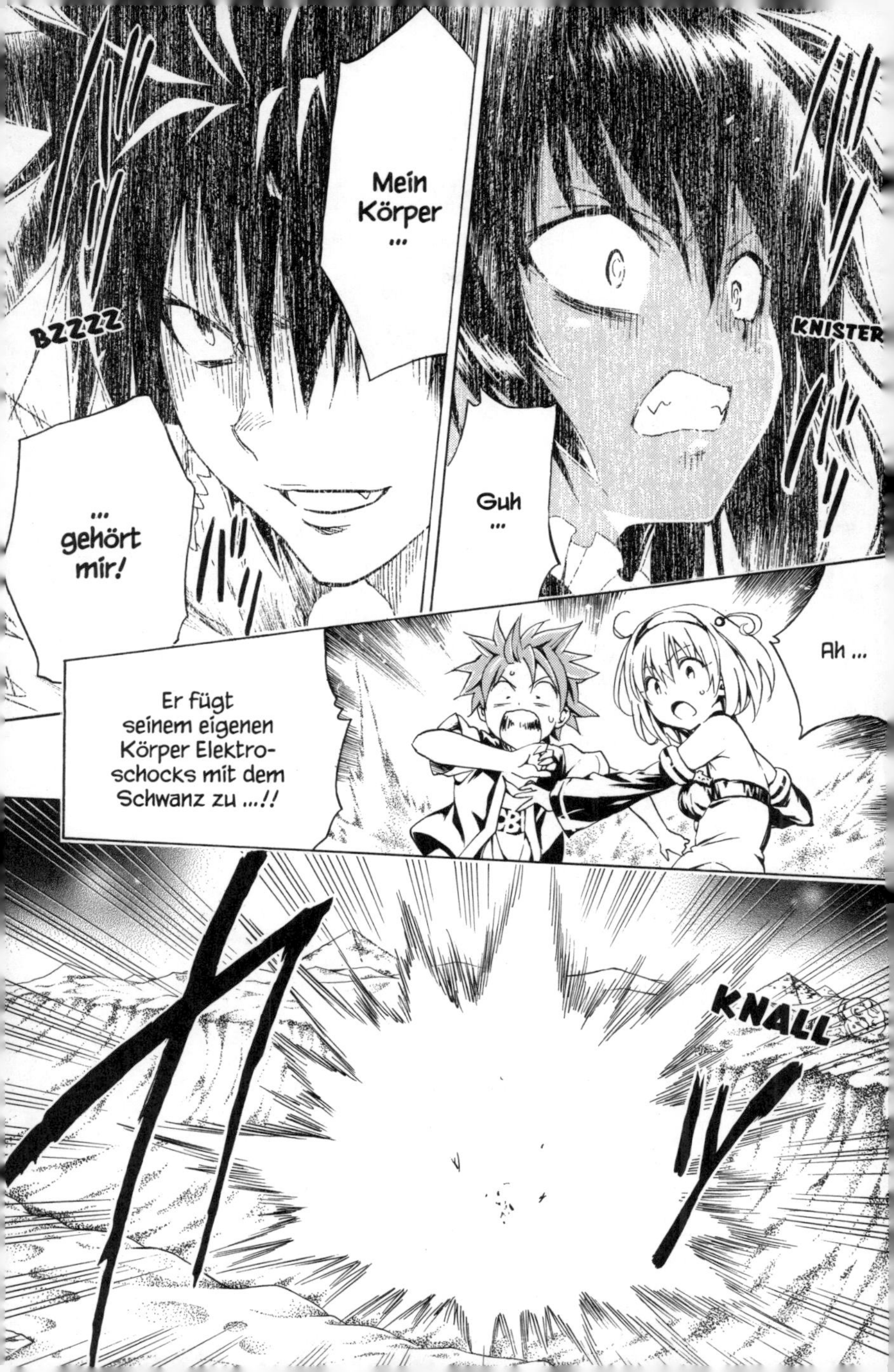

Mein Körper ...
BZZZZ
KNISTER
Guh ...
... gehört mir!
Ah ...
Er fügt seinem eigenen Körper Elektroschocks mit dem Schwanz zu ...!!
KNALL

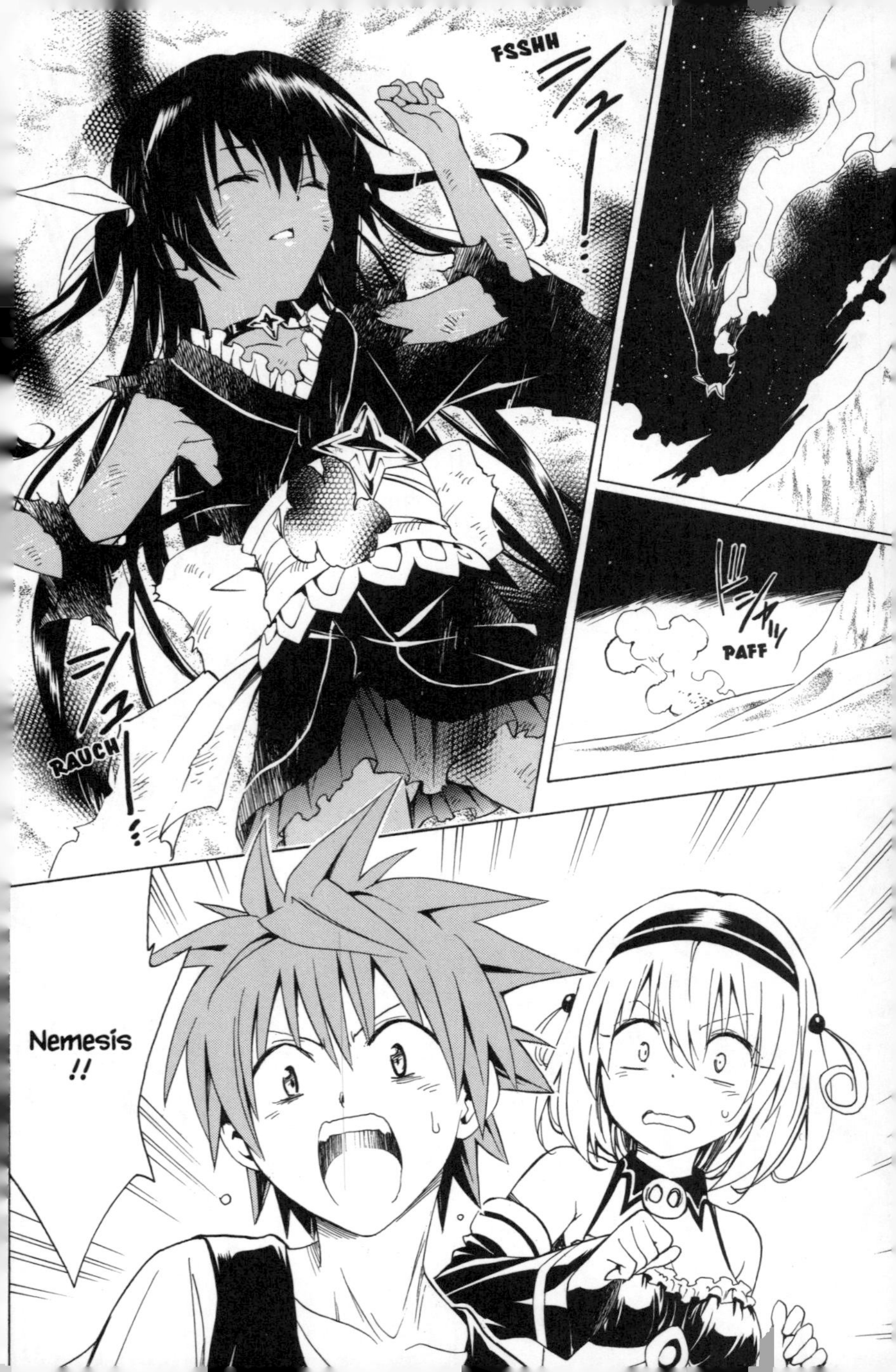

PAFF
FSSHH
RAUCH
Nemesis
!!

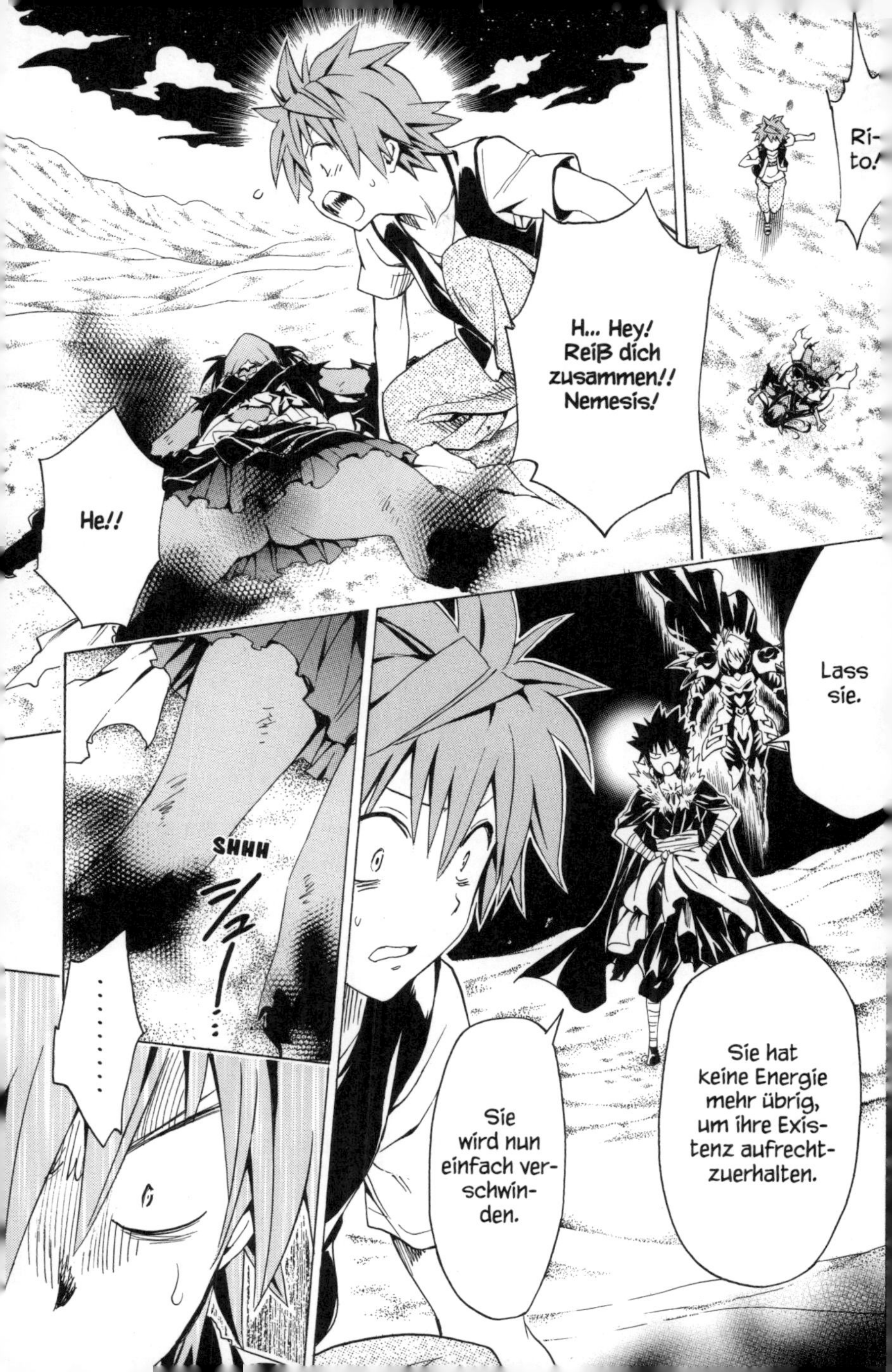
Ri-
to!
H... Hey!
Reiß dich
zusammen!!
Nemesis!
He!!
Lass
sie.
Sie hat
keine Energie
mehr übrig,
um ihre Exis-
tenz aufrecht-
zuerhalten.
Sie
wird nun
einfach ver-
schwin-
den.
SHHH
....

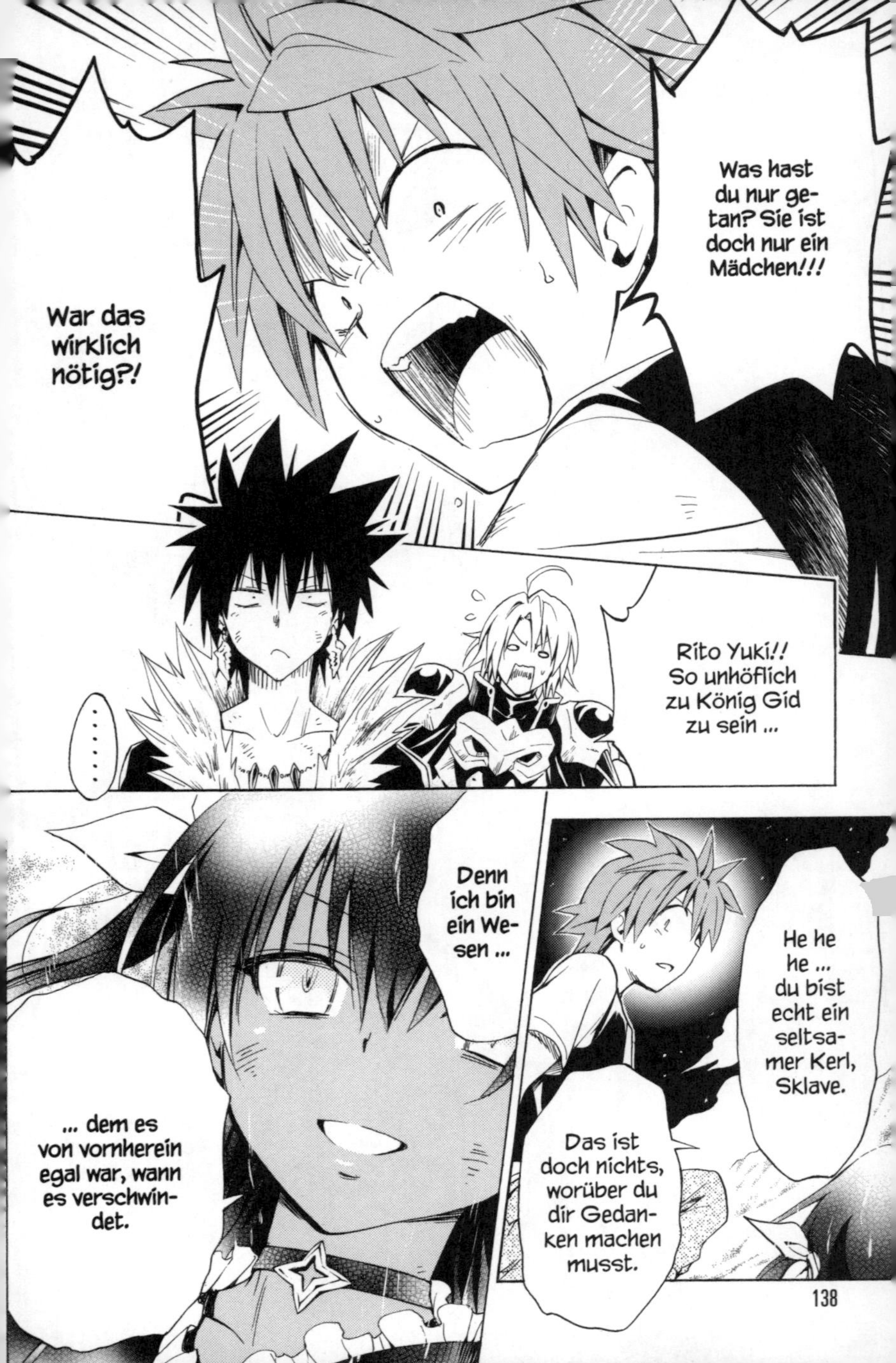
Was hast du nur getan? Sie ist doch nur ein Mädchen!!!
War das wirklich nötig?!
Rito Yuki!! So unhöflich zu König Gid zu sein ...
....
He he he ... du bist echt ein seltsamer Kerl, Sklave.
Das ist doch nichts, worüber du dir Gedanken machen musst.
Denn ich bin ein Wesen ...
... dem es von vornherein egal war, wann es verschwindet.

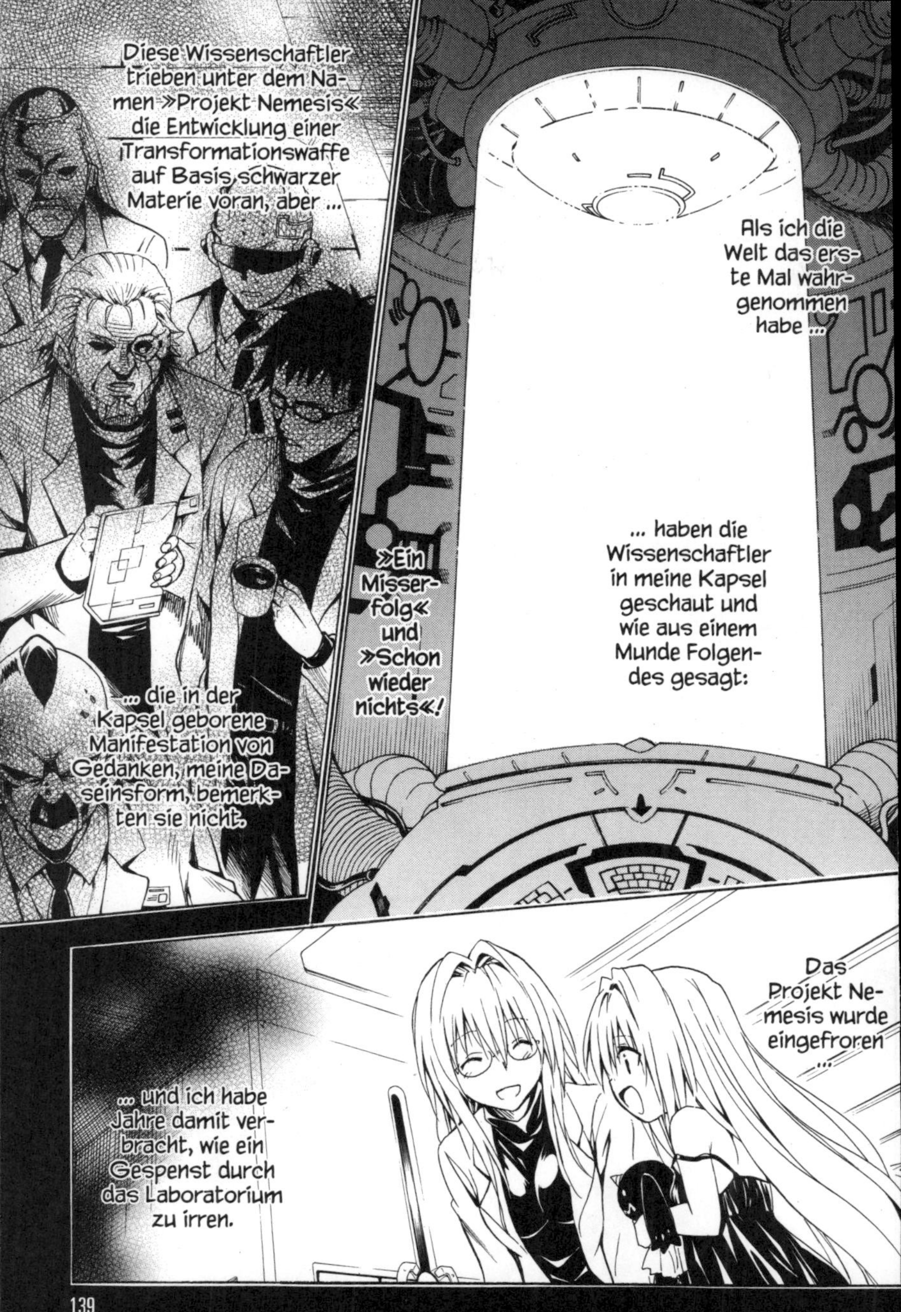
Als ich die Welt das erste Mal wahrgenommen habe ...
... haben die Wissenschaftler in meine Kapsel geschaut und wie aus einem Munde Folgendes gesagt:
»Ein Misserfolg« und »Schon wieder nichts«!
Diese Wissenschaftler trieben unter dem Namen »Projekt Nemesis« die Entwicklung einer Transformationswaffe auf Basis schwarzer Materie voran, aber ...
... die in der Kapsel geborene Manifestation von Gedanken, meine Daseinsform, bemerkten sie nicht.
Das Projekt Nemesis wurde eingefroren ...
... und ich habe Jahre damit verbracht, wie ein Gespenst durch das Laboratorium zu irren.

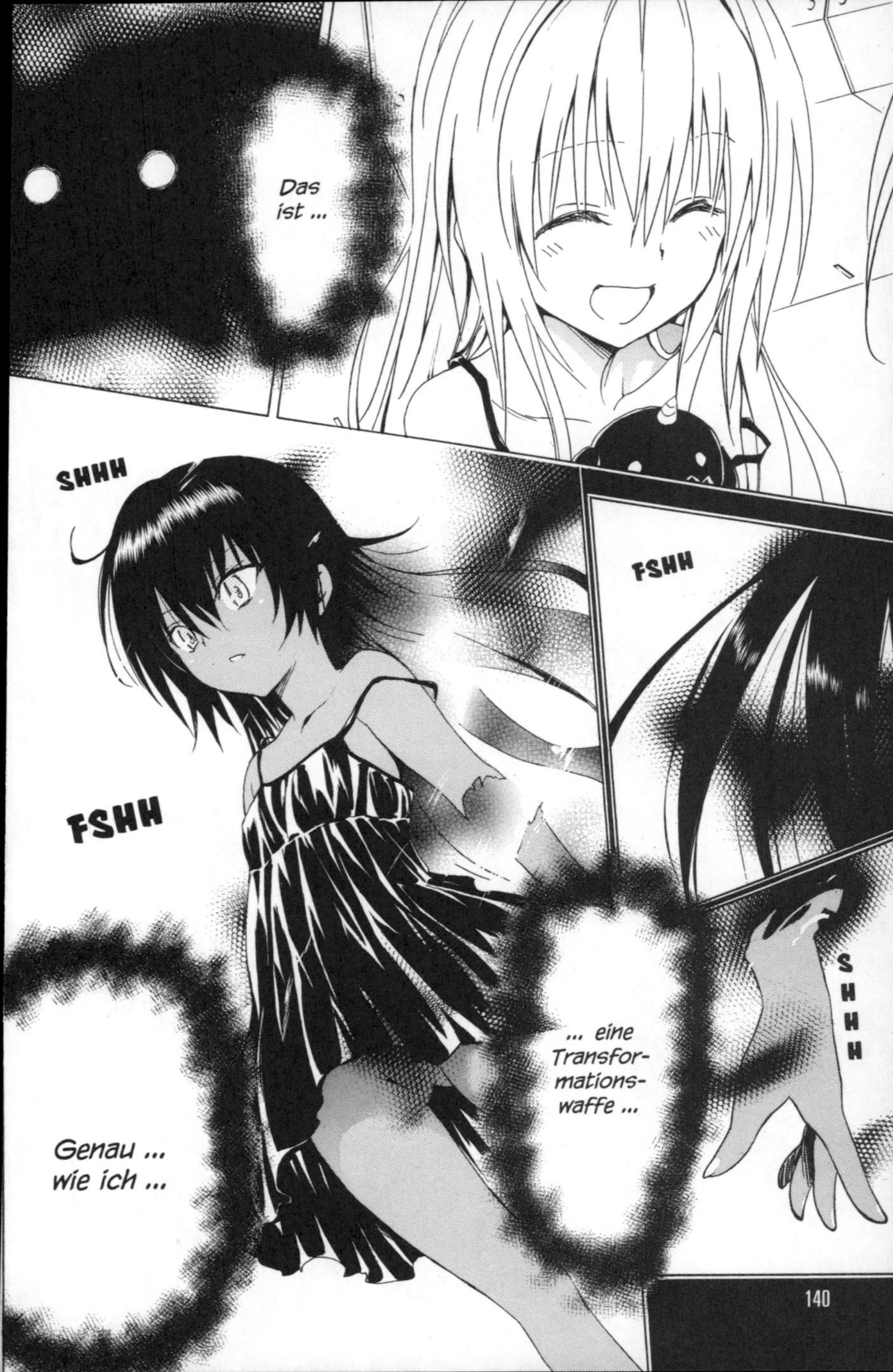
Das ist ...
SHHH
FSHH
FSHH
S H H H
... eine Transformationswaffe ...
Genau ... wie ich ...

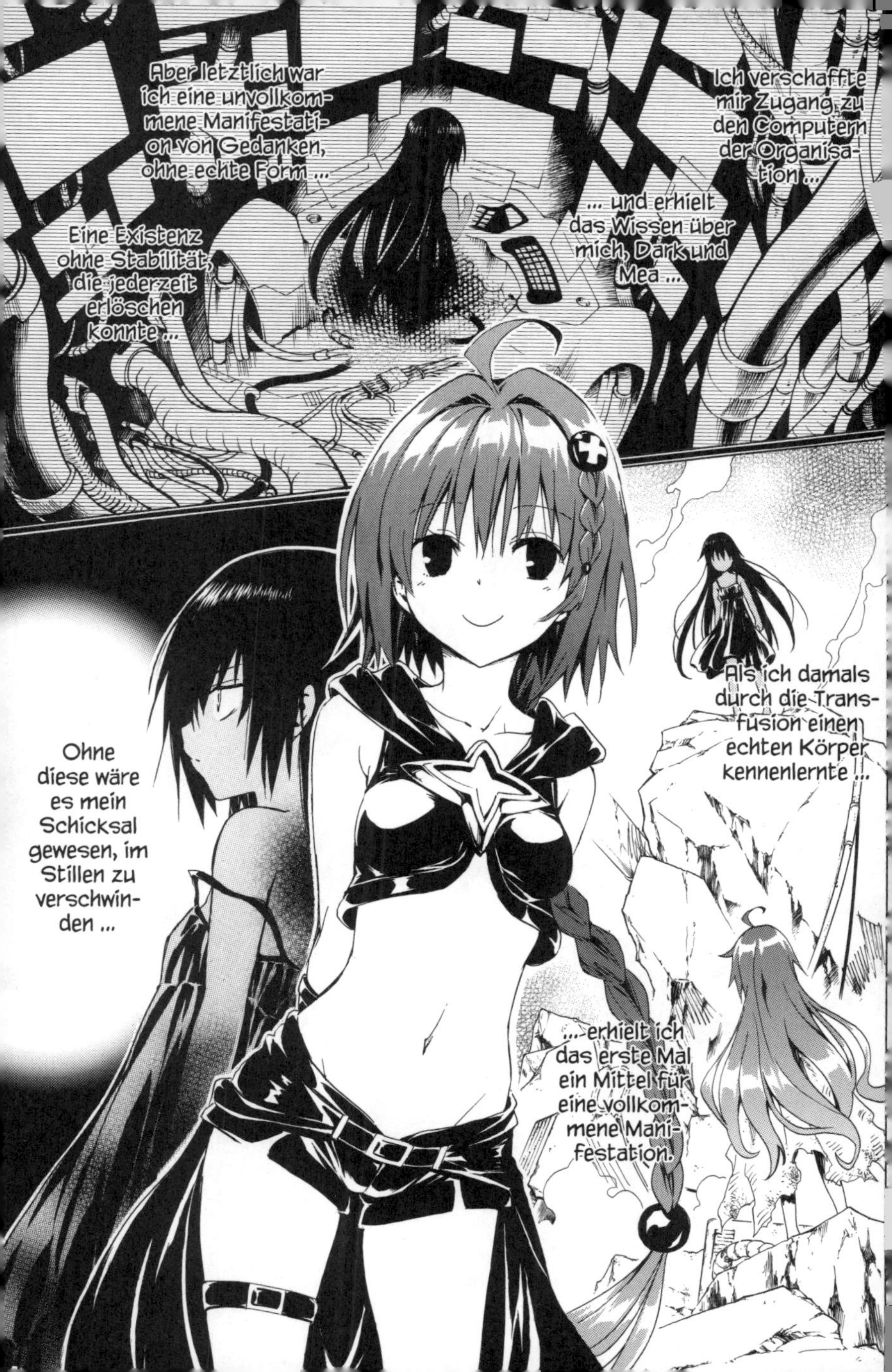

Ich verschaffte mir Zugang zu den Computern der Organisation ...
... und erhielt das Wissen über mich, Dark und Mea ...
Aber letztlich war ich eine unvollkommene Manifestation von Gedanken, ohne echte Form ...
Eine Existenz ohne Stabilität, die jederzeit erlöschen konnte ...
Als ich damals durch die Transfusion einen echten Körper kennenlernte ...
... erhielt ich das erste Mal ein Mittel für eine vollkommene Manifestation.
Ohne diese wäre es mein Schicksal gewesen, im Stillen zu verschwinden ...

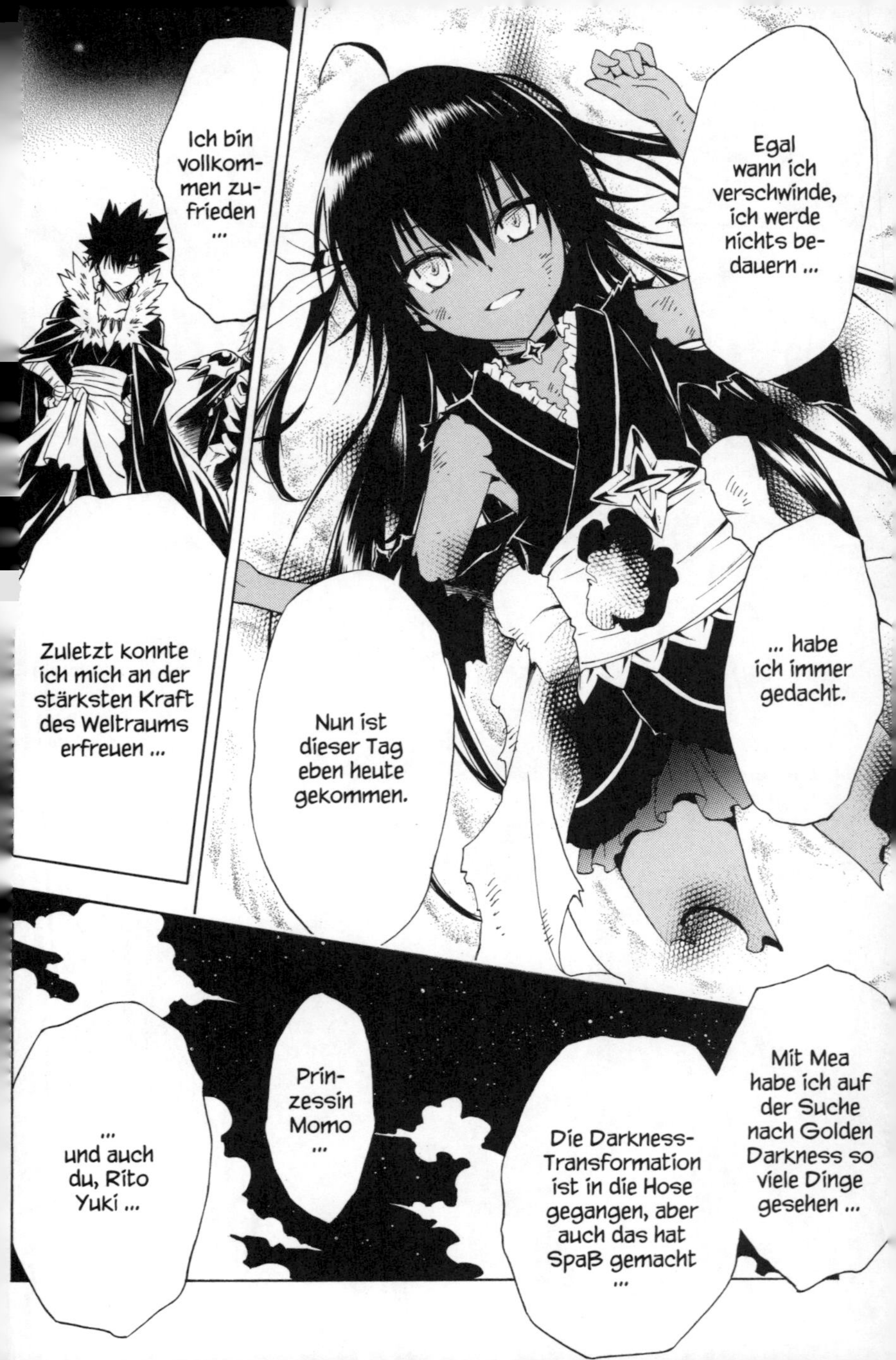

Egal wann ich verschwinde, ich werde nichts bedauern ...
... habe ich immer gedacht.
Nun ist dieser Tag eben heute gekommen.
Ich bin vollkommen zufrieden ...
Zuletzt konnte ich mich an der stärksten Kraft des Weltraums erfreuen ...
Mit Mea habe ich auf der Suche nach Golden Darkness so viele Dinge gesehen ...
Die Darkness-Transformation ist in die Hose gegangen, aber auch das hat Spaß gemacht ...
Prinzessin Momo ...
... und auch du, Rito Yuki ...

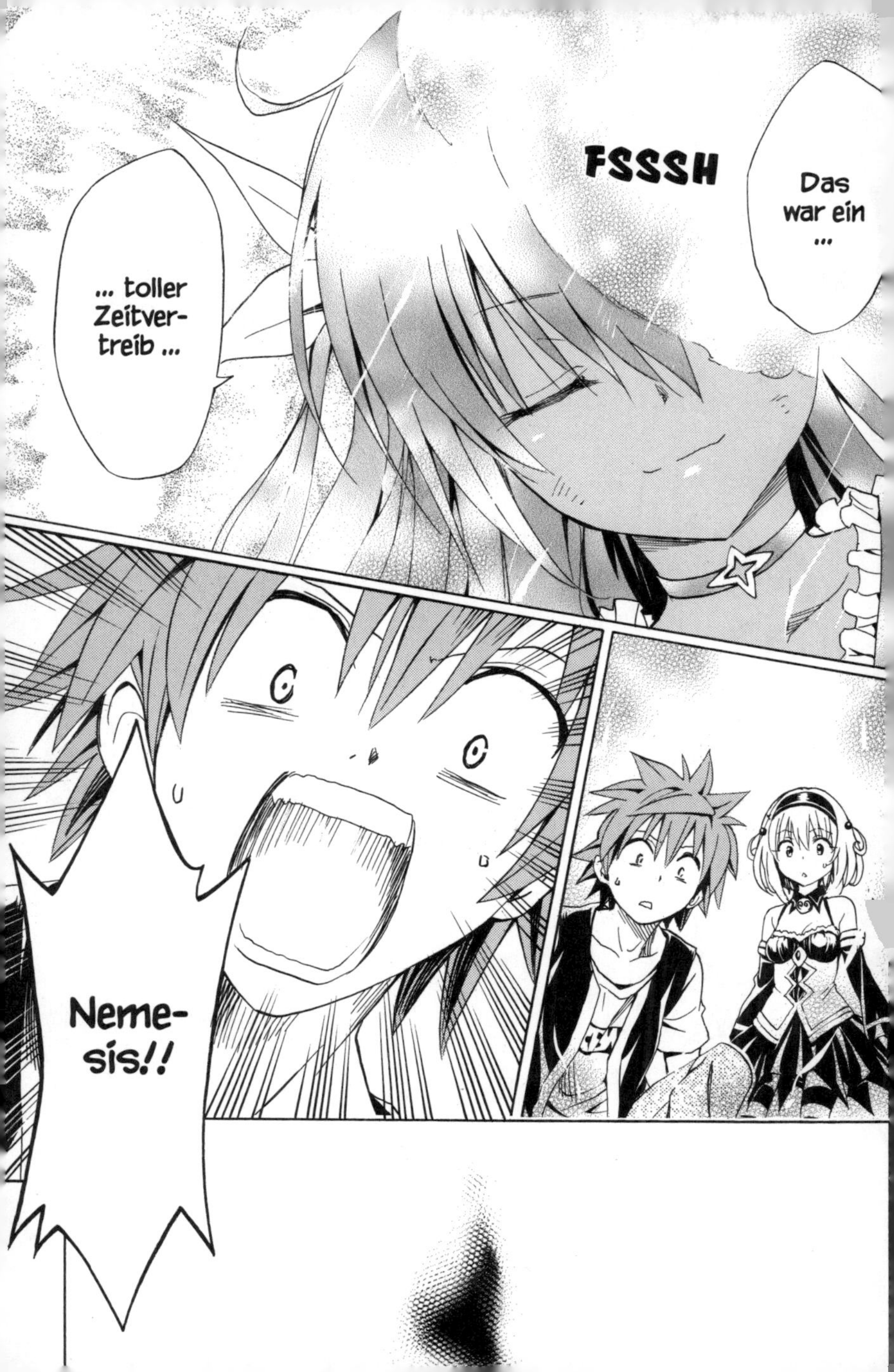
Das war ein …
FSSSH
… toller Zeitvertreib …
Nemesis!!

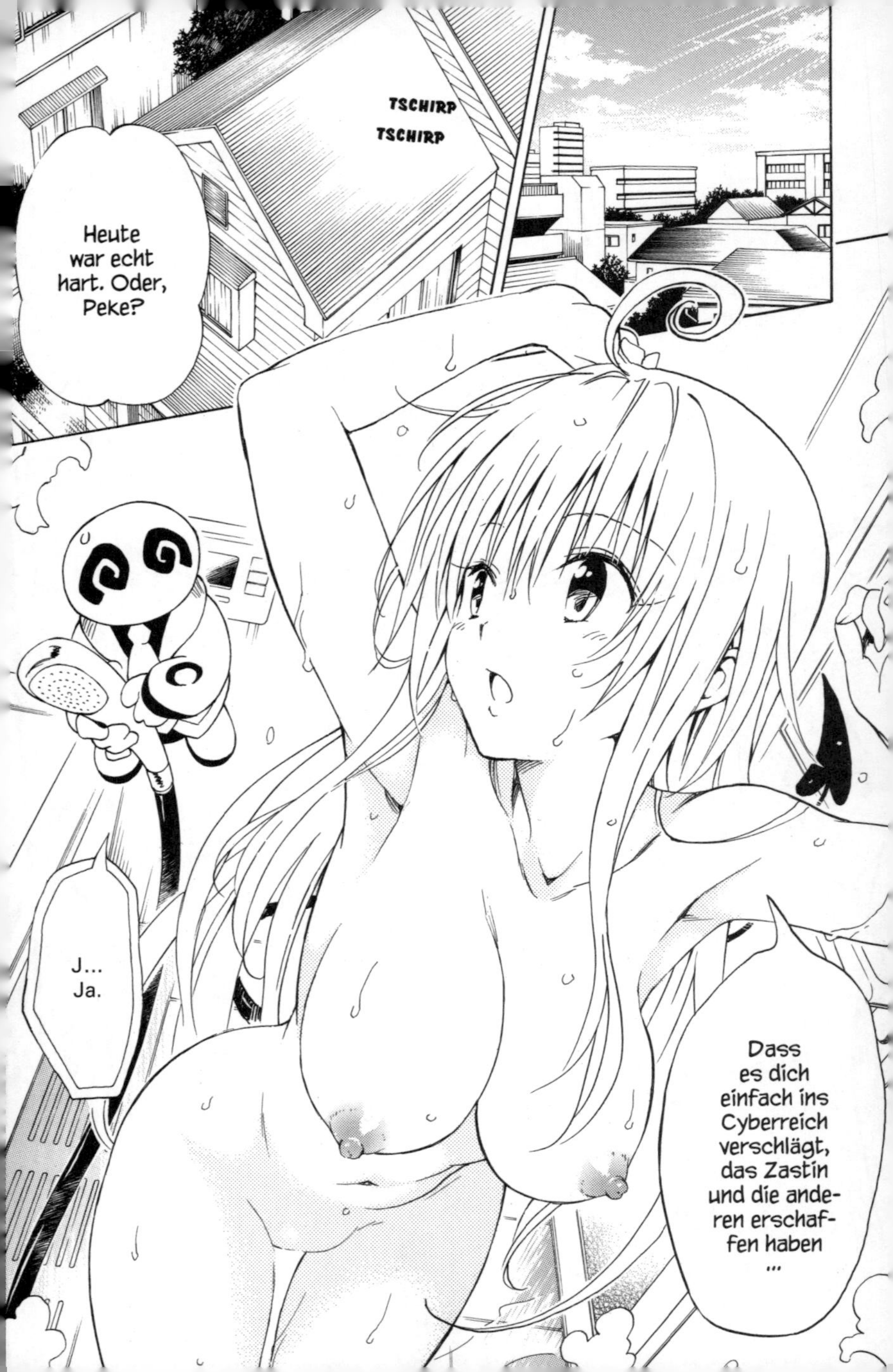
TSCHIRP
TSCHIRP
Heute war echt hart. Oder, Peke?
Dass es dich einfach ins Cyberreich verschlägt, das Zastin und die anderen erschaffen haben ...
J... Ja.

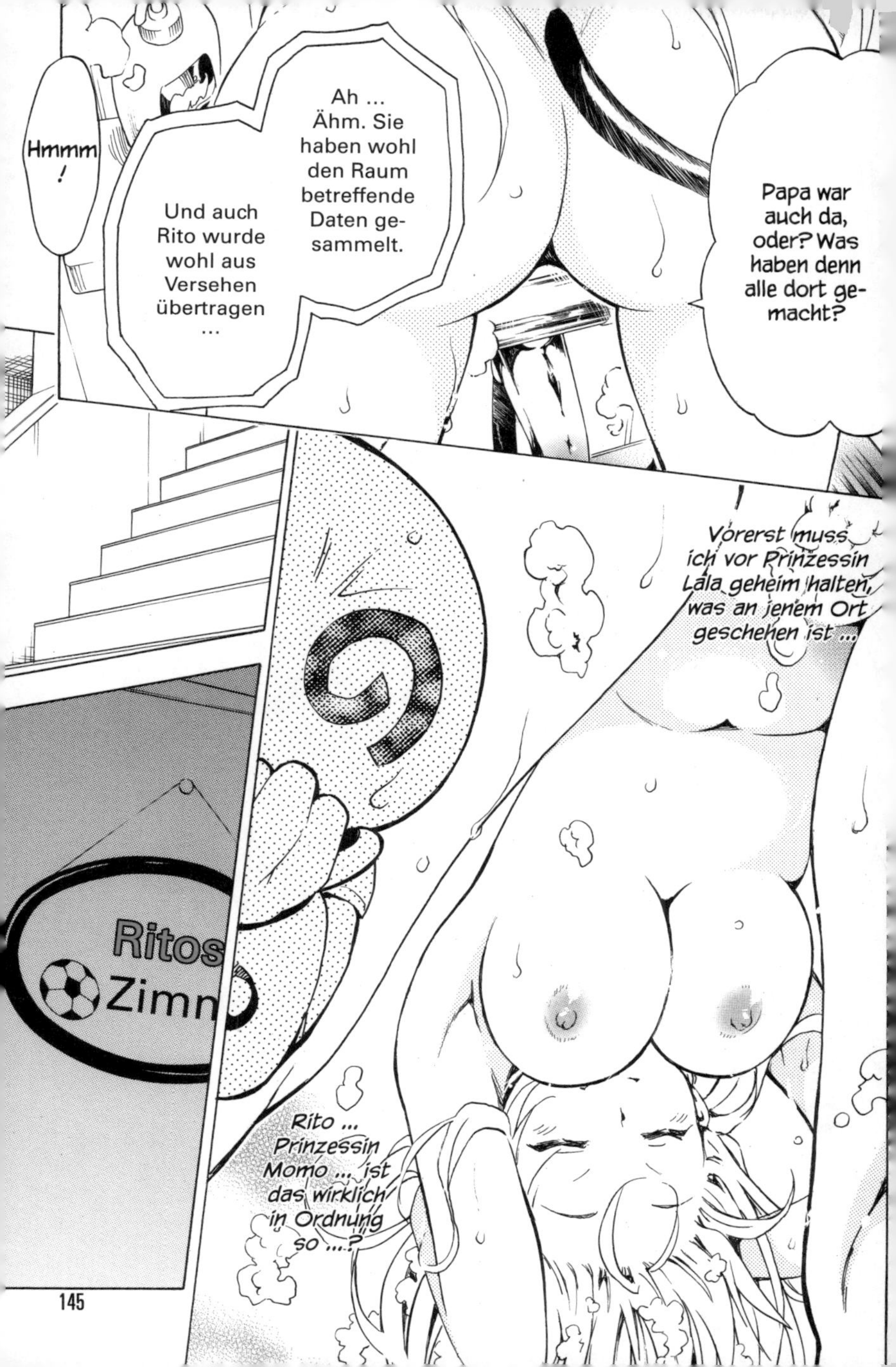

Papa war auch da, oder? Was haben denn alle dort gemacht?
Ah ... Ähm. Sie haben wohl den Raum betreffende Daten gesammelt.
Und auch Rito wurde wohl aus Versehen übertragen ...
Hmmm!
Vorerst muss ich vor Prinzessin Lala geheim halten, was an jenem Ort geschehen ist ...
Ritos Zimm
Rito ... Prinzessin Momo ... ist das wirklich in Ordnung so ...?

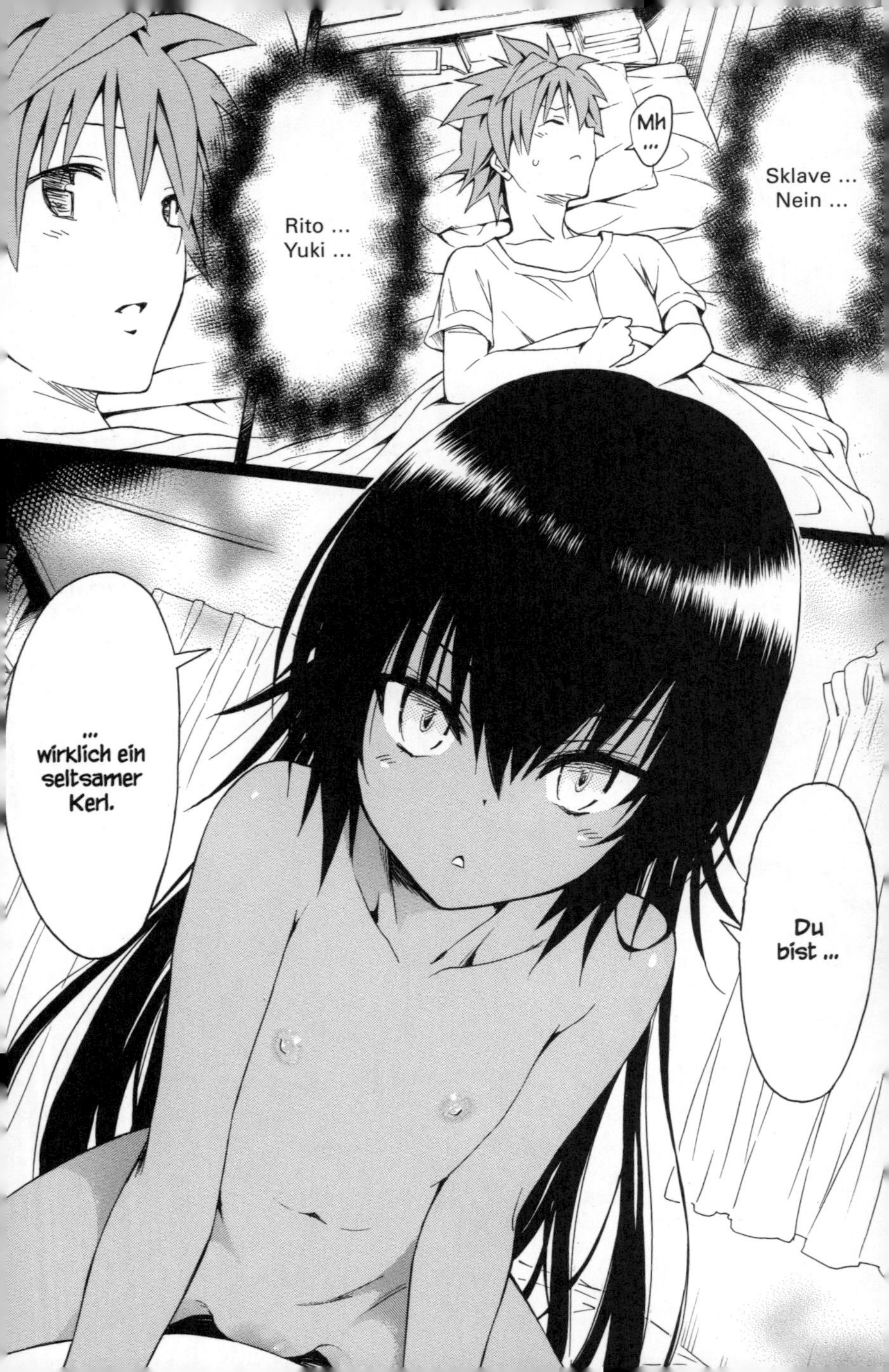
Mh ...
Sklave ... Nein ...
Rito ... Yuki ...
Du bist ...
... wirklich ein seltsamer Kerl.

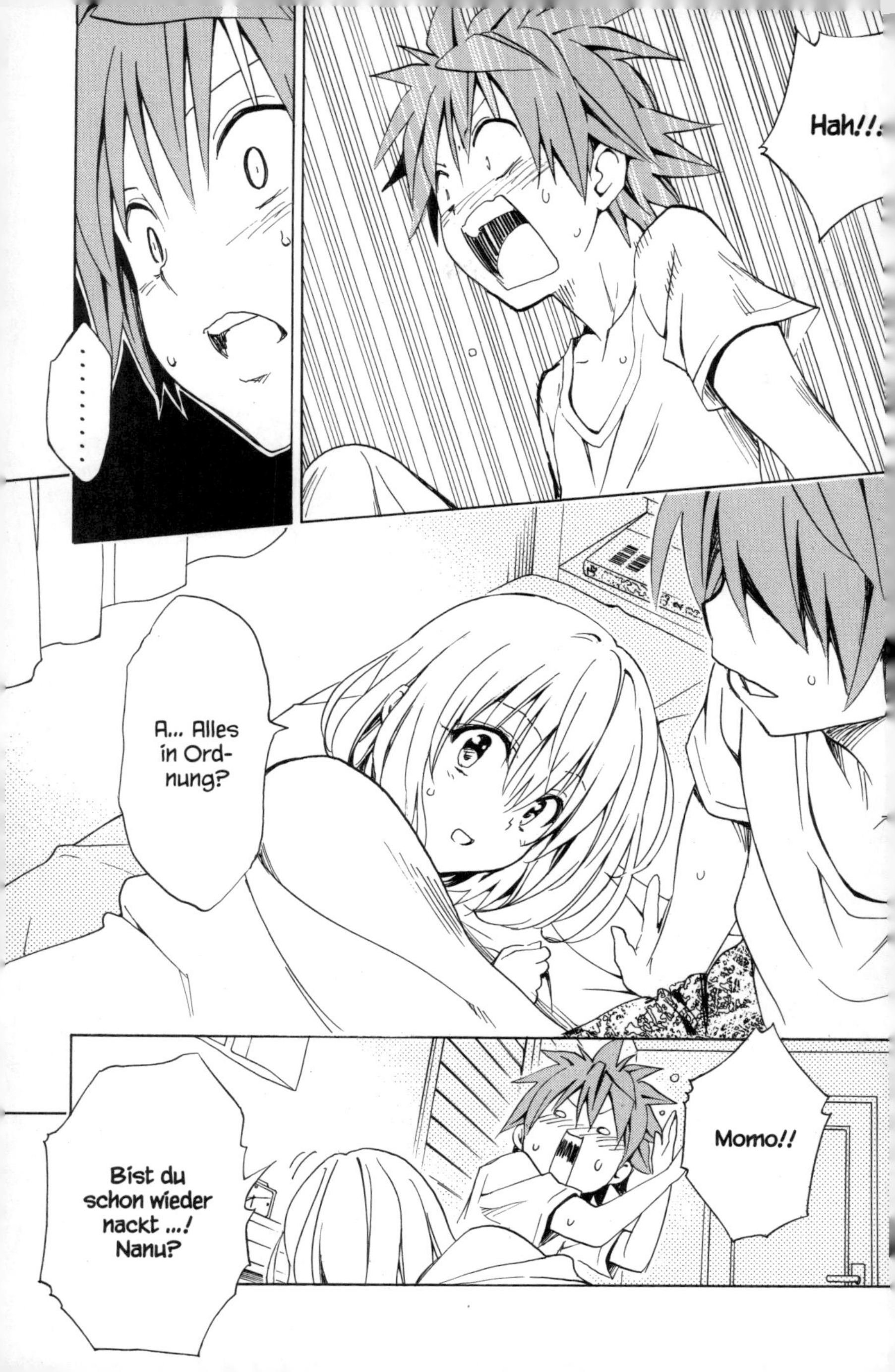
Hah!!
......
A... Alles in Ord-nung?
Momo!!
Bist du schon wieder nackt ...! Nanu?

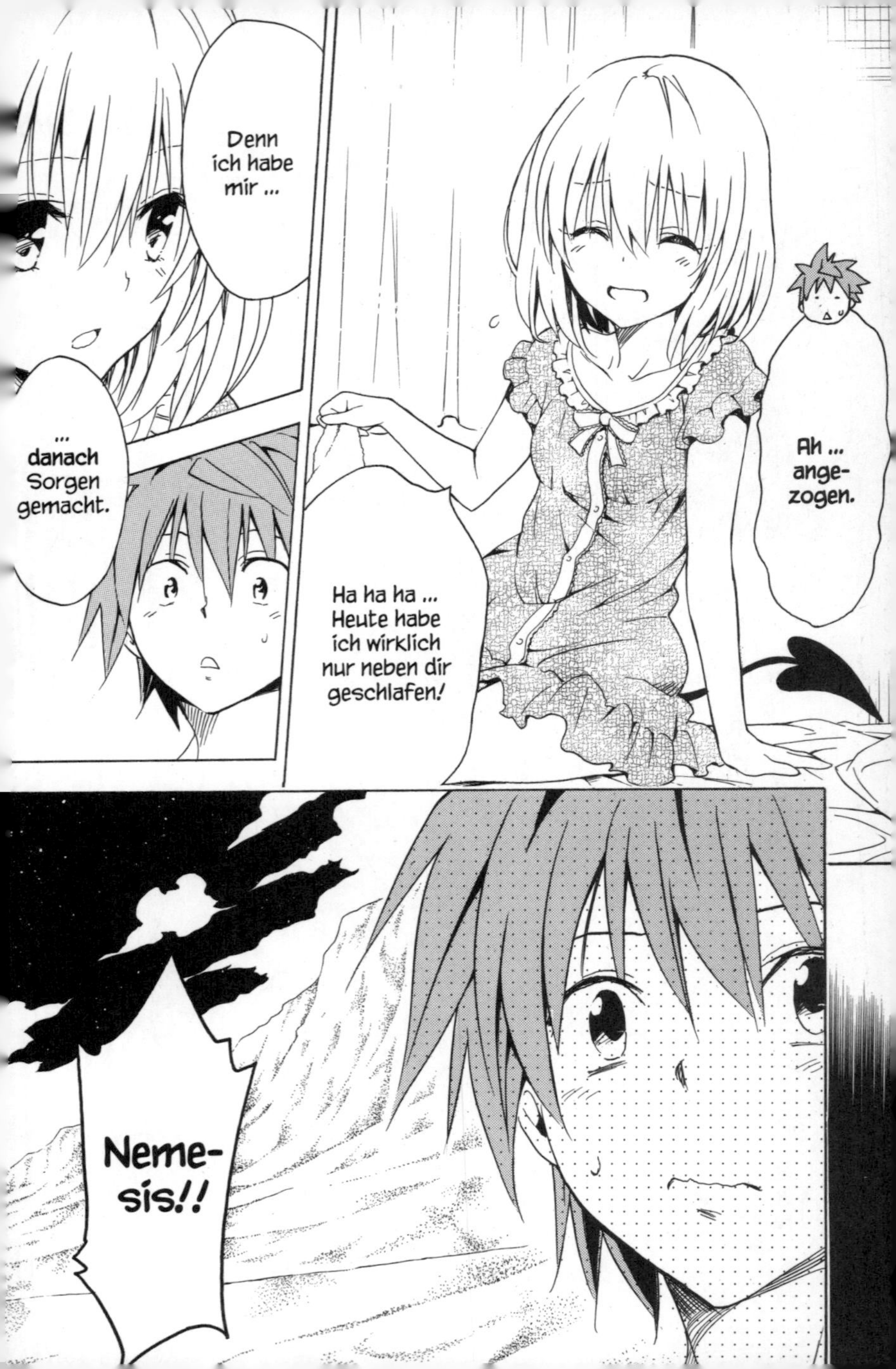
Ah … ange-zogen.
Ha ha ha … Heute habe ich wirklich nur neben dir geschlafen!
Denn ich habe mir …
… danach Sorgen gemacht.
Neme-sis!!

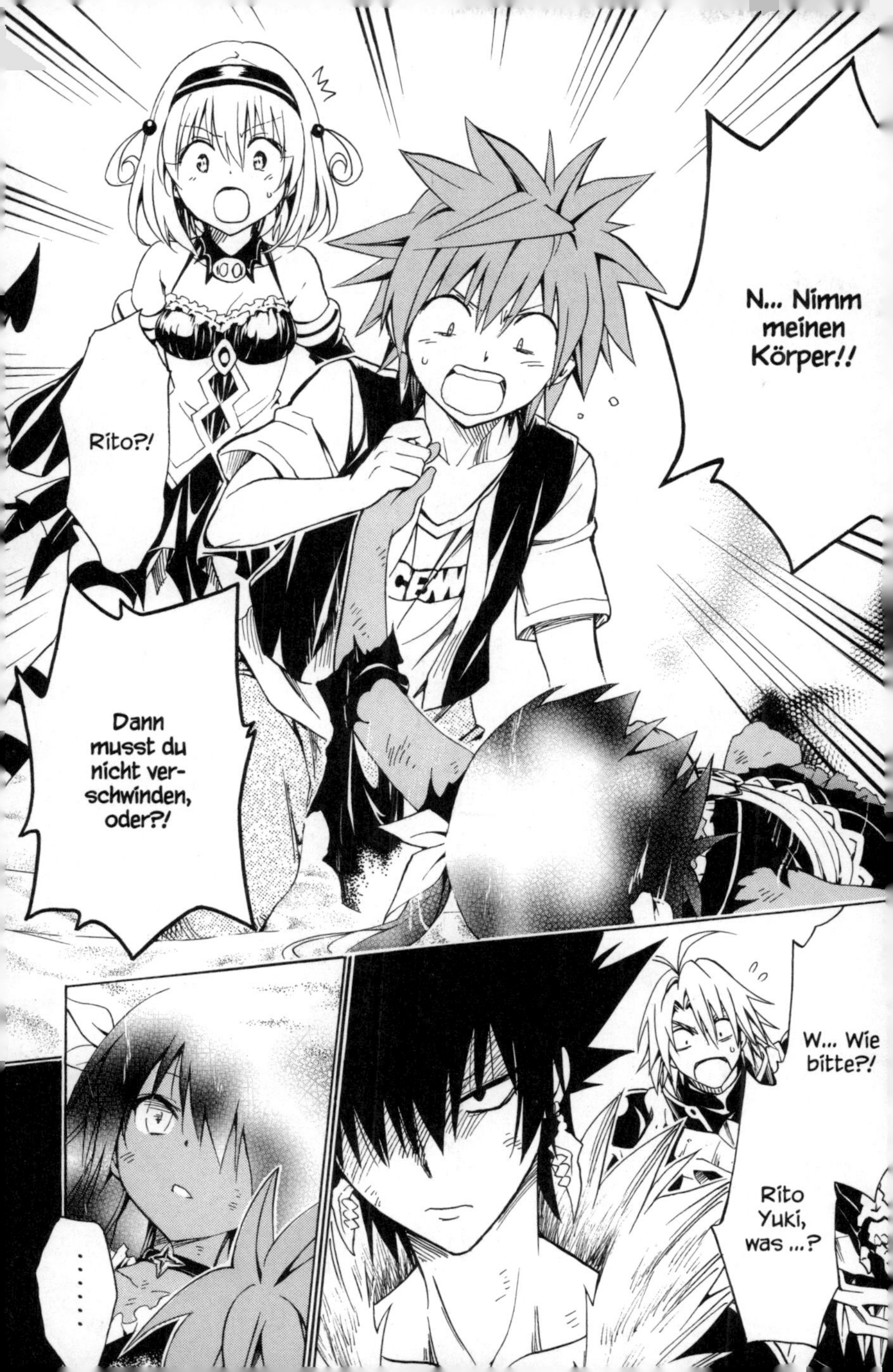
N... Nimm meinen Körper!!
Rito?!
Dann musst du nicht verschwinden, oder?!
W... Wie bitte?!
Rito Yuki, was ...?
......

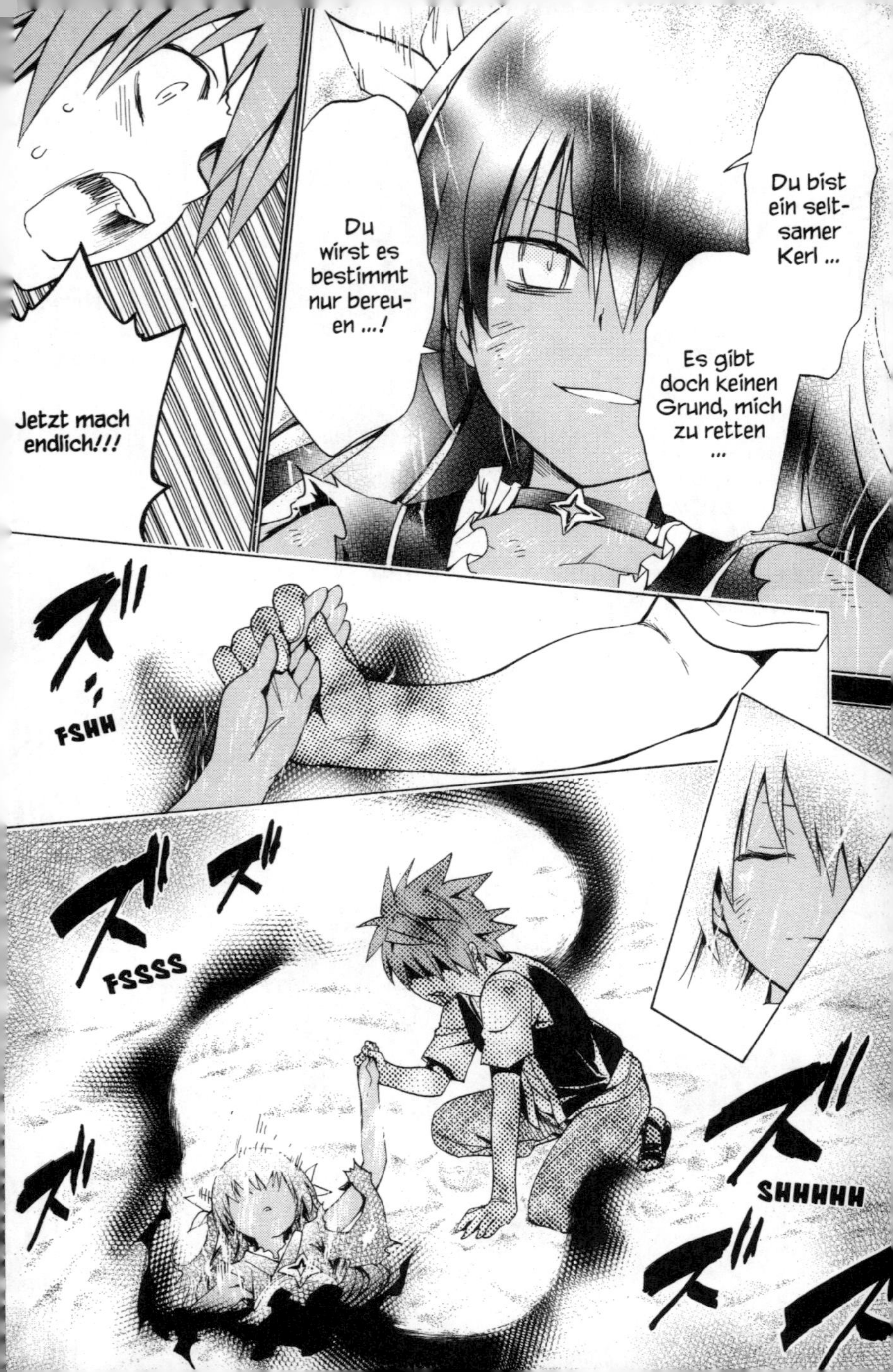
Du bist ein seltsamer Kerl ...
Es gibt doch keinen Grund, mich zu retten ...
Du wirst es bestimmt nur bereuen ...!
Jetzt mach endlich!!!
FSHH
FSSSS
SHHHHH

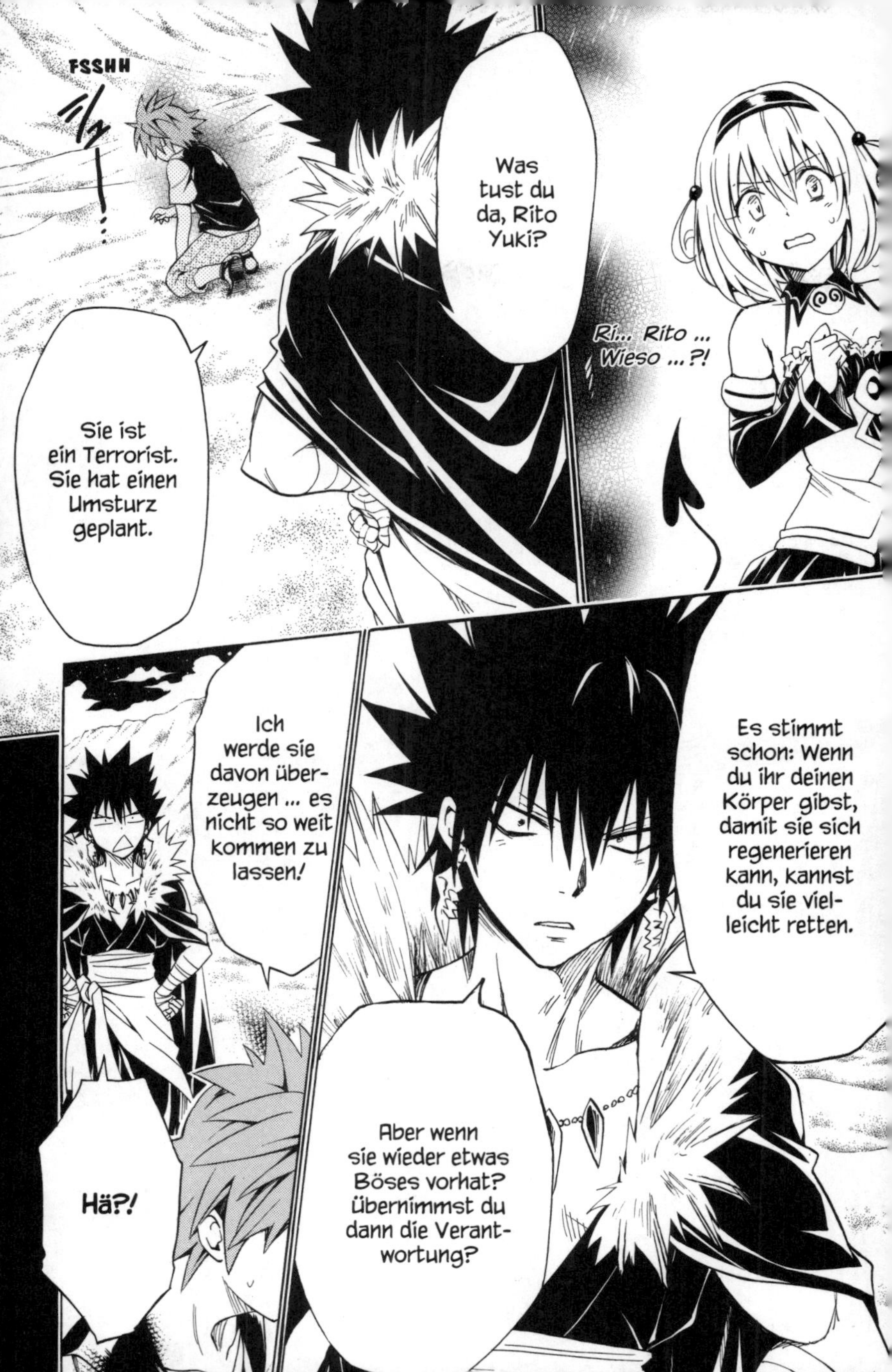

Ri... Rito ...
Wieso ...?!
Was tust du da, Rito Yuki?
FSSHH
Sie ist ein Terrorist. Sie hat einen Umsturz geplant.
Es stimmt schon: Wenn du ihr deinen Körper gibst, damit sie sich regenerieren kann, kannst du sie vielleicht retten.
Ich werde sie davon überzeugen ... es nicht so weit kommen zu lassen!
Aber wenn sie wieder etwas Böses vorhat? Übernimmst du dann die Verantwortung?
Hä?!

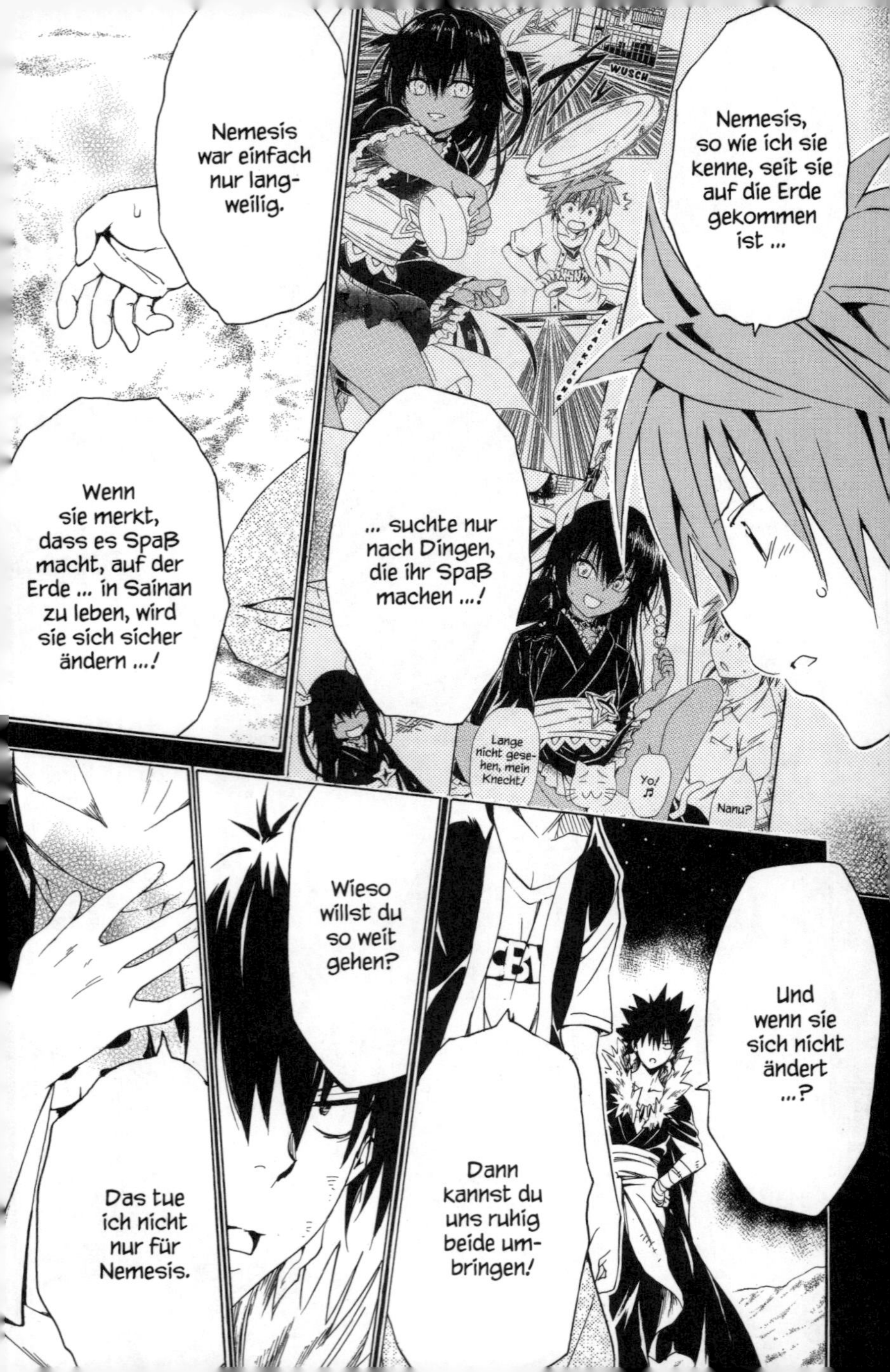
Nemesis, so wie ich sie kenne, seit sie auf die Erde gekommen ist ...
Nemesis war einfach nur lang-weilig.
WUSCH
... suchte nur nach Dingen, die ihr Spaß machen ...!
Wenn sie merkt, dass es Spaß macht, auf der Erde ... in Sainan zu leben, wird sie sich sicher ändern ...!
Nanu?
Yo! ♫
Lange nicht gese-hen, mein Knecht!
Und wenn sie sich nicht ändert ...?
Wieso willst du so weit gehen?
Dann kannst du uns ruhig beide um-bringen!
Das tue ich nicht nur für Nemesis.

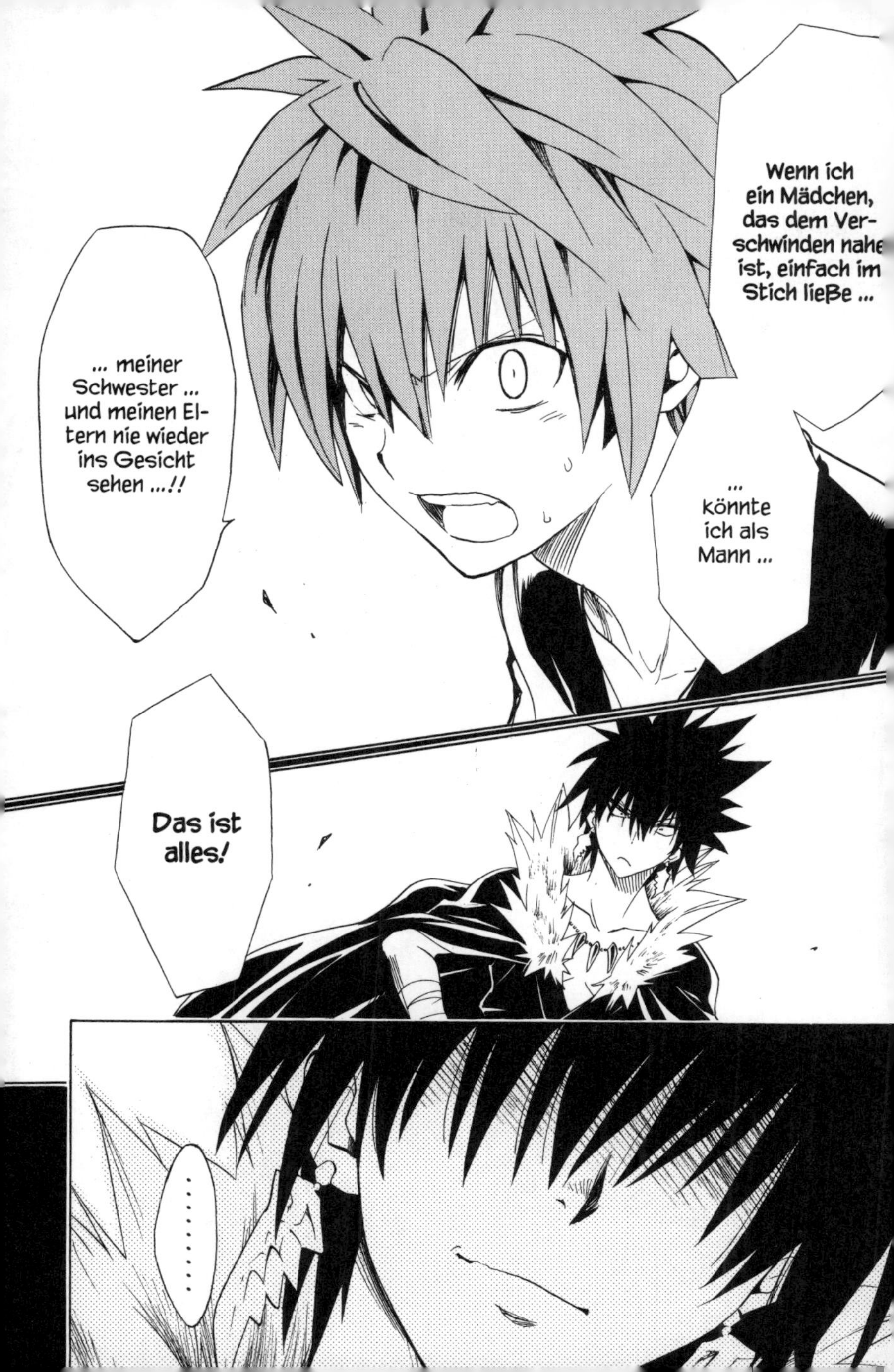
Wenn ich ein Mädchen, das dem Verschwinden nahe ist, einfach im Stich ließe ...
... könnte ich als Mann ...
... meiner Schwester ... und meinen Eltern nie wieder ins Gesicht sehen ...!!
Das ist alles!
....

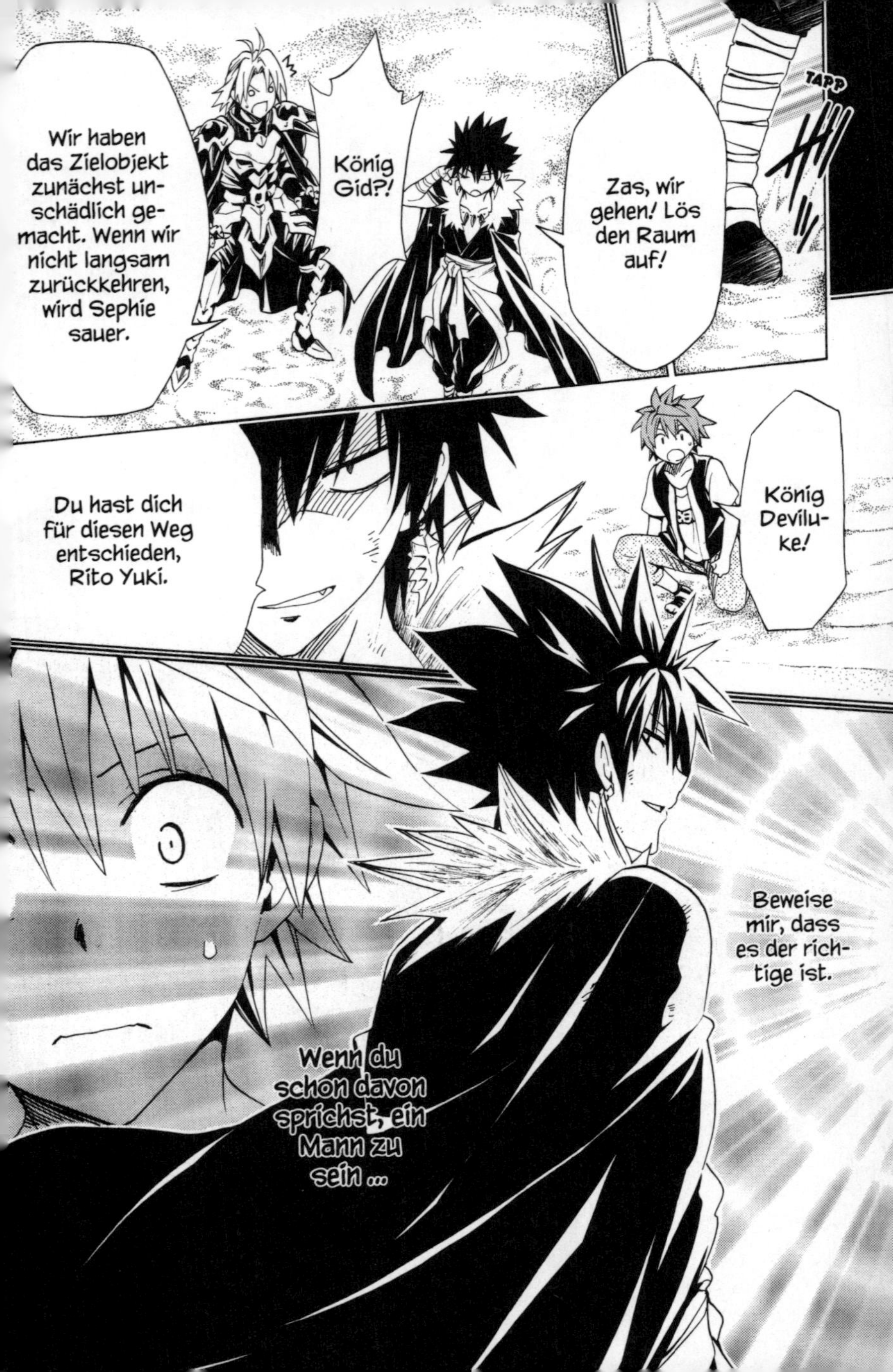
TAPP
Zas, wir gehen! Lös den Raum auf!
König Gid?!
Wir haben das Zielobjekt zunächst unschädlich gemacht. Wenn wir nicht langsam zurückkehren, wird Sephie sauer.
König Deviluke!
Du hast dich für diesen Weg entschieden, Rito Yuki.
Beweise mir, dass es der richtige ist.
Wenn du schon davon sprichst, ein Mann zu sein ...

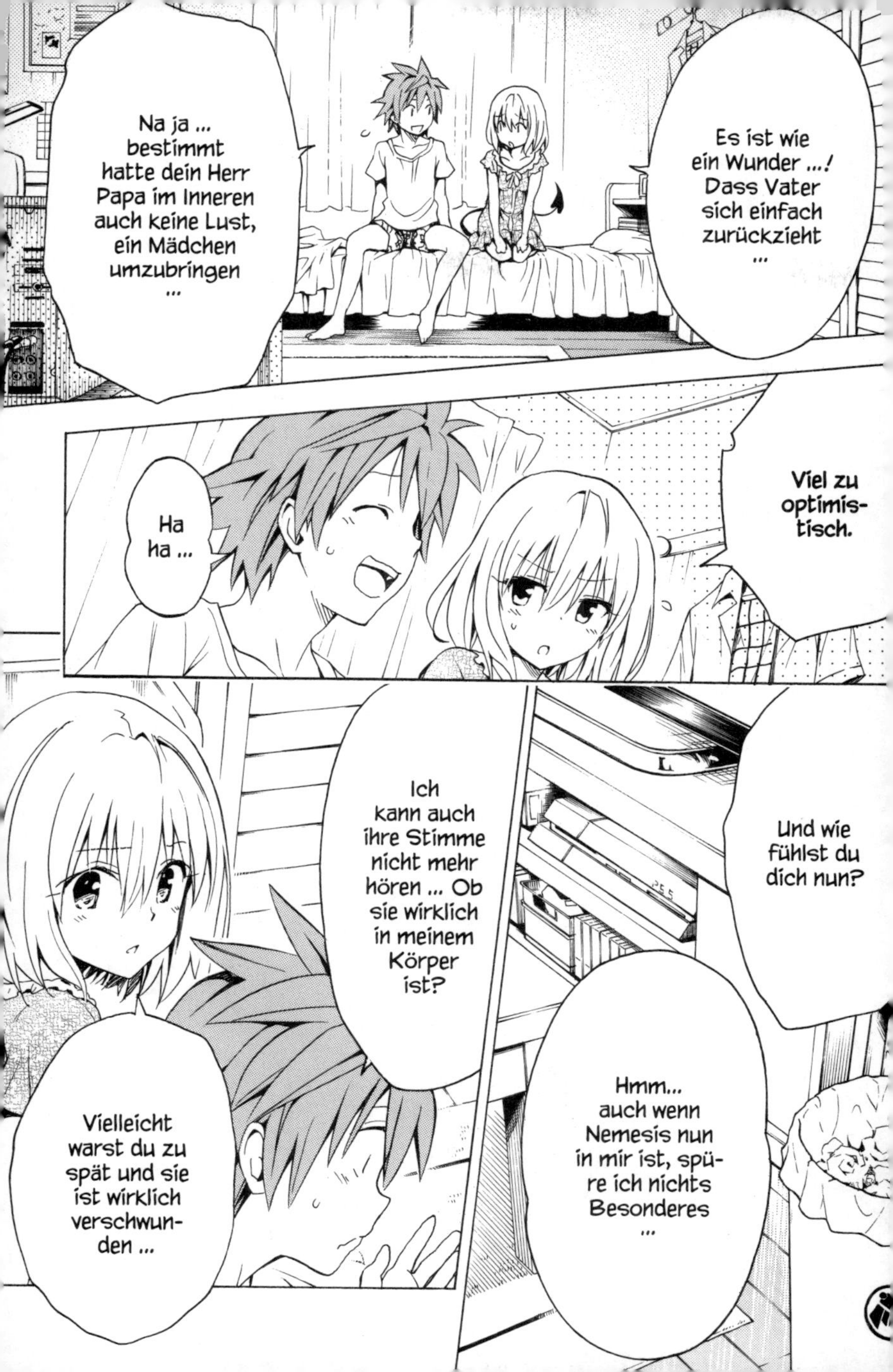
Es ist wie ein Wunder ...! Dass Vater sich einfach zurückzieht ...
Na ja ... bestimmt hatte dein Herr Papa im Inneren auch keine Lust, ein Mädchen umzubringen ...
Viel zu optimistisch.
Ha ha ...
Und wie fühlst du dich nun?
Hmm... auch wenn Nemesis nun in mir ist, spüre ich nichts Besonderes ...
Ich kann auch ihre Stimme nicht mehr hören ... Ob sie wirklich in meinem Körper ist?
Vielleicht warst du zu spät und sie ist wirklich verschwunden ...

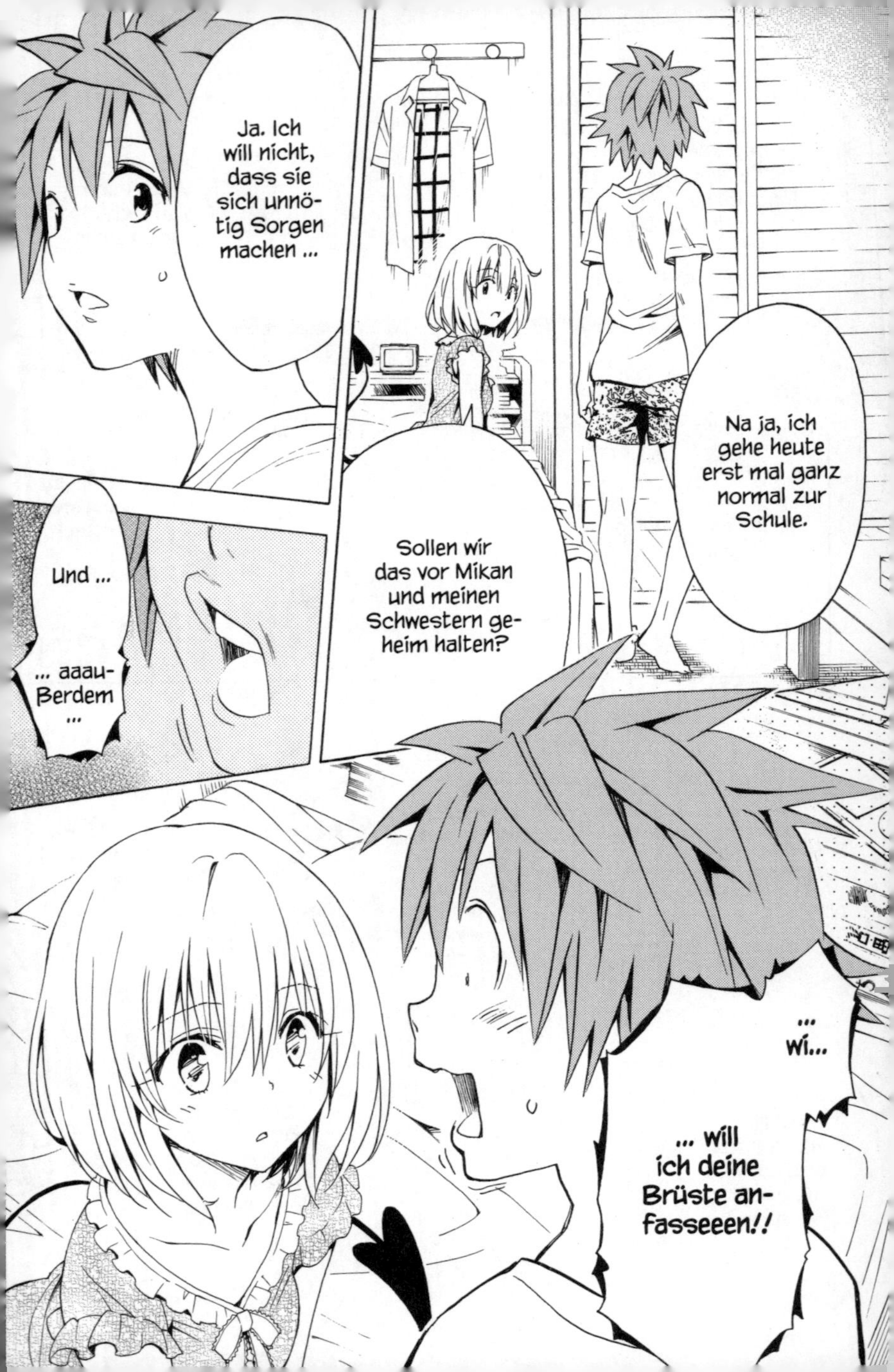
Na ja, ich gehe heute erst mal ganz normal zur Schule.
Sollen wir das vor Mikan und meinen Schwestern geheim halten?
Ja. Ich will nicht, dass sie sich unnötig Sorgen machen ...
Und ...
... aaaußerdem ...
... wi...
... will ich deine Brüste anfasseeen!!

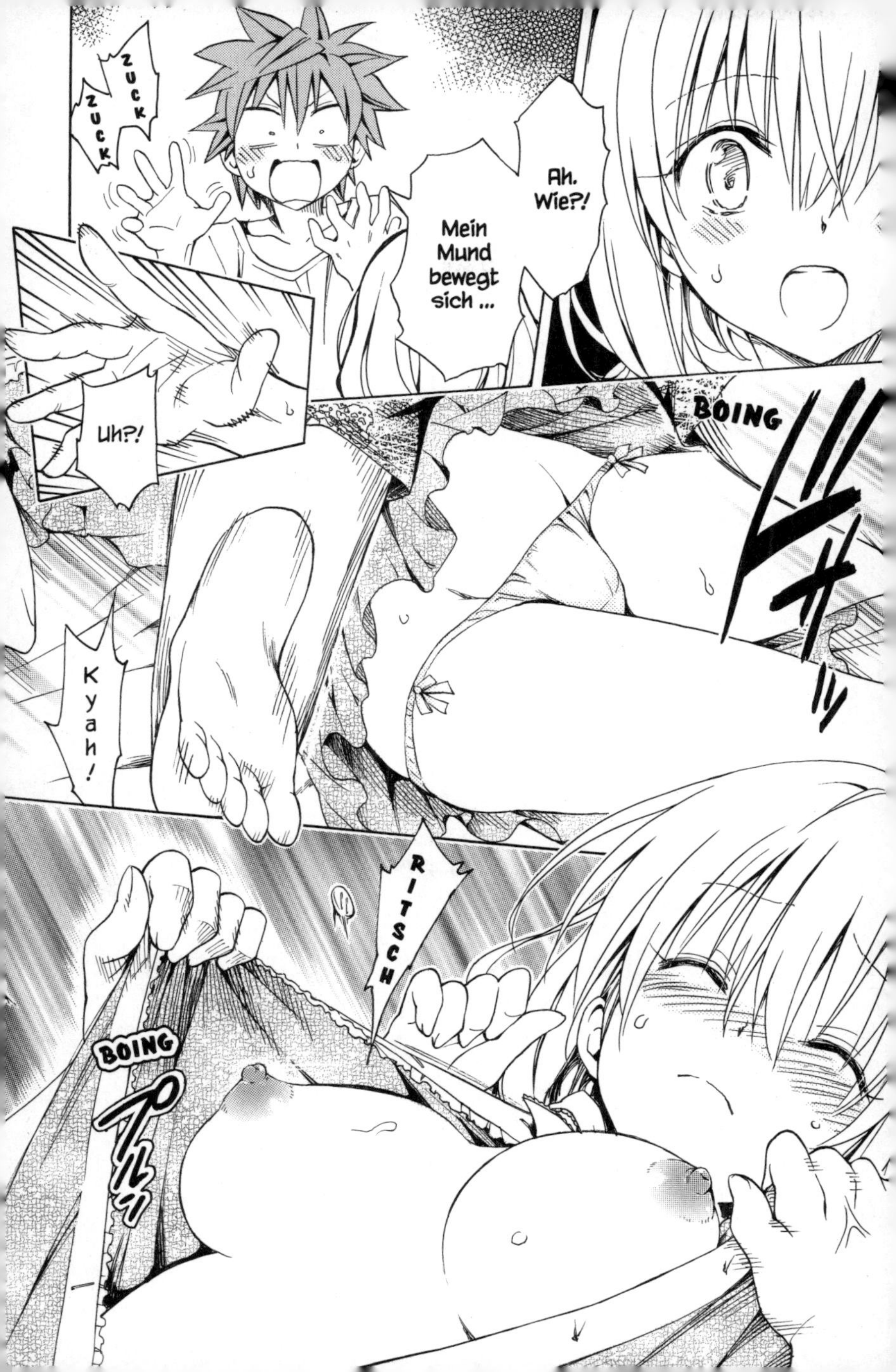
Ah. Wie?!
Mein Mund bewegt sich ...
ZUCK ZUCK
Uh?!
BOING
Kyah!
RITSCH
BOING

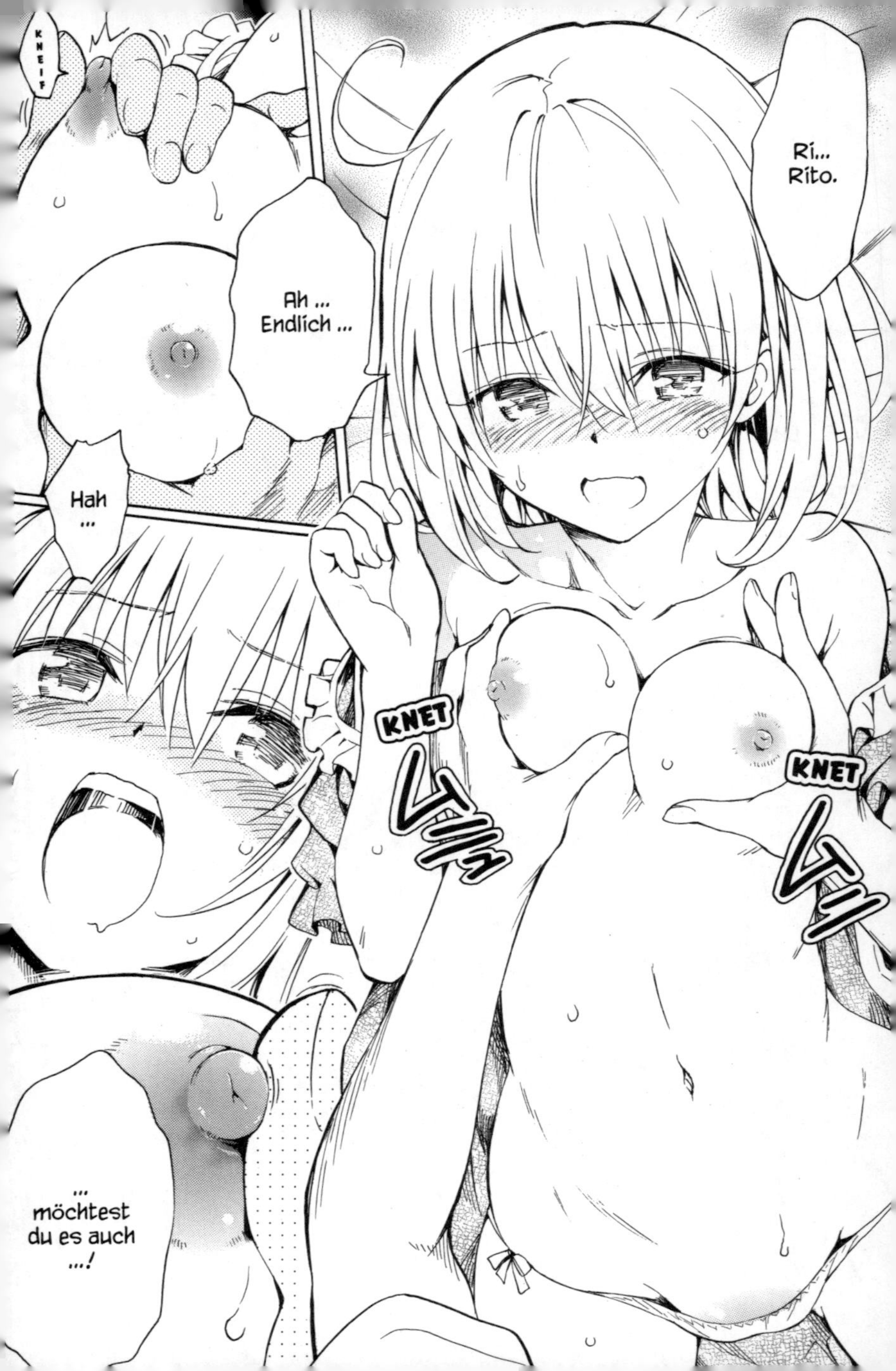

Ri...
Rito.
Ah ...
Endlich ...
KNEIF
Hah ...
KNET
KNET
... möchtest
du es auch
...!

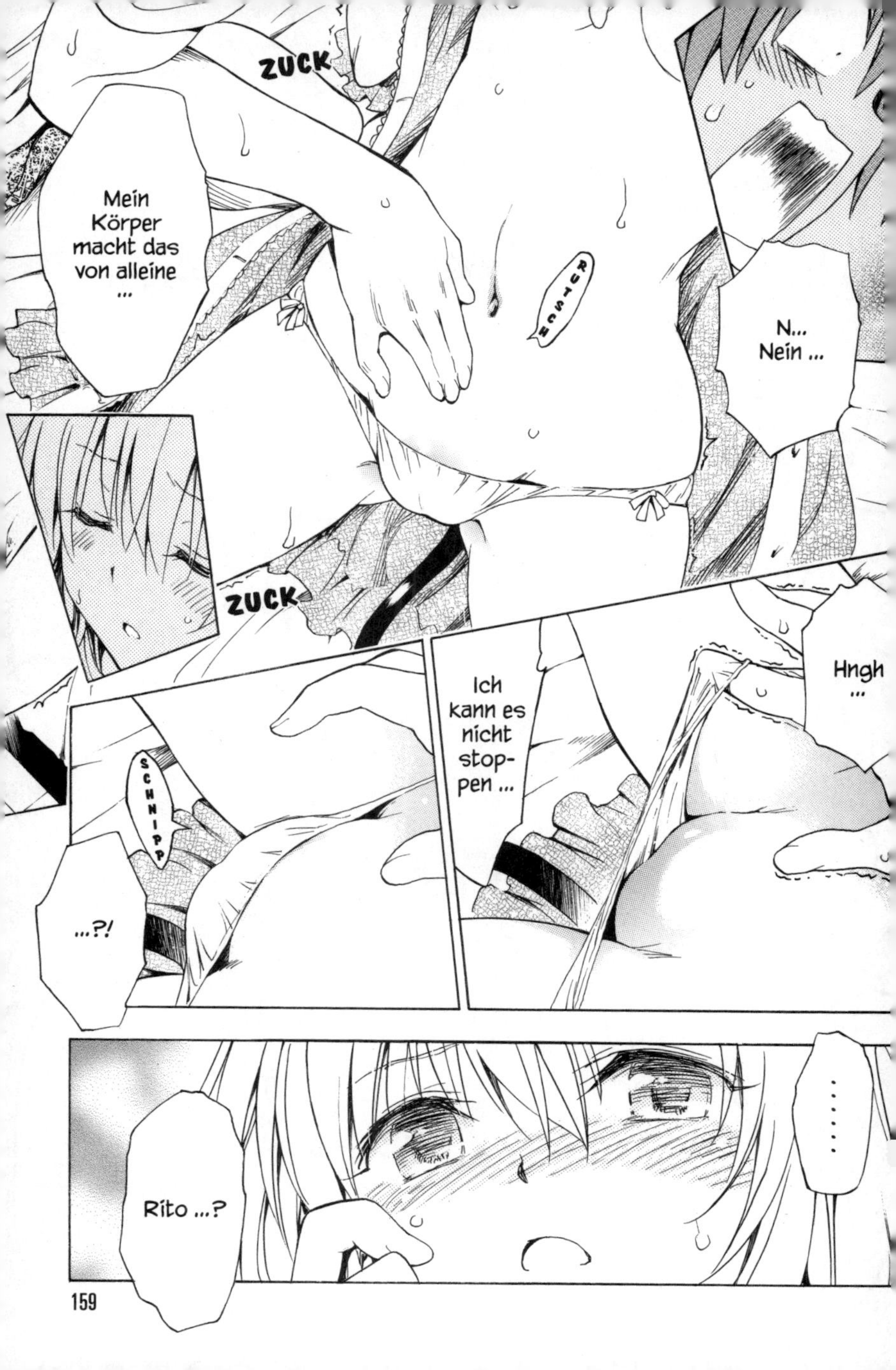

N... Nein ...
RUTSCH
ZUCK
Mein Körper macht das von alleine ...
ZUCK
Hngh ...
Ich kann es nicht stoppen ...
SCHNIPP
...?!
......
Rito ...?

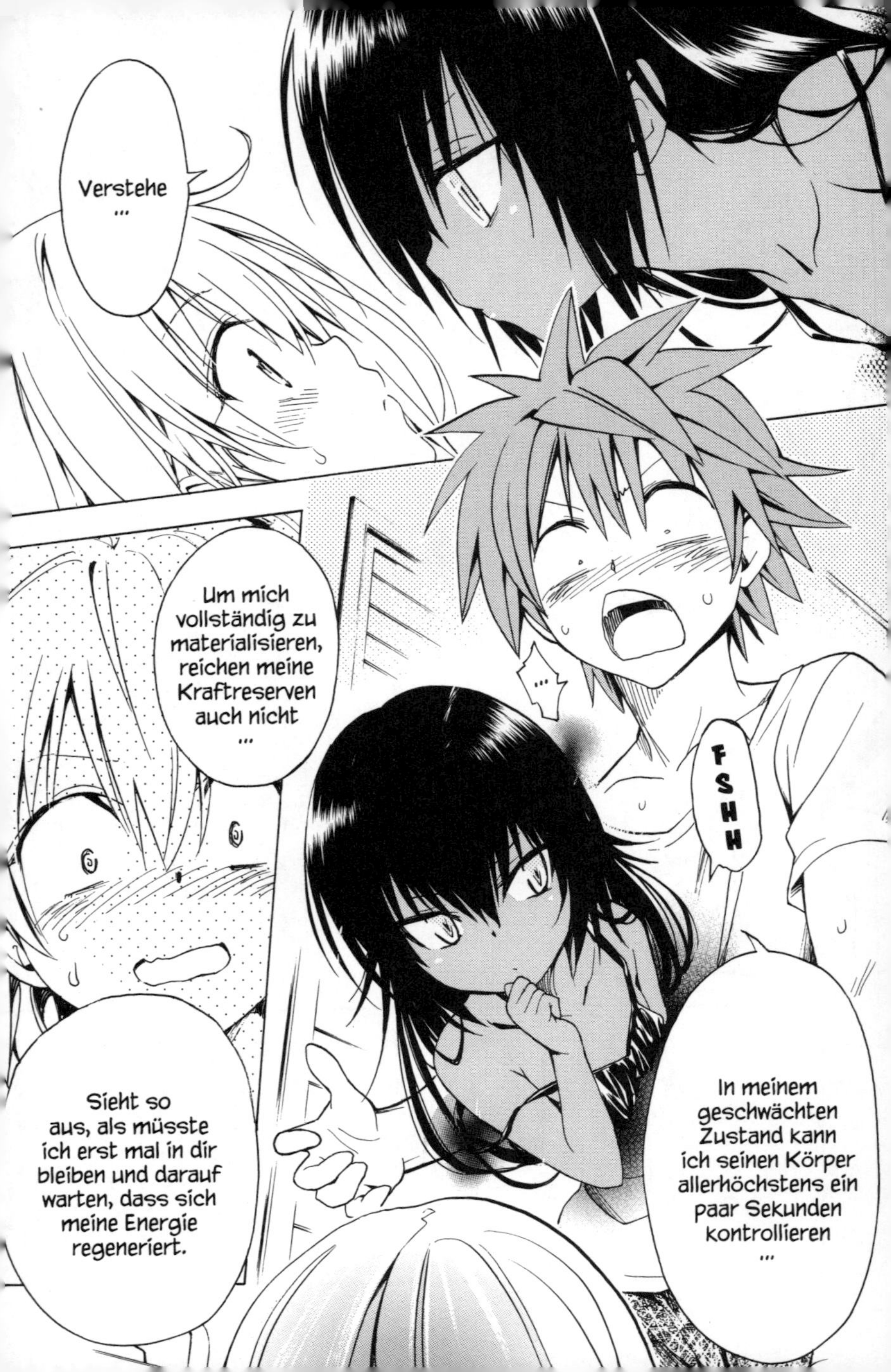

Verstehe ...
...
FSHH
Um mich vollständig zu materialisieren, reichen meine Kraftreserven auch nicht ...
In meinem geschwächten Zustand kann ich seinen Körper allerhöchstens ein paar Sekunden kontrollieren ...
Sieht so aus, als müsste ich erst mal in dir bleiben und darauf warten, dass sich meine Energie regeneriert.

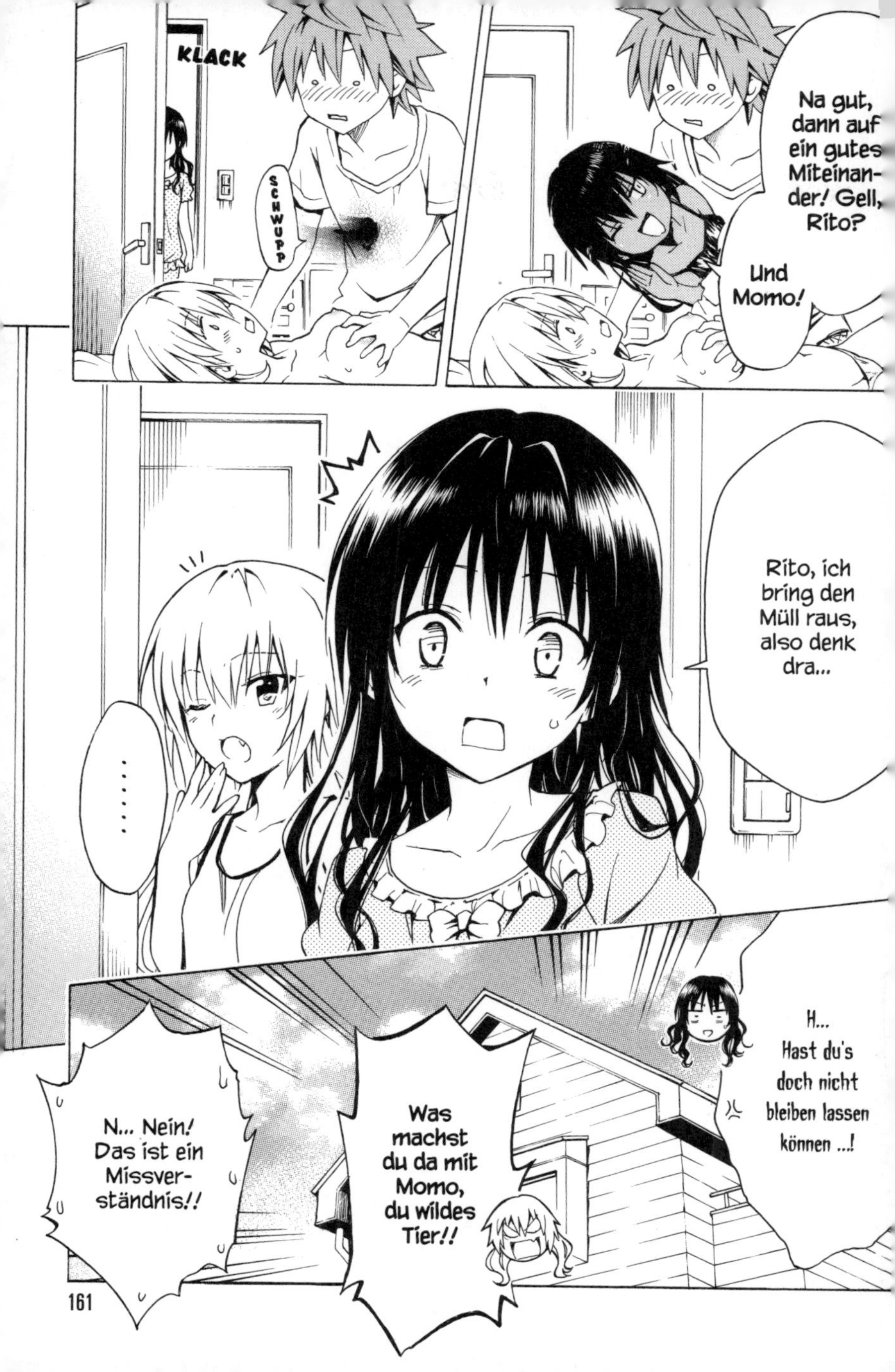
KLACK
SCHWUPP
Na gut, dann auf ein gutes Miteinander! Gell, Rito?
Und Momo!
Rito, ich bring den Müll raus, also denk dra...
......
H... Hast du's doch nicht bleiben lassen können ...!
Was machst du da mit Momo, du wildes Tier!!
N... Nein! Das ist ein Missver-ständnis!!

LOVE TROUBLE
DARKNESS

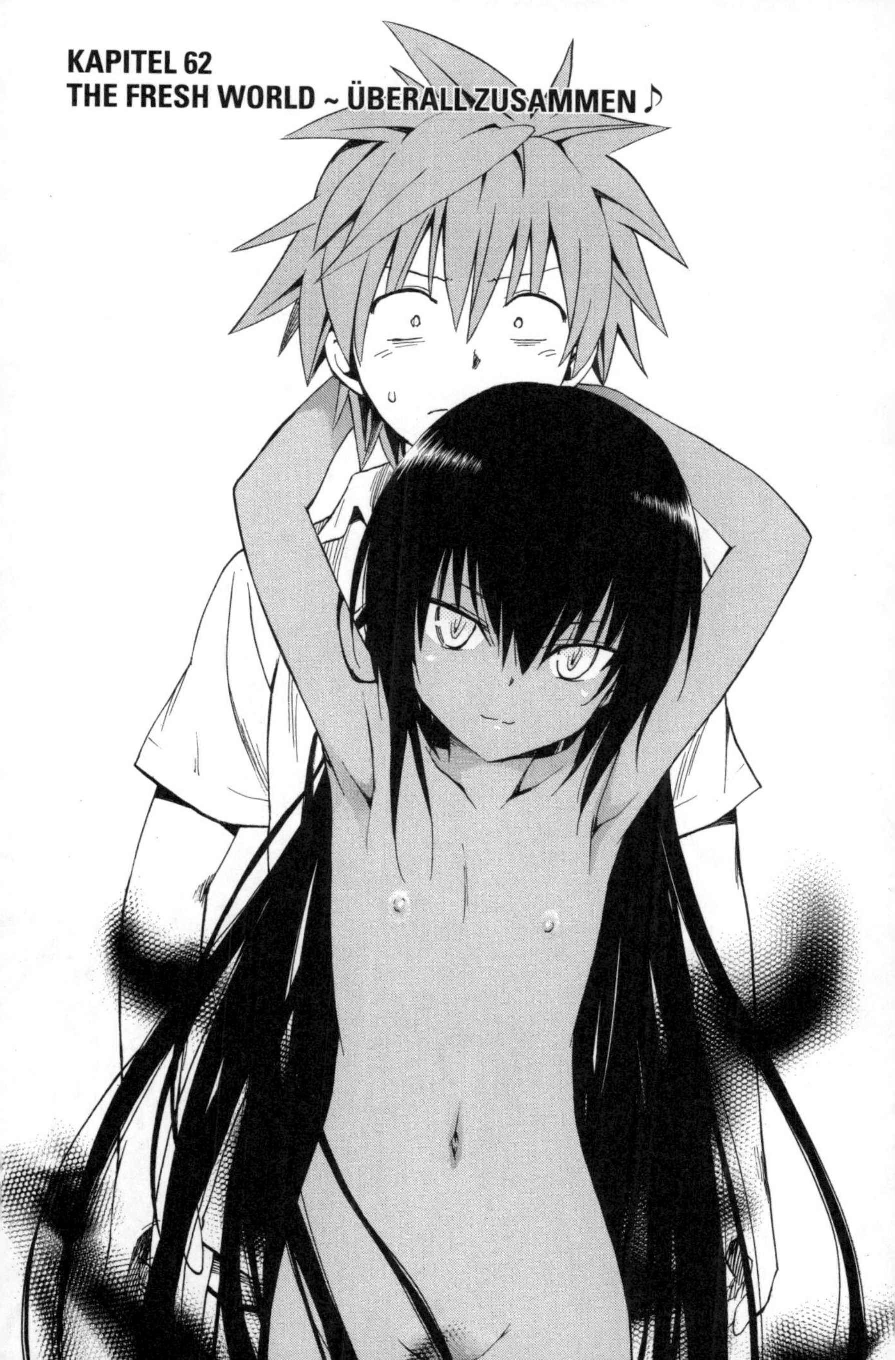
KAPITEL 62
THE FRESH WORLD ~ ÜBERALL ZUSAMMEN ♪

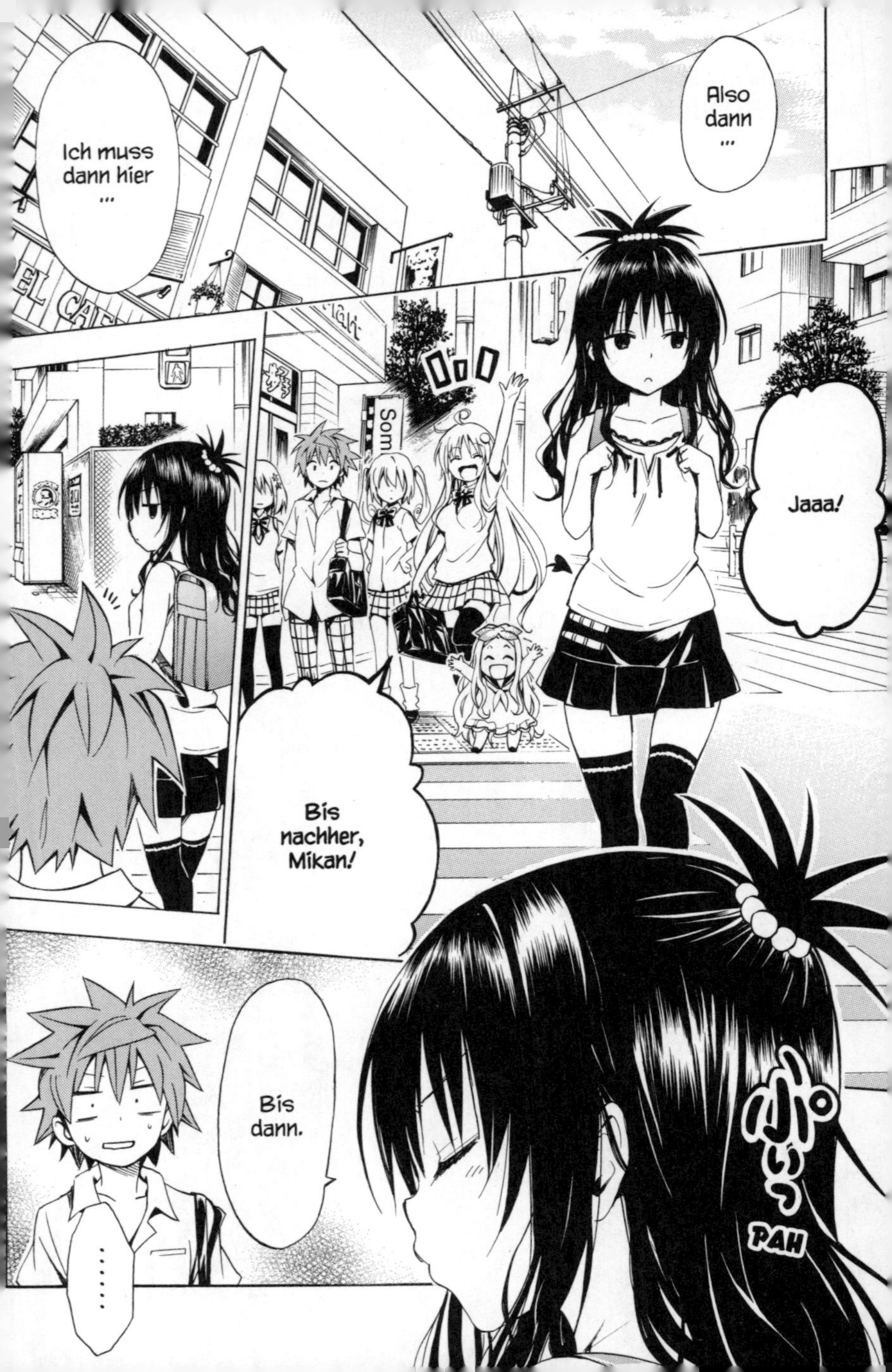

Also dann …
Ich muss dann hier …
Jaaa!
Bis nachher, Mikan!
PAH
Bis dann.
……

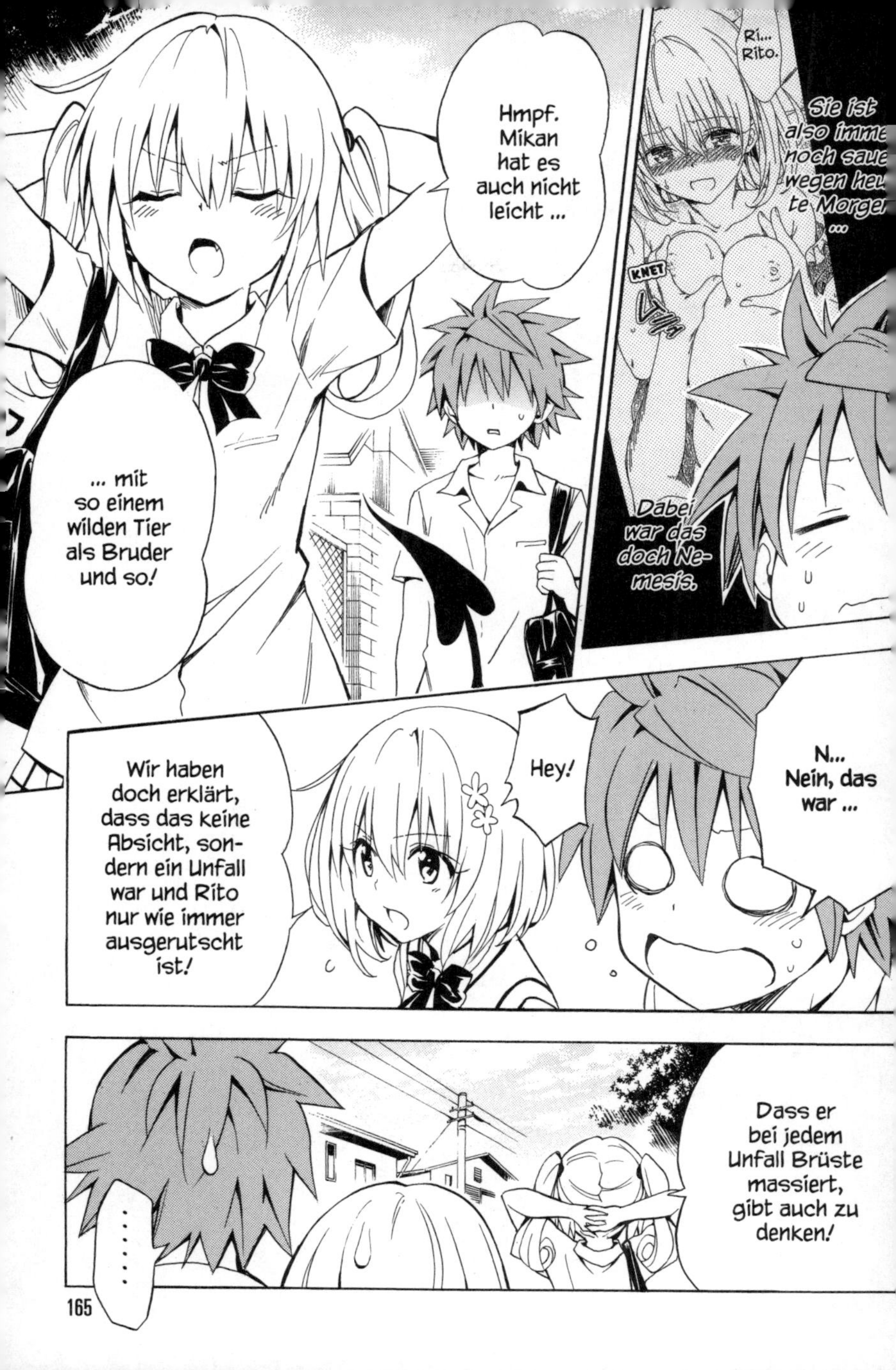

Ri... Rito.
KNET
Sie ist also immer noch sauer wegen heute Morgen ...
Dabei war das doch Nemesis.
Hmpf. Mikan hat es auch nicht leicht ...
... mit so einem wilden Tier als Bruder und so!
N... Nein, das war ...
Hey!
Wir haben doch erklärt, dass das keine Absicht, sondern ein Unfall war und Rito nur wie immer ausgerutscht ist!
Dass er bei jedem Unfall Brüste massiert, gibt auch zu denken!
......

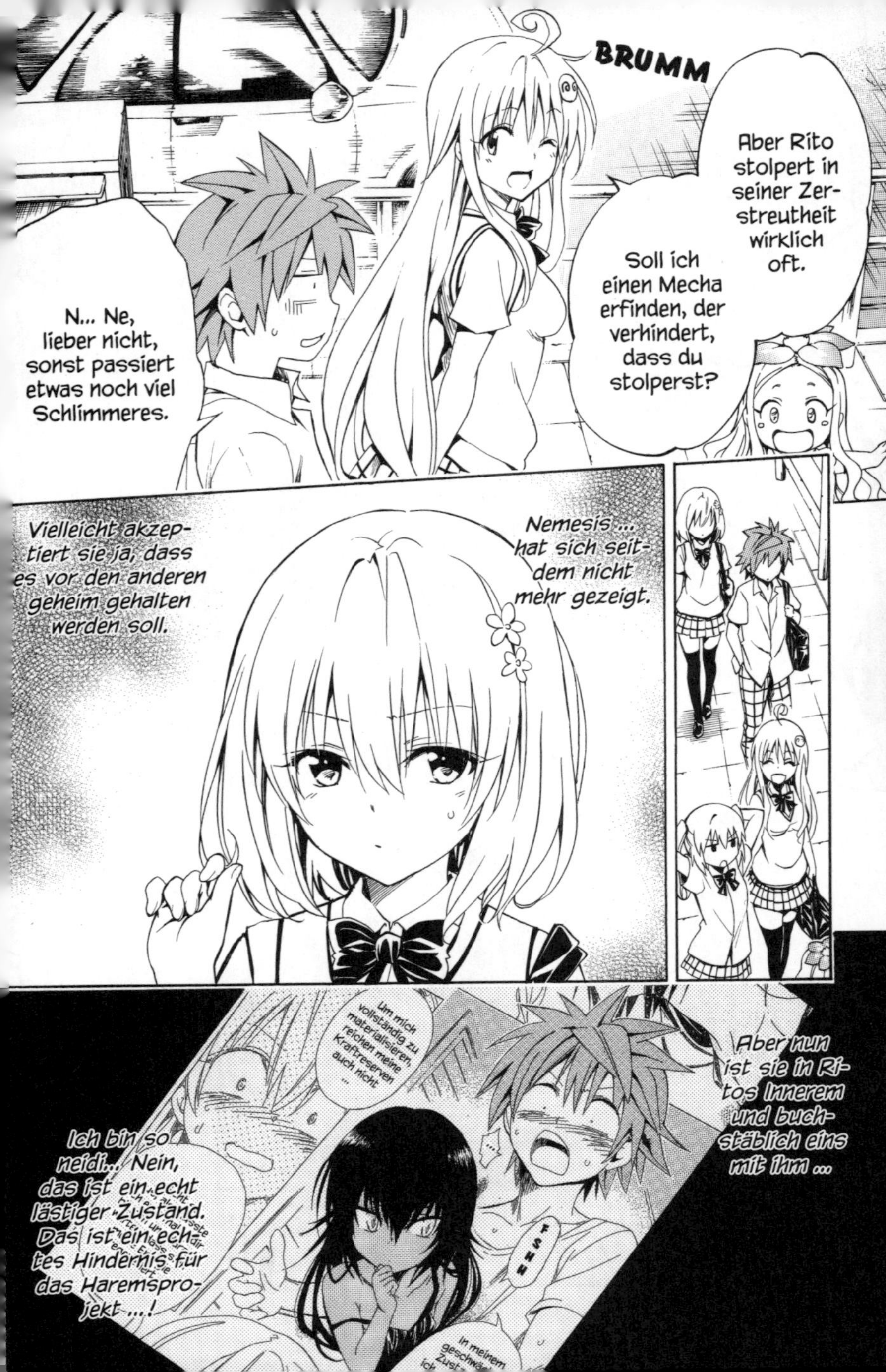
BRUMM
Aber Rito stolpert in seiner Zerstreutheit wirklich oft.
Soll ich einen Mecha erfinden, der verhindert, dass du stolperst?
N... Ne, lieber nicht, sonst passiert etwas noch viel Schlimmeres.
Nemesis ... hat sich seitdem nicht mehr gezeigt.
Vielleicht akzeptiert sie ja, dass es vor den anderen geheim gehalten werden soll.
Aber nun ist sie in Ritos Innerem und buchstäblich eins mit ihm ...
Um mich vollständig zu materialisieren, reichen meine Kraftreserven auch nicht ...
...
FSHH
Ich bin so neidi... Nein, das ist ein echt lästiger Zustand. Das ist ein echtes Hindernis für das Haremsprojekt ...!

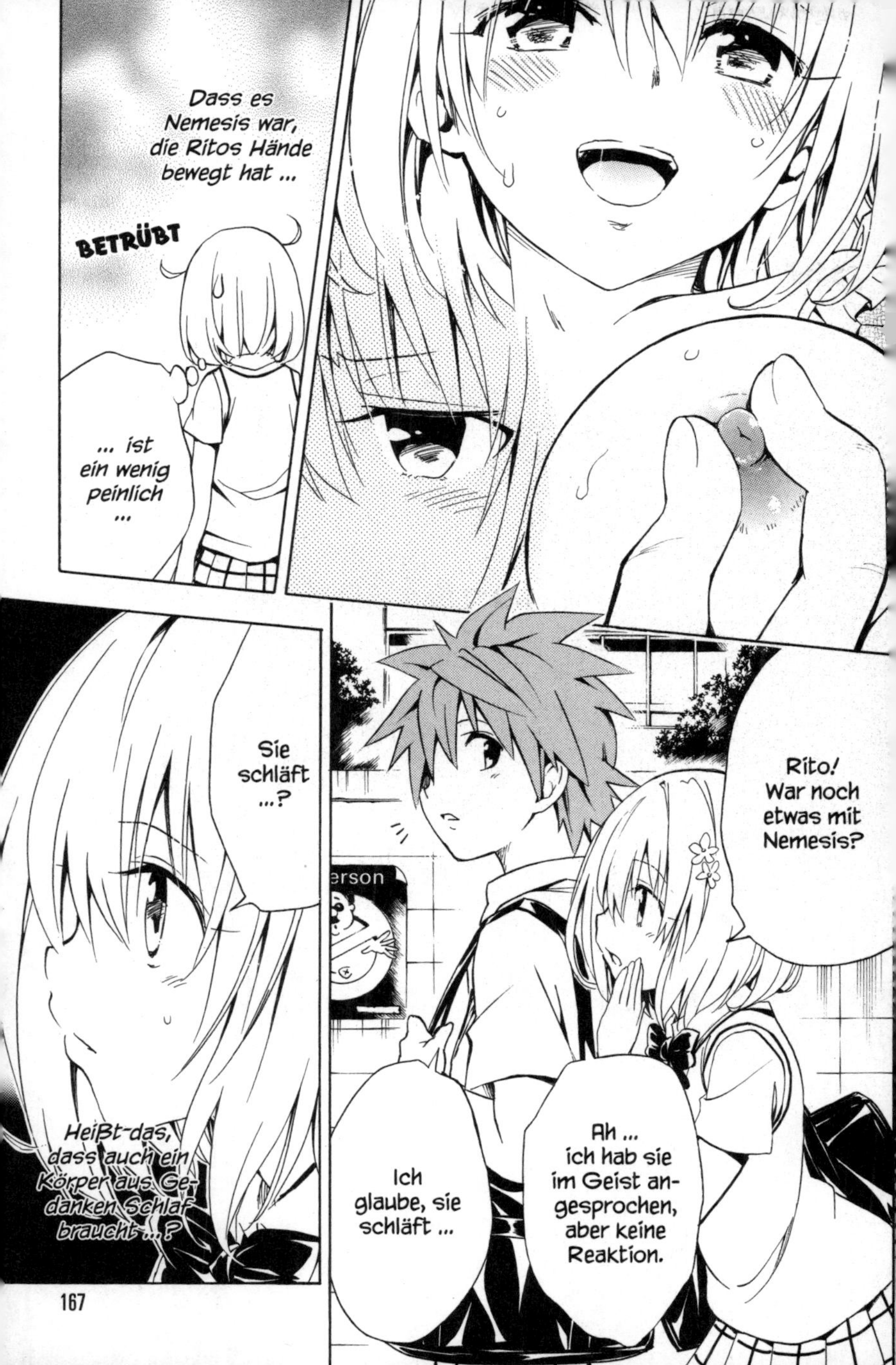
Dass es Nemesis war, die Ritos Hände bewegt hat ...
BETRÜBT
... ist ein wenig peinlich ...
Rito! War noch etwas mit Nemesis?
Ah ... ich hab sie im Geist angesprochen, aber keine Reaktion.
Ich glaube, sie schläft ...
Sie schläft ...?
Heißt das, dass auch ein Körper aus Gedanken Schlaf braucht ...?

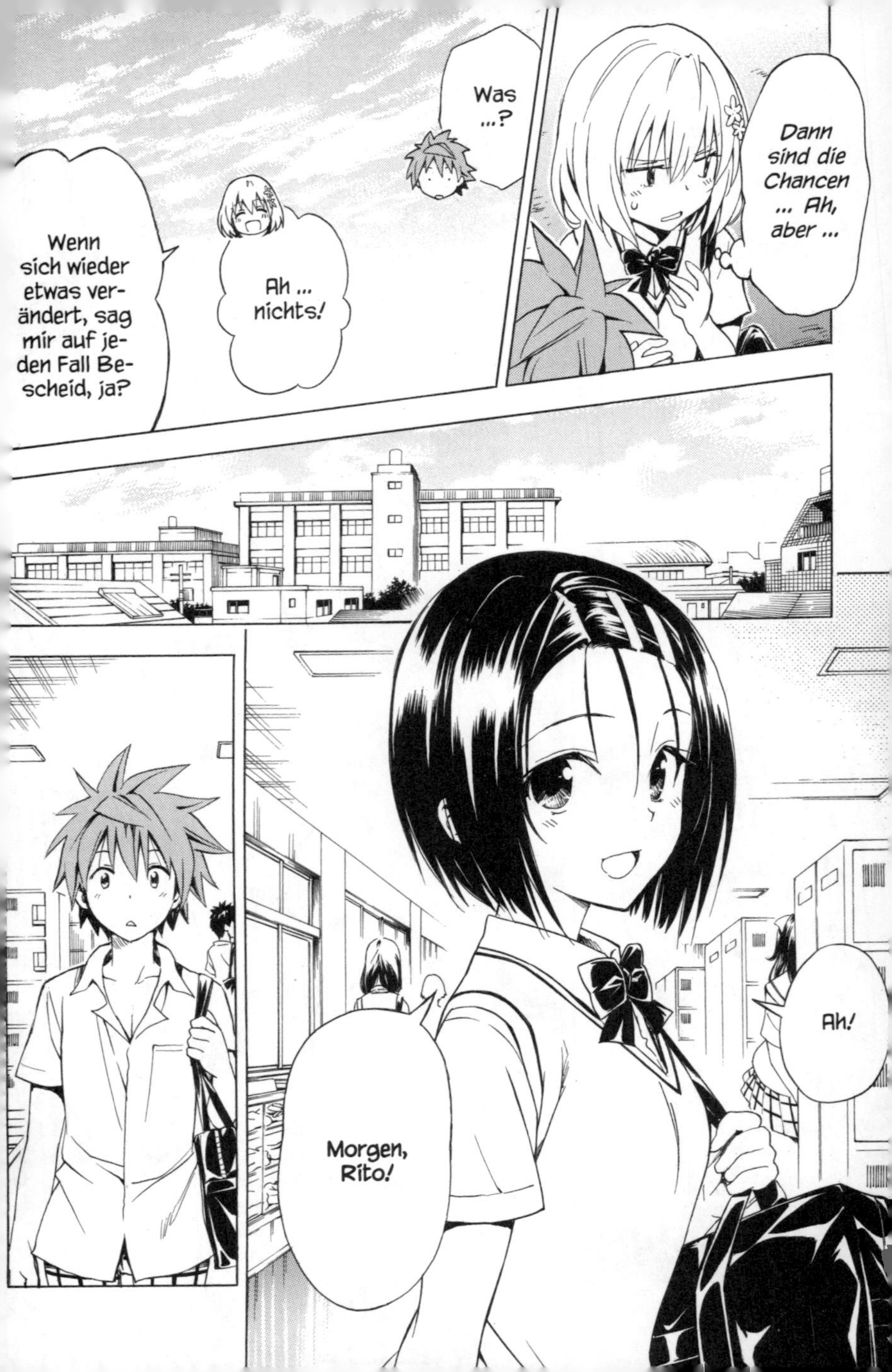
Dann sind die Chancen ... Ah, aber ...
Was ...?
Ah ... nichts!
Wenn sich wieder etwas verändert, sag mir auf jeden Fall Bescheid, ja?
Ah!
Morgen, Rito!

Ah ...
Mo... Morgen, Haruna!
Was ist denn? Du siehst betrübt aus?
Hm? Ah, alles in Ord-nung!!
Ja?
Ha ha!
Dann ist's ja gut ...
Hah ... Haruna ... ♡

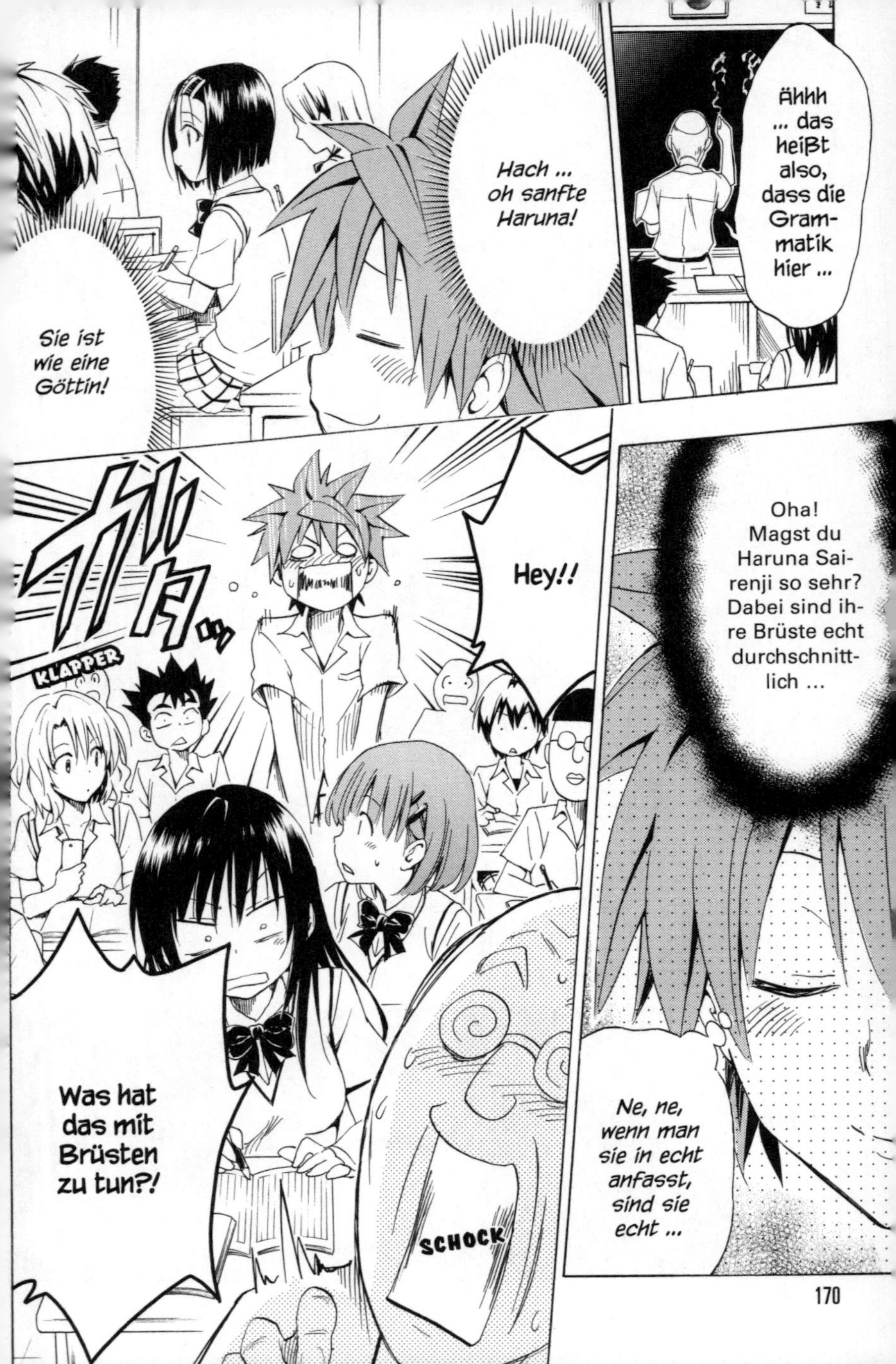
Ähhh ... das heißt also, dass die Grammatik hier ...
Hach ... oh sanfte Haruna!
Sie ist wie eine Göttin!
Oha! Magst du Haruna Sairenji so sehr? Dabei sind ihre Brüste echt durchschnittlich ...
Ne, ne, wenn man sie in echt anfasst, sind sie echt ...
Hey!!
KLAPPER
Was hat das mit Brüsten zu tun?!
SCHOCK

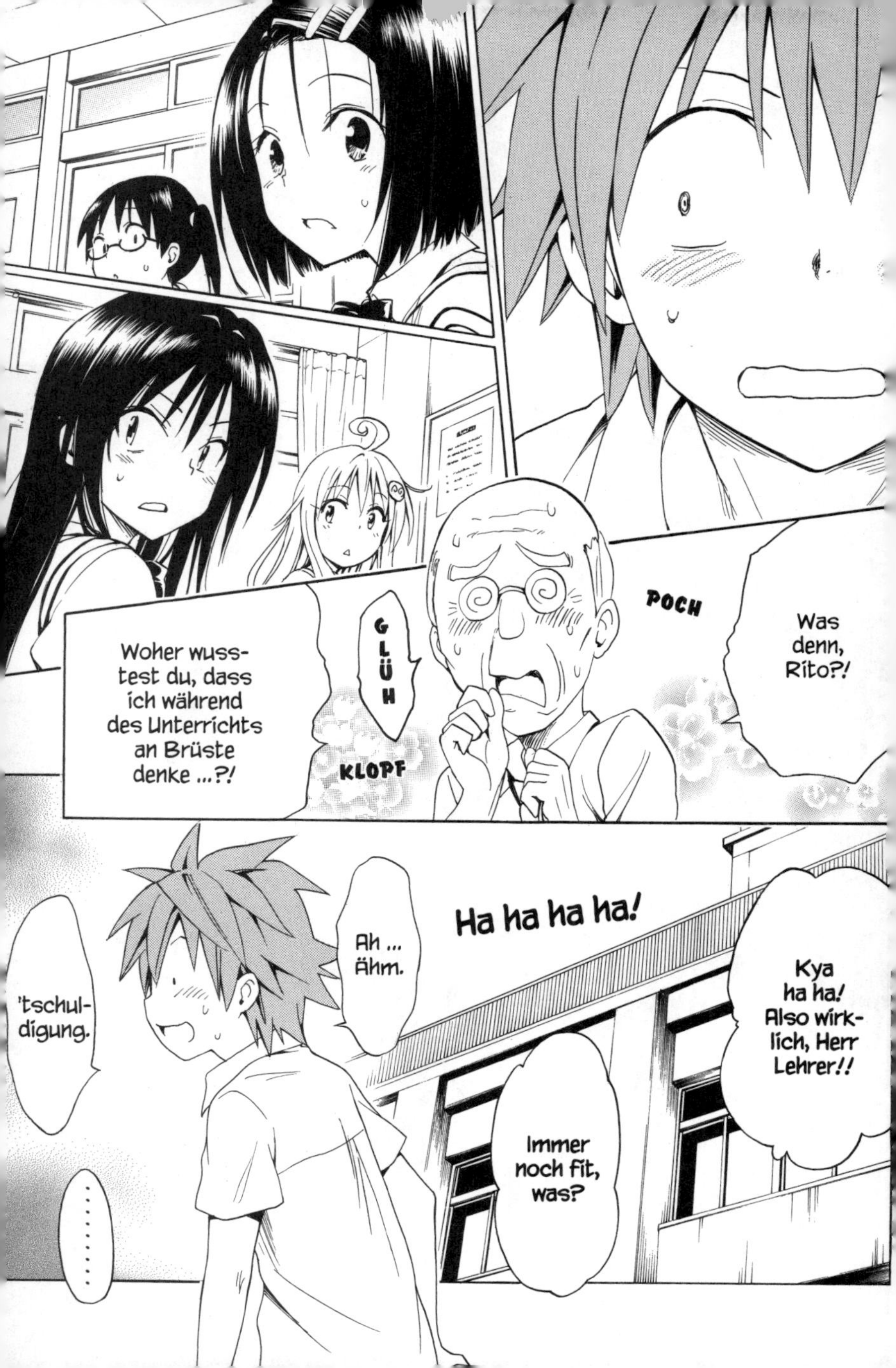
Was denn, Rito?!
POCH
Woher wusstest du, dass ich während des Unterrichts an Brüste denke ...?!
GLÜH
KLOPF
Kya ha ha! Also wirklich, Herr Lehrer!!
Immer noch fit, was?
Ha ha ha ha!
Ah ... Ähm.
'tschuldigung.
....

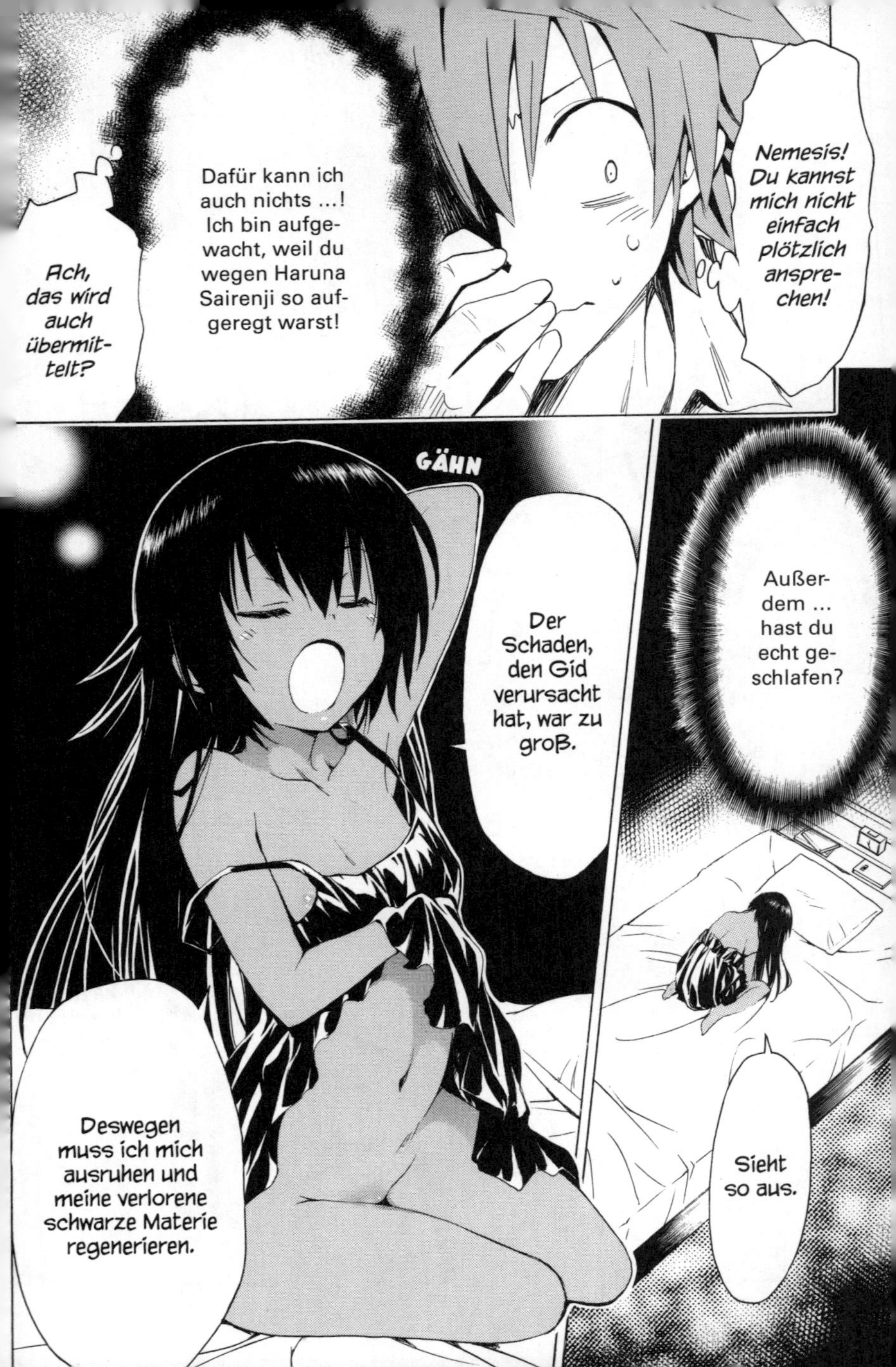
Nemesis! Du kannst mich nicht einfach plötzlich anspre-chen!
Dafür kann ich auch nichts ...! Ich bin aufge-wacht, weil du wegen Haruna Sairenji so auf-geregt warst!
Ach, das wird auch übermit-telt?
Außer-dem ... hast du echt ge-schlafen?
Sieht so aus.
GÄHN
Der Schaden, den Gid verursacht hat, war zu groß.
Deswegen muss ich mich ausruhen und meine verlorene schwarze Materie regenerieren.

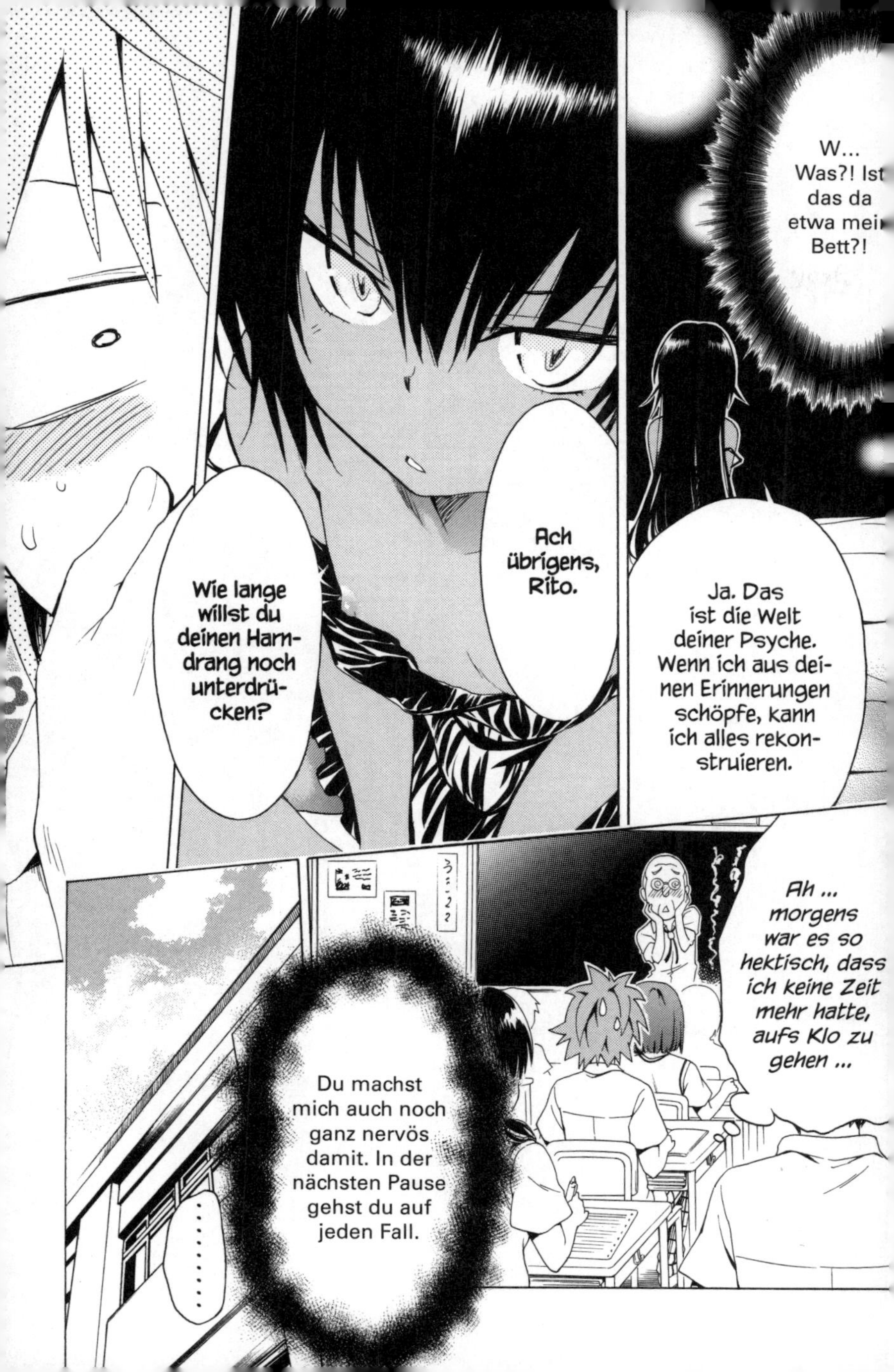
W... Was?! Ist das da etwa mei Bett?!
Ja. Das ist die Welt deiner Psyche. Wenn ich aus deinen Erinnerungen schöpfe, kann ich alles rekonstruieren.
Ach übrigens, Rito.
Wie lange willst du deinen Harndrang noch unterdrücken?
Ah ... morgens war es so hektisch, dass ich keine Zeit mehr hatte, aufs Klo zu gehen ...
Du machst mich auch noch ganz nervös damit. In der nächsten Pause gehst du auf jeden Fall.
....

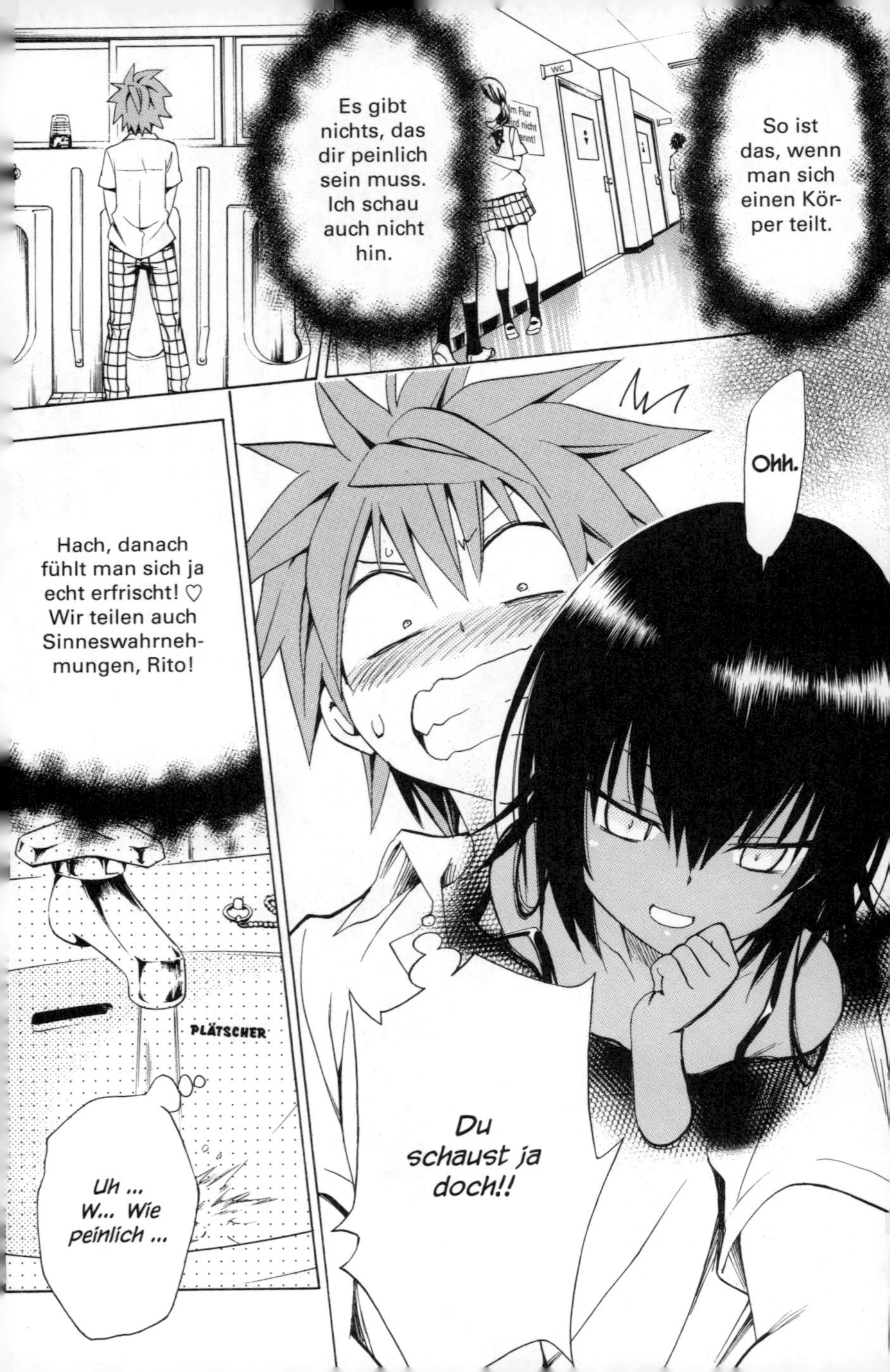
So ist das, wenn man sich einen Körper teilt.
Es gibt nichts, das dir peinlich sein muss. Ich schau auch nicht hin.
WC
PLÄTSCHER
Uh ... W... Wie peinlich ...
Hach, danach fühlt man sich ja echt erfrischt! ♡ Wir teilen auch Sinneswahrnehmungen, Rito!
Ohh.
Du schaust ja doch!!

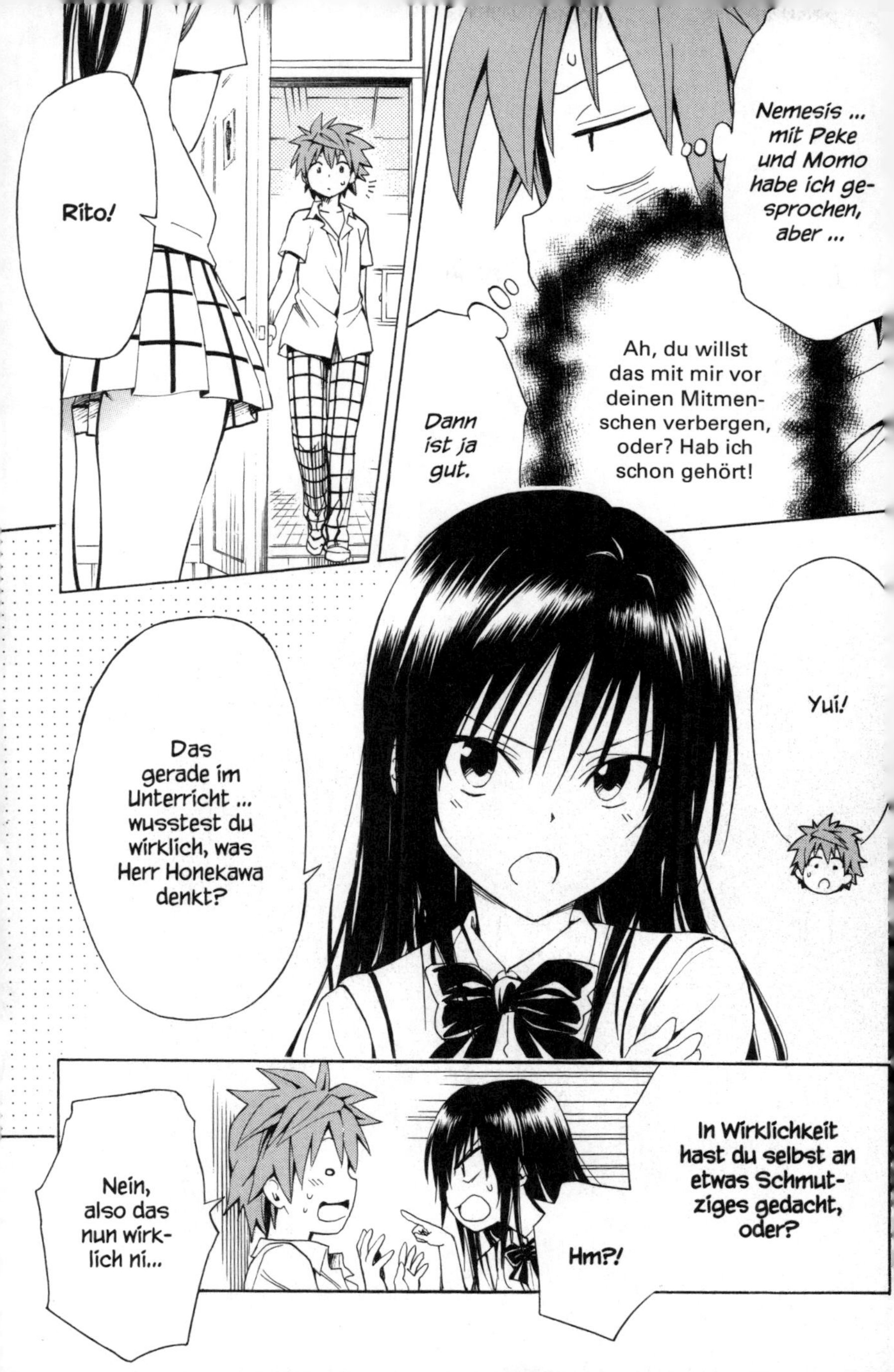

Nemesis ... mit Peke und Momo habe ich gesprochen, aber ...
Ah, du willst das mit mir vor deinen Mitmenschen verbergen, oder? Hab ich schon gehört!
Dann ist ja gut.
Rito!
Yui!
Das gerade im Unterricht ... wusstest du wirklich, was Herr Honekawa denkt?
In Wirklichkeit hast du selbst an etwas Schmutziges gedacht, oder?
Hm?!
Nein, also das nun wirklich ni...

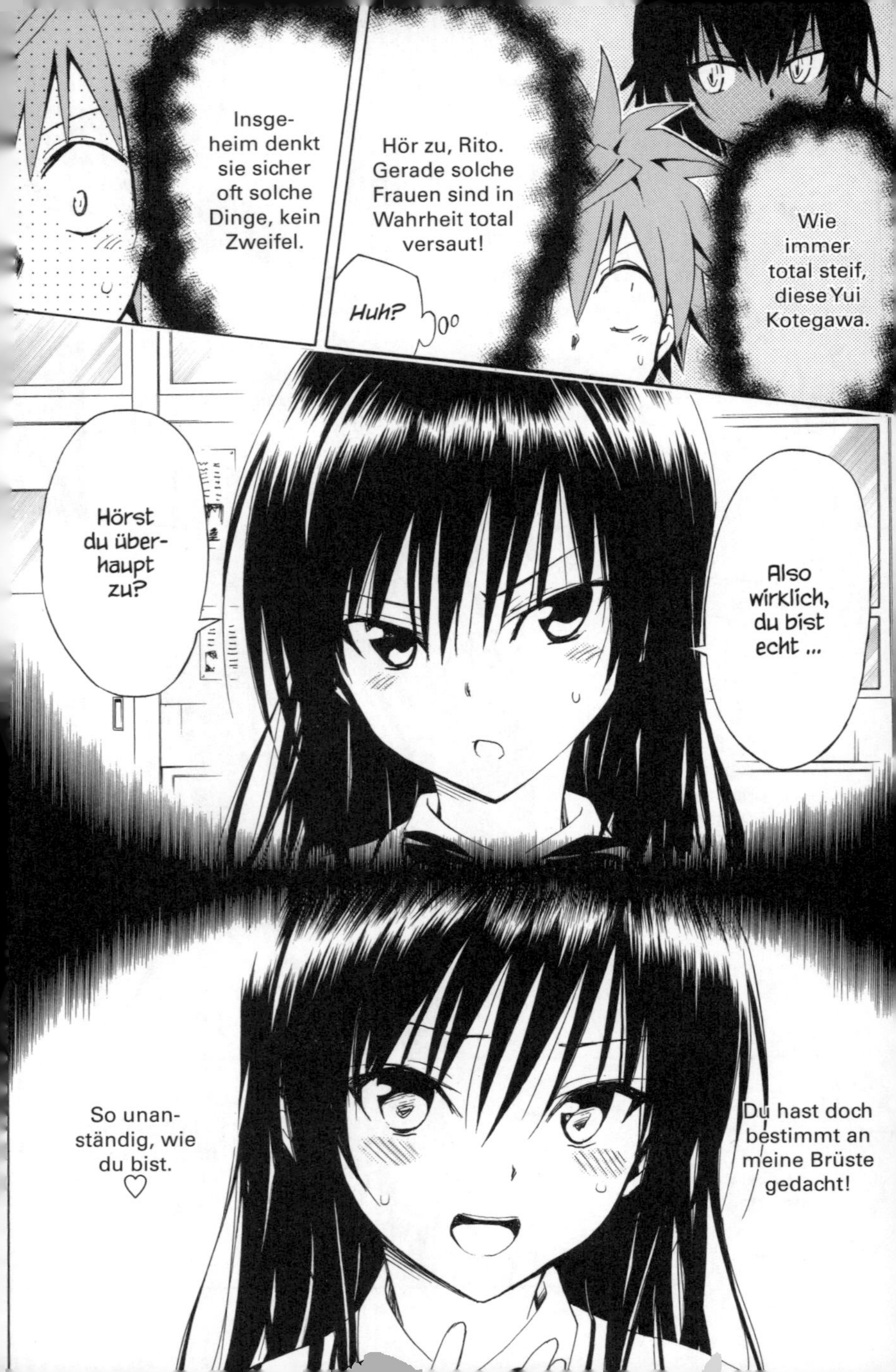
Wie immer total steif, diese Yui Kotegawa.
Huh?
Hör zu, Rito. Gerade solche Frauen sind in Wahrheit total versaut!
Insgeheim denkt sie sicher oft solche Dinge, kein Zweifel.
Also wirklich, du bist echt ...
Hörst du überhaupt zu?
Du hast doch bestimmt an meine Brüste gedacht!
So unanständig, wie du bist. ♡

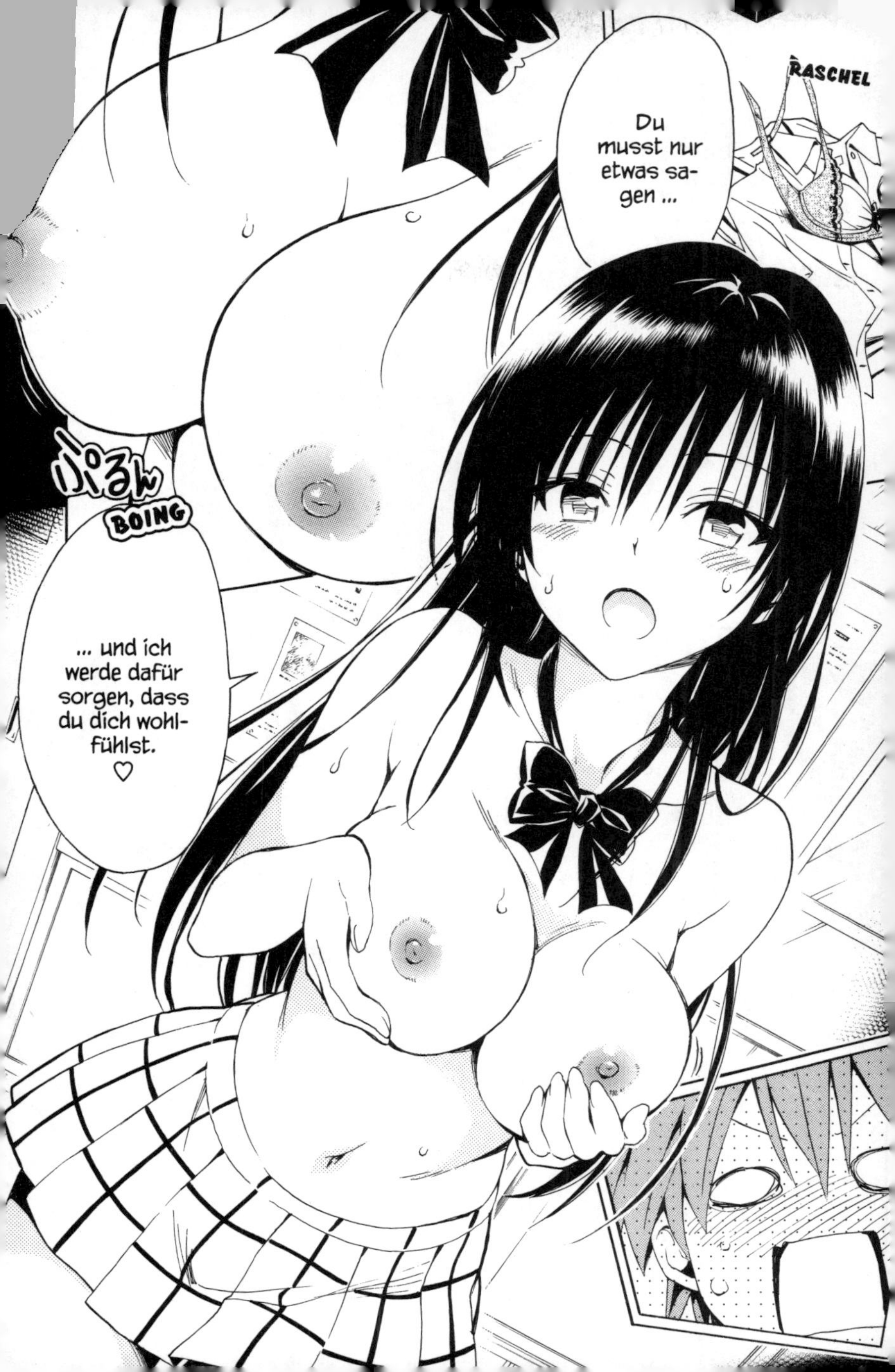
RASCHEL
Du musst nur etwas sagen ...
ぷるん
BOING
... und ich werde dafür sorgen, dass du dich wohlfühlst. ♡

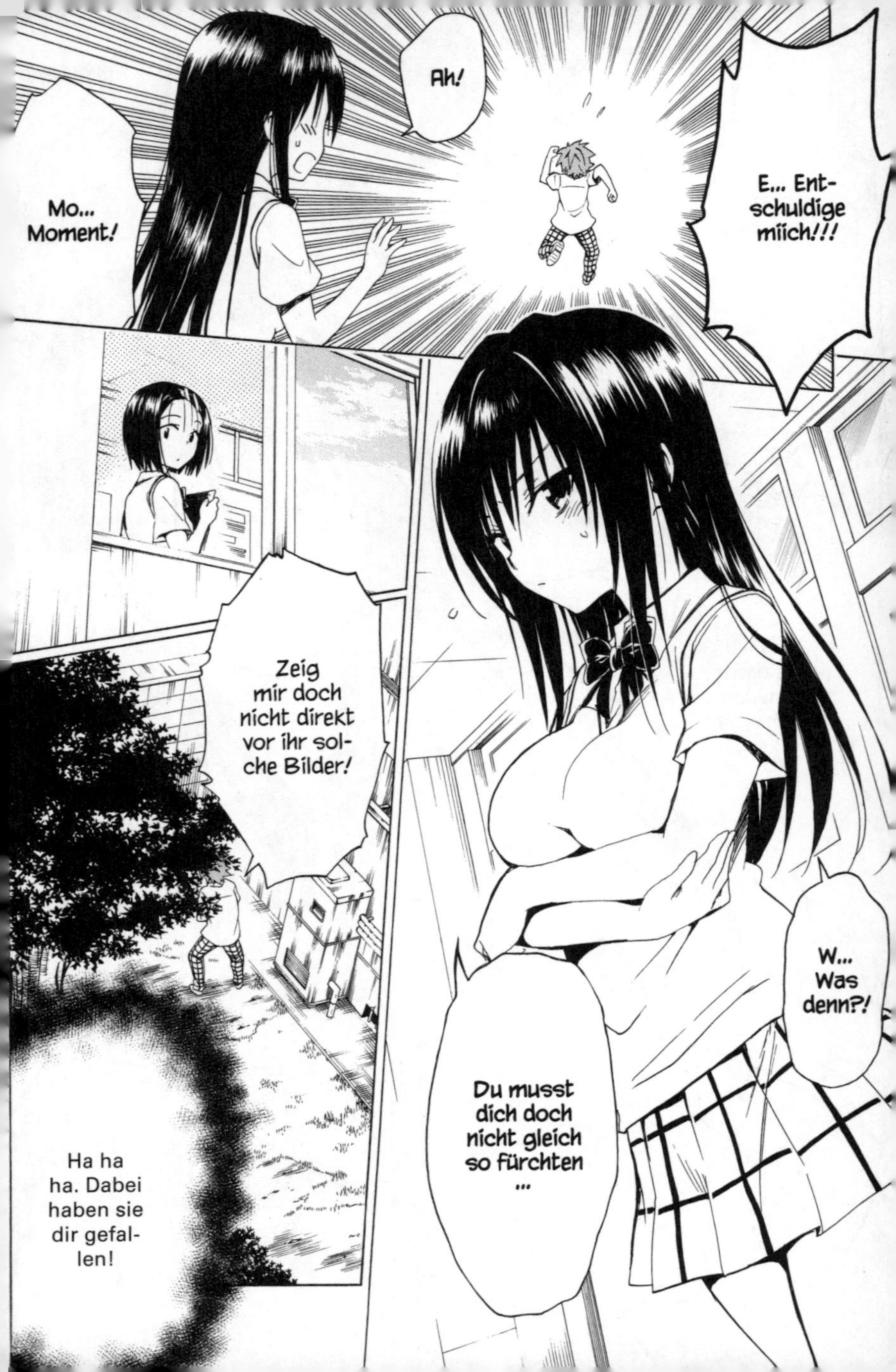
E... Ent-schuldige miich!!!
Ah!
Mo... Moment!
W... Was denn?!
Du musst dich doch nicht gleich so fürchten ...
Zeig mir doch nicht direkt vor ihr solche Bilder!
Ha ha ha. Dabei haben sie dir gefallen!

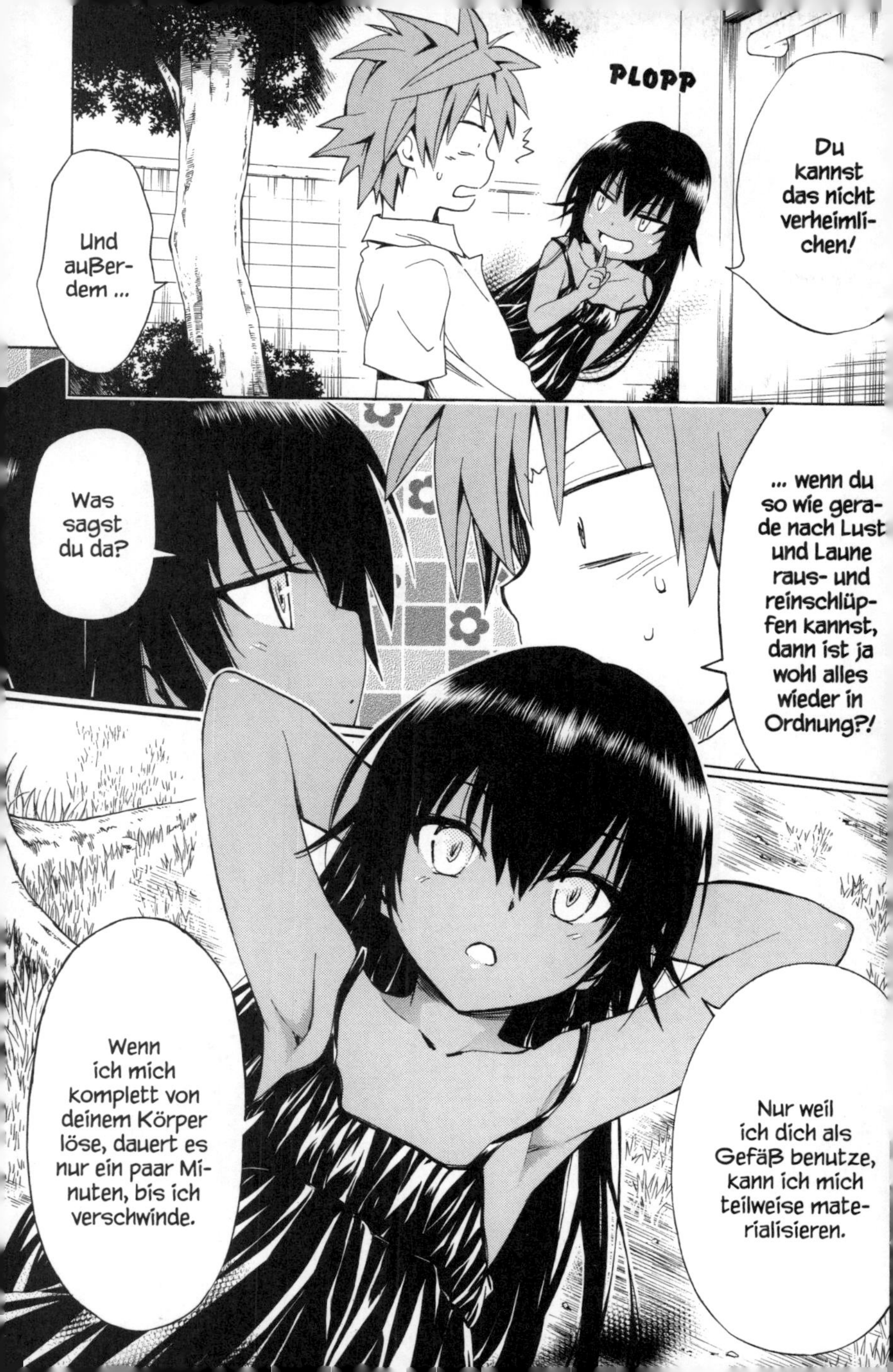
PLOPP
Du kannst das nicht verheimlichen!
Und außerdem ...
... wenn du so wie gerade nach Lust und Laune raus- und reinschlüpfen kannst, dann ist ja wohl alles wieder in Ordnung?!
Was sagst du da?
Nur weil ich dich als Gefäß benutze, kann ich mich teilweise materialisieren.
Wenn ich mich komplett von deinem Körper löse, dauert es nur ein paar Minuten, bis ich verschwinde.

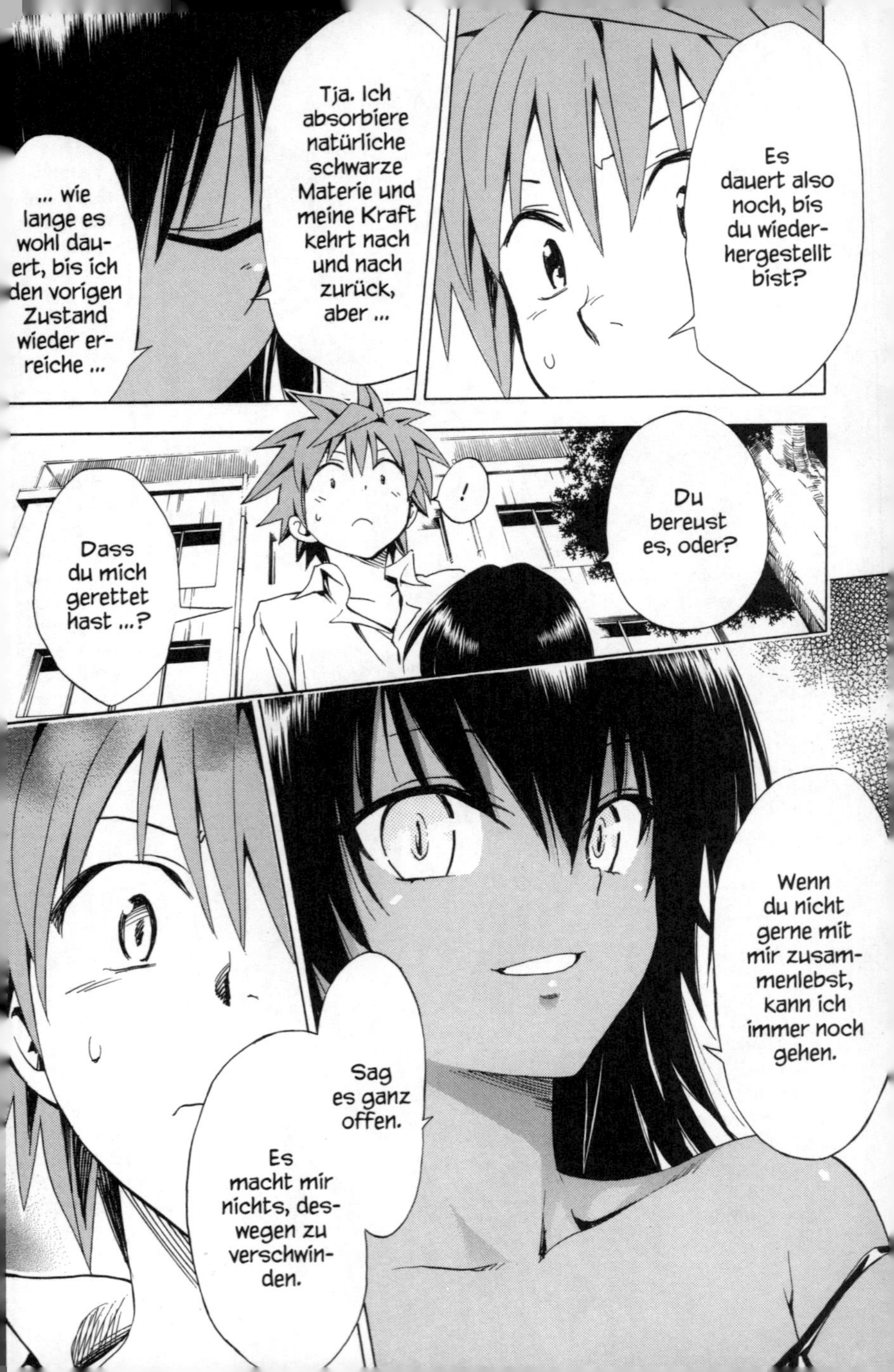
Es dauert also noch, bis du wieder-hergestellt bist?
Tja. Ich absorbiere natürliche schwarze Materie und meine Kraft kehrt nach und nach zurück, aber ...
... wie lange es wohl dau-ert, bis ich den vorigen Zustand wieder er-reiche ...
Du bereust es, oder?
!
Dass du mich gerettet hast ...?
Wenn du nicht gerne mit mir zusam-menlebst, kann ich immer noch gehen.
Sag es ganz offen.
Es macht mir nichts, des-wegen zu verschwin-den.

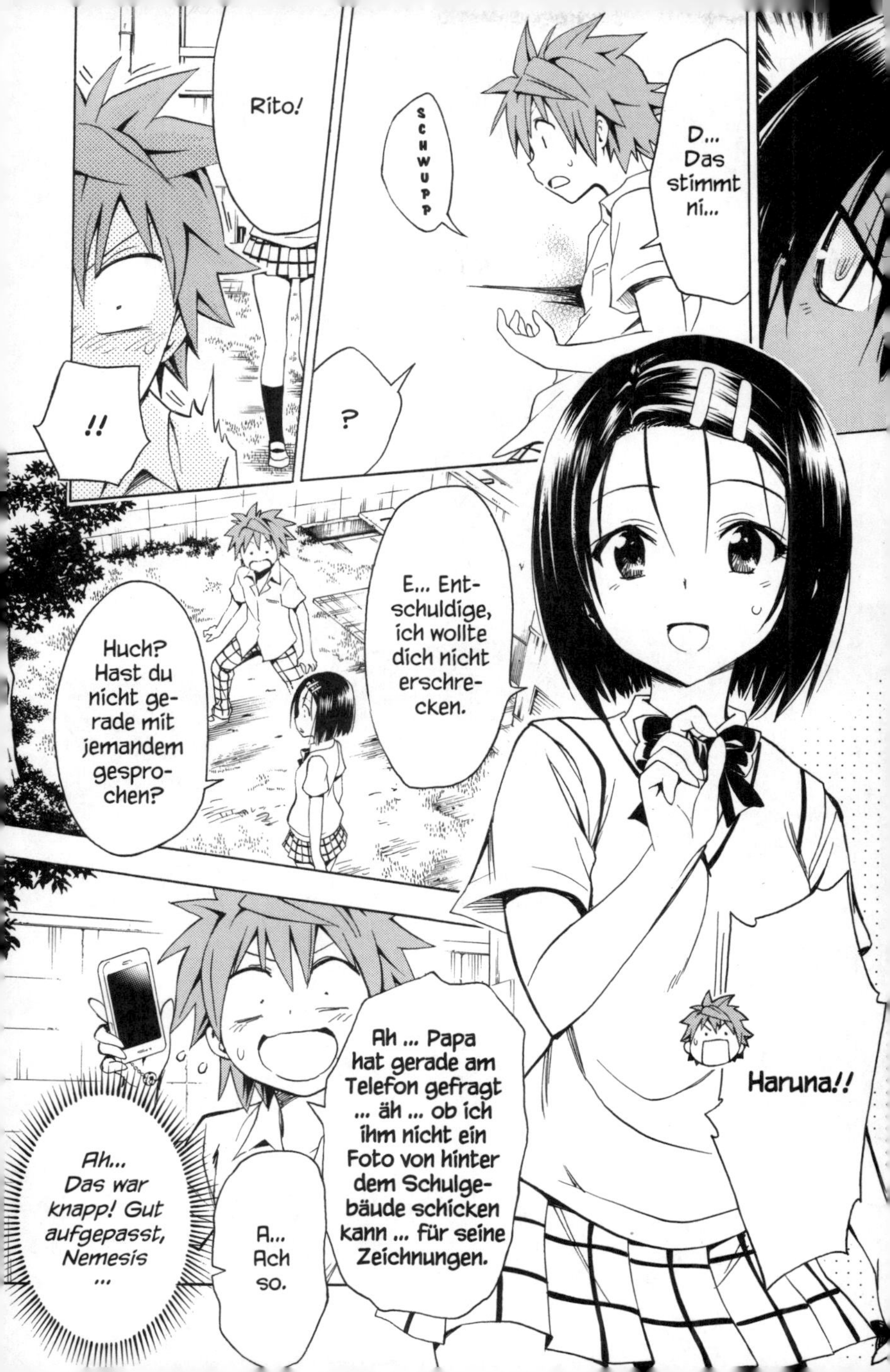
D... Das stimmt ni...
SCHWUPP
Rito!
?
!!
Haruna!!
E... Ent-schuldige, ich wollte dich nicht erschre-cken.
Huch? Hast du nicht ge-rade mit jemandem gespro-chen?
Ah ... Papa hat gerade am Telefon gefragt ... äh ... ob ich ihm nicht ein Foto von hinter dem Schulge-bäude schicken kann ... für seine Zeichnungen.
A... Ach so.
Ah... Das war knapp! Gut aufgepasst, Nemesis ...

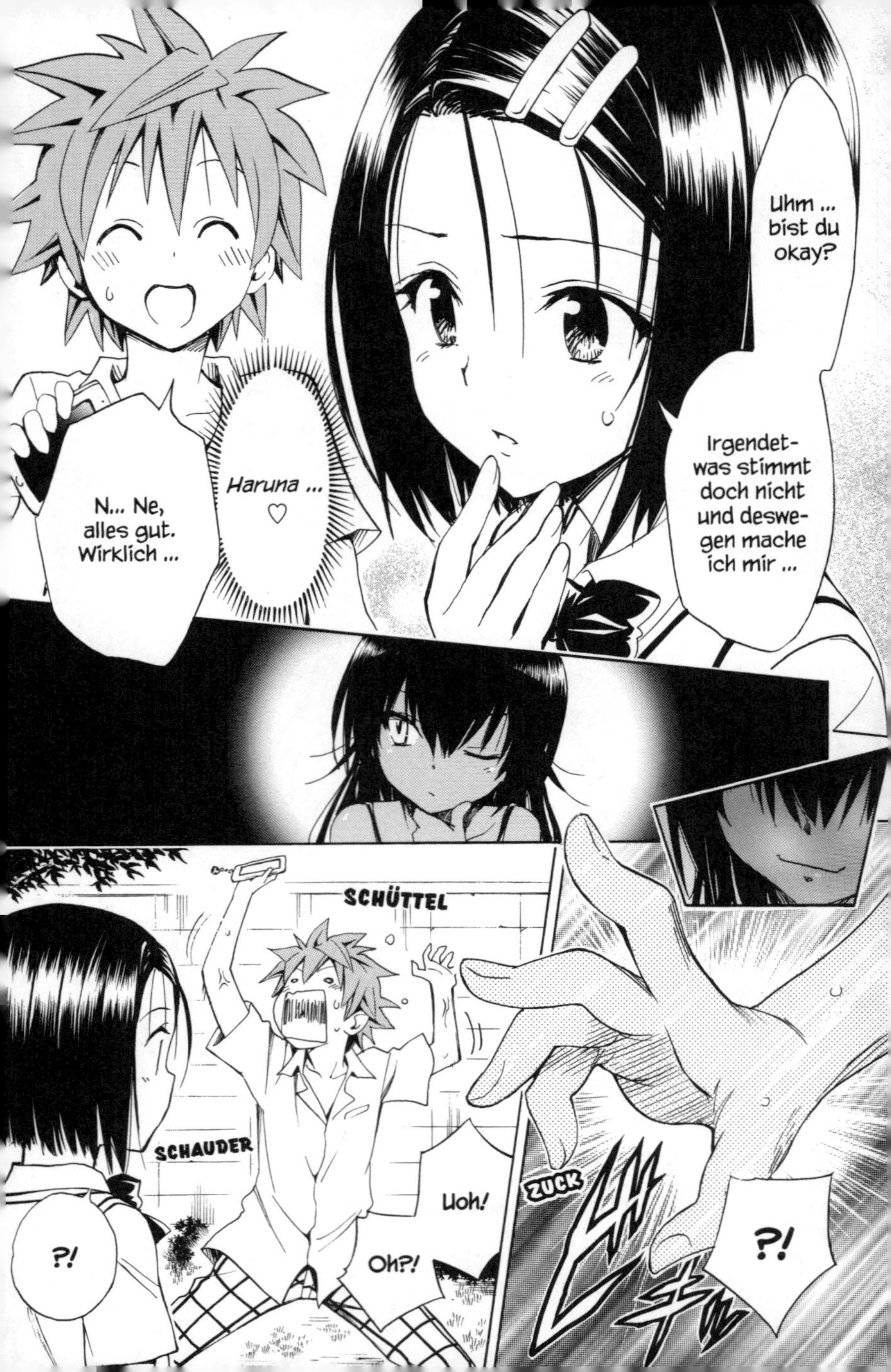
Uhm ... bist du okay?
Irgendetwas stimmt doch nicht und deswegen mache ich mir ...
Haruna ... ♡
N... Ne, alles gut. Wirklich ...
SCHÜTTEL
ZUCK
?!
Uoh!
Oh?!
SCHAUDER
?!

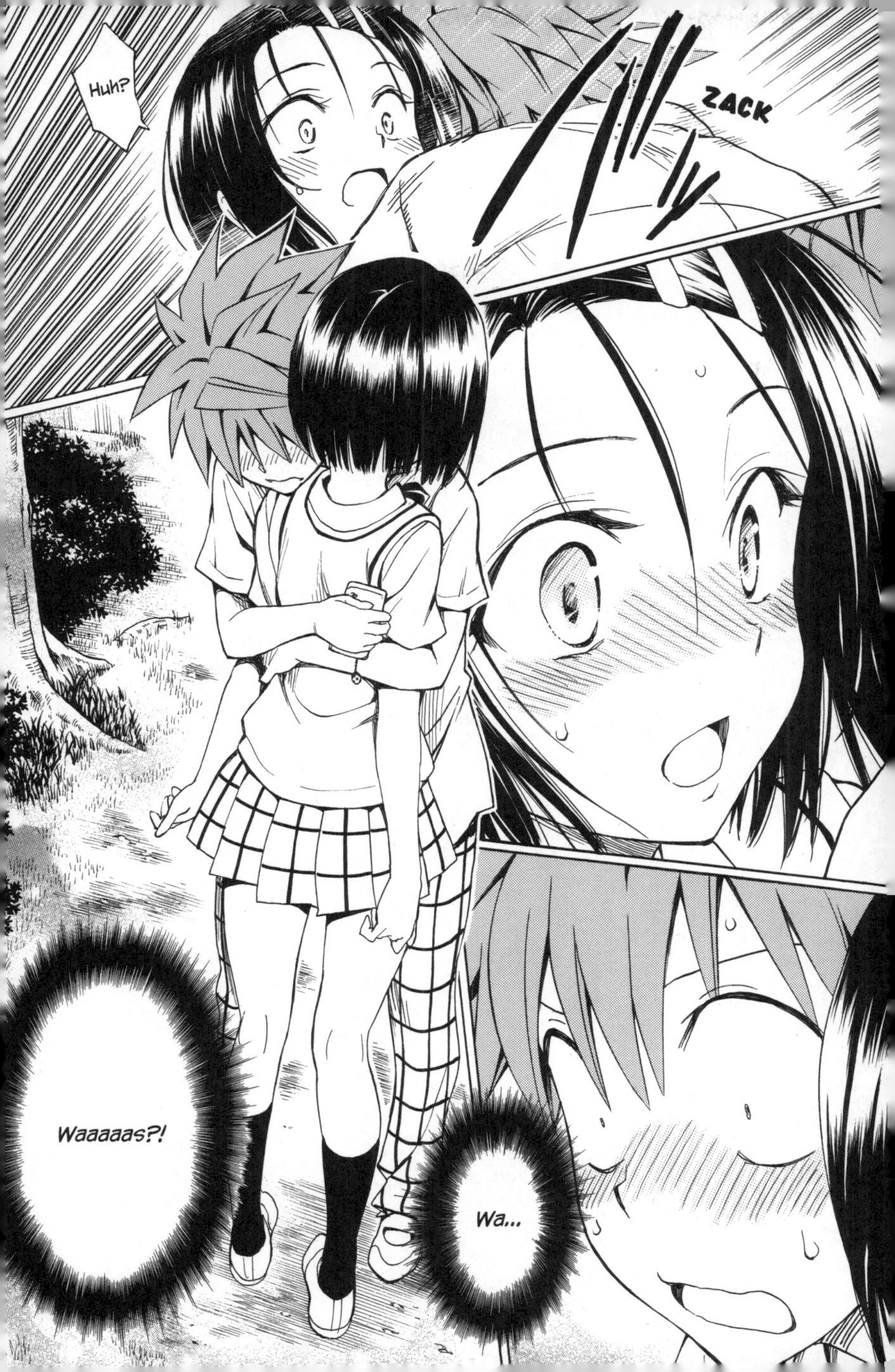
ZACK
Huh?
Wa...
Waaaaas?!

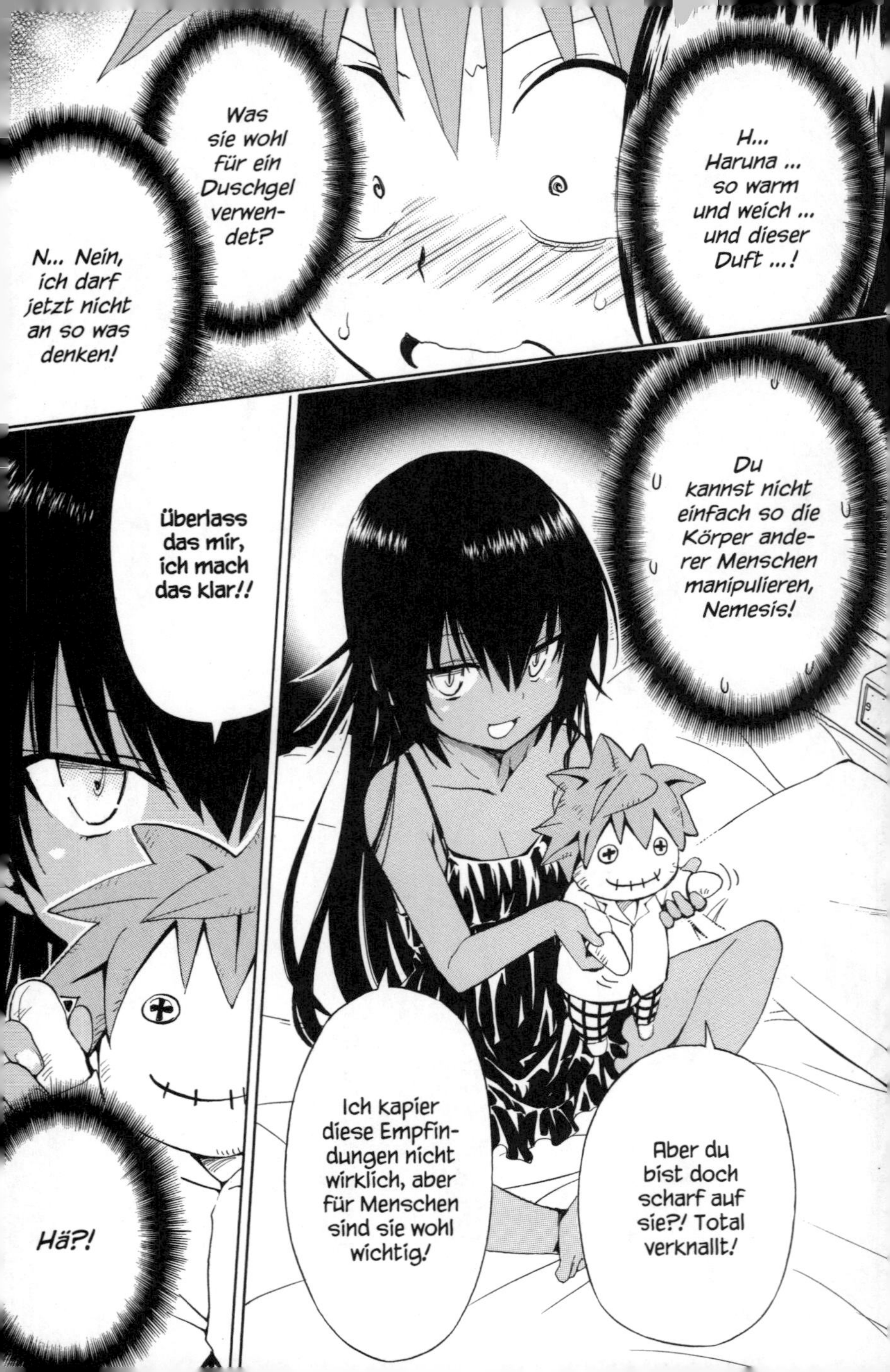
H... Haruna ... so warm und weich ... und dieser Duft ...!
Was sie wohl für ein Duschgel verwendet?
N... Nein, ich darf jetzt nicht an so was denken!
Du kannst nicht einfach so die Körper anderer Menschen manipulieren, Nemesis!
Überlass das mir, ich mach das klar!!
Aber du bist doch scharf auf sie?! Total verknallt!
Ich kapier diese Empfindungen nicht wirklich, aber für Menschen sind sie wohl wichtig!
Hä?!

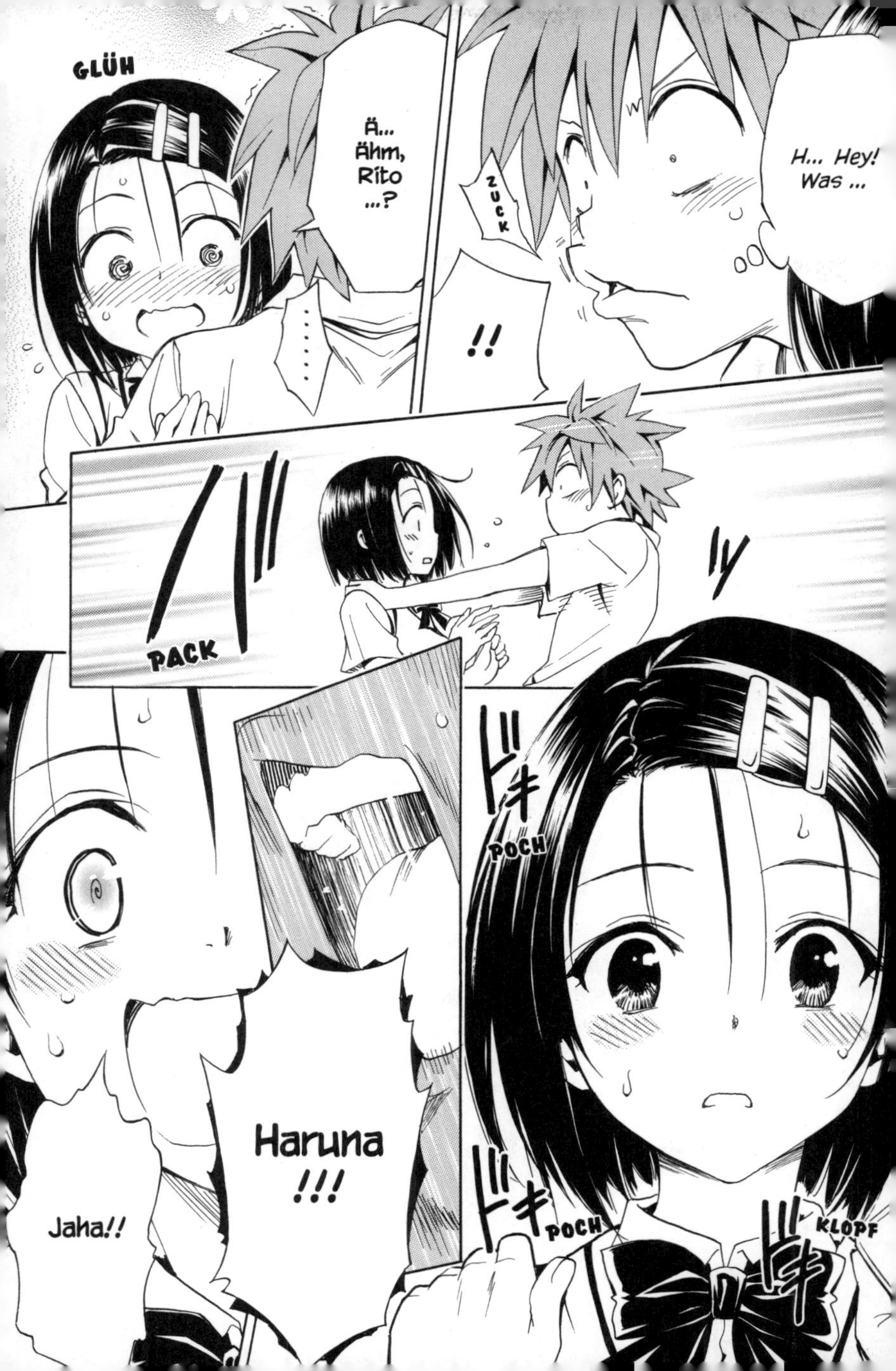

H... Hey! Was ...
ZUCK
!!
Ä... Ähm, Rito ...?
GLÜH
PACK
POCH
POCH
KLOPF
Haruna !!!
Jaha!!

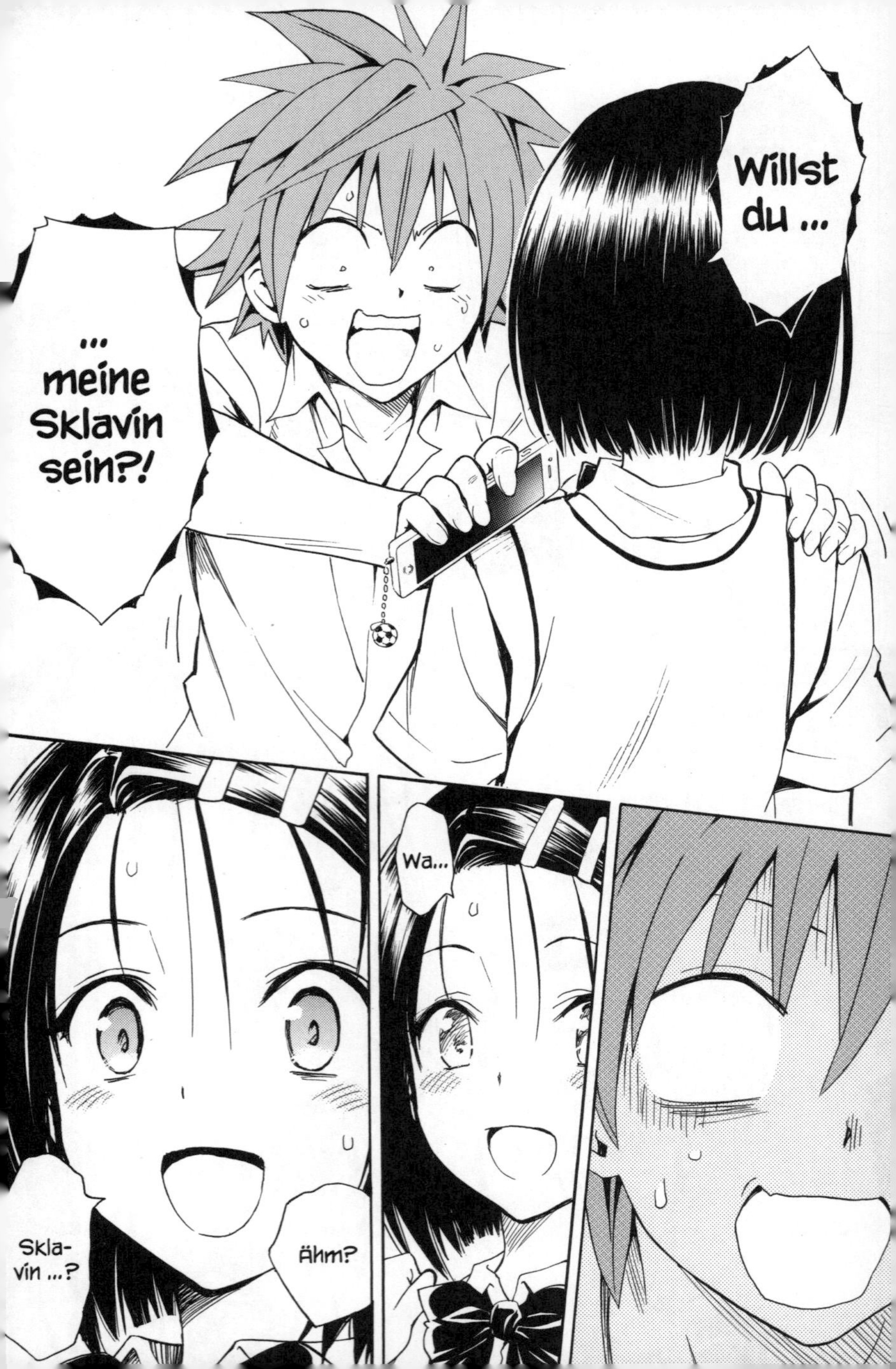
Willst du ...
... meine Sklavin sein?!
Wa...
Ähm?
Skla-
vin ...?

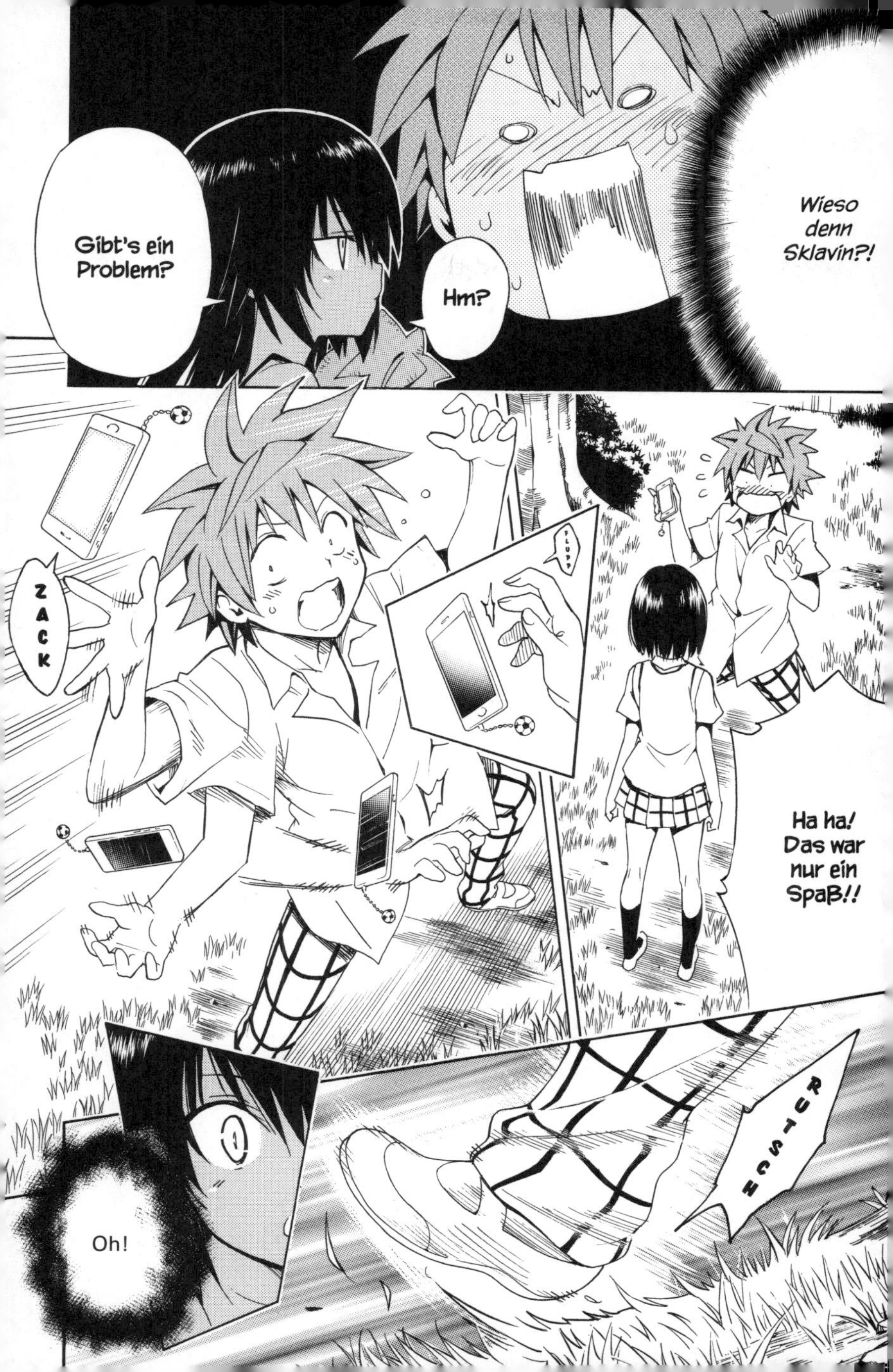

Wieso
denn
Sklavin?!
Hm?
Gibt's ein
Problem?
Ha ha!
Das war
nur ein
Spaß!!
FLUPP
ZACK
RUTSCH
Oh!

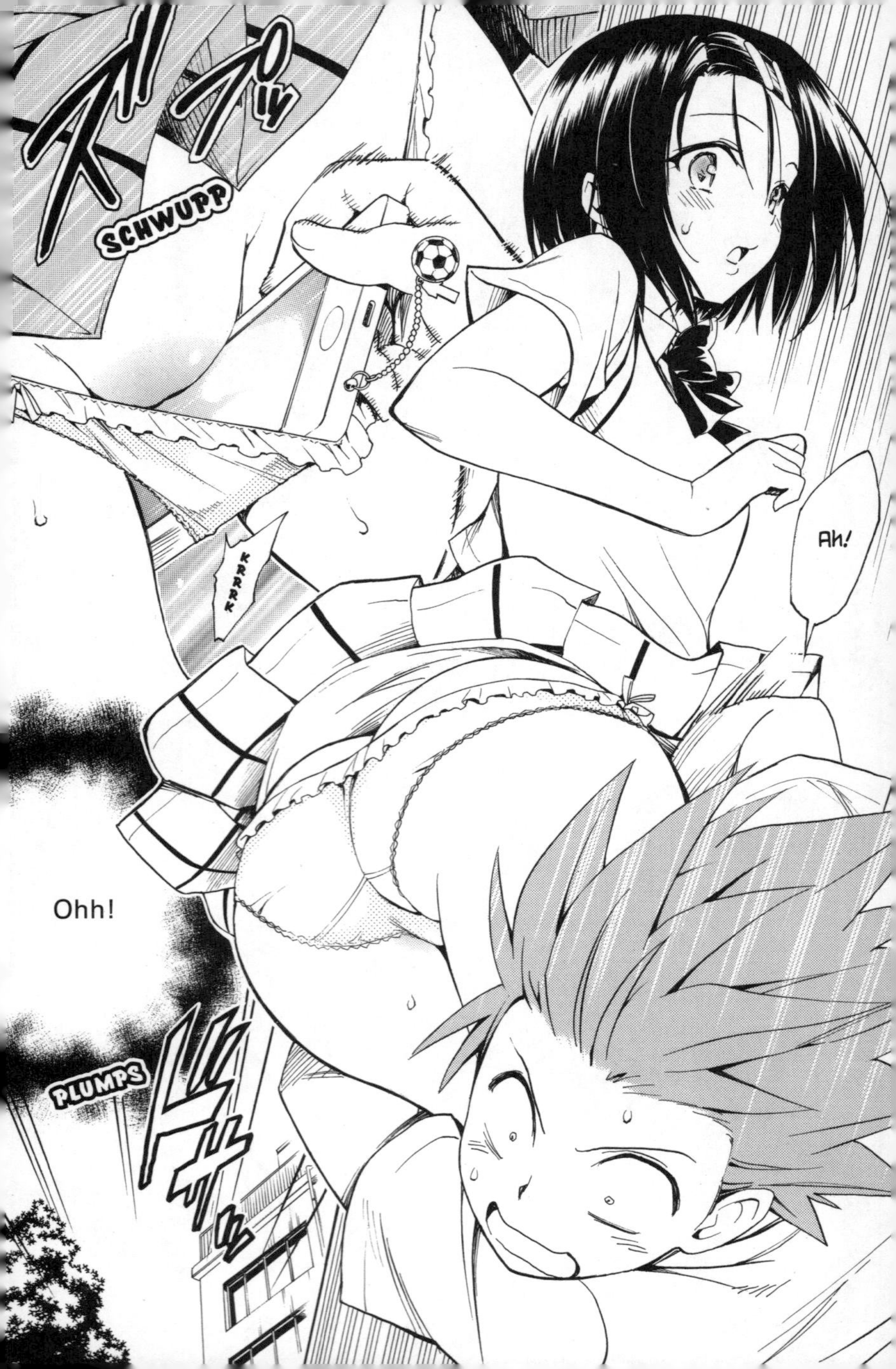
SCHWUPP
KRRRK
Ah!
Ohh!
PLUMPS

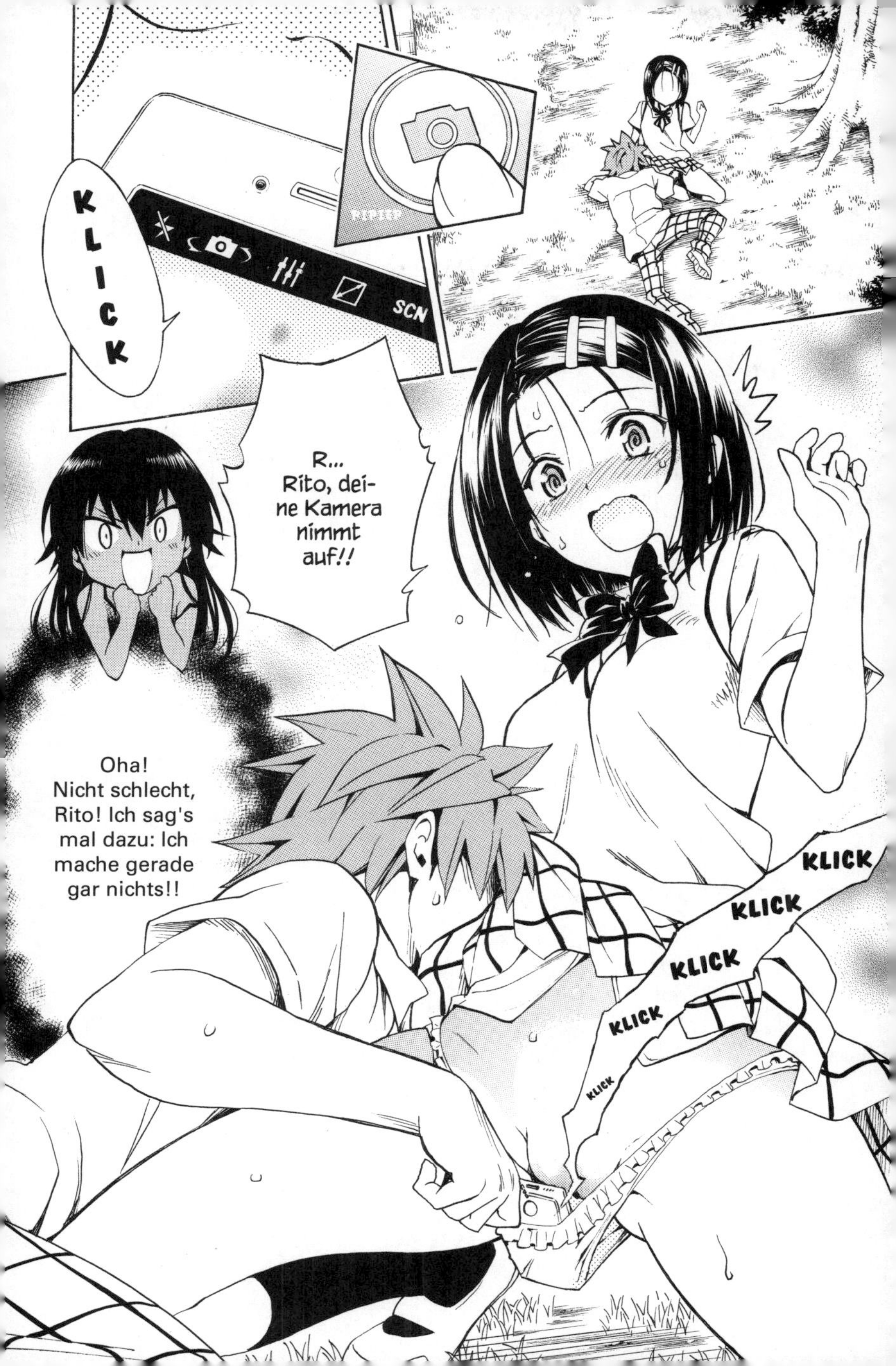
PIPIEP
SCN
KLICK
R... Rito, dei-ne Kamera nimmt auf!!
Oha! Nicht schlecht, Rito! Ich sag's mal dazu: Ich mache gerade gar nichts!!
KLICK
KLICK
KLICK
KLICK
KLICK

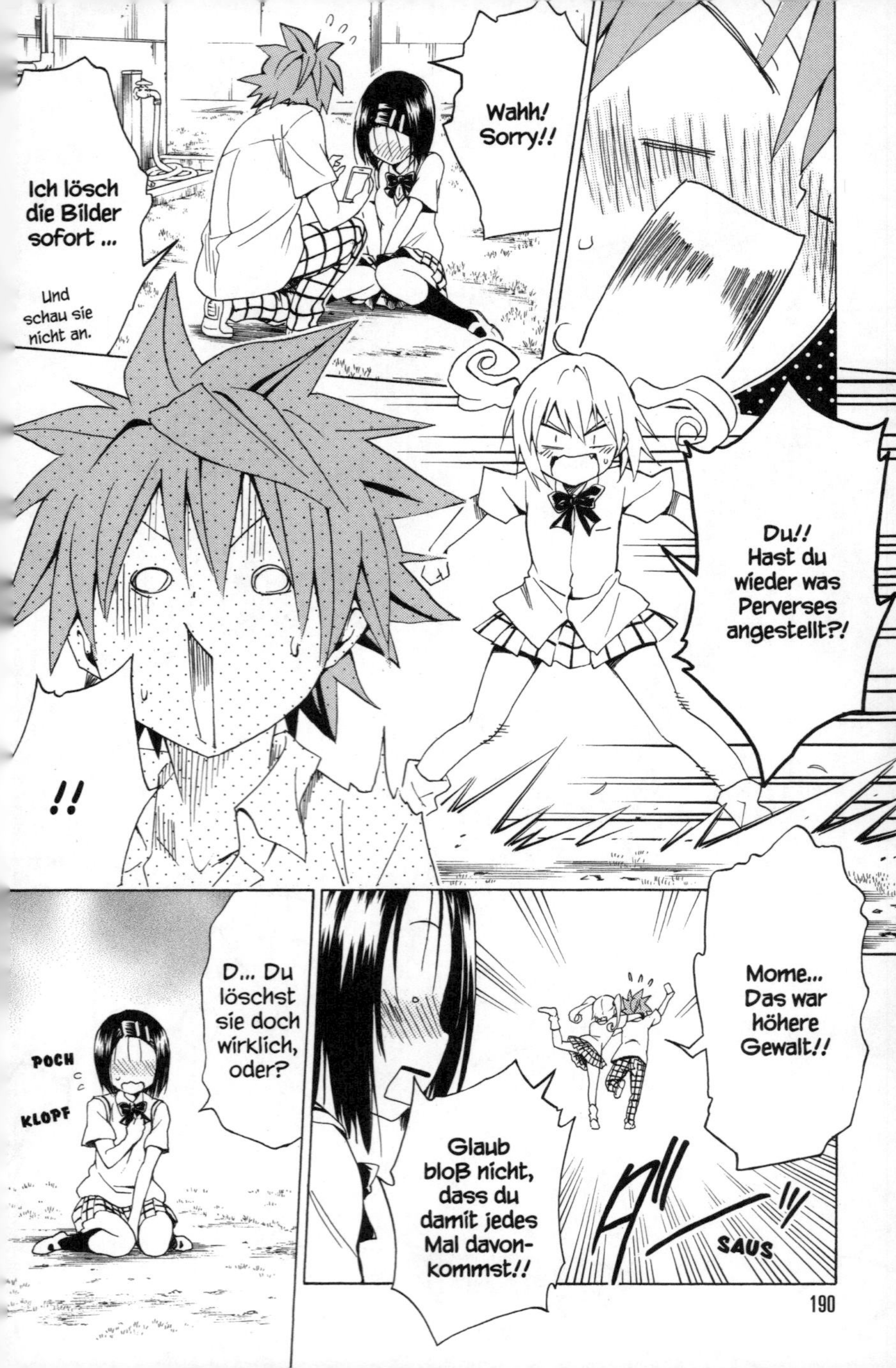
Wahh! Sorry!!
Ich lösch die Bilder sofort ...
Und schau sie nicht an.
Du!! Hast du wieder was Perverses angestellt?!
!!
Mome... Das war höhere Gewalt!!
D... Du löschst sie doch wirklich, oder?
Glaub bloß nicht, dass du damit jedes Mal davon-kommst!!
SAUS
POCH
KLOPF

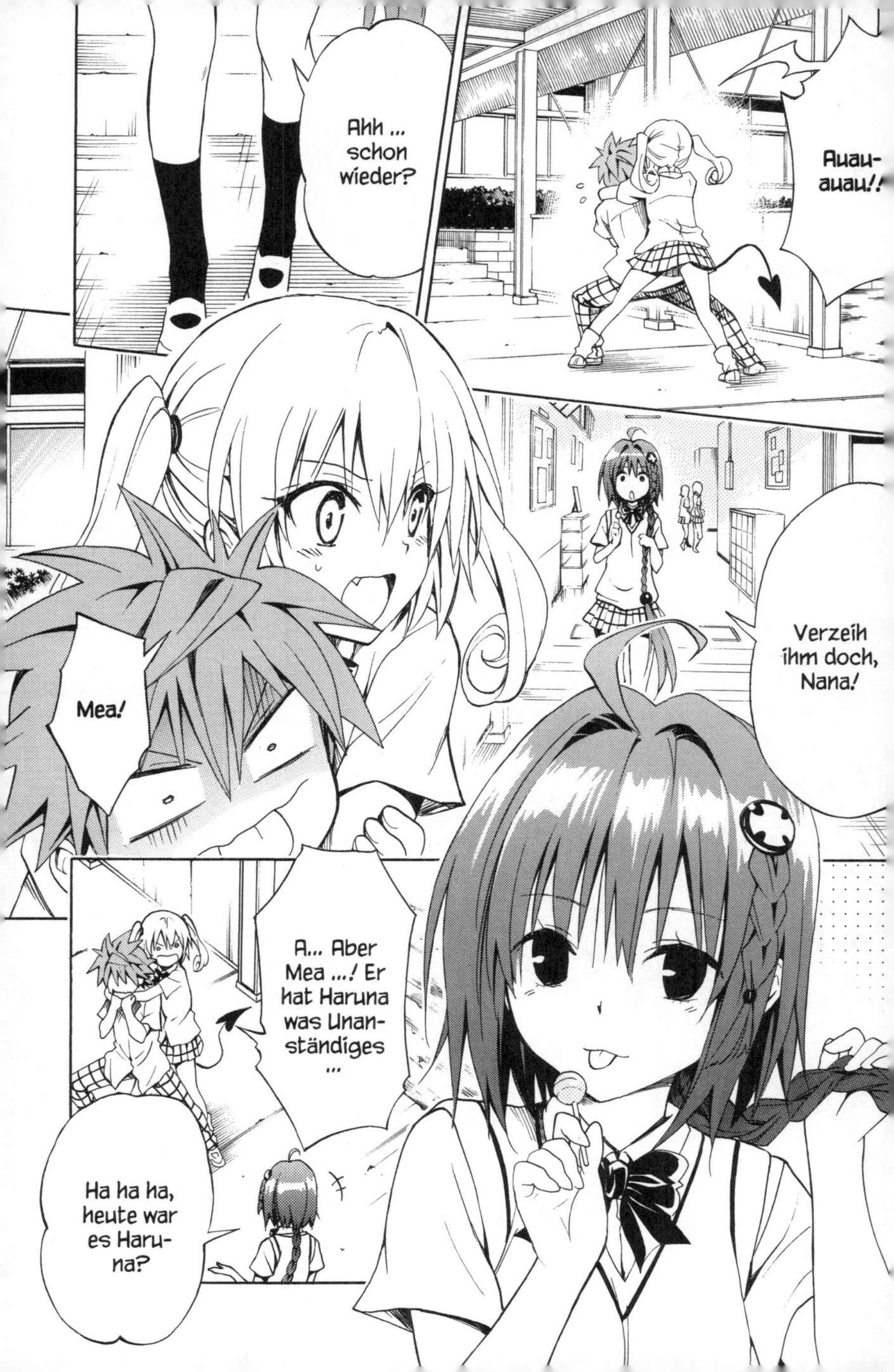
Auau-auau!!
Ahh ... schon wieder?
Verzeih ihm doch, Nana!
Mea!
A... Aber Mea ...! Er hat Haruna was Unanständiges ...
Ha ha ha, heute war es Haruna?

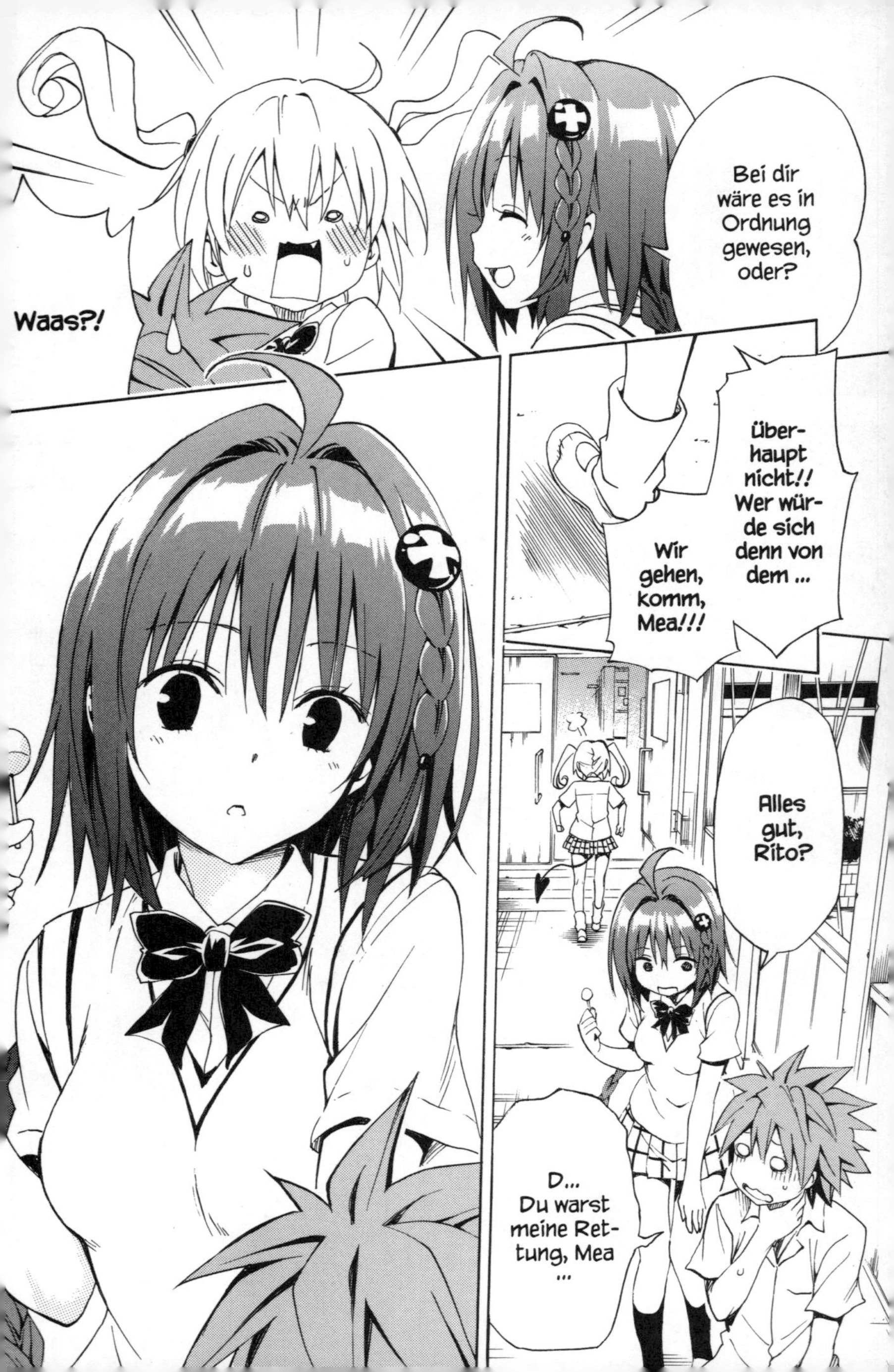

Bei dir wäre es in Ordnung gewesen, oder?
Waas?!
über- haupt nicht!! Wer wür- de sich denn von dem ...
Wir gehen, komm, Mea!!!
Alles gut, Rito?
D... Du warst meine Ret- tung, Mea ...

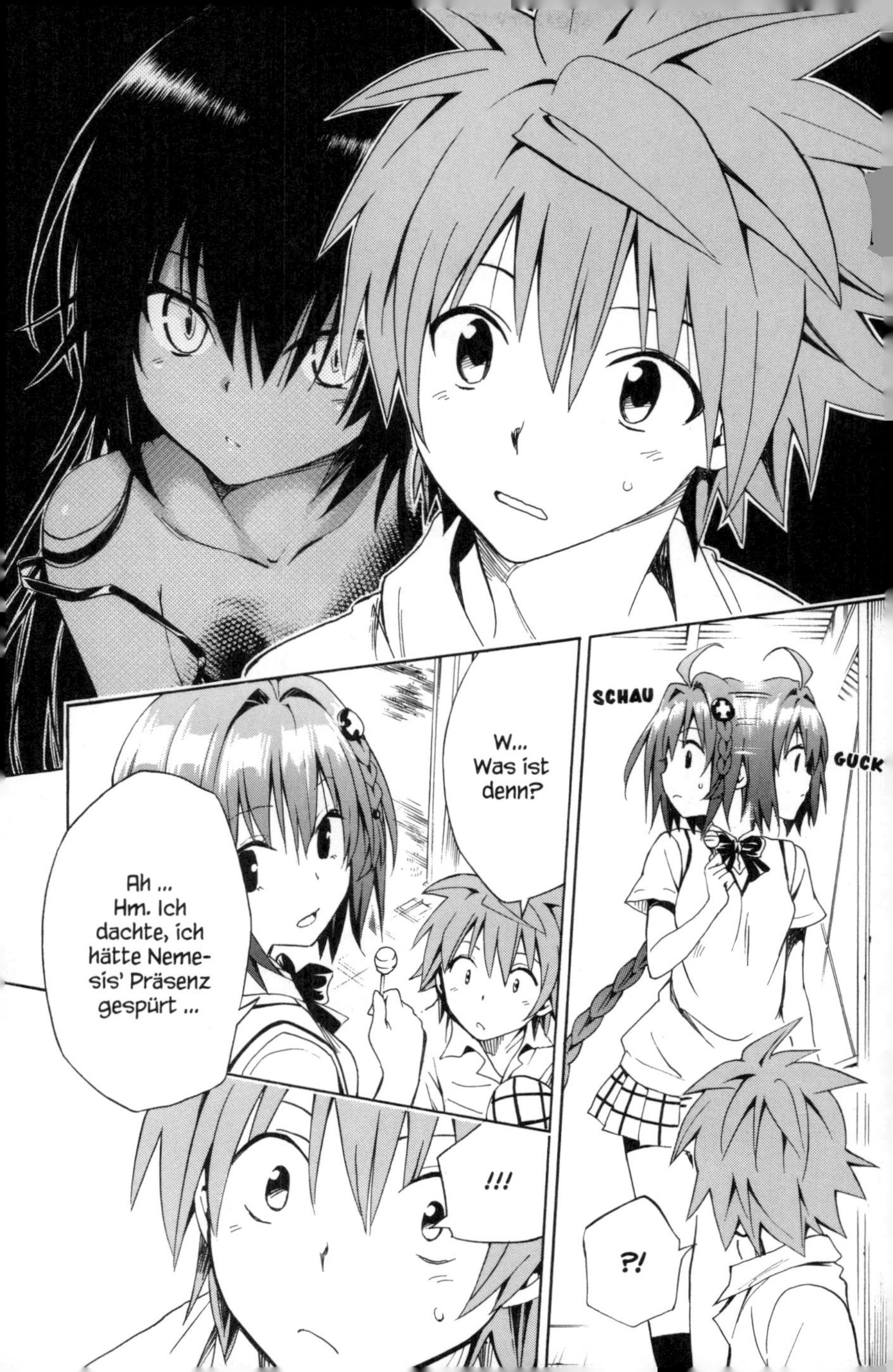
W...
Was ist denn?
Ah ...
Hm. Ich dachte, ich hätte Nemesis' Präsenz gespürt ...
SCHAU
GUCK
!!!
?!

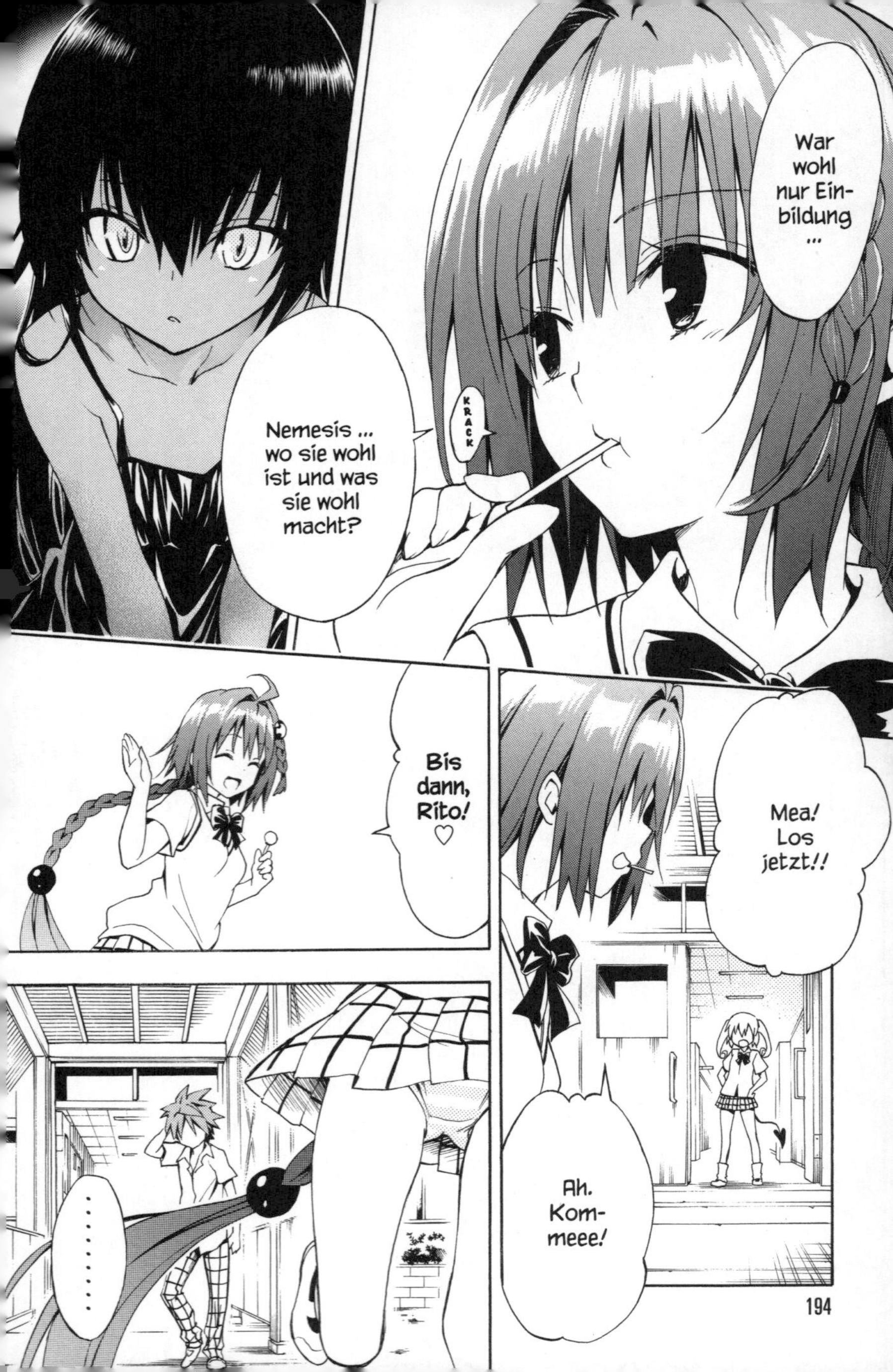
War wohl nur Einbildung ...
KRACK
Nemesis ... wo sie wohl ist und was sie wohl macht?
Mea! Los jetzt!!
Ah. Kommeee!
Bis dann, Rito! ♡
....

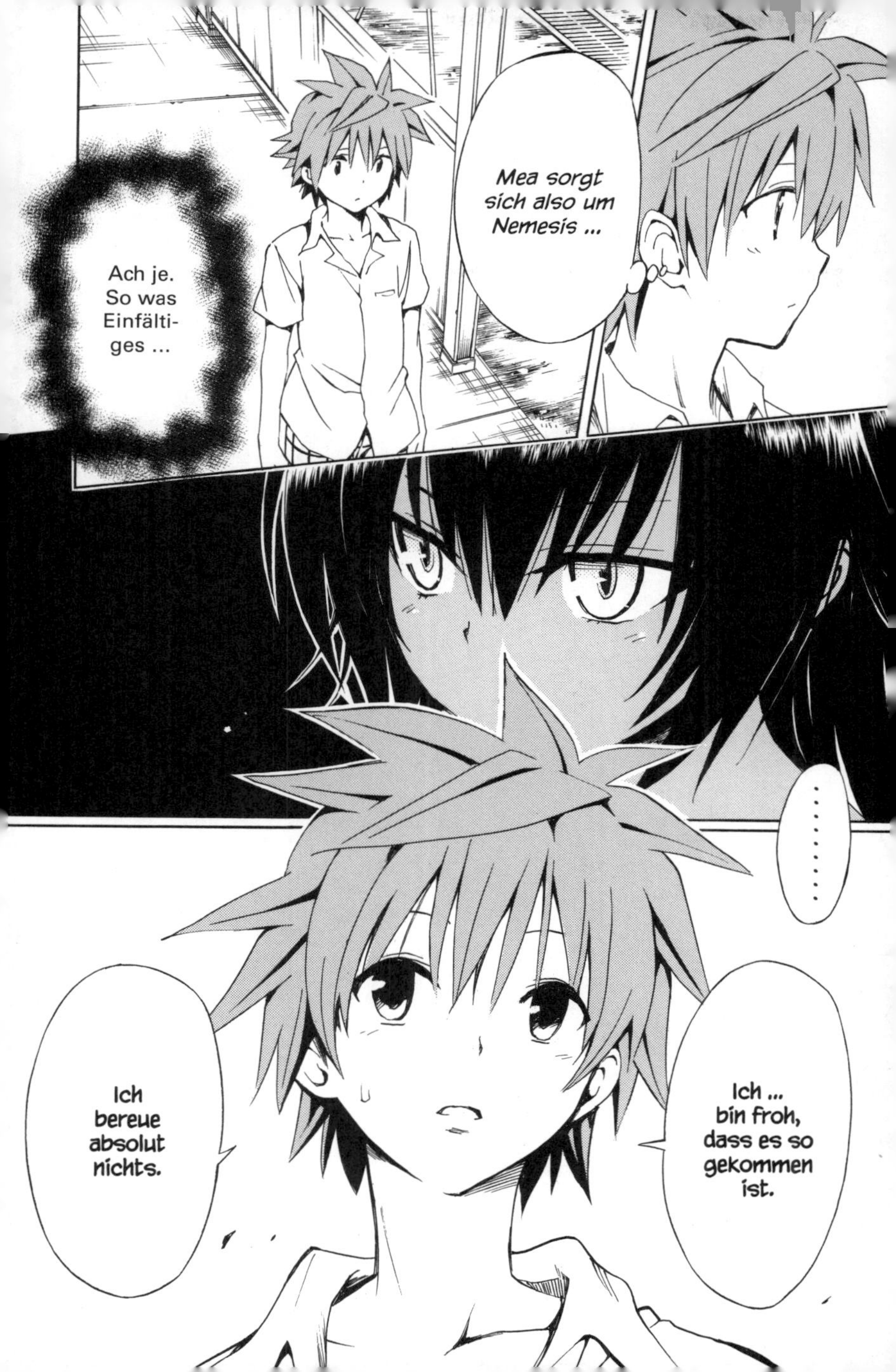
Mea sorgt sich also um Nemesis ...
Ach je. So was Einfältiges ...
......
Ich ... bin froh, dass es so gekommen ist.
Ich bereue absolut nichts.

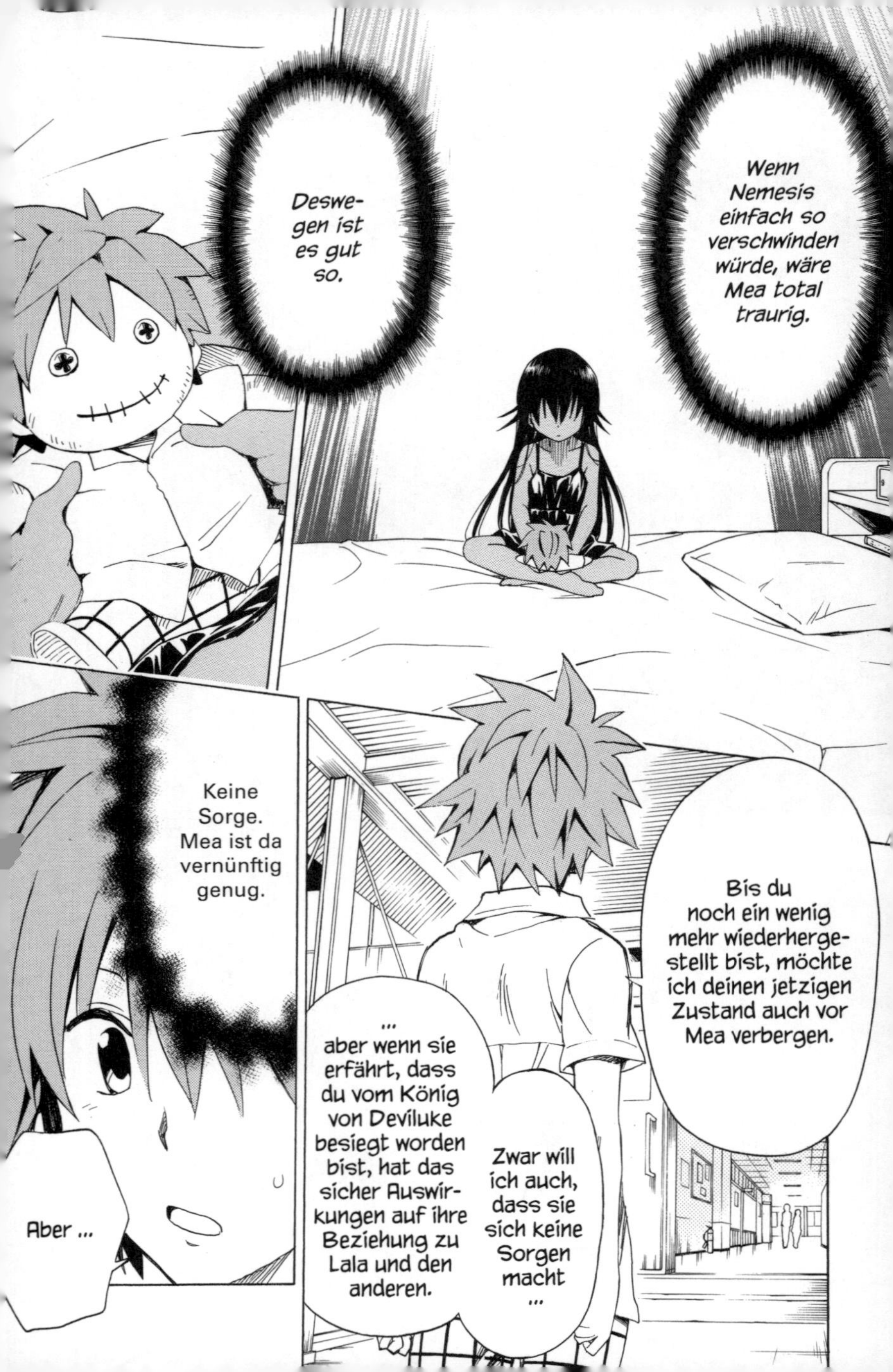
Wenn Nemesis einfach so verschwinden würde, wäre Mea total traurig.
Deswegen ist es gut so.
Keine Sorge. Mea ist da vernünftig genug.
Bis du noch ein wenig mehr wiederhergestellt bist, möchte ich deinen jetzigen Zustand auch vor Mea verbergen.
Zwar will ich auch, dass sie sich keine Sorgen macht ...
... aber wenn sie erfährt, dass du vom König von Deviluke besiegt worden bist, hat das sicher Auswirkungen auf ihre Beziehung zu Lala und den anderen.
Aber ...

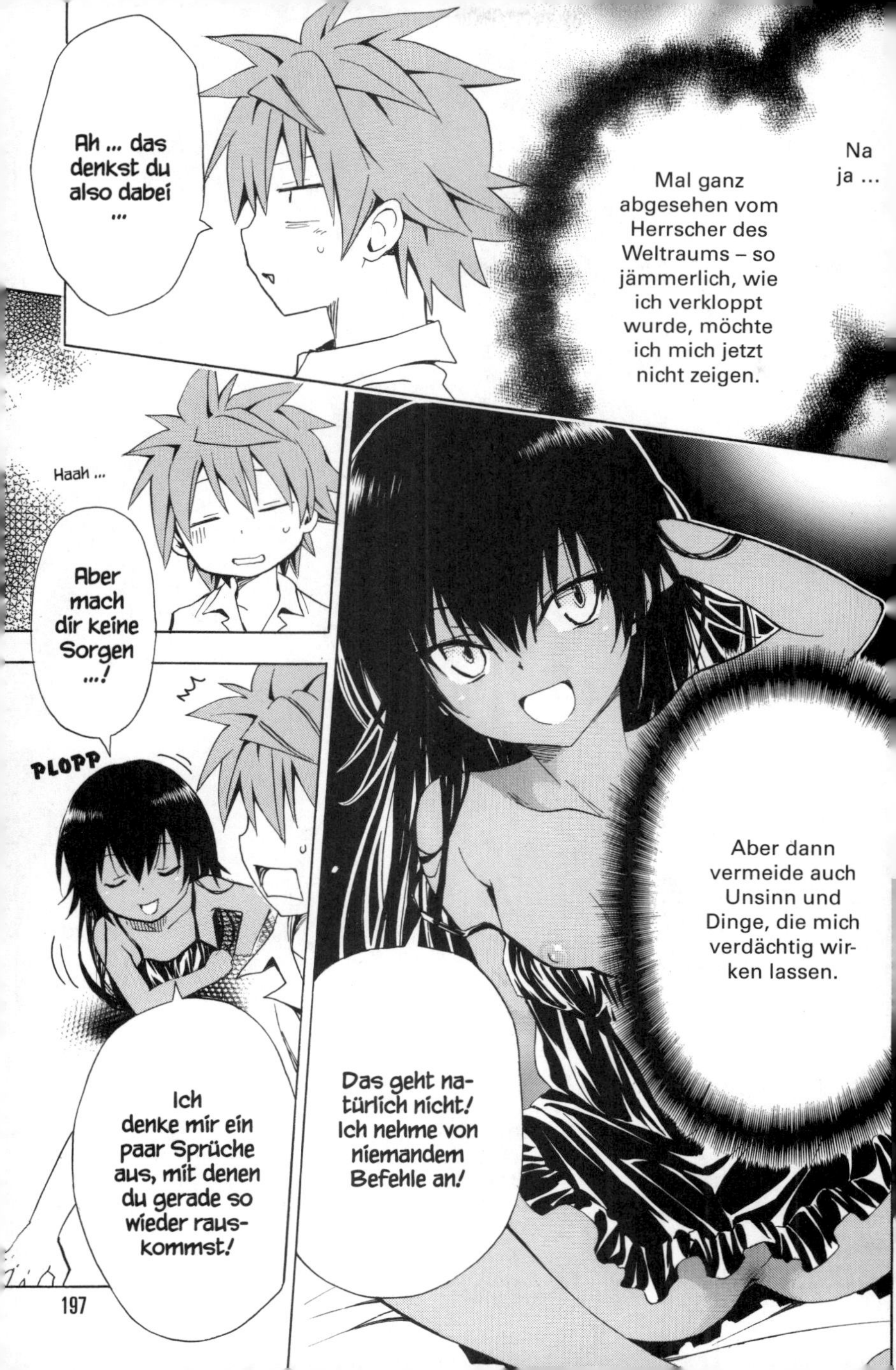
Na ja ...
Mal ganz abgesehen vom Herrscher des Weltraums – so jämmerlich, wie ich verkloppt wurde, möchte ich mich jetzt nicht zeigen.
Ah ... das denkst du also dabei ...
Aber dann vermeide auch Unsinn und Dinge, die mich verdächtig wirken lassen.
Das geht natürlich nicht! Ich nehme von niemandem Befehle an!
Haah ...
Aber mach dir keine Sorgen ...!
PLOPP
Ich denke mir ein paar Sprüche aus, mit denen du gerade so wieder rauskommst!

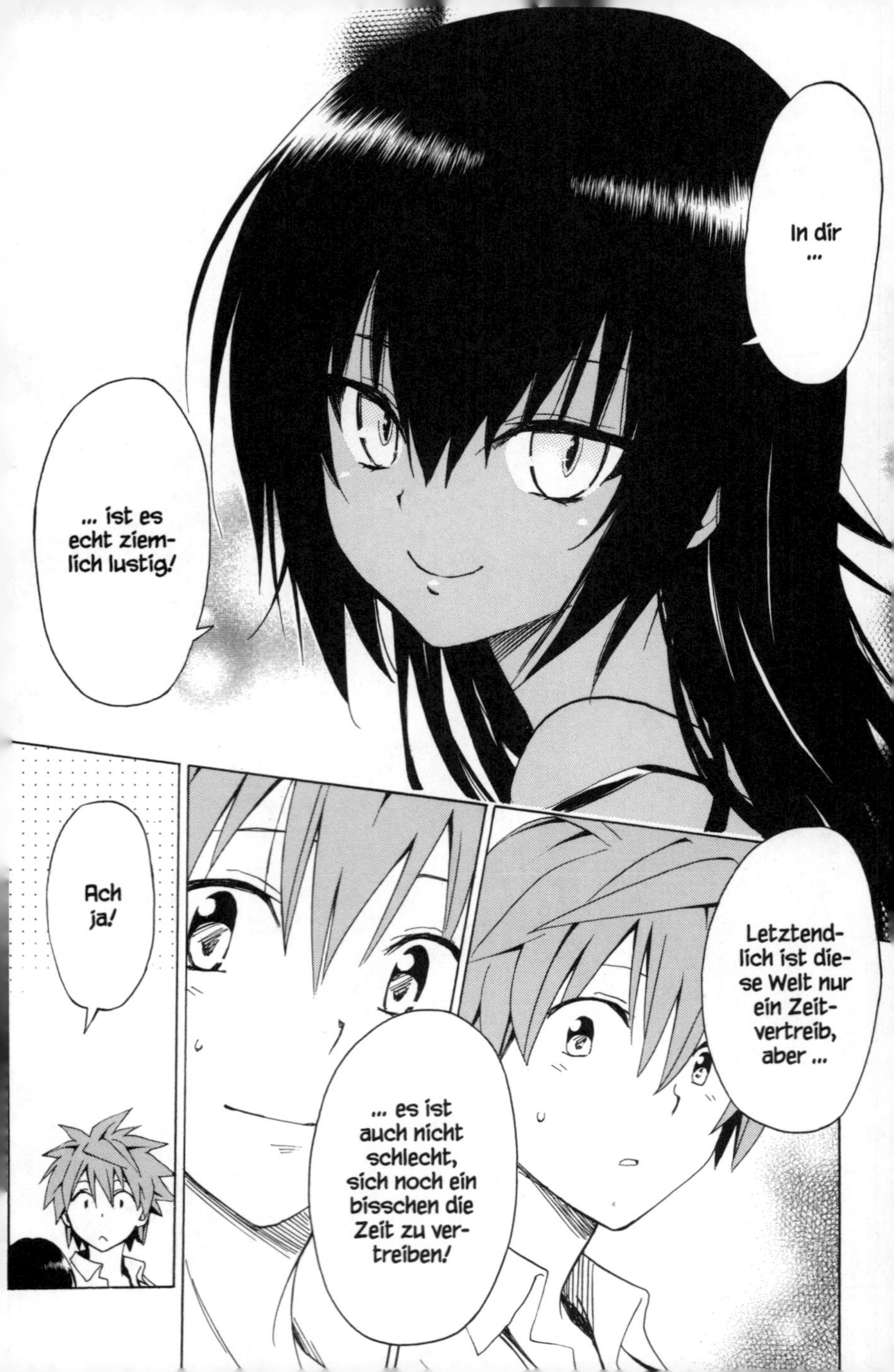
In dir …
… ist es echt ziemlich lustig!
Letztendlich ist diese Welt nur ein Zeitvertreib, aber …
… es ist auch nicht schlecht, sich noch ein bisschen die Zeit zu vertreiben!
Ach ja!

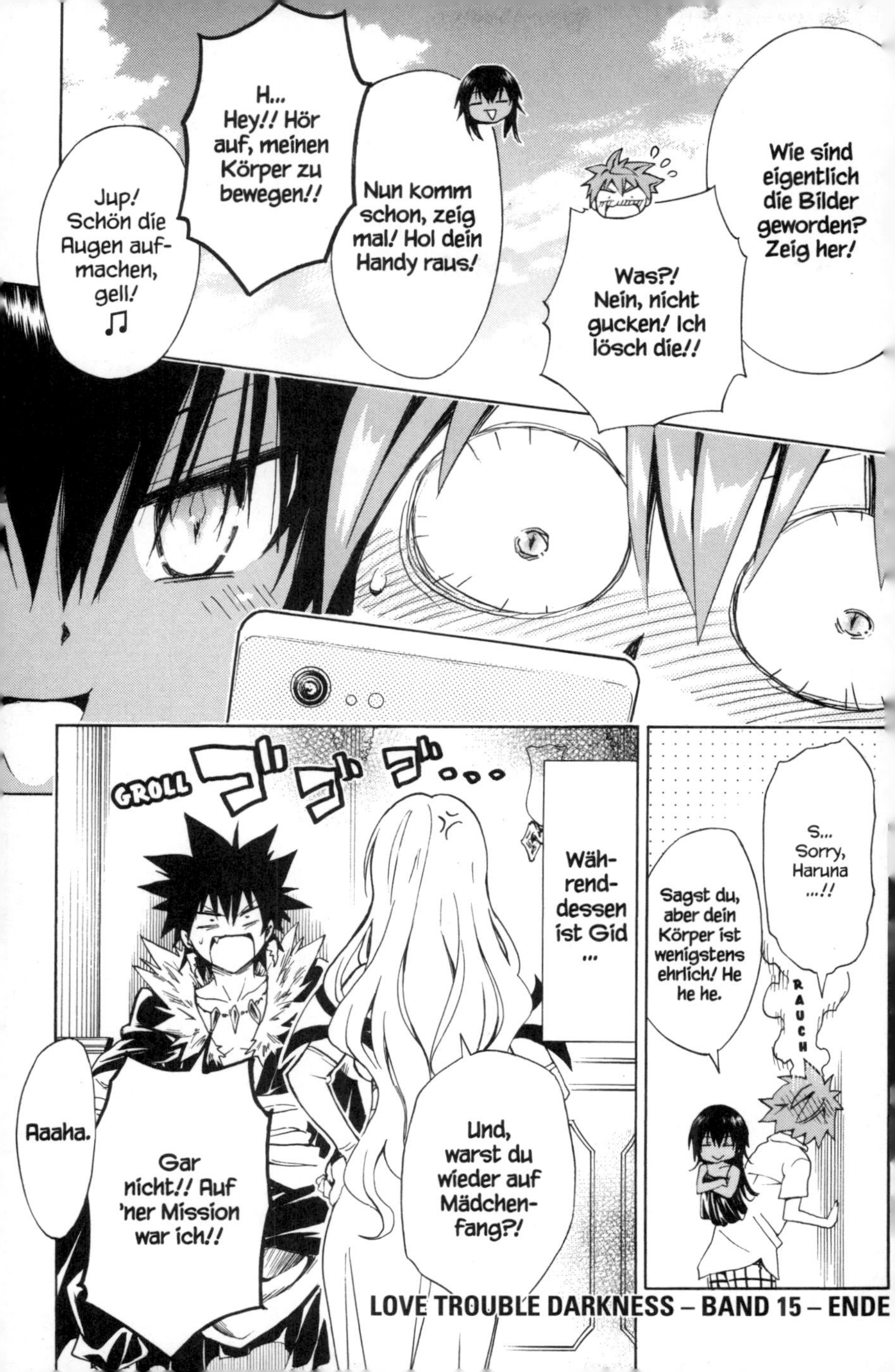

LOVE TROUBLE DARKNESS – BAND 15 – ENDE

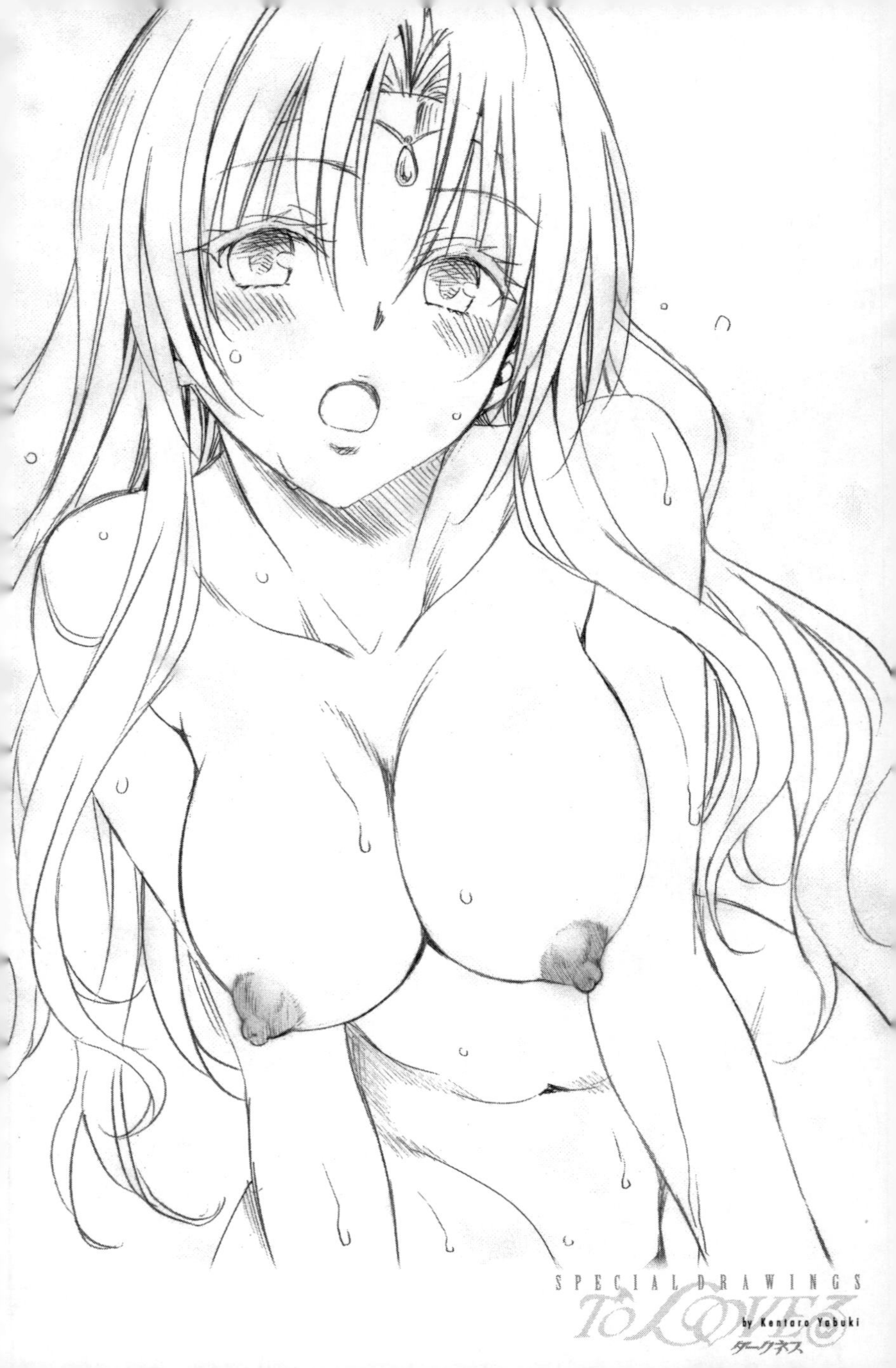
SPECIAL DRAWINGS
To LOVEる
by Kentaro Yabuki
ダークネス

LOVE TROUBLE
DARKNESS

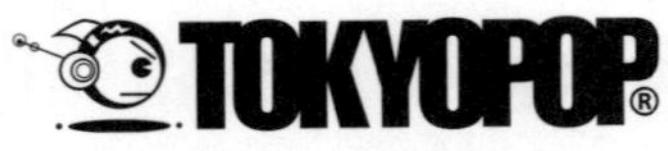

TOKYOPOP GmbH
Hamburg

TOKYOPOP
1. Auflage, 2016
Deutsche Ausgabe/German Edition

Aus dem Japanischen von Manuel Chillagano

TO LOVE-RU DARKNESS

First published in Japan in 2011 by SHUEISHA Inc., Tokyo.
German translation rights in Germany, Austria and German-speaking Switzerland arranged by SHUEISHA Inc.
through VIZ Media Europe S.A.R.L., France.

Redaktion: Sabine Scholz
Lettering: Vibrraant Publishing Studio
Herstellung: Jacqueline Bradtke
Druck und buchbinderische Verarbeitung:
CPI–Clausen & Bosse GmbH, Leck
Printed in Germany

ISBN 978-3-8420-2781-7

www.tokyopop.de

LOVE TROUBLE

Kentaro Yabuki / Saki Hasemi

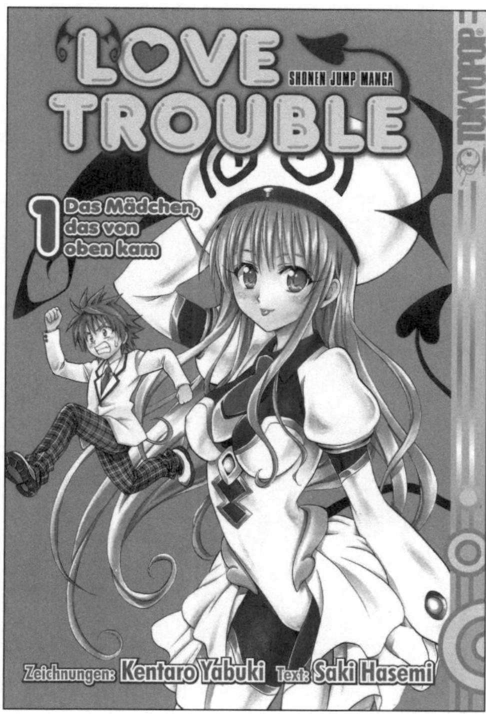

Süßer Ärger aus dem All!

Rito geht zur Highschool und ist heimlich in die hübsche Haruna verliebt. Als wären Schule und Gefühlschaos nicht genug, platzt eines Tages die ausgeflippte Lala in sein Leben! Die Prinzessin vom Planeten Deviluke ist von zu Hause geflohen und will bei ihm bleiben. Von nun an hat Rito keine ruhige Minute mehr, denn er muss sie vor ihren außerirdischen Verfolgern, vor allem aber vor sich selbst und ihren verrückten Erfindungen beschützen!

ROSARIO + VAMPIRE

Akihisa Ikeda

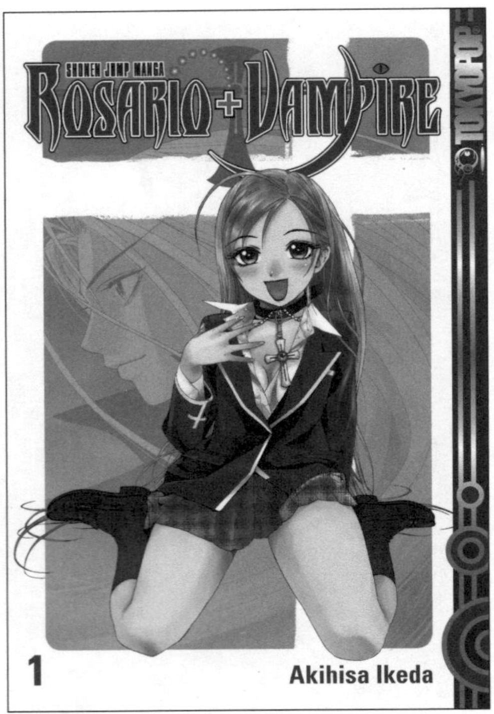

Willkommen an der Yokai High!

Durch einen merkwürdigen Zufall kommt Tsukune Aono auf eine Schule für Monster, die Yokai Gakuen High! Hier lernt er das bildhübsche Vampirmädchen Moka kennen und riskiert es seinetwegen, auf der Schule zu bleiben. Denn alle Menschen, die hierher geraten, sind des Todes! Aber der charmante Junge mit dem großen Herzen wird von einer Clique süßer Monstermädels gedeckt, die sich nur eins wünschen: dass er sich endlich für eine von ihnen entscheidet!

ROSARIO + VAMPIRE SEASON II

Akihisa Ikeda

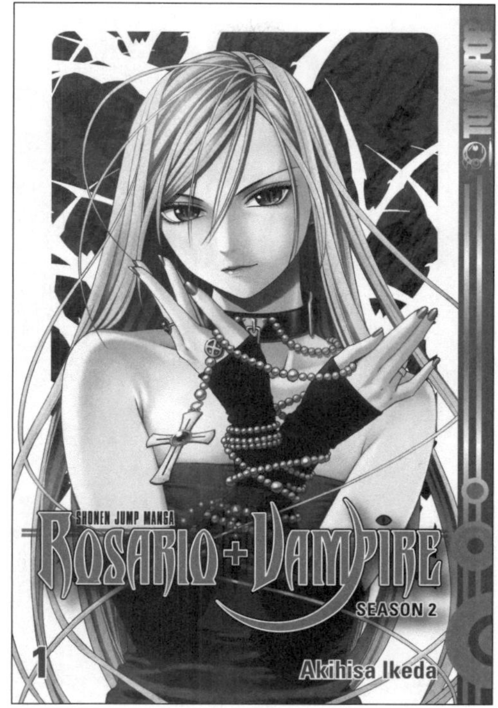

Mensch unter Monstern!

Willkommen im zweiten Jahr an der Yokai Gakuen High! Ein seltsamer Zufall verschlägt Tsukune Aono an eine Schule nur für Monster. Das im ersten Jahr komplett zerstörte Internat ist nach den Ferien längst wieder aufgebaut. Doch auch im zweiten Jahr geht es dem umschwärmten einzigen Menschen gleich wieder an den Kragen! Zum Glück haben ihn die süße Vampirin Moka und andere betörende Schulschönheiten ins Herz geschlossen. Können sie sein Geheimnis auch im neuen Schuljahr wahren?

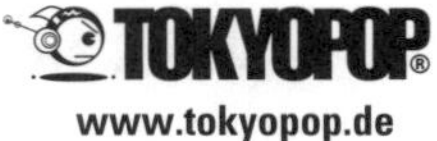

www.tokyopop.de

DEATH NOTE

Tsugumi Ohba / Takeshi Obata

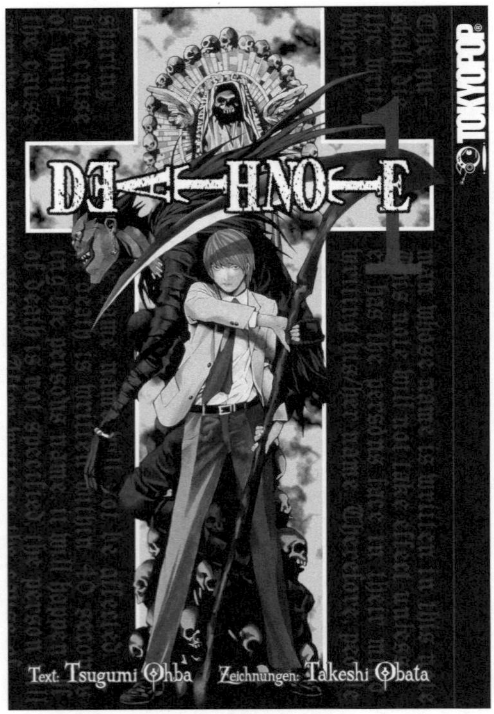

»Der Mensch, dessen Name in dieses Heft geschrieben wird, stirbt«

Eines Tages lässt der Todesgott Ryuk dieses unheimliche Heft – das Death Note – in die Menschenwelt fallen. Es gelangt in die Hände des Musterschülers Light Yagami und schon bald ist diesem klar: Er will die Gesellschaft von allem Bösen befreien. Es entbrennt ein gnadenloser Kampf zwischen ihm und seinem Gegenspieler L, einem Meisterdetektiv, der seine wahre Identität geheim hält.

BAKUMAN.

Tsugumi Ohba / Takeshi Obata

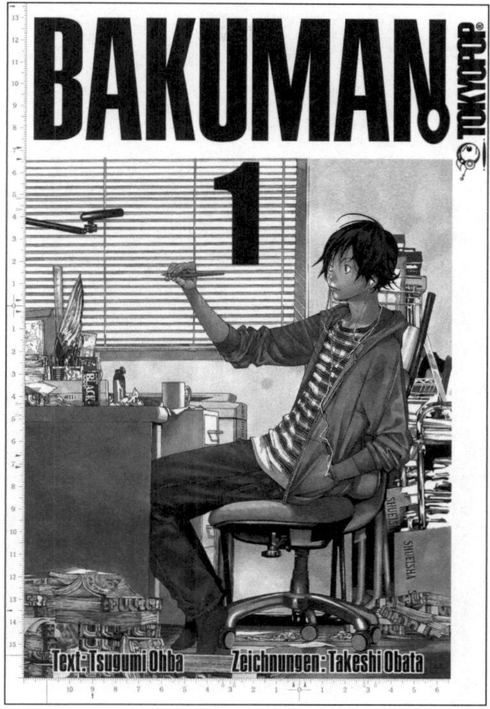

Zwei Meister fallen vom Himmel!

Er hat Talent, ist fleißig und will es schaffen: Moritaka Mashiro ist auf dem Weg, Japans Manga-Nachwuchszeichner Nummer eins zu werden! Doch er tut es nicht nur für Ruhm und Ehre, sondern möchte auch das Herz eines Mädchens erobern und damit schaffen, was seinem großen Vorbild versagt blieb ... Als hätten sie selbst Pate gestanden, erzählt das *Death Note*-Erfolgsduo Takeshi Obata und Tsugumi Ohba den Aufstieg zweier Manga-Autoren!

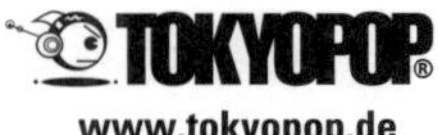

ALL YOU NEED IS KILL MANGA

Takeshi Obata / yoshitoshi ABe /
Hiroshi Sakurazaka / Ryosuke Takeuchi

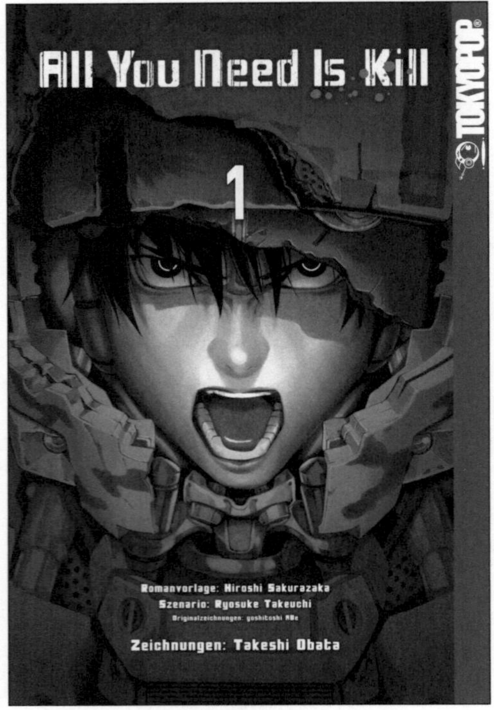

Live. Die. Repeat.

Kiriya ist Soldat und soll die Menschheit vor den außerirdischen Mimics schützen. Die Realität trifft ihn hart: Tote, Verwundete, fliehende Soldaten. Die Mimics verschonen ihn nicht und er stirbt. Er schlägt die Augen auf. Er lebt und liegt in seinem Bett. Seine Verletzung ist verschwunden. Doch der Tag wiederholt sich und er stirbt wieder. Was hat das zu bedeuten? Und wie soll er diesem Albtraum bloß entkommen?

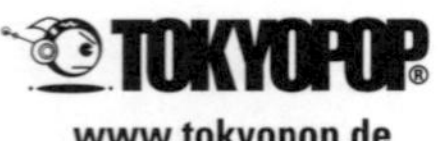

www.tokyopop.de

KAGAMIGAMI

Toshiaki Iwashiro

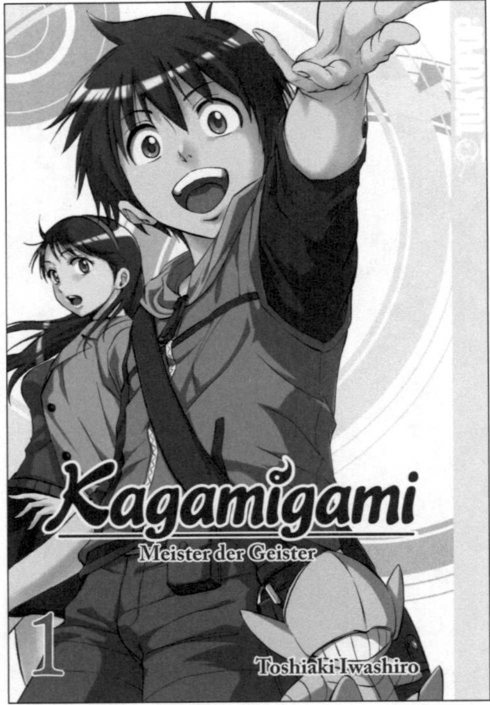

Detektei fürs Übernatürliche

Seltsame Verbrechen und grausame Morde versetzen Tokyo in Angst und Schrecken und rufen neben der durchgeknallten Detektivin Mako das Shikigami-Komitee auf den Plan. Die geheime Regierungsorganisation setzt ihren neuen besten Mann, Shikigami-Meister Kyosuke Kagami, und dessen Geister auf den gefährlichen Drahtzieher an.

7TH GARDEN

Mitsu Izumi

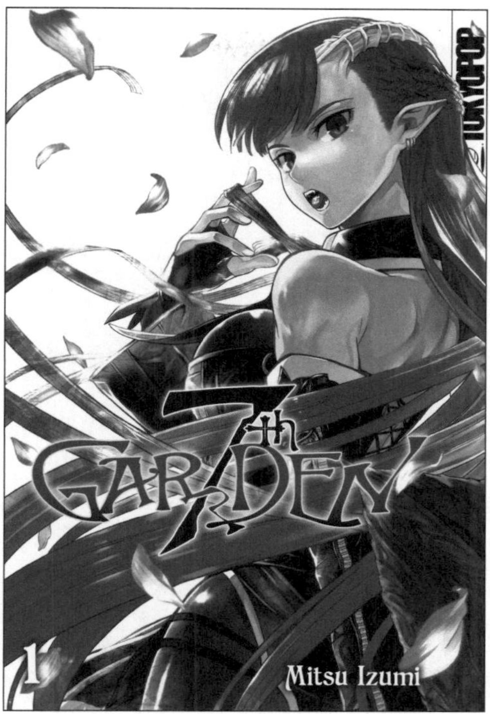

Pakt mit dem Teufel

In einer Welt, in der die Menschen noch an die Existenz Gottes glauben, lobpreist das gemeine Volk die Engel und fürchtet sich vor dem Teufelspack. Als die Kirche unvermittelt die Bewohner eines kleinen Dorfes niedermetzelt, in dem Awyn als Gärtner bei der wohlhabenden Familie Fiacl Zuflucht gefunden hatte, schließt er wütend einen Pakt mit dem mächtigen weiblichen Teufel Vide. Ein uralter Konflikt flammt auf und das Land versinkt in Blut!

BLEACH

Tite Kubo

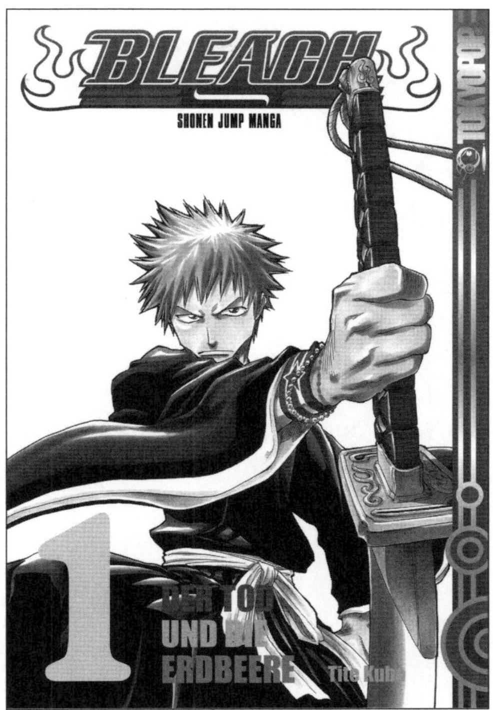

Nur zu kämpfen hat keinen Sinn!
Nur zu überleben hat keinen Sinn. Man muss siegen!

Geister und Dämonen existieren mitten unter uns und Ichigo Kurosaki besitzt die Gabe, diese sogenannten Hollows zu sehen. Eines Tages stolpert er in den Kampf zwischen der Shinigami Rukia Kuchiki und einem Hollow. Dem Tode nahe überträgt die Totengöttin dem ahnungslosen Ichigo all ihre Kraft, damit er den Kampf für sie gewinnt. Neben Highschool und Familienchaos übernimmt Ichigo nun Rukias Aufgaben und taucht in eine immer merkwürdigere Welt ein.

STOPP!

**Dies ist die letzte Seite des Buches!
Du willst dir doch nicht den Spaß verderben
und das Ende zuerst lesen, oder?**

Um die Geschichte unverfälscht und originalgetreu mitverfolgen zu können, musst du es wie die Japaner machen und von rechts nach links lesen. Deshalb schnell das Buch umdrehen und loslegen!

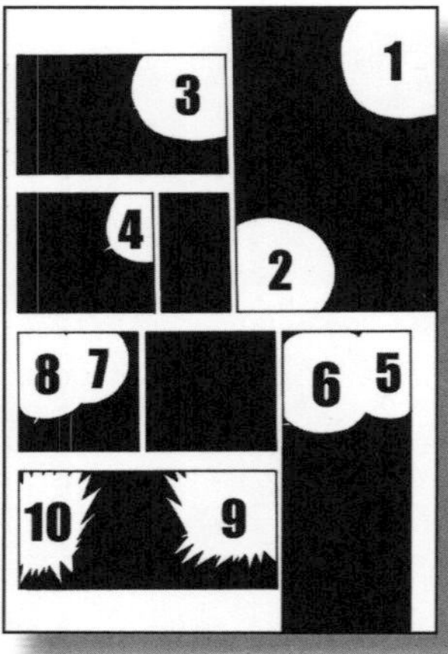

So geht's:

Wenn dies das erste Mal sein sollte, dass du einen Manga in den Händen hältst, kann dir die Grafik helfen, dich zurechtzufinden: Fang einfach oben rechts an zu lesen und arbeite dich nach unten links vor.
Viel Spaß dabei wünscht dir TOKYOPOP®!